本书受四川师范大学国际教育学院资助出版

HANYU GUOJI JIAOYU BENKE LIUXUESHENG JI
BENTU HANYU JIAOSHI PEIYANG YANJIU

汉语国际教育本科留学生及本土汉语教师培养研究

王飞华◎著

江西人民出版社
Jiangxi People's Publishing House
全国百佳出版社

图书在版编目(CIP)数据

汉语国际教育本科留学生及本土汉语教师培养研究 /
王飞华著. -- 南昌：江西人民出版社，2024.4
ISBN 978-7-210-14411-3

Ⅰ. ①汉… Ⅱ. ①王… Ⅲ. ①汉语-对外汉语教学-
师资培养-研究 Ⅳ. ①H195.3

中国国家版本馆 CIP 数据核字(2023)第 019393 号

汉语国际教育本科留学生及本土汉语教师培养研究
HANYU GUOJI JIAOYU BENKE LIUXUESHENG JI BENTU HANYU JIAOSHI PEIYANG YANJIU
王飞华　著

责 任 编 辑:陈　茜
封 面 设 计:回归线视觉传达

 出版发行

地　　　　址:江西省南昌市三经路 47 号附 1 号(邮编:330006)
网　　　　址:www. jxpph. com
编辑部电话:0791-88677352
发行部电话:0791-86898815
承　印　厂:北京虎彩文化传播有限公司
经　　　销:各地新华书店

开　　本:720 毫米×1000 毫米　1/16
印　　张:23
字　　数:436 千字
版　　次:2024 年 4 月第 1 版
印　　次:2024 年 4 月第 1 次印刷
书　　号:ISBN 978-7-210-14411-3
定　　价:68.00 元
赣版权登字-01-2024-115

前　言

2013 年 9 月、10 月，国家主席习近平在出访中亚和东南亚国家期间，先后提出共建"丝绸之路经济带"和"21 世纪海上丝绸之路"的"一带一路"倡议，受到国际社会的高度关注。"一带一路"可以促进各国共同发展、实现共同繁荣，可以增进理解信任、加强全方位的交流。通过"一带一路"，中国与丝路沿途国家分享优质产能，共商项目投资、共建基础设施、共享合作成果，其内容包括道路联通、贸易畅通、货币流通、政策沟通、民心相通等"五通"。为实现"民心相通"，中国将在科学、教育、文化、卫生、民间交往等领域与各国开展广泛合作。

实现"民心相通"，语言互通是重要条件。为达成这一目标，孔子学院总部/国家汉办也在积极推进"一带一路"所及国家的高素质汉语人才的培养。为扩大中国与南亚各国人文交流，推进南亚各国汉语教师本土化建设，孔子学院总部/国家汉办设立了孔子学院奖学金南亚国家汉语师资班项目。顺应孔子学院总部/国家汉办大力培养海外高素质汉语人才的号召，四川师范大学于 2015 年、2016 年承担了总部"1+4"（1 学年汉语强化学习+4 学年汉语国际教育本科学习）五年制南亚国家汉语师资班每年 40 名左右汉语国际教育本科留学生的培养任务，为南亚国家培养高素质本土汉语教师。

一个批次 40 多人一起进行专业化的汉语学习，与以往的汉语国际教育专业留学生人才培养有很大的不同。以前的专业培养由于人数较少，通常实行混班教学，即留学生插入同专业的中国学生的班级跟班上课，而且这些留学生一般是有汉语水平考试三级以上基础的学生。而我们现在的留学生，基本上是汉语零基础。因此，其人才培养方案、教学计划、教学实施、教学管理都面临新的情况，需要重新探索、研究并积累经验。同时，这一留学生群体有很大共性：都来自南亚地区，其语言文化宗教背景相同或相近，汉语水平基本上为零基础，年龄基本上在 18—30 岁，教育背景主要为高中毕业、大学在读或刚大学毕业，工作经历都较少。从第二语言研究的角度，这样的一个数量超过 30 人且干扰因素较少的群体是进行第二语言教学管理研究的最理想样本。

在两届南亚国家汉语师资班的培养过程中,本人有幸全程参与了教学管理及课程教学。具体来说,本人结合学校本科生教学的制度规范,负责南亚国家汉语师资班本科人才培养方案的调研和制订工作,并以人才培养方案为依据,进行师资班本科四年的教学管理。教学管理涉及课程设置、教师选任、教学要求、考试规范、实践实习、毕业论文的撰写及答辩等各个方面。同时为了帮助学生达到孔子学院总部/国家汉办年度奖学金发放的各级汉语水平考试级别考核要求,协助其他教师对学生进行了不同级别的汉语水平考试(HSK)及汉语水平口语考试(HSKK)的教学指导。

南亚国家汉语师资班第二批学生已于2021年顺利毕业。回顾整个培养过程,我们可以自豪地说,我们的培养是富有成效的。这可以从学生整个学习过程的成绩及学生毕业后的去向上反映出来。

首先,我们在整个5年的各个阶段性培养上是非常成功的,这可以从孔子学院总部/国家汉办年度奖学金发放考核的各级汉语水平考试达标情况上反映出来。孔子学院总部/国家汉办对南亚国家汉语师资班年度奖学金发放有一个硬性考核指标,那就是要求师资班学生在规定年份内通过相应的HSK及HSKK考试。而我们的师资班学生,在严格的教学管理下,每一次考核都在规定的时间内全员达标(2015年入校学生只有1人HSK六级在规定时间后才通过)。2015年10月入学的零基础预科师资班学生,在2016年3月参加HSK三级考试时,全部一次通过,全班平均分为266分(HSK三至六级考试总分均为300分)。2016年零基础预科师资班学生,在2017年4月参加HSK三级考试时,也全部一次通过,全班平均分为272分。2015年入学的学生在2016年5月提前一年就全部通过了2017年的HSK四级考核要求,平均分达到222分以上。2016年入学的学生在2018年3月通过了本科一年级的HSK四级考核要求,平均分230分。2015年入学的学生在本科二年级全部通过HSK五级,平均分约204分。2016年入学的学生也在本科二年级全部通过HSK五级,平均分206分。两个年级学生也都在三年级时基本达到了汉办HSK六级的考核要求(2015年入学的学生除1人外全部达标,2016年入学的学生因疫情原因回国学生情况有所不同)。同时,两个年级的学生在规定的时限内基本通过了相应HSKK初、中、高级的考核。2015年入学的学生,初、中级平均分为87分和75分(总分均为100分),2016年入学的学生,初、中级平均分为84分和68分。HSKK高级考试,2015年入学的学生全部达标,2016年入学的学生除回国学生外也基本达到考核要求。这些考试成绩,我们曾经做过同时段同批次不同学校的南亚国家汉语师资班成绩对比,我们学生的成绩,在全国同批次的南亚国家汉语师资班中均位居前列。在本科二、三年级,我们的学生反映,他们所认识的很多同一国家其他学校的师资班学生,因考核不能达标拿不到奖学金,只好中止学习回国。但我们的学生却没有一名因为学习成绩不达标而回国。很多学生在假期与其他学校南亚国家汉语师资班学生接触以后,回来都很自信,说自己的汉语水平比他们好很多。

我们的培养成效,还可以从学生毕业后的去向上反映出来。一方面,我们的师资班有很高的升学率。由于我们的学生质量良好,在各级 HSK 及 HSKK 考试中成绩不俗,汉语口语和书面表达都很不错,在研究生入学申请时,材料审核和面试都较有优势,升研的比例很高。2015 年入学的学生,在大学一年级时,依据汉办政策,已有本科毕业证又通过 HSK 五级的学生,可直接申请转为研究生学习。全国当年达到要求的学生共计 13 名,其中有 8 名是我们的学生。2015 年入学的学生,最终毕业时,共有 18 人升学读研,占毕业人数的 62%。另外还有 4 人在毕业后的两年内攻读了硕士。2016 年入学的学生,共有 19 人毕业升学读研,占毕业人数的 68%,另外还有 1 人在毕业后一年内攻读了硕士。

另一方面,除升学外,我们师资班的学生也在工作去向上有良好的表现,尤其是在培养优秀的本土汉语教师方面,完全达到了目标。2015 年入学的学生,先后共计有 15 人应聘成为巴基斯坦卡拉奇大学孔子学院和佩特罗中学孔子课堂的汉语本土教师,另有 1 人成为喀喇昆仑国际大学中国中心的汉语教师,他们良好的汉语口语和书面表达能力及汉语课堂教学技能,得到了孔子学院、孔子课堂和汉办的肯定。2016 年入学的学生,目前有 2 人成为卡拉奇大学孔子学院汉语教师。目前,由于巴基斯坦暂无中国教师,这些本土教师承担了巴基斯坦汉语教学的主要任务。还有一些学生在语言教学机构从事汉语教学工作,如巴基斯坦至少有 2 名南亚汉语师资班学生在语言机构教汉语。尼泊尔的南亚汉语师资班学生有 1 人还自己开设汉语班,另有 1 人在新闻机构从事汉语新闻的节目主持工作。而没有成为汉语教师的学生,利用汉语的优势,大多在中国领事馆、本国政府涉及中国事务的机构、大型的中国公司、文化机构等工作,待遇都比较好,为中国与南亚国家的经济文化交流作出了贡献。

这种高质量的学生出口与培养过程中严格高效的教学管理密不可分。从教学运行到学生学习生活管理,都有相应的制度要求,最终保证了培养质量。这些基于南亚国家汉语师资班的汉语国际教育本科留学生及本土汉语教师的教学研究及管理经验,都是值得总结的,对于将来相似项目的运行有借鉴意义。

本人作为项目负责人,在进行教学管理工作的同时,也进行了与此相关的研究工作,或对有些教学管理作了经验总结。如前所述,这批南亚国家汉语师资班学生,从作为第二语言教学研究样本的角度来看较为理想,因此,我们的研究从研究实施及结果来看,也是较为理想的。同时,按照教育部及学校的精神,教师在教学中,应致力于将科研与教学相结合,将自己的科研与本科生、硕士生的人才培养相结合。而我们汉语国际教育专业中国本科生及研究生,在学习过程中,由于缺少留学生研究对象,或缺少国际中文教学的实践经历,在专业的研究探索上需要较多的指导和帮助。本人利用对南亚国家汉语师资班进行教学管理的机会,将中国学生的科研指导与个人的教学研究相结合,将教学管理中发现的一些有研究价值的问题,交与学生去进行合作研究。这些研究,基本上由本人设定研究目标,确立研究路线、方法及实施过程,选定并联系研究对象,再交由学生进行具体研究分析。研究中涉及的实际语言分析材料,也基本收集于本人的课堂教学。在研究开始之前及本书成书之时,对于研究成果的使用,都曾向学生说明并征得了学生的同意。因不方便在封面将学生全部列出,因此在书中每一篇论文篇首专门注明了学生的名字。这些同学是黄越、唐传思、叶锦怡、郑亚洁、陈志敏、成美玲、贾红红、张相丽、田心羽、代和凤、夏利玲、安塔明,在此特别对他们表示感谢。

本书共分为 5 个部分,分别反映了在对南亚国家汉语师资班进行汉语国际教育本科留学生及本土汉语教师培养过程中不同方面的思考和探讨,主要内容包括:汉语国际教育留学生本科人才培养方案、模式研究,汉语国际教育人才培养经验总结,南亚本科留学生汉语教学探索,南亚本科留学生汉语水平考试教学辅导研究,南亚本科留学生学习生活行为研究等。希望我们的研究对国际汉语教学,尤其是留学生国际汉语教育专业人才和本土汉语教师的培养能起一定的参考作用。

最后,特别感谢国际教育学院前后几任领导。感谢领导杨颖育、汤洪让我负责了南亚国家汉语师资班项目的教学管理事务,感谢领导张春兰、刘海燕、李斌对本人有关汉语国际教育留学生本科生及本土汉语教师培养研究工作的支持。感谢国际教育学院对本书出版的资助。

王飞华

2023 年 1 月

目 录

壹
汉语国际教育留学生本科人才
培养方案、模式研究

留学生汉语国际教育本科人才
培养方案制订研究

摘要：本科人才培养方案对于本科生的最终培养质量起决定性的作用。相对于中国汉语国际教育本科人才的培养方案，成班制独立授课的留学生汉语国际教育本科人才培养方案并没有过多的可以参考的成例。本文针对四川师范大学南亚国家汉语师资本科人才培养方案，从培养目标、培养要求、课程结构模块、具体课程设置、实践教学等方面与中国学生的人才培养方案进行了基于学生实际的对比分析，并确定了留学生汉语国际教育本科人才培养方案的基本原则，制订了适于留学生的人才培养方案。

关键词：汉语国际教育　　人才培养方案　　南亚国家汉语师资班

随着中国国际影响力的提升，全球汉语学习者数量迅速增长，本土汉语教师的培养，为解决急缺的、了解所在国家语言和文化的汉语教师提供了一条较为可行的路径。自 2013 年国家主席习近平首次提出共建地跨欧亚大陆的"一带一路"倡议以来，我国就有计划地帮助世界各国培养本土汉语教师，成批次地招收各国的留学生来中国留学，完成汉语国际教育本科专业的学习，并签订协议要求其完成学习后回国从事本土汉语教师的工作。如孔子学院总部 2015 年开始的为南亚国家培养汉语国际教育本科人才的南亚国家汉语师资班"1 年预科+4 年本科"项目。

成批次的留学生来中国完成汉语国际教育专业学习，一个班有三四十人，不宜像以前少量外国留学生来完成本科专业学习那样，插入中国学生的汉语国际教育本科班学习，必须单独进行 4 年的培养。因此制订适于不同国家留学生的汉语国际教育本科人才培养方案，很有必要。笔者负责了四川师范大学 2015 年、2016 年南亚国家汉语师资班项目的教学管理工作，并作为主要负责人制订了这两届师资班的人才培养方案。目前，两届学生均已经毕业（每届毕业生约 30 人）。学生在学习期间表现出色，HSK（二、三、四、五、六级）及 HSKK 初、中、高级的通过率，2015 级均为 100%（其中有 1 人在孔子学院总部规定通过时间截止后 2 个月通过 HSKK

高级),班级平均分也很高;2016 级 HSK 二至五级及 HSKK 初、中级通过率100%,但 HSK 六级及 HSKK 高级,因 2020 年的疾控原因,学生多数回国,无法正常参加考试,导致有约三分之一的学生没有这两项成绩。两届同学毕业后工作表现也很出色,先后有近 20 人从事本土汉语教师工作。卡拉奇大学孔子学院及佩特罗孔子课堂的本土汉语教师基本都是这两届汉语师资班的毕业生。这些本土汉语教师的工作得到各孔子学院的高度评价,而没有机会从事汉语教师工作的学生,也在政府机构中及各类与中国有关的企业中工作成绩突出。另外,两届学生中升学读研究生的比例也达到了 60%以上。这些表现说明我们所制订的培养方案是较为成功的。以下对制订该培养方案时的研究探讨过程作一分析总结:

制订专门的汉语国际教育专业师资班的人才培养方案,我们需要综合参考教育部对该专业人才培养质量的规定、各校中国学生的汉语国际教育专业本科人才培养方案、其他学校留学生相同或相近专业的人才培养方案(如汉语国际教育、汉语言文学、华文教育等)、留学生汉语教学课程设置等方面,才能制订比较合理的方案。为此,我们在参考了北京语言大学、华侨大学、四川大学、云南师范大学、四川师范大学、华东师范大学等学校的相关材料的基础上,主要从培养目标及培养要求、学分总量及比例分配、课程结构模块、具体课程设置及时间安排、实践教学等方面研究并确定了留学生人才培养方案。

一、中外人才培养目标总体一致但后者有小的调整

对南亚国家汉语师资班的人才培养目标,我们依据中国汉语国际教育本科人才的培养目标来确定,二者大同之中有小异。中国学生的汉语国际教育本科人才的培养目标,以四川师范大学 2013 年版人才培养方案为例,专业培养目标为:

本专业培养掌握扎实的中外语言文化知识和跨文化交流技能,具有较高的人文素养和教师职业素养,熟练运用一至两门外语,能从中外不同语言文化视角学习和发扬中华文化,能在国内外各层次、各类别学校或机构从事跨文化、跨语种、跨国别汉语教学,在各职能部门、外贸机构、新闻出版单位及企事业单位从事与语言文化传播交流相关工作的中国语言文学应用型、复合型、创新型人才。

四川师范大学 2018 年版人才培养目标为:

本专业以学校校训"重德、博学、务实、尚美"为主线,立足汉语国际教育专业实际,综合培养适应国际汉语教育事业发展,道德高尚、基础扎实、本领过硬、善于协作、综合素质高的中国语言文学教育复合型、应用型人才。

培养目标 1:培养具备扎实的中国语言文化知识和跨文化交流技能并能

熟练运用一至两门外语的人才。

培养目标2:培养具有较高的人文素养和教师职业素养的人才。

培养目标3:培养能在国内外各层次、各类别学校或机构弘扬中华文化,从事跨文化、跨语种、跨国别汉语教学和与语言文化传播交流相关工作的人才。

两相对照,可以看出两个版本的人才培养方案在核心目标上是一致的:一是掌握扎实的中国语言文化知识和跨文化交流技能;二是掌握一至两门外语;三是具有较高的教师职业素养,能从事跨文化、跨语种、跨国别汉语教学;四是能从事其他企事业单位语言文化传播交流的相关工作;五是培养应用型、复合型、创新型人才。

以这些核心目标为基准,我们参考其他学校留学生本专业的培养目标,最后确立本专业留学生本科人才的培养目标为:

本专业的培养对象为具有海外高中毕业(含)以上学历的、母语非汉语的外国人。本专业培养的汉语国际教育人才,将达到以下培养目标:

思想品德良好、具备较为系统的汉语言知识及扎实的汉语言交际能力。

掌握丰富的中国文学、文化知识,熟悉中国国情和社会文化。

具备较强的汉语教学能力,能熟练地进行汉语作为外语的教学,能较好地进行中国文化的交流与传播。

在跨文化的各种行业中,具备熟练运用汉语进行相关语言文字工作的能力,具备从事汉语相关的学术研究的能力。

与中国学生的培养目标相比,我们在汉语教学能力、运用汉语在不同行业中进行相关语言文字工作的能力方面提出了相同的要求。但在以下方面作了调整:第一,突出掌握系统的汉语言知识及具备汉语交际能力,而不是要求更高更全面的中国语言文化知识。对于留学生来说,掌握良好的汉语口头和书面表达能力应该是最重要的。第二,对于中国文学、文化方面的知识,培养目标中要求能够相对比较了解,而不是像中国学生一样要求非常扎实,这应该是一个切合实际的、可以达到的要求。但对于中国国情和社会的基本了解,反而是非常重要的,这有助于学生宣传一个现代的、先进的、真实的中国。第三,培养方案没有突出跨文化交际能力,因为学生毕业后如果从事汉语教学是在本国环境下教学,跨文化方面的问题,应该不会是一个突出的问题。而他们在中国学习的过程,已经是一个跨文化适应的过程。但这并非他们将来进行汉语教学的文化环境。第四,培养方案没有提外语的要求。一是因为学生来学习汉语,本身就是外语学习。二是由于留学生通常都有母语和英语的学习背景,大多已经具备较好的外语水平,因此在本科课程的设置中,基本上不需再设置外语类的课程。

二、中外人才培养方案培养要求基本相同,但留学生方案更概括一些

四川师范大学2018年版本专业中国学生的培养具体要求如下:

1.汉语教学基础方面:具备符合职业需要的汉语交际能力;具备基本的汉语语言学知识、语言分析能力;了解第二语言学习的基本原理;熟悉第二语言教学的一般原则和主要教学法。

2.汉语教学方法方面:掌握汉语语言要素和语言技能教学的主要内容、基本原则和教学方法,具备基本的语言对比能力;具有运用现代教育技术进行汉语教学的能力。

3.教学组织与课堂管理方面:熟悉汉语教学标准与大纲,并能进行合理的教学设计;具备选用教材和利用教学资源的能力;能设计教学任务并组织课堂活动,实施有效的课堂管理;能通过课外活动发展学习者自主学习能力;能对学习者进行有效的测试与评估。

4.中华文化与跨文化交际方面:掌握中华文化和中国国情基本知识,具备文化阐释和传播的基本能力;具有跨文化意识和交际能力,能有效解决跨文化交际中遇到的问题。

5.职业道德与专业发展方面:具备作为国际汉语教师的职业道德与心理素质;能进行教育研究,具有教学反思能力;参与专业培训和学术交流,努力寻求专业发展机会。

而留学生培养方案的具体培养要求为:

1.素质结构要求:具有良好的思想道德素质;具备健全的心理素质和健康体魄。

2.知识结构要求:毕业生应具备扎实的汉语和汉文化基础知识,掌握中国的政治、社会、经济、文化、教育、历史、旅游、文学等方面的基本知识,有较好的语言对比、跨文化交际知识;具备汉语国际教育的知识。

3.能力结构要求:毕业生应具有扎实的汉语听、说、读、写、译综合运用能力,能利用相关知识从事外事、翻译、商务、教学、管理、研究等方面的工作;具有较好的汉语及汉文化运用能力,能利用相关知识从事汉语国际教育、汉文化国际传播等方面的相关工作;有一定的创造性思维能力和初步从事科学研究的能力。

可以看出,中国学生的培养方案主要侧重汉语教学基础、汉语教学方法、教学组织与课堂管理、中华文化与跨文化交际、职业道德与专业发展等5个方面,并提出了明确的培养内容。但对于留学生,我们在具体要求上相对概括一些,重点突出其汉语和汉文化基础知识方面的掌握、汉语听说读写译方面的运用能力等。强调基础知识的掌握,也是从学生4年本科所能达到的水平的实际考虑出发提出来的。

三、留学生人才培养方案学分总量及比例分配采取了就高不就低的标准

研究中我们发现,不同学校的学分有一定的差异,但基本在140—150学分之间变动。但参照同期中国学生本专业2014年版人才培养方案,四川师范大学的毕业学分要求为175学分。而南亚国家汉语师资班学生入校学习后,所有的教学计划安排的环节及步骤都与中国本科生相同,而且基本上也统一住学校宿舍。因此从教学管理与教学计划的时间安排上来看,南亚国家汉语师资班与中国学生有很多一致之处。因此,我们研究认为,对南亚国家汉语师资班的教学可以按照中国学生的学分要求来设计,最终将学分确定在173学分。实践表明,我们较高的学分安排,使学生4年中的开课量有了较大提高,一方面与汉语技能有关的综合、听说、阅读、写作等课程开设得比较系统,另一方面与专业技能有关的语音、汉字、词汇、语法课堂教学技能等方面的课程也开设得较为具体,中国文学、中国文化方面的课程也更丰富,学生能力的训练更落到了实处。4年中,学生需要投入更多的时间在专业学习上,各方面的知识得到了更好的提高。

四、中外人才培养方案结构模块一致但具体内容有变化

课程结构模块方面,我们参考四川师范大学课程结构模块2013年版和2014年版的结构化模板,也分为通识教育课程、学科专业课程、专业方向课程、实践教学环节4个模块。但在模块的具体内容上则有较多变化。如通识课程,中国学生主要包含思政类课程、形势与政策、思想道德与修养、体育、计算机技能等方面,但对于留学生,我们减少了思政、形势与政策等方面的课程,代之以中国历史、地理等国情方面的课程。

在专业课程的学科基础课程模块,中国学生的培养主要在理论性的现代汉语、古代汉语、古代文学以及英语等课程,但留学生的培养主要注重夯实其汉语能力,课程集中在发展汉语听说读写译能力的初中高级汉语综合、听说、阅读、写作等课程上。在专业核心课程上,中外学生则在发展其将汉语作为第二语言的教学技能上趋于一致。

在实践教学环节,两个版本人才培养方案基本一致,都是社会见习、专业实习和毕业论文3个环节。后两个环节形式及要求基本一致,但在第一环节社会见习上要求有所不同。中国学生主要是结合专业特点进行相关的语言文化方面的观摩,如观摩对外汉语课堂教学。但留学生则主要引导他们在本科一、二年级加深对中国国情及中国语言文化的了解。后文将具体介绍。

五、具体课程设置由注重理论深度变为汉语能力—理论基础—教学技能的三阶渐进

虽然中外学生的总学分基本一致,培养的最终目标也基本一致,但从实际培养的角度,两类学生的培养过程和能力发展的重点其实是有很大的差异的。对于中国学生,由于不存在汉语表达方面的任何问题,因此重点培养其有关汉语、中国文学文化、第二语言习得等方面的理论知识,以及将汉语作为第二语言教学的实际教学技能,此外还有运用外语进行交际的能力。但作为留学生,以南亚国家汉语师资班为例,绝大多数人入校时,汉语基础为零,需要从拼音开始学习,经过 1 年预科、4 年本科学习即成为一个合格的本土汉语教师,从汉语表达能力的提高来看,应该是一个不小的挑战。我们的本科人才培养方案是基于预科学习的基础,预科 1 年的汉语学习,通常学生能达到 HSK 三级水平(我们的南亚国家汉语师资班预科学习也抓得比较紧,预科时的学生 100% 通过了四级)。但通过 HSK 三级,也只是完成了汉语主要的基本语法知识的学习,词汇量在 1200 个左右,学生能较好地进行交际的话题基本上还停留在旅游、购物等这些日常生活的层面。从这个水平看,语言能力还是比较弱的,如果本科一年级就像中国学生一样开始现代汉语语音、词汇、语法和中国古代文学等理论性很强的专业课程学习,学生几乎不可能完成学习要求。因此,从实际出发,留学生的教学计划,需要作很大的调整,应该采取先夯实汉语表达和理解能力,再掌握一定的理论知识,最终发展汉语作为第二语言的教学技能这样一个三阶渐进的路径。

首先,我们确认对于留学生的本科学习,汉语语言能力的培养应该是重中之重,并且要贯穿在整个本科教育之中。因此我们在本科前 3 年的教学中,大量的课程学分设置在汉语语言类的综合、听说、阅读、写作等课程中,如综合汉语、听说、阅读、写作 3 年分别开设了初、中、高级各 6、4、4、4 个学分的课程。同时,针对从口语能力过渡到书面语能力的要求,在二、三年级,增设了培养学生书面语阅读表达能力的报刊阅读课程,每学期各 2 个学分。

其次,针对学生能力发展的规律,我们在一、二年级主要开设相对较易理解学习的与中国国情有关的专业课程,如中国地理、中国历史、中华才艺(武术、传统乐器、书法、国画等)。而将专业性理论性更强的汉语语音词汇、汉语语法语用等理论介绍和中国文化、中国文学、古代汉语等课程放在三年级以后。

另外,与汉语作为第二语言教学有关的教学理论课程"汉语教学概论"也开在了第三学年,在这之后的第三学年下学期及第四学年的上学期,开设了汉语作为第二语言教学的教学技能课"语音汉字教学""词汇语法教学"。

这种教学课程安排,保证了学生在一、二年级有较多的时间提升汉语口头和书面的表达能力。在充分具备较好的汉语表达和理解能力后,再开始中国文学和文化及教学理论的深入学习,并在具备第二语言教学的理论之后,进行实践的汉语课堂教学技能训练。前端的学习奠定了后续学习的知识基础。

六、中外培养方案实践教学起点不同,但最终目标相同

如上所述,实践教学环节,中外培养方案都有社会见习、专业实习、毕业论文3个环节。但在社会见习环节,不同于中国学生的对外汉语课堂观摩之类,留学生主要是对中国社会、文化等方面尽可能广泛地体验和了解。我们提出的社会见习要求有详细的规定:

社会见习(语言文化体验实践活动)(4个学分):语言文化体验活动组织的目的,是让学生们在内容丰富的语言实践中开阔眼界、学习知识、深入体会和了解中国文化。

在就读的4年时间里,学生们参加一定的语言实践活动,包括两部分:一、本地(校内外)语言实践活动,如阅读类、游览类、参观类、演出类、竞技类、讲座类等,从中选择一至三类在适当的学期进行。学生需在实践后提交相应的见习作品,如阅读笔记、参观游记等,具体形式由实践指导教师指定。二、外地实践活动,分为短途实践和长途实践活动两部分,长途语言实践活动主要安排在学期末暑期初进行。实践结束后,学生需提交语言实践报告。

由此可见,学生参加文化考察活动,在教师指导下进行课外阅读、听讲座、参观、参加社团活动或竞赛,都属于社会见习,也都要有相应的材料以作为实际发生的佐证。其目的都是促进学生对中国社会文化的了解,促进学生加快融入中国的生活从而发展其汉语语言能力,尽快度过文化适应期。在具体社会见习实施方案中,还规定了完成1次见习活动只能获得0.5个学分,学生至少要完成8次社会见习的具体活动才能获得4个学分。

专业实习,则中外学生要求基本一致,学生要完成对外汉语课堂的汉语教学工作,掌握教案的撰写、课堂教学技能,以及不同课型的课堂教学方法。不过,留学生也有一部分实习是运用汉语向中国的小学生和中学生介绍本国的文化,但教学技能的要求则是一样的。

在毕业论文方面,中外学生也基本一致,都要按照学校的统一本科毕业论文要求撰写毕业论文。但在选题上,中国学生的选题范围要广于留学生,中国学生可以从文学、文化、汉语的语音、词汇、语法、语用、语言对比、跨文化交际等不同的角度进行选题,但留学生的选题,主要结合本国的学生汉语学习的实际情况,进行相关的教学研究和教学设计。

　　以上就是我们制订留学生汉语国际教育本科人才培养方案时的思考及基于情况分析制订出的人才培养方案。如前所述,两届南亚国家汉语师资班在人才培养的质量上取得了很好的效果,足以说明我们制订方案时的思考及制订出的方案是符合实际的,也是合理的,有一定的借鉴意义。

学生视角的川内汉语国际教育专业本科人才培养模式对比研究①

摘要:本文主要采用比较研究法、个案研究法等研究方法,对比川内 5 所高校汉语国际教育专业本科人才培养方案中的培养目标、课程体系、课程内容、实践教学,探讨川内高校汉语国际教育专业本科课程设置过程中存在的一些问题,同时提出一些高校在汉语国际教育专业本科课程设置中应采取的策略。各大高校应该在教育部的方针指引下制定合理的汉语国际教育专业本科人才培养模式,设定相对科学的标准,使汉语国际教育专业本科人才培养模式中的培养目标、课程设置、实践教学等方面更加完善,以期培养出合格的汉语国际教育专业人才。

关键词:川内高校 汉语国际教育 人才培养模式 课程设置

一、绪论

(一)研究目的及意义

据国家汉办官网统计,截至 2017 年 12 月 31 日,全球 146 个国家(地区)建立了 525 所孔子学院和 1113 个孔子课堂。孔子学院和孔子课堂的数量还在不断增长,范围也在不断扩大,这些发展势头为我们汉语国际教育专业带来了广阔的发展前景,但同时面临着专业人才紧缺的问题。为了培养出优秀的汉语国际教育专业人才,各大高校应该不断完善汉语国际教育专业本科的人才培养模式,包括确立正确的培养目标、设置科学的课程体系、建构应用型的实践教学模式。

四川省位于中国西南内陆,以成都为代表的新一线城市近年来发展迅猛,与四川省开展交流、合作的国家和国际组织越来越多。四川省对外开放的大背景为川内高校设立汉语国际教育专业提供了一个广阔的平台。在汉语越来越走向世界的今天,川内高校如何利用国家的相关政策和自身优势,借助全球化的大环境,努力创新汉语国际教育专业的培养目标、优化课程体系、完善实践教学、拓宽就业渠道

---

① 本论文由黄越、王飞华完成,主要探讨了四川省内高校汉语国际教育专业本科人才培养模式的具体情况,对于制订留学生汉语国际教育专业人才培养方案有借鉴作用。

等问题,是值得深入探讨的。

　　培养专业人才是高校教育的第一目标,而人才培养模式就是指各高校为培养专业人才所制定的一系列标准,主要包括培养目标、课程体系、课程内容、实践教学等4个方面,其中以课程体系和课程内容为主的课程设置是核心部分,它既是为实现培养目标的途径,也是落实实践教学的理论基础。

　　本文主要通过对比川内几所不同类型的高校中的汉语国际教育专业本科的人才培养方案,从纵向和横向等多个维度进行对比,探索川内高校汉语国际教育专业本科人才培养模式的特点,分析不同高校中汉语国际教育专业本科的发展现状,找出各高校的专业特色,反思汉语国际教育专业本科教育的不足,并深入探讨汉语国际教育专业本科人才培养模式现存的问题和困境,使汉语国际教育专业本科人才培养模式更加科学化、合理化,进而提高汉语国际教育专业本科毕业生的专业能力和综合素质,为推动汉语更好地走向世界提供专业人才。

　　(二)论题相关研究概述

　　作为新兴专业的汉语国际教育在当前各个高校逐渐设立的大环境下,无论是培养目标、专业课程设置、外语课程设置、实践教学环节、方向模块设置等都处于探索发展阶段。

　　在培养目标方面,王振顶在《地方高师对外汉语人才培养模式与课程体系的研究与实践》中提出,汉语国际教育专业本科的教学实践中存在着诸多问题,主要包括毕业生就业很难实现专业对口问题、教育理论研究与教育实践脱节问题、就业机制问题等3个问题。王振顶从大学本科人才培养模式的基本结构要素入手,在培养目标的确定、培养方案的优化、教学过程的改革、实习与就业机制等方面进行初步探讨,实行理论与实践相衔接、教学模式和方法并进创新、教育实习跨国或跨区域的校校联合的培养模式,以期为新形势下构建高师对外汉语专业人才培养模式促进大学生就业与发展而探索新路。[①] 周卫华在《地方高校对外汉语专业本科人才培养模式构想——以三峡大学为例》中以三峡大学为例,提出地方高校对外汉语专业本科人才培养模式的构想。从人才培养目标、课程设置、师资队伍建设等方面进行改革,形成一个"培养宽基础、强能力、多技能的应用型对外汉语人才"的人才培养模式。[②]

　　[①]　王振顶.地方高师对外汉语人才培养模式与课程体系的研究与实践[J].教育与教学研究,2011(25):72-76.

　　[②]　周卫华.地方高校对外汉语专业本科人才培养模式构想——以三峡大学为例[J].三峡大学学报(人文社会科学版),2009(31):269-271.

　　关于汉语国际教育专业课程设置方面的研究较为丰富。何干俊在《高校对外汉语专业课程设置探析——以中南民族大学为例》中提出了以下课程设想:夯实学科基础;强化外语教学,培养复合型人才;注重文化素质培养,拓宽语言学习内涵;完善教育类课程结构,着力提高施教能力;突出实践能力培养,构建实践教学体系。① 黄剑涛在《地方本科院校对外汉语专业人才培养模式浅论——以福建省地方本科院校为例》中以福建省开设汉语国际教育专业的地方本科院校为例,重点分析了3所高校在课程设置中的异同,及其在教学实践过程中的成功和不足,从统计学的角度创造性地对汉语国际教育专业进行了对比,并提出了建设性的构想。②

　　实践教学相对于理论教学而言,是教学过程中较为缺乏的。余波指出:在人才培养模式的整体框架内,实习实践是培养学生实践能力和创新能力的关键环节。汉语国际教育专业主要培养的是语言教学实践型人才,因而应该按照"师范化"的总体思路构建实习实践模式。③ 笔者认为,"双赢"的实习理念是指导汉语国际教育专业本科实习的准则。"双赢"的实践目标定位符合第二语言教学的特点,"双赢"实习目标的实现基于跨文化交际理论的指导,通过"一对一"教学、兴趣活动和课堂教学等实习途径,可以较好地达到汉语国际教育专业本科学生和学习汉语的留学生的"双赢"。

　　在当前就业形势严峻的情况下,很多青年教师从学生就业和社会需求的角度出发,对汉语国际教育专业毕业生的就业情况和社会价值非常关注。杨辉认为汉语国际教育专业是个新兴的学科专业,教育实习形式狭窄是汉语国际教育专业的发展中比较突出的问题,因此要厘清对外汉语的学科定位和本科培养方案,然后从多方面进行解决,并且提出了5种新的途径开展教育实习活动。④

　　(三)本文的理论依据、研究对象和研究方法

　　1.课程设置理论

　　大学课程设置是指大学里开设的课程科目、专业实践、校园活动等的教学顺序及教学时间安排。课程设置是各个大学实现专业教育目标、突出学校特色的主要方式,必须依照本科学生的人才培养目标、学科特点等进行科学合理的设置。大学课程设置体系一般分为纵向结构与横向结构。纵向结构即为层次结构,分为公共

---

　　① 何干俊.高校对外汉语专业课程设置探析——以中南民族大学为例[J].理论月刊,2010(11):176-178.

　　② 黄剑涛.地方本科院校对外汉语专业人才培养模式浅论——以福建省地方本科院校为例[J].龙岩学院学报,2011(29):96-100.

　　③ 余波.构建对外汉语专业实习实践模式的思路与方法[J].文学界(理论版),2010(8):132-133.

　　④ 杨辉.本科对外汉语专业学生教育实习形式探讨[J].四川教育学院学报,2010(26):22-23.

课、学科基础课、专业基础课、专业课、专业实践课。横向结构是从课程修读的要求来划分,分为必修课和选修课。

2. 研究对象:川内高校汉语国际教育专业本科人才培养模式

高校教育最重要的目的就是培养人才,人才培养模式是高等教育领域的基本问题。许多学者已经就"人才培养模式"的概念进行了讨论,龚怡祖教授指出:"所谓人才培养模式,就是在一定的教育思想和教育理论指导下,为实现培养目标(含培养规格)而采取的培养过程的某种标准构造式样和运行方式,它们在实践中形成了一定的风格或特征,具有明显的系统性和规范性。"[1]有学者把"人才培养模式"定义为"关于人才培养目标、人才培养体系、人才培养过程和人才培养机制等四大人才培养要素在实施人才培养任务时相互关系的'范型'和'式样'"。[2]

笔者认为,可以简单地把"人才培养模式"理解为在科学的教育理论和教育政策的指引下,为实现一定的培养目标而制定相应的、科学的教学管理制度、课程体系和评估方案,在方针政策的指导下进行的教育过程,其中包括培养目标、课程体系、课程设置、反馈评价等多个要素。

3. 主要研究方法

比较研究法:通过比较分析不同的数据,发现异同,并找出原因作出解释。比较研究法适用于对川内 5 所高校汉语国际教育专业本科人才培养模式的横向和纵向比较,以便了解该专业建设过程中的普遍问题。本文旨在通过不同角度的对比,了解川内 5 所高校中汉语国际教育专业本科人才培养模式的基本情况,找出不同人才培养模式的差异,分析各自的优点和不足,从而为汉语国际教育专业本科的人才培养模式提出一些合理的意见。

个案研究法:通过选取研究样本中的某一特定对象,深入进行调查,弄清各种细节。本文主要把川内 5 所高校汉语国际教育本科人才培养模式中较为突出的问题或特色作为典型的个案进行研究,以进一步探求汉语国际教育专业发展的出路。

问卷调查法:本研究通过问卷的形式分别对四川大学、四川师范大学、西南民族大学、成都信息工程大学、宜宾学院的汉语国际教育专业应届毕业生、在读学生以及汉语国际教育专业教师进行了调查,从学生和教师层面对课程设置情况、教学情况、就业情况和满意度方面进行了解,试图找出专业学生的课程需求、专业定位以及本科课程设置存在的不足,以期基于有效数据提出相应对策。

---

① 龚怡祖.论大学人才培养模式[M].南京:江苏教育出版社,1999:95.
② 刘英,高广君.高校人才培养模式的改革及其策略[J].成才之路,2015(18):19-20.

二、川内高校汉语国际教育专业本科人才培养模式对比研究

本文选取了四川大学、四川师范大学、西南民族大学、成都信息工程大学、宜宾学院等 5 所大学汉语国际教育专业的人才培养方案进行对比,本文从培养目标、课程设置、实践教学环节等 3 个方面综合分析各高校人才培养方案的异同。

（一）培养目标对比

通过下表所列的 5 所具有代表性的高校汉语国际教育专业本科的培养目标,我们可以清楚地看到各大高校在培养目标上的异同。

四川大学	培养具有深厚的汉语言专业基础知识和基本理论素养,有较好的外语能力,且对中国文学和西方文学、中国文化和西方文化均有相当的了解,能胜任对外文化交流、驻外机构和外资单位工作及对外汉语教学,进而从事比较文化研究的专业人才
四川师范大学	本专业培养掌握扎实的中外语言文化知识和跨文化交流技能,具有较高的人文素养和教师职业素养,熟练运用一至两门外语,能从中外不同语言文化视角学习和发扬中华文化,能在国内外各层次、各类别学校或机构从事跨文化、跨语种、跨国别汉语教学,在各职能部门、外贸机构、新闻出版单位及企事业单位从事与语言文化传播交流相关工作的中国语言文学应用型、复合型、创新型人才
西南民族大学	本专业培养掌握扎实的汉语基础知识,具有较高的人文素养,具备中国文学、中国文化、跨文化交际等方面的专业知识与能力,能在国内外各类学校从事汉语教学,在各职能部门、外贸机构、新闻出版单位及企事业单位从事与语言文化传播交流有关工作的中国语言文学学科应用型专门人才
成都信息工程大学	本专业致力于培养通晓汉英双语和中外文化、具备较强跨文化交际能力的复合型人才,致力于中国文化的国际传播与中外文化交流。本专业首先注重汉语母语的习得,重视汉语理解、表达、沟通与教育教学能力的培养。其次,注重英语教学,实行小班教学,使学生具有扎实的英语基础,以及具有更为良好的外语技能与跨文化交际能力。最后,突出中外文学、文化的比较,使学生既有深厚的中国传统文化功底,又对西方文化有相当的了解
宜宾学院	本专业培养具有英语与汉语基本知识、基本理论、基本技能及中西文化基础知识,能够胜任对外汉语教学、对内中小学英语教学、企业涉外文秘、公关工作、文化传媒的语言文字工作之双语型、应用型人才。通过对学生知识、能力、素质的四年全面培养,使之成为能主动适应社会经济文化发展需要、具备跨文化交际能力、术德兼修的高素质人才

以上 5 所大学的人才培养目标有很多的相似之处,虽然表述不同,但都十分注重汉语专业知识和中国文化知识。

其中,四川大学并没有提到跨文化交际能力的培养,并且最终的培养目标是"从事比较文化研究的专业人才",笔者认为这样的培养目标与四川大学前"211""985",现"双一流"大学的身份不符,四川大学应对汉语国际教育专业本科的培养目标有一个更高的要求。

相比之下,四川师范大学的专业定位过高,作为四川省属的新晋一本院校,办学条件和师资力量都相对不足,但却将专业培养目标定位为"能在国内外各层次、各类别学校或机构从事跨文化、跨语种、跨国别汉语教学,在各职能部门、外贸机构、新闻出版单位及企事业单位从事与语言文化传播交流相关工作的中国语言文学应用型、复合型、创新型人才",这样的培养目标虽然全方位概括了汉语国际教育专业的专业定位及就业方向,但是却忽视了自身学校和专业发展的现实条件,容易形成眼高手低、华而不实的浮夸学风;四川师范大学也在师范院校的基础上提出了培养"具有较高的人文素养和教师职业素养"的人才,这是自身特色所在。

西南民族大学的培养目标中并没有提到外语能力的培养,这是不符合汉语国际教育专业发展方向的,而且西南民族大学的培养目标是"从事与语言文化传播交流有关工作的中国语言文学学科应用型专门人才",这与汉语言文学专业的培养目标相近,难以体现汉语国际教育专业的特色和发展方向。

成都信息工程大学的人才培养仅限于中英双语,不利于学生第二外语的发展,这既不符合汉语国际教育专业的发展方向,也不符合汉语师资在世界范围内短缺的事实。

同样地,宜宾学院也是将人才培养目标限于中英双语,"能够胜任对外汉语教学、对内中小学英语教学、企业涉外文秘、公关工作、文化传媒的语言文字工作之双语型、应用型人才",这样的培养目标对于宜宾学院这样的省属全日制综合性普通本科院校来说定位过高,尤其是"能够胜任对外汉语教学、对内中小学英语教学",想要汉语国际教育专业的学生从事国内中小学英语教学,这样的培养目标完全是不合理的。此外,宜宾学院地处四川省宜宾市,与其他几所位于四川省会成都的院校相比,宜宾学院汉语国际教育专业的学生所能接触到的教学资源有限,单从所能从事"一对一"留学生教学的角度来说,留学生数量就远远少于其他几所院校,那么学生实际的汉语教学经验就会相对较少。

(二)课程设置对比

1. 专业核心课程设置

学校	主要课程
四川师范大学	现代汉语、古代汉语、语言学概论、应用语言学、对外汉语教学概论、中国古代文学、中国现代文学、中国文化通论、写作、外国语(各语种)

续表

学校	主要课程
西南民族大学	基础英语、高级英语、英语听说、语言学导论、现代汉语、古代汉语、语言学概论、应用语言学、对外汉语教学概论、中国古代文学、中国现代文学、中国文化通论、写作等
宜宾学院	现代汉语、古代汉语、基础英语、中国文学、中国文化、汉英翻译、语言学、对外汉语教学理论与实践、西方文学、西方文化与礼仪

　　我们只找到四川师范大学、西南民族大学、宜宾学院 3 所学校的课程设置信息。通过对比,我们可以看到,3 所大学中的专业核心课程都包括基本的专业基础课程和专业核心课程,如现代汉语、古代汉语、中国古代文学、中国现当代文学、外国文学、应用语言学等。各个学校的课程大致相似,但也有一些不同的地方,如在教材选择上,四川大学使用自己本校教师杨文全编写的《现代汉语》,而四川师范大学使用的是邵敬敏的《现代汉语通论》。

　　此外,各个学校的专业核心课程有自己的特色,比如,四川师范大学十分重视教师技能的培养,开设了对外汉语课堂教学法(微格)、对外汉语教学概论等作为专业核心必修课。

　　2.英语课程设置

学校	课程名称	课程性质	英语学分	总学时
四川师范大学	英语精读	学科基础必修	7	112
	英语泛读	学科基础必修	8	128
	英语听说	专业核心必修	11	176
	英语写作	专业核心必修	2	32
	英汉互译	专业核心必修	2	32
	小计:总学分 175,英语学分共 30,占比 17.14%			
西南民族大学	大学英语Ⅰ	通识必修	14	222
	中级英语听说	专业必修	2	34
	高级英语听说	专业必修	2	34
	高级综合英语	专业必修	8	136
	商务英语	专业选修	2	34
	翻译(必选)	专业选修	4	68
	英语写作	专业选修	2	34
	小计:总学分 176,英语学分共 34,占比 19.32%			

续表

学校	课程名称	课程性质	英语学分	总学时
成都信息工程大学	大学英语	公共必修	13.5	216
	大学英语测试与评估Ⅰ	公共选修	2	32
	交际英语	专业方向必修	2	32
	应用英语阅读	专业方向必修	2	32
	小计:总学分170,英语学分共19.5,占比11.47%			
宜宾学院	基础英语	专业核心课程	4	72
	汉英翻译	专业核心课程	4	72
	英语听说	拓展课程选修	2	36
	高级英语	拓展课程选修	4	72
	英文读书报告	应用实践教学必修	4	4
	英文写作	应用实践教学必修	2	36
	小计:总学分160,英语学分共20,占比12.5%			

通过对四川师范大学、西南民族大学、成都信息工程大学和宜宾学院的大学英语课程设置进行对比研究,我们可以发现各个学校对汉语国际教育本科学生的英语培养要求有所不同:四川师范大学的英语课程是从听、说、读、写不同方面有针对性地开设的,都是专业必修课程,学分占比达到了17.14%,非常重视学生的英语水平,这十分符合汉语国际教育专业的发展趋势,值得肯定;西南民族大学是在大学公共英语的基础上加设了更高阶的综合英语,培养学生综合应用英语的能力;成都信息工程大学的英语课程明显开设较少,不足以培养高水平的汉语国际教育人才,且都是基础的英语课程,并没有针对学生的实际水平开设高质量的英语课程,英语学分占比仅为11.47%;宜宾学院开设的英语课程也较为基础,占比不高,其中课程"英文读书报告"作为应用实践教学,是一个创新点,有利于提高学生实际应用英语的能力。

3.第二外语课程设置

学校	课程名称	课程性质	英语学分	总学时
四川师范大学	外国语(韩语、泰语任选)	专业方向课程	12	192
成都信息工程大学	日语	公共选修	2	32
	第二外语(法语)	专业选修	4	64

通过查找5所学校第二外语课程的设置情况,笔者发现仅有四川师范大学和成都信息工程大学2所大学开设了第二外语课程(四川大学资料缺失)。其中,四川师范大学设置了韩语和泰语2门课程供学生选择,在师资和学生都较少的情况

下,这是比较合理的安排。学生经过 4 个学期的学习,对所选择的语言应该有了较清晰的认识,具备初、中级的水平。韩国和泰国都是学习汉语人数较多的国家,学习韩语和泰语有利于学生了解这 2 个国家的汉语情况以及常见的文化现象,为以后的对外汉语教学提供便利。但不足的是,这两个国家都在亚洲,距离中国很近,不利于学生多方位地了解其他国家地区的学生。而成都信息工程大学的第二外语课程设置相对不合理,主要表现为日语和法语的学习时间太短,而法语本身又比较复杂,仅仅通过几十个学时,学生很难有明显的学习成效。

4. 选修课程设置

5 所大学的选修课都较为丰富,有利于学生的全面发展。选修课分为全校性的公共选修课和专业选修课,这里主要研究的是专业选修课。

不同学校的专业选修课都有各自的特色,比如,四川师范大学十分重视教师技能的培养和学生综合文化素养的提高,于是开设了书法、棋艺、中国人文地理、中华文明简史、巴蜀文化研究、外译中国经典导读等特色选修课。西南民族大学开设的专业选修课程相对丰富,包括教育学、语言学史(必选)、外国文化通论(必选)、语言学名著选读、中国现代著名作家选讲、中国现当代流行小说、教育心理学、商务英语、对外汉语课堂教学技巧、现代汉语语法专题研究、现代汉语词汇专题研究、现代语言学流派、中国当代经典文学作品导读、中国小说名著研读、西方现代派文学、中国古代文论、西方文论、中国当代地域文化与文学、跨文化交际(双语)、翻译(英汉、汉英)(必选)、信息修辞学、现代汉语语音专题研究、现代汉语修辞专题研究、英语写作、国际商贸文书(双语)、对外汉语教学专题研究、各国文化与礼仪等 27 门课程,这样丰富的专业选修课虽然有利于培养学生的专业兴趣,但实践起来困难重重,师资力量缺乏是一方面原因,课程资源浪费也是重要的因素。成都信息工程大学也体现出了自己信息技术方面的特色,在大学计算机基础这门公共必修课的基础上还开设了计算机辅助设计这门选修课。宜宾学院与西南民族大学一样,存在着专业选修课过于丰富,但在实际开设时并不能按要求开设制定好的课程。

实际上,各个高校都存在着在人才培养方案中列出了的专业选修课但实际上并没有开设的,甚至没有给学生自主选择权利的课程。以笔者所在的四川师范大学为例,巴蜀文化研究、外译中国经典导读等课程实际上并没有开设,学生的课表是学院直接制定好的,学生并没有参与学院特色选修课的选择。在专业方向选择上,本来学生人才培养模式上制定了汉语国际教育专业方向、涉外交流专业方向等,但在课程实施过程中,仅开设了汉语国际教育专业方向,学生并没有选择专业方向的权利。

(三)实践教学环节对比

1.专业实践

学校	专业实践	学分	学时
四川师范大学	安排在第五学期,主要方式是与来我校学习的留学生结对,作"一对一"汉语辅导,也可在孔子学院和实习基地进行对外汉语教学实习	2.5	4周
西南民族大学	根据实际情况安排	3	17周
成都信息工程大学	对外汉语教学实习	10	160
宜宾学院	指向专业运用与职业倾向的专业(教育)实习、实训形成链条,先于校内自主实训,再结合课程进行校外短期(一般为停课1周)见习,最后于第七学期进行为期不低于280学时的集中专业(教育)实习	16	/

2.毕业实习

学校	毕业实习	学分	学时
四川师范大学	具体安排在第七学期,采取分散实习的方式,由学院推荐和学生自主联系相结合,实习单位一般为国内外汉语教学机构,外事单位,小学语文、外语教学以及其他与汉语国际教育相关的职业	4	18周
西南民族大学	/	4	17周
成都信息工程大学	/	4	64
宜宾学院	指向专业运用与职业倾向的专业(教育)实习、实训形成链条,先于校内自主实训,再结合课程进行校外短期(一般为停课一周)见习,最后于第七学期进行为期不低于280学时的集中专业(教育)实习	16	/

从以上2个表格可以看出,各个高校在专业实践和毕业实习方面有很大的不同:四川师范大学的专业实践主要内容并不合理,"主要方式是与来我校学习的留学生结对,作'一对一'汉语辅导",以"一对一"的方式作为专业实习的主要内容,并不能充分地培养学生的专业能力;成都信息工程大学的专业实践学分占比过高,

远远超过毕业实习,过于拔高专业实践而忽略毕业实习,这有点得不偿失了,并且专业实践和毕业实习很难用平常的上课学时去计量,所以笔者认为在学时这里改为以周为单位更符合实际;宜宾学院的专业实践和毕业实习是一条线路,"先于校内自主实训,再结合课程进行校外短期(一般为停课1周)见习,最后于第七学期进行为期不低于280学时的集中专业(教育)实习"这样的安排有助于学生将专业实践和毕业实习结合起来,链条式的实训、见习、实习使学生的专业能力得到连贯的锻炼,能充分发挥学生的潜能。

3. 毕业论文

各高校课程设置中毕业论文的安排大致一样。其中,成都信息工程大学的毕业论文学分最高,高达10分;成都信息工程大学和宜宾学院都把毕业论文的学时当作普通的学时来标注,但实际上毕业论文的学时很难计算,因此以周为单位是较为合理的计算方法。

三、分析各高校人才培养模式不同的原因

各高校的学校定位、综合实力、师资力量、专业发展、学校特色等都不一样,这些都对汉语国际教育专业本科的人才培养方案有重大影响。

四川大学是四川省最强的综合性大学,其汉语国际教育专业实力很强,具有培养学生综合素质和专业能力的有利条件。但在汉语国际教育专业本科人才培养方案中,四川大学的人才培养目标定位比较模糊。另外,四川大学教学资源丰富,硬件设施较好,师资力量也更强,学校的学术氛围更浓厚,学生可以更多地接触到不同的专业选修课、不同地区的留学生、更专业的学术讲座及活动,更有利于提升学生的综合素质,使学生全面发展。

四川师范大学作为四川最好的师范院校,汉语国际教育专业发展前景良好,学校十分看重对学生文化素养和教学能力的培养,专业课程设置较为合理,重视学生的专业理论知识,有利于培养应用型的汉语国际教育专业的学生。但限于师资力量和办学条件,选修课程较为缺乏,第二外语的教师也并不十分专业。

西南民族大学作为直属于国家民族事务委员会的大学,在汉语国际教育专业上并没有优势,但办学能力和基本实力都较强。

成都信息工程大学作为以理工科见长的大学,汉语国际教育专业的发展条件较其他院校来看,处于劣势,但在当今越来越信息化的社会,汉语国际教育专业的学生更多地掌握信息技术知识也是十分必要的。

宜宾学院作为地处宜宾市的省属高校,对汉语国际教育专业的学生来说,无论是师资力量、所能接触到的外国留学生、自己锻炼专业能力的机会等都不如其他几所大学。

四、针对人才培养模式的困境提出建议

（一）创新人才培养模式

跨学科交叉性是汉语国际教育专业的显著特点，主要包括不同学科门类、相近专业之间相关知识的交叉重叠。因此，各高校需要整合学生的知识结构，构建多元一体的知识体系，使人才培养目标具有基础性、专业性、应用性与复合性，才能培养出能将所学知识熟练应用于汉语国际教育的专业人才。

（二）第二外语

目前非英语国家中学习汉语的人数显著增多，如在与我国相邻的韩国、日本和东南亚一些国家以及其他非英语的欧洲国家，学习汉语的热潮越来越高涨。基于这些现实情况和当今全球化的大趋势，我们应该认识到如果我们不正确地认清汉语发展的现实，只专注培养学生的英语能力，就不能满足当今汉语教学的需要。四川各高校汉语国际教育专业可以结合自身的特殊地域环境和高校合作项目的目的地国家的语言背景，尝试开设西班牙语、德语、法语、日语、韩语、泰语等小语种的第二外语的教学。值得注意的是，汉语国际教育专业开设第二外语的目的不仅是让学生多掌握一门外语作为语言工具，更是希望学生能够通过对第二外语的学习去了解其他语言的语法特征和形态，把这种不同于汉语的新的语言系统应用到汉语国际教学中去，从而取得更好的教学效果。

（三）教材创新

现在大部分高校中汉语国际教育专业使用的仍是中文系的汉语教材，这些传统教材虽然能将汉语本体知识、中国文化知识等理论囊括进去，但仅适用于中文系4年的教学时间。作为一个应用型专业，汉语国际教育专业本科学生的课程设置中可以把这类课程压缩为1—2年内讲授完毕，这才能符合汉语国际教育专业的发展现实。因此相关高校的教师应当编写适合本专业的文学类、语言类、文学理论类、文化类等教材，突出教材的应用性。

（四）专业实践

汉语国际教师的专业发展、教育理念的更新和拓展、教学水平和技能的提高，最终要落实在具体的教学实践这一环节上来。高校可以通过增加汉语国际教育课堂分析、试讲等师范生技术的训练，使学生获得比较扎实的教学基本技能，尽可能给汉语国际教育专业的学生创造与留学生接触的机会，通过示范性教学、讲评等各种教学活动，让学生实地了解汉语学习者的学习特点和学习需求，使汉语国际教育专业的学生有目的地进行学习和训练，这样会更有效地培养出优秀的对外汉语教

学人才。

五、结束语

本文根据课程设置等相关理论,从汉语国际教育专业本科的人才培养模式中选取了培养目标、课程设置以及实践教学环节等内容,对川内 5 所高校汉语国际教育专业本科人才培养模式进行了对比,从而发现高校人才培养模式中的一些问题,并提出相对合理的分析,希望对各高校汉语国际教育专业本科人才培养模式有所裨益。

参考文献

一、专著

[1]龚怡祖.论大学人才培养模式[M].南京:江苏教育出版社,1999.

二、期刊论文

[1]何干俊.高校对外汉语专业课程设置探析——以中南民族大学为例[J].理论月刊,2010(11).

[2]黄剑涛.地方本科院校对外汉语专业人才培养模式浅论——以福建省地方本科院校为例[J].龙岩学院学报,2011(29).

[3]刘英,高广君.高校人才培养模式的改革及其策略[J].成才之路,2015(18).

[4]王振顶.地方高师对外汉语人才培养模式与课程体系的研究与实践[J].教育与教学研究,2011(25).

[5]杨辉.本科对外汉语专业学生教育实习形式探讨[J].四川教育学院学报,2010(26).

[6]余波.构建对外汉语专业实习实践模式的思路与方法[J].文学界(理论版),2010(8).

[7]周卫华.地方高校对外汉语专业本科人才培养模式构想——以三峡大学为例[J].三峡大学学报(人文社会科学版),2009(31).

贰
汉语国际教育人才培养经验总结

"一带一路"背景下"三化三通"高素质海外汉语人才培养模式构建与实施①

摘要:本文为在南亚国家汉语师资班的人才培养过程中,对"三化三通"高素质海外汉语人才培养模式的构建实施及取得成效的总结报告。报告中主要有以下几个方面:成果简介及主要解决的教学问题、成果解决教学问题的方法、成果的创新点、成果的推广应用效果等。

关键词:"一带一路" "三化三通" 海外汉语人才 留学生 培养模式

一、成果简介及主要解决的教学问题

（一）成果简介

2013 年,国家主席习近平首次提出共建地跨欧亚大陆的"一带一路"倡议（"丝绸之路经济带"和"21 世纪海上丝绸之路"）,以达到"五通",60 多个共建国家纷纷响应,积极与中国加强互联互通建设。而"五通"的核心是"民心相通",语言互通又是民心相通的必备条件。为此,孔子学院总部/国家汉办积极推进"一带一路"所及国家的高素质汉语人才的培养。2013 年,四川师范大学成立国际教育学院,承担培养海外高素质汉语人才的任务。尤其是最近几年,国际教育学院连年开设五年制南亚国家汉语师资班。

由于教学、管理等方面存在的问题,留学生教学普遍存在"放羊式"教学的现象,导致学习效果提升迟缓。为改变这一状况,国际教育学院从建院始,就进行海外汉语人才培养模式构建与实践,并取得了理想的成果。本成果在新建学院底子薄的有限条件之下,依托学院老师在留学生教学改革、汉语国际教育专业教学改革

---

① 本论文撰写于 2017 年,为南亚国家汉语师资班项目培养 2 年后依据培养实践及模式创新所撰写的成果总结报告。在南亚国家汉语师资班完成 5 年的培养后,基于本报告的培养模式及后期进一步的模式探索和创新,作者又撰写了《"双案互补、多维结合"——汉语国际教育本科创新人才培养模式构建实施与经验总结》的成果总结报告。后续报告部分内容与本报告有一致性或继承性,部分内容可能一样,但也有一定修改。2 份报告反映了在中外汉语国际教育人才培养上的不断思考、探索及培养成果的发展。本论文收录时保持了原样。

的多项成果,构建并实施了以培养高素质海外汉语人才为核心目标,以"三化三通"为措施的人才培养模式。

1."三化"

"三化"即"精化教学、强化管理、优化教辅",是构建新培养模式的具体改革措施,是培养质量提升的硬性保障。

(1)精化教学

精化教学包括精化师资、精化教材、精化练习 3 个方面。

精化师资:优选教学水平高、学历高、专业对口的教师承担重要课程的教学,实行主教负责制,如南亚国家汉语师资班的 4 位主教都具有与汉语或语言学专业相关的博士学位,10 年以上对外汉语教学经验,能较为精准地把握留学生教学中的重点和难点知识。

精化教材:改变随意自选教材的情况,确立几套成熟的优质教材。通过对比《成功之路》《长城汉语》《博雅汉语》《汉语教程》等教材,并调研留学生教学成绩较为突出学校的教材使用情况,最终确定将《成功之路》系列教材作为四川师范大学不同水平留学生的主要汉语教材。同时组织研讨,开发针对教材的优秀课件,供同一门课的老师共同使用。

精化练习:自主开发高质量 HSK 训练材料或教材习题。学院目前已经编印了HSK 一级至五级的多套仿真模拟试题,以及主干课程的辅助习题集。

(2)强化管理

这是首创的留学生学习管理方式。学院设置专门的辅导员,对留学生的学习生活进行严格管理,学生表现与学生奖学金挂钩。主要体现在 3 个方面:上课考勤、自习考勤、作息监控。考勤保证了学生既上课规律又复习及时,从而迅速掌握巩固知识,作息监控保证了学生在学习时体力充沛、精神饱满。强化管理使得上课、复习、作息三者之间形成了一种良性循环,为学生快速提高汉语水平提供了强而有力的保障。

(3)优化教辅

这是首创的教学方式,指学院优选部分高年级汉语国际教育中国本科学生作为任课教师的助教(小老师),对主教负责,受主教监督,"一对一"或"一对二"辅导留学生的课后作业、口语练习或进行生活方面的帮助,并且规定了等同于上课的作业辅导时间。助教既是留学生学习上的小老师与语伴,为学生解决部分学习上的问题,提供一个真实的汉语交际环境,一定程度上提高学生的汉语水平,又是生活中的朋友,力所能及地协助远在异国他乡的学子处理生活中的问题,缓解其心理上的不适应。

2."三通"

知识与能力打通、教学与科研打通、留学生培养与汉语国际教育专业中国本科生培养打通。这是"三化"的硬性措施达到的软性效果。

(1)知识与能力打通

这一培养模式下,留学生可有较多时间融入中国人的生活环境。沉浸式学习,作息受到合理约束;规律性学习,所遇学习问题反馈解答及时;无阻碍式学习,使学生的课堂汉语知识输入能快速转化为汉语能力输出。

(2)教学与科研打通

以教学促进科研,以科研助力教学,即教师在教学中不断发现对外汉语教学领域的课题,并形成科研项目或论文,同时,成果又反哺教学、促进教学。如学院老师关于韩国学生汉字习得的认知研究、对外汉语词汇的习得与教材研究、汉语二语习得者汉字认知研究、巴基斯坦学生汉语语音习得研究、针对汉语教学的汉英情态对比研究等,都是源于教学又反促教学。

(3)留学生培养与汉语国际教育专业中国本科生培养打通

精选的师资中大部分教师同时承担了汉语国际教育本科生专业课程的教学,本科生大多参与了助教工作,这有利于本科生学习和科创能力的培养,而学生能力的增强,也让其留学生助教工作完成得更好。

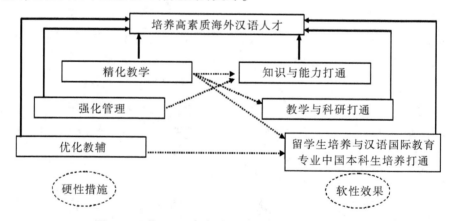

图1 "三化三通"高素质海外汉语人才培养模式图

本成果实施以来,已经取得了多方面的实效。最直接的成效是留学生汉语水平提升较为快速,这在成果推广应用部分有详细说明。仅以该模式运用较为成熟的2015级南亚国家汉语师资班的教学为例,在总计6个月的汉语学习中,学生汉语水平进步惊人,依次以100%或近100%的通过率通过了HSK一级、二级、三级和四级及 HSKK 初级,平均分都在良好甚至优良之上,得到了巴基斯坦等南亚国家领事馆的高度关注和多次书面表扬。教学质量的提高也吸引了更多的海外学生申请来四川师范大学学习。同时,教师的科研能力也得到很大提升,最近 4 年,教师依托这一培养模式的科研项目、科研论文数量超过 30 项。国内本科生的培养也得到极大的促进,学生发表的与这一培养模式相关的论文达 15 篇,校省国家级科创立项达 12 项。

(二)主要解决的教学问题

本成果针对留学生汉语教育长期质量不高的现状,进行了改革,主要解决了留学生培养方面的以下问题:

1. 变"放羊式"为"三化三通式"

这一举措解决了汉语人才培养模式思路模糊的状况。由于本模式从师资、教学、教材教辅、学生管理、学习环境、辅助教学等方面多管齐下,最终解决了留学生培养质量不高的问题。这一模式彻底改变了留学生"放羊式"学习状态,沉浸式学习解决了留学生学习效果提高缓慢的难题。

2. 变教学无序为运行规范

针对留学生教学中师资来源混杂、良莠不齐,教材选择随心所欲,教学进度由教师自主决定的情况,学院确立领导督办、教研室主任负责的方式,进行定期的教研活动、优选老师、听课评教、以评促教、细化教师职能、教材及练习研发等精化教学的措施,最终使留学生教学与管理进入了有序的良性循环。

3. 变单一管理为多元服务

留学生的生活、学习管理,一直是比较困难的问题,迟到、旷课、不做作业、不按时作息、夜不归宿等都是教学与管理的难题,而且主要由留学生办公室一条线进行管理,效果不好。但本模式从两方面入手解决了这一问题。一是制度保证,制定颁布了成套的作息、考勤、考试、自习等方面的规章制度,如《留学生请假制度》《留学生考勤制度》《留学生安全管理规定》《留学生奖学金发放依据》等,并全部告知留学生。二是执行保证,本培养模式设置了专职辅导员(班主任),由其负责留学生遵守制度情况的考查,同时加强服务,尽快发现学生生活中的困难并助其解决,让其专心学习。这些措施使上述留学生管理难题都得到了较好的解决。

4. 变教研分立、中外分立为教研互通、中外互通

对外汉语教学传统上有一种误区,认为这种教学是低水平、无理论含量的,并且被一些苦于在此找不到科研方向的教师所默认,导致科研与教学严重偏离。但实际上,对外汉语教学在二语习得、认知、脑神经科学、跨文化交际、语言学、教育心

理学等多重领域都可深入研究。这一培养模式,强调老师的专业素养,强调教学研讨,强调对学生的指导。这样,教师在教学中能发现与教学相关的极有研究价值的现实课题,找到合适的科研方向,整体科研水平都得到了提高,这反过来又促进了教学,从而消除了教学与科研的壁垒。而汉语国际教育专业的中国本科生与留学生之间,由于学习内容、学习管理、生活环境、作息制度都不太相同,导致中国学生缺少实践机会,对留学生学习上的重点难点不清楚,也不知道如何解答,对课堂教学技巧也没有体会。而留学生往往不能较自由地接触中国大学生的生活,语言学习环境受限,语言能力发展较慢。但在这一培养模式之下,较多的中国本科生参与到辅助教学之中,既让汉语国际教育专业的本科生较快地掌握了专业实践技能,也让留学生更快地融入了学校的生活环境,消除了中国本科生与留学生之间的壁垒。

二、成果解决教学问题的方法

本成果对留学生教学作了彻底的改革,在海外汉语人才的培养上确立了全新的培养思路和方法,终极目标是要改变海外汉语人才培养效率低下的现状,最终培养出高素质的海外汉语人才。为此,本成果为实现"三化三通"的培养模式,主要采取了以下具体方法来解决教学问题。

(一)统一认识,集中研讨了留学生综合化、集约化培养模式的宏观思路,讨论形成了"三化三通"的高素质汉语人才培养模式

为了统一认识,学院专门分派领导主抓留学生培养质量问题,负责讨论构建培养模式。由于领导直接监管,教研室主任负责,一些以前长期不能解决的问题很快得到了解决。

(二)多种措施实现精化教学

提高教学质量首先要提升授课质量,包括师资、教材等方面的质量。具体采取了以下措施:

1. 精选教师

对外汉语教师历来有来源混杂、专业性不强、学历不高等问题。但在本成果的实践中,采取了"学历专业定主教,教学成效定去留,教师特长定学生"的"三定"原则,即在选择留学生任课教师时,在加强引进优质师资的基础上,优先安排具有博士学位、专业对口(如汉语国际教育、语言学、中国语言文学)、有多年对外汉语教学经验或孔子学院教学经历的教师承担关键性课程的教学工作,如综合汉语、汉语听说等,并由这些能力较强的教师承担首创的主教工作,实行教学班级主教负责制。由主教主管班级教学进度及帮助其他课程的教师解决教学难题,提高教学质量,主教还负责对一些年轻或教学经验不足的教师进行传帮带。同时,无论主教还

是其他教师,都要接受听课评课检查和教学成效考核,最终依据教学效果以及学生参加各级 HSK 模拟考试及正式考试的成绩,决定主教及其他教师是否合格、是去是留。同时,在学生学能测试分班后,教师依据教学特点、性格特点、专业特长来确定所教的学生,如教学手段丰富、有耐心的教师负责学能较低、进度较慢的班级,语法擅长、严厉的教师负责学能较强、接受较快的班级。

2. 精选教材

针对以往留学生教学中由任课教师自主选定教材,教学进度无序的情况。本成果在实践中强调整个教学过程的教学研讨工作。首先是教材研讨,通过开课前及开课中的不断实践和比较,最终选定了几套高质量的教材,如《成功之路》的系列综合、听说、写作教材,在几年的实践中都显示出了较好的教学效果。其次是教学进度研讨,平行班级的所有任课教师一起研究每门课程的教学进度,严格按进度上课。

3. 精编练习试题

为强化学生学习效果,本成果一方面针对授课内容编写了大量辅助性的练习,如综合汉语课的活页练习、写作课的写作练习、阅读课的辅助阅读练习。另一方面,针对学生需要参加的各级汉语水平考试,开发编写了大量的 HSK 模拟仿真试题并进行模拟测试。这些练习试题的运用,使学生在多次 HSK 考试中驾轻就熟,取得了优异的成绩。

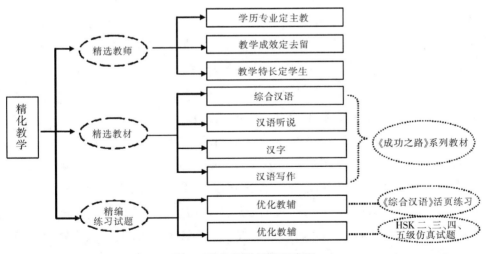

图 2　精化教学措施示意图

(三)确立"制度先行,管理紧跟,奖惩兑现"的管理办法,解决留学生管理难题

留学生迟到、旷课、不做作业、不按时作息、夜不归宿等都是教学与管理的难题。为解决这些难题,学院确立了"制度先行,管理紧跟,奖惩兑现"的管理思路和

办法。

"制度先行",指学院一改以前留学生管理规章制度不全不明的情况,对留学生的行为规范制定了较为完善的规章制度,包括上课制度、请假制度、作息制度、考试制度、成绩考核制度等,如《留学生请假制度》《留学生考勤制度》《留学生安全管理规定》《留学生奖学金发放依据》等,留学生到校之初,就必须了解这些制度规定。

"管理紧跟",指本成果除了首创主教班级教学质量负责制,又首创了辅导员(班主任)留学生学习、生活行为管理负责制。辅导员日常需要对留学生上课出勤、上助教辅导课出勤、课外作业完成情况、平时作息规律、是否违反学校校规等方面进行监督和管理,并作准确记录,同时要关心学生生活,对生病、住院和生活困难的学生及时提供帮助。

"奖惩兑现",指将学生对制度的遵守情况,依据辅导员的记录与奖学金的发放挂钩。对违反制度较严重的学生实行延迟发放奖学金的处罚,严重违纪的,终止其在校学习资格。如2016年初,在请示孔子学院总部后,学院就终止了一名严重违反作息制度的南亚国家汉语师资班的学生的学习资格。经过这样的管理强化,学生学习热情和学习成绩普遍提高,学生之间形成了良性的成绩竞争机制,上课出勤率维持在95%—100%。

(四)创新的强化教学辅助制度消除了多方面的壁垒

选择优秀的高年级本科生作为留学生授课教师的助教("小老师"),形成"大老师—小老师—留学生"三角互动互通模式,亦为本成果首创。这一制度的实施是一个复杂的系统,需要经历"面试—配对—听课了解教学内容—确立辅导内容及形式—微信、QQ反馈—主教或其他教师指导留学生或助教"的过程。面试:任课教师要对汉语志愿者进行面试,选出专业基础扎实且有对外汉语教学潜质的学生作为助教。配对:助教与留学生一对一或一对二配对。听课了解教学内容:助教跟随留学生听主教上课,了解教学的进度及要点。确立辅导内容及形式:主教或其他教师每次课后确立辅导内容,指定助教负责完成,一般主要完成教师布置的批改作业、听写生词、汉语口头练习等,同时助教还要与辅导员协商确定上课的时间及教室,助教的规定性上课量为周课时3—6课时。微信、QQ反馈:建立教师及助教微信、QQ群,教师在群里布置任务,助教每次辅导完成后,在群里留言或拍照反馈学生练习成绩及问题,并以反馈作为辅导工作是否完成的依据。主教或其他教师指导留学生或助教:主教在得到反馈后,将在下次上课时有针对性地对学生掌握不好或此前讲解不清楚的内容进行巩固强化,解决留学生的疑惑。同时,由于助教都是本科生,在辅导中只要求他们判定作业的正误,不要求他们作语法等理论方面的解释,但辅导中的这些问题,也是他们本科学业中要解决的内容,因此,教师还要对助教提出的问题进行反馈解答。此外,主教还要负责处理留学生与助教之间发生的矛盾。

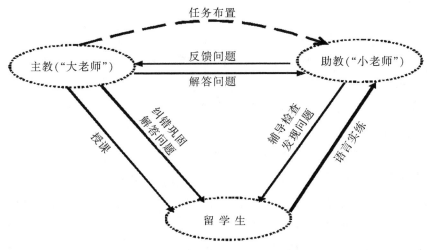

图3　三角助教系统运作示意图

助教制度,至少在以下方面促进了教学:

1. 解决了留学生教学与中国本科生教学之间的壁垒

一方面,来中国学习的留学生,由于初期汉语能力弱,往往易形成留学生自己的生活小圈子,虽在中国却游离于汉语语言环境之外,不太容易接触到普通话语言环境(尤其在四川这一方言使用普遍的地域),而教师因其他工作、生活等方面的牵扯,往往在上课后没有更多时间与学生相处,难以营造真实的语言环境。而助教制度规定了助教的教学计划,加上助教具有极高的工作热情和专业知识,就能很好地为留学生营造沉浸式学习汉语的语言环境,提高留学生的学习效率。助教和留学生都是学生,生活作息环境较相似,往往容易成为朋友,在生活中也会常常聚在一起,很容易把留学生带入真正的汉语社会和环境之中。另一方面,汉语国际教育本科生的辅导过程实际上是专业实践的过程,因此解决了以往本科生很难接触到对外汉语教学实际的难题。辅导中发现问题、解决问题并得到指导的过程,也是本科生培养的高效手段。相当多的学生在这一过程中找到了学生科创、毕业论文的选题。

2. 促进了教师的教学和科研

一方面,由于实行了助教制度,教师从以前烦琐的作业批改中解脱出来,更有时间和精力备课、科研。这吸引了更多的优秀教师承担留学生课程教学工作。另一方面,助教在教学中发现的很多问题都较有价值,教师从中找到了一些科研方向,并指导有兴趣的助教搜集资料,协助教师完成相关的科研。学院中已有多个教师的科研选题直接来自本成果。

三、成果的创新点

(一)模式创新

首创"'大老师'—'小老师'—留学生"三角互动互通模式,改变传统"主教—留学生"单线教学模式的局限与不足;首创了留学生管理的主教负责制和辅导员(班主任)负责制。

传统的"主教—留学生"单线语言教学模式,普遍造成来华留学生的融入性困难,具体表现在:第一,师生交往不够。首先,由于应试压力及教学任务的限制,授课教师多关注学生是否掌握教材所要求的语言点和词汇量,对留学生在日常生活中遇到的实际语言问题,既没有足够的时间也没有足够的精力去了解。其次,不管教师如何高效率地利用课堂时间帮助留学生操练语言,由于学习活动结束后师生之间极少往来,留学生对课堂上所学到的语法和词汇是否正确运用于日常交际场合时常感到很困惑,却又苦于找不到人帮助其进行验证。第二,朋友交往不够。调查显示,绝大多数来华留学生的人际交往圈仅局限于自己国别的留学生,日常生活中更多地使用自己的母语而不是正在学习的目的语——汉语。造成该现象的原因有很多,一是源自留学生对自己的语言文化更认同的心理,二是留学生初期的汉语基础薄弱,三是由于没有合适的途径认识具有对外汉语教学专业背景的中国朋友。

本培养模式首次引入国际汉语教育专业的本科生作为项目正式聘用的助教"小老师",在培养计划中特别设置"小老师辅导课",周课时 3—6 课时,改变了留学生"放羊式"的教学方式和剥离式的学习状态。一方面,"小老师"帮助"大老师"带读课文、纠正发音、完成口语操练、示范汉字书写、听写生词、背诵课文,从而帮助"大老师"完成了上课需要操练却又因为进度原因而无法操练到的语言内容,大大缓解了"大老师"的教学压力,提高了学生的学习效率。另一方面,"小老师"帮助留学生回答日常生活中所遇到的语言问题,摆脱无处求助的语言困境。

而主教负责制,由于主教都是教学能力强、威望比较高的教师,承担的课时多,与学生见面的时间也较多,学生在学习中很容易形成对主教的认同感和信赖感,因而比较容易服从主教在学习上的指导和管理,并乐于将学习和生活中的问题与主教交流,寻求帮助。实践中发现,有些主教因其教学能力和亲和力,被很多南亚学生尊敬地称为"妈妈"和"爸爸"。辅导员(班主任)制度,也极大地加强了留学生与学院管理层的联系,非常有效地让学院掌握了学生几乎每天的学习和生活状况,及时发现可能发生的问题。实行这一制度后,留学生整个上课的精神状态都比较饱满,考试中争取好成绩的心理驱动力明显增强。

(二)资源创新

整合"教师科研""国际汉语教育专业本科生实践""留学生语言实践"三大资源,师生一体极大地促进了科研的共赢与学业的共赢。

1.为任课教师提供科研平台

集中强化的教学模式,一方面增加了任课教师与同一批学生共处的时间,另一方面方便教师观察留学生的汉语水平从零起点到 HSK 五、六级高级水平的发展轨迹和习得过程,使任课教师很容易从教学中发现尚未解决的问题,进行科研项目并撰写科研论文。

2.为国际汉语专业本科生提供教学实践平台

师范专业的本科生长期以来存在知识与技能脱节的问题,国际汉语教学专业的本科生也不例外。缺少得以与留学生认识的途径、所学知识无法应用于教学实践、教学中留学生的问题无法回答,都是国际汉语专业留学生长期面临的问题。"小老师"岗位的聘用,能帮助国际汉语专业本科生结识留学生、参与教学实践,并在实践中思考教材理论如何应用于教学实践,以及留学生的问题应该如何回答、怎么寻找答案。

3.为留学生提供语言操练及交友平台

由于"小老师"与留学生年龄相仿,又都同住在校园,留学生更愿意与"小老师"分享学习与生活中的收获与困难。这无论从实际角度还是心理角度,都能有效帮助留学生更快更好地融入目的语的语言环境和生活环境。

(三)效率创新

新的培养模式与新的资源整合,最大效率地促进了留学生汉语的习得进程。

本培养模式密集型的强化教学提升了留学生汉语学习的成效。再加上其有效地整合了"大老师""小老师"和留学生三大参与方,使每个参与者都从中获益,提高了每个参与者的动力和热情,使留学生汉语学习的成效呈几何级数增长。

四、成果的推广应用效果

自逐步推行"三化三通"高素质海外汉语人才培养模式以来,我校海外留学生团体的培养质量不断提高,吸引了更多海外大学组织学生成批次来我校学习汉语。在 2013 年、2014 年、2015 年的留学生教学中,不管是一年制、两年制常规语言学习班、强化班,还是暑假、寒假短期语言培训班、夏令营,均取得了很好的教学效果,更先后与法国、意大利、西班牙、巴基斯坦、以色列、韩国、日本、泰国等多个国家的大学建立了长期的汉语人才培养合作项目。来此学习的学生对教师的教学和课外文化活动均作了高满意度的反馈,良好的教学效果以及教辅结合、语言沉浸是我校吸引并且保证留学生生源的重要因素,是我校多项留学生项目一直持续的重要因素。这一成果完整运用 2015 年孔子学院总部/国家汉办南亚国家汉语师资班的教学,其成绩更是突出:

学习 3 个月就有 98% 的留学生通过 HSK 二级(共 41 人,仅 1 人未通过),平均成绩 180.63 分(总分 200 分,合格为 120 分);5 个月 100% 的留学生通过汉语水平考试三级(39 人),平均分 266.41(总分 300 分,合格为 180 分);6 个月 86.1% 的留学生通过 HSK 四级(36 人考试,31 人通过),平均分 231.35(总分 300 分,合格为 180 分);6 个月 100% 的留学生通过 HSKK 初级(37 人),平均分 87.03(总分 100 分,合格为 60 分),还有 1 人 5 个月时就通过了 HSK 五级,204 分(总分 300 分,合格为 180 分)。而 6 个当时没有通过 HSK 四级的同学,后来也通过了,最终平均分 222 分。

HSK 三级满分 300 分,其中 270—300 分(百分制 90 分)以上 22 人,占比 59.46%;240—269 分(百分制 80—89 分)8 人,占比 21.62%;210—239 分(百分制 70—79 分)6 人,占比 16.22%;180—209 分(百分制 60—69 分)1 人,占比 2.7%。

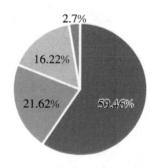

■270—300 分,22 人　　■240—269 分,8 人
■210—239 分,6 人　　■180—209 分,1 人

图 4　HSK 三级考试成绩分布情况

HSK 四级满分 300 分,其中 270—300 分(百分制 90 分)1 人,占比 2.78%;240—269 分(百分制 80—89 分)12 人,占比 33.33%;210—239 分(百分制 70—79 分)10 人,占比 27.78%;180—209 分(百分制 60—69 分)8 人,占比 22.22%;180 分以下(百分制 60 分)5 人,占比 13.89%。

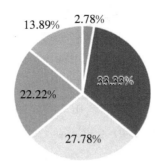

　　270—300 分,1 人　　240—269 分,12 人　　210—239 分,10 人
　　180—209 分,8 人　　180 分以下,5 人

图 5　HSK 四级考试成绩分布情况

　　HSKK 初级满分 100 分,其中 90—100 分 10 人,占比 27.03%;80—89 分 26 人,占比 70.27%;70—79 分 1 人,占比 2.7%。

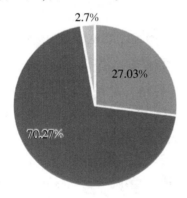

　　90—100 分,10 人　　80—89 分,26 人　　70—79 分,1 人

图 6　HSKK 初级考试成绩分布情况

　　这些成绩均远高于国内其他高校同批次南亚国家汉语师资班学生的成绩,而且,孔子学院总部对南亚国家汉语师资班预科学习结束后升本的条件为通过 HSK 三级和 HSKK 初级,以上成绩已经远远超出了要求,从而保证了这些学生都能顺利开始四年的本科专业学习。这也得到了巴基斯坦等南亚国家领事馆的高度关注和多次书面表扬。

　　以“三化三通”为指导,经过几年的探索实践,国际教育学院的高素质汉外汉语人才培养模式更为系统、成熟。留学生教学已经针对不同阶段、不同课型确定了好几套针对性强、学习效果好的高质量教材,并在教材之外开发了配合留学生应对汉语水平考试的训练题集,在硬件基础上保证了高质量教学任务的顺利完成。教师专业教学团队不仅积累了更为丰富的教学经验,探索了面对难度较大的教学目标时所能采用的多样、有效、灵活的教学手段,而且以此为基础大大地提高了老师们的科研水平。2013 年至今,学院发表了与留学生教学相关的科研论文 20 余篇,出版专著 2 部,成立相关科研课题 5 项、相关教改课题 8 项。

这种培养模式在有效提高了留学生教学质量的同时,也提高了学院汉语国际教育专业本科学生的培养质量,不仅为学生理论融入实践提供了充分的机会,有助于帮助学生建立科学系统的知识体系,而且提升了学生的学术素养。至 2016 年 8 月,学生在导师指导下公开发表有关对外汉语教学相关论文 15 篇,立项的校级省级和国家级科研创新项目达 12 项。

以上的数据足以说明,"三化三通"的高素质海外汉语人才培养模式取得了显著的成效。今后学院将把这一培养模式运用到留学生汉语教学之中。同时,学院将在今后的教学中进一步完善培养模式,争取申报更高级别的教改项目,以扩大其影响力,并逐步推广到成都、四川乃至全国的一些高校。我们编印的优质教材、仿真试题和助教工作方式还可推广到孔子学院中去。

顺应孔子学院总部/国家汉办加大投入、加快推进"一带一路"共建国家高素质汉语人才培养的举措,学院的这一培养模式将会在更多的留学语言生和学历生的语言教学上发挥更大的作用。由于学院留学生教学质量逐年明显提高,特别是 2015 级国家汉办南亚国家汉语师资班的成绩斐然,让学院今后在常规留学生、奖学金生的招生上有了更广阔的前景。2016 年 10 月,新一级近 50 名南亚国家汉语师资班五年制留学生将前来报到,学院将以此培养模式为指导,进一步优化完善操作细节,力求将教学、科研、管理 3 个方面有机构筑在一起,将学院工作推到更国际化、专业化、标准化的水平上去。

汉语国际教育本科"双案互补、多维结合"创新人才培养模式实施经验总结①

摘要:"双案互补、多维结合"的汉语国际教育本科创新人才培养模式,是指利用中外汉语国际教育专业学生在同一学院学习的实际,通过培养模式的创新,实现了中外学生培养的同步提高。本文为该人才培养模式构建实施取得成效后的成果总结报告。文中对这一创新人才培养模式从成果简介及主要解决的教学问题、成果解决教学问题的方法、成果的创新点、成果的推广应用效果等方面进行了总结报告。

关键词:人才培养 模式 汉语国际教育 南亚 本土师资

一、成果简介及主要解决的教学问题

本成果对目前学院的中外汉语国际教育本科生培养模式,进行了研究创新,构建了"双案互补、多维结合"的汉语国际教育本科创新人才培养模式,并在实施中取得了良好效果。

随着我国综合国力的发展和"一带一路"的推进,汉语及中国文化的影响力持续升温,中外汉语师资需求量增大,包括各国本土师资。2015 年开始,本校承担了国家汉办委托的世界多国本土汉语国际教育师资的培养工作,如巴基斯坦、尼泊尔等,形成了以中国本科为主、留学生本科为辅的培养形态。

《国家中长期教育改革和发展规划纲要(2010—2020)》指出,教育要坚持以能力为重,优化知识结构,丰富社会实践,强化能力培养。以此为指导,以汉语国际教育留学生本科专业招生和培养为契机,我们构建实施了"双案互补、多维结合"创新人才培养模式,重点提升中国汉语国际教育专业学生的培养质量,同时提升本专业留学生的培养质量。这一培养模式,依托中外本科 2 套人才培养方案,利用中外学生培养重点时间段的差异,进行了优势互补,解决了这一专业在培养中存在的以下主要问题:

---

① 本论文受 2022 年度教育部人文社会科学研究项目《基于汉英情态对比之留学生汉语情态系统习得研究》(项目批准号:22YJA740027)资助。

（一）中国学生课程教学专业特性结合不足

因专业课程属中国语言文学大类，在以往的教学模式上，很多课程都是直接使用中文传统专业设定的教材，没有结合本专业的对外汉语教学特性。

（二）留学生汉语学习专业辅导不足

零起点汉语师资本科学历留学生，原来存在专业辅导不足的问题。既包括语言实践上课外专业辅导不足，也包括汉语语言文化专业理论知识辅导不足。

（三）中国学生实践教学条件不够理想

本专业学生实习需要进入对外汉语课堂。由于留学生规模、实习基地偏少，中国学生实践教学的条件不够理想。

（四）中外学生科创等活动与专业领域偏离或缺失

中国学生的科创及其他活动有的偏离专业，无法达到利用所学专业知识进行自我提升和兴趣发展的目标。留学生则几乎没有参与学院本科社团的活动。

二、成果解决教学问题的方法

通过"双案互补，多维结合"的创新人才培养模式的构建与实施，我们解决了上述问题。"双案互补"指中外学生 2 套人才培养方案互补。"多维结合"指基于"双案互补"，人才培养在 3 个维度的路径上做到结合。

（一）树立"培养文化使者，传播中国声音"的教育理念，将中外学生融合培养，强化 1 个培养目标

依托"提升中华文化国际影响力和竞争力"国家发展目标，服务"中华文化走出去"国家政策，借助国家资助本土汉语师资培养的契机，我们以"双案互补、多维结合"为内核发展了"1+2+（3+3+3）"的人才培养路径，立足西南，面向世界，强化 1 个培养目标，即夯实语言基础，涵养文化素养，强化实践能力，服务国家战略，培养"了解中国文化、自信中国文化、传播中国文化"的中外高端汉语国际教育人才。

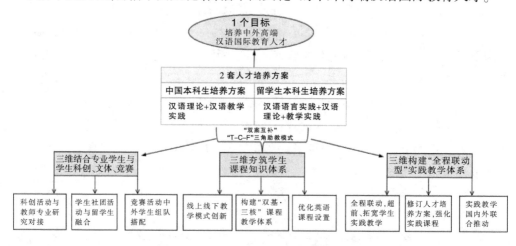

图 1   "1+2+（3+3+3）"人才培养路径图

(二)"双案互补",借助制度化的"T-C-F"三角助教模式,实现双案共赢

中外本科生 2 套培养方案,在最终的培养目标上基本一致,但在实现路径上差异很大。中国学生培养方案早期突出理论素养,后期突出教学实践技能,留学生培养方案早期突出汉语运用能力,后期突出基本理论素养和教学技能。但对照可见互补性。

我们构建了制度化"大老师(T)—小老师(C)—留学生(F)"三角助教模式,让中国学生入学即成为助教。一方面,让中国学生在低年级时,就在教师指导下,辅导留学生汉语学习,通过观察、帮助留学生,超前体验对外汉语教学实际,深化理论认识并积累实践经验。而在三四年级,中国学生又可以留学生为实习、论文研究的对象。另一方面,留学生在作为中国学生的实践对象时,低年级有助于发展其汉语表达能力,后期则能在理论学习上得到低年级已经完成理论学习的中国学生的帮助。这既将中国学生的专业实践行为提前化,四年一贯化,又将留学生的汉语学习和理论学习立体化、生活化。

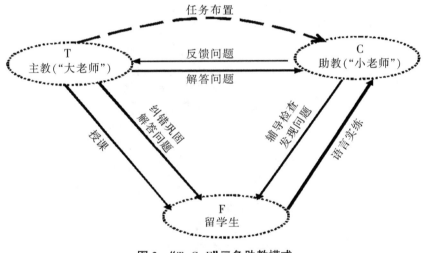

图 2 "T-C-F"三角助教模式

(三)传承经典,融通中西,三维多面夯筑学生课程知识体系

我们从以下 3 个维度构建学生课程知识体系:

1. 以国家人才培养质量为标准,构建"双基·三核"课程教学体系

(1)"2L"双基础课程群

立足国家人才培养质量标准,紧扣语言、文学两大板块,融"对外汉语""汉语言文化"等传统专业于汉语国际教育,设置了"双基"课程群。

(2)"CSA"三核心课程群

坚持汉语国际教育本土化与国际化互动,构建内容涵括"文化底蕴+教育技能+

艺术涵养"的课程体系,设置了四大类共 32 门专业核心课程,培养中外复合型人才。

双基·三核课程教学体系

"2L"双基础课程群

文学系列课程	语言学系列课程
中国古代文学板块 中国现当代文学板块 世界文学板块 文学评论板块	现代汉语板块 古代汉语板块 语言学理论板块 中外语言对比板块 基础英语板块 英语听说板块

"CSA"三核心课程群

文化素养系列课程	教育技能系列课程	艺术修养系列课程
中国文化板块 外国文化板块 中华经典原典导读板块 中西比较文化及跨文化交际	汉语国际教育板块 语言教育板块 现代教育技术板块 国际汉语教育教学法 第二语言课堂教学法 对外汉语教学案例分析	书法 棋艺 国画 武术

校级重点课程	四川省资源共享课程	校级一流课程	西南地区汉语国际	校级特色课程
中国古代文学 文学评论	现代汉语 四川精品在线开放 现代汉语	中西比较文化及跨文化交际 **校级重点课程** 中华经典原典导读	教育共建共享资源 对外汉语教学案例库	书法 棋艺

图 3　"双基·三核"课程教学体系

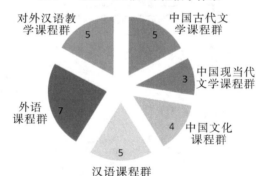

图 4　课程群饼形图

2. 以文化传播能力为导向,注重外语素质,优化外语课程设置

外语能力为本专业核心能力之一。新版人才培养方案注重外语素质培养,外语课程学分 33 分,占比超 25%,还开出了满足学生需求的第二外语,如韩语、泰语等。

3. 以学生为中心,教学模式创新,线上线下教学结合

响应国家智慧课堂建设,构建线上线下相结合的教学模式的政策,我们推进了金课等教学改革,共有现代汉语、英语听说等 20 多门课程发展了线上线下混合教学模式,充分利用雨课堂、中国大学慕课、超星学习通等线上资源平台。

（四）中外互补，三维构建"全程联动型"实践教学体系

我们主要从以下3个维度创新构建实践教学体系：

1. "双案"为基，修订人才培养方案，强化实践课程

在培养方案修订中，以"十个一"为中心，提高实践性课程学分比例。在2020版中，实践学分占总学分的20%。留学生本科人才培养方案，其实践性课程渗透在大量的包含实践内容的汉语言课程（如听说、写作）、文化体验课程（如中华才艺）、语言教学技能课程（如汉语教学法）以及社会实践环节（如社会见习、毕业实习及毕业论文）中，实践性学分占到总学分的35%以上。

2. 互赢为标，全程联动，拓宽、提前学生实践教学

（1）通过"T-C-F"三角助教模式，理论教学与实践活动互融，实现中外学生实践互赢。

如前所述，利用中外学生的并行培养，在中国学生的专业核心课程教学中，同时布置实践性作业，让其对留学生进行调查、访谈、观察及课题研究，达到理论教学具体化。中国学生的对外汉语教学实践提前自低年级开始，高年级实习及毕业论文借助留学生对象而优化。留学生的汉语技能及理论素养也在这一全程联动中得到锻炼提升。

（2）专业互融，师范技能优势明显，教师素养培养内外结合。

本专业兼得本校中国语言文学B类学科之雄和学校成熟师范教育体系之利。一方面，我们从专业出发，注重学生对外汉语课堂教学能力的培养，另一方面，我们也从一级学科中国语言文学的需要出发，注重学生对中小学语文教学能力的培养。为此，我们始终以等同于师范生技能训练的模式，开设微格教学课程，培养学生内外教师素养。

3. 能力为核，实践教学国内外结合，注重能力培养

（1）国内国外实习基地结合。

在稳定国内实习基地的情况下，我们积极开拓海外实习基地，目前已经在缅甸、韩国、泰国等国家建立稳定的实践教学基地5处，让学生有1∶1的实习机会。每年均有一定量的中国本科生前往境外实习。

表1　国际教育学院毕业实习就业学生安排表

年级	专业名称	学号	姓名	性别	单位	指导教师姓名
2011	对外汉语	2011010827	龙云莹	女	韩国	肖达娜
2012	对外汉语	2012010703	邓鑫	女	成都昊汉教育（泰国）	王飞华

续表

年级	专业名称	学号	姓名	性别	单位	指导教师姓名
2012	对外汉语	2012010712	李霞	女	成都昊汉教育（泰国）	王飞华
2012	对外汉语	2012010714	李玉林	女	成都昊汉教育（泰国）	王飞华
2012	对外汉语	2012010714	李芸	女	成都昊汉教育（泰国）	王茜
2012	对外汉语	2012010716	林昕	女	成都昊汉教育（泰国）	王茜
2012	对外汉语	2012010717	刘雯欣	女	成都昊汉教育（泰国）	王茜
2012	对外汉语	2012010718	龙良云	女	成都昊汉教育（泰国）	王茜
2012	对外汉语	2012010726	王婕昭	女	成都昊汉教育（泰国）	王茜
2012	对外汉语	2012010734	杨梦雨	女	成都昊汉教育（泰国）	钟怡
2012	对外汉语	2012010736	叶世月	女	成都昊汉教育（泰国）	钟怡
2012	对外汉语	2012010743	张梅	女	成都昊汉教育（泰国）	钟怡
2012	对外汉语	2012010744	赵方	女	成都昊汉教育（泰国）	谭畅
2012	对外汉语	2012010746	钟少曼	女	成都昊汉教育（泰国）	谭畅
2012	对外汉语	2012040339	王洪娇	女	成都昊汉教育（泰国）	谭畅
2013	汉语国际教育	2013330126	罗岱鑫	女	泰国四色菊府 sirattana 学校	王茜
2013	汉语国际教育	2013330133	田倩宇	女	泰国四色菊府 sirattana 学校	邹鹏
2013	汉语国际教育	2013330141	吴娟	女	泰国四色菊府 sirattana 学校	赵梅艳
2013	汉语国际教育	2013330143	肖丹	女	泰国四色菊府 sirattana 学校	赵梅艳
2013	汉语国际教育	2013330154	张雪雷	女	泰国四色菊府侨南学校	李淼
2013	汉语国际教育	2013330155	赵芳娜	女	泰国四色菊府侨南学校	李淼
2013	汉语国际教育	2013330158	郑路	女	泰国四色菊府侨南学校	李淼
2014	汉语国际教育	2014330128	孙亚平	女	缅甸新世纪国际学校	邹鹏
2016	汉语国际教育	2016330136	孙玉秀	女	缅甸新世纪国际学校	肖达娜
2016	汉语国际教育	2016100540	袁果	女	缅甸新世纪国际学校	邹鹏
2016	汉语国际教育	2016330115	贺斯宇	女	缅甸新世纪国际学校	刘延超
2016	汉语国际教育	2016330156	钟威	男	缅甸新世纪国际学校	李军

（2）实习指导导师中外结合、成绩认定中外结合。

境外实习中，我们实行了双导师制，学院导师和境外导师同时指导学生的实践，成绩也由中外导师综合决定。

（3）中国及生源国结合。

留学生的毕业实习采用中国实习和学生生源国实习结合的方式，学生可通过在本国进行汉语教学活动、汉语文化传播或翻译活动,或在中国为其本国进行文化宣传或翻译活动,完成实践。

(五)培养专业热情,专业学习与学生科创、文体、竞赛三维结合

我们主要从以下2个方面激发中外学生的专业热情:

1. 科创活动与教师专业研究对接

利用教师对外汉语教学的丰富实践经验,指导学生完成针对留学生教学的科创研究。最近5年学生的省级、国家级科创均与专业密切结合,如有关留学生汉语习得的偏误研究、留学生文化冲突研究、留学生中国形象认知研究等。

2. 中国学生社团活动与留学生活动融合

中国本科生校园社团活动、运动会等与留学生活动结合,如开展面向留学生的中国文化介绍活动,足球赛、排球赛让中外学生一起组队,既帮助中国学生加强对专业文化学习的认知,激发专业热情,也促进留学生对中国文化、社会、语言的学习和了解,发展其汉语能力。

竞赛活动中外学生组队搭配。在一些专业性竞赛中,我们也会整合中外学生,让他们共同提升,如共同组成小组参加朗诵比赛、留学生创新创业大赛等。

三、成果的创新点

(一)培养模式创新

在"1+2+(3+3+3)"人才培养路径中,创新性地将中外学生培养互相渗透、共赢发展。首创的"T-C-F"三角助教模式、教师指导的科创、学生社团活动等,让中国学生有专业观摩、实践和实习的机会,培养学生对专业的深入认知。同时让留学生有课堂外较稳定的汉语和专业理论帮扶来源,较快发展其语言能力和专业能力。

(二)培养手段创新

1. 课程教学创新

适应现代教育发展潮流,大力发展线上教学,理论教学渗透实践体验;突出综合能力的培养,汉语、英语、对外汉语教学及语文教学技能综合培养。

2. 实践教学创新

将实践教学微观化、超前化、常态化,让学生在日常学习中,通过各门专业课有针对性的实践作业,了解对外汉语教学和留学生语言习得的实际;创新毕业实习,发展海外实习基地,建立双导师制;社团科研活动创新,引导学生科创活动与专业紧密结合、社团活动将国内外学生整合,在科创中始终将留学生作为研究的样本和对象。

四、成果的推广应用效果

(一)提升学生专业潜能,奠定学术发展基础

创新培养模式下,学生从始至终,对专业特性有由浅入深的了解,因此在理论和实践方面都具备较强的竞争力。最近 5 年,中国学生参与创新创业训练、"互联网+孵化"项目的人数,达总人数的 60%以上。2015—2020 年,共计有创新创业训练各级项目 20 项,"互联网+"项目 10 项,其中国家级项目 8 项,省级项目 4 项。最近 4 年,该专业学生每届升研人数均占总学生数的 28%—30%,考取人数比均位居全校前 3 名。学生在保研、考研、汉语志愿者选拔的面试中,均有优异的表现。在近 5 年各校保研自主招生的面试中,学生的选中率均为 100%。近 3 年,学生大学英语四级通过率 93%以上,六级 78%以上,参加全国大学生英语竞赛获奖人次达 32 人,获奖人数比平均为 23%。

表 2　2014 级中国学生攻读研究生一览表

序号	学院名称	专业名称	学号	姓名	性别	考研学校名称	考研专业
1	国际教育学院	汉语国际教育	2014330144	夏利玲	女	北京师范大学（保研）	汉语国际教育
2	国际教育学院	汉语国际教育	2014330113	贾红红	女	南京师范大学（保研）	语法理论及应用
3	国际教育学院	汉语国际教育	2014330157	杨永芳	女	暨南大学（保研）	汉语国际教育
4	国际教育学院	汉语国际教育	2014330166	钟佑莉	女	暨南大学（保研）	汉语国际教育
5	国际教育学院	汉语国际教育	2014330134	王俊丹	女	四川师范大学	汉语言文字学
6	国际教育学院	汉语国际教育	2014010765	周鹏	男	中山大学	汉语国际教育
7	国际教育学院	汉语国际教育	2014330165	郑亚洁	女	华东师范大学	汉语国际教育
8	国际教育学院	汉语国际教育	2014010704	陈曦	女	四川大学	汉语国际教育
9	国际教育学院	汉语国际教育	2014330121	刘亿	女	中山大学	汉语国际教育
10	国际教育学院	汉语国际教育	2014330126	邱爽	女	厦门大学	汉语国际教育
11	国际教育学院	汉语国际教育	2014330127	荣小迪	女	福建师范大学	汉语国际教育
12	国际教育学院	汉语国际教育	2014330130	田宓	女	四川师范大学	中国古代文学
13	国际教育学院	汉语国际教育	2014330133	王静	女	安徽师范大学	比较文学与世界文学

续表

序号	学院名称	专业名称	学号	姓名	性别	考研学校名称	考研专业
14	国际教育学院	汉语国际教育	2014330140	王晔	女	华东师范大学	语言学及应用语言学
15	国际教育学院	汉语国际教育	2014330142	文皖	女	北京外国语大学	汉语国际教育
16	国际教育学院	汉语国际教育	2014330143	吴靖楠	女	四川大学	汉语国际教育
17	国际教育学院	汉语国际教育	2014330146	肖惠心	女	四川师范大学	汉语国际教育
18	国际教育学院	汉语国际教育	2014330150	熊菡梅	女	四川大学	汉语国际教育
19	国际教育学院	汉语国际教育	2014330153	闫慧慧	女	北京语言大学	汉语言文字学
20	国际教育学院	汉语国际教育	2014330617	谬颖	女	上海外国语大学	汉语国际教育

留学本科生在这一培养模式中获益更为明显。2015级、2016级预科入学南亚国家汉语师资班,因"T-C-F"三角助教模式的实施,每个学生都配备了1名中国"小老师",在课堂之外获得了大量的语言学习和辅导机会,汉语能力发展迅速。按照汉办规定,师资班本科生预科一年要通过HSK三级,本科一、二、三年级要相应通过HSK四、五、六级和HSKK初、中、高级。本校的师资班(预科)2015级及(预科)2016级入学学生,除2016级在2019年因疫情不能举办考试而无法考核HSK六级及HSKK高级外,均100%在规定年级通过相应考核(2015级仅1人三年级时未通过HSKK高级)。2015级零起点师资班学生于2015年10月入学,2016年3月即全员通过HSK三级,平均分达266分(HSK各级考试,总分300分,及格180分,下同),5月绝大多数学生通过HSK四级,平均分达222分,仅3人延迟至6月通过,平均分达222分。所有学生也提前1年于2016年5月通过HSKK高级,平均分达87分(HSKK各级考试,总分为100分)。2016级零起点汉语师资班学生于2018年3月全员通过HSK四级,平均分为230分。这些成绩在全国同批次汉语师资班中均位居前列。

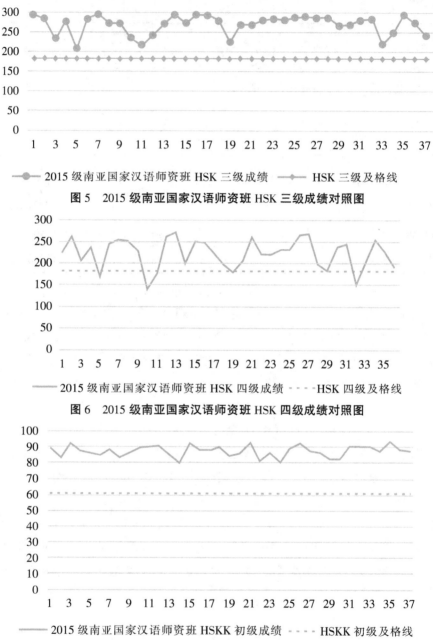

图 5   2015 级南亚国家汉语师资班 HSK 三级成绩对照图

图 6   2015 级南亚国家汉语师资班 HSK 四级成绩对照图

图 7   2015 级南亚国家汉语师资班 HSKK 初级成绩对照图

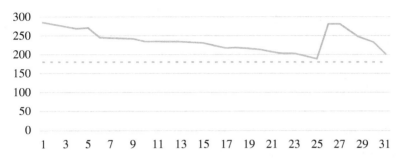

——2016 级南亚国家汉语师资班 HSK 四级成绩　　‧‧‧‧ HSK 四级及格线

图 8　2016 级南亚国家汉语师资班 HSK 四级成绩对照图

留学生参加各类汉语比赛的表现也不俗。留学生付曼达参加"汉教英雄会"大赛,取得西部赛区第一名和全国决赛优秀奖,参加"来华留学生民歌大赛",获得二等奖。中华经典诵写讲演系列活动中,2019 年、2020 年分别获省级和国家级二、三等奖。2020 年,留学生参加"成渝双城经济圈"留学生创新创业大赛获三等奖。留学生历年参加汉办留学生作文大赛总计获奖达 10 人次以上。

图 9　留学生竞赛获奖图

(二)提升学生专业技能,就业情况良好

"3+3+3"多维结合的培养模式,综合发展了学生的各项技能和知识结构,学生的就业适应度较高。近年来,学生在对外汉语教学、中小学汉语、英语教学培训、跨文化交流等方面的就业机会较多。就业率在全校一直位居前列,2020 年位居全校第一,截至 2020 年 8 月底,就业率为 98.28%。

留学生就业前景更为理想。2015 级南亚国家汉语师资班学生及前期转硕士的学生,均于所在国家找到了收入较高的工作。巴基斯坦 4 名 2019 年转硕士的毕业生,1 人去了巴基斯坦中国领事馆工作,3 人去了孔子学院或孔子课堂工作,且 3 人已成功申博入学。2020 年毕业的本科生,已有 10 人受聘为卡拉奇孔院和佩特罗孔子课堂汉语志愿者老师,实际教学能力表现出色,国家汉办也明确了肯定我们培养的本土师资的优秀质量。

(三)促进教师学生科研能力,实现教学相长

实行教学改革,就要求教师将理论课程与实践指导有机结合,在课外作业、论文指导方面突出对外汉语教学实践的调查研究。目前,教师将科研与教学结合取得了良好进展。近5年申请国家级社科项目2项,省级项目5项,教改项目10余项,其中,新加坡文学中的中国形象研究、面向对外汉语教学的汉英情态系统对比研究、现代汉语混合型金课建设、"一带一路"背景下汉语国际教育卓越人才培养模式创新研究、汉语+海外实践教学模式创新、面向对外汉语教学的汉英情态系统对比等项目,均是教学与科研结合研究的范例。

学生毕业论文指导也应与专业相结合。近5年,学生毕业论文选题60%以上与对外汉语语言或文化教学相关。近4年,大量的中国学生毕业论文,都是以同期学习的师资班留学生的汉语偏误现象作为选题。留学生毕业论文100%与汉语教学相关。学生的专业科研能力得到了有力提升。

表3   2015级学生毕业论文选题示例

学号	姓名	毕业论文选题	选题类型
2015330109	桂春晓	"把"字句练习设计初探	基础
2015330102	陈志敏	复合趋向补语"下去""下来"差异及对外汉语教学策略研究	基础
2015330123	刘唯	留学生日常交际用语语用偏误分析	基础
2015330125	刘雅群	近五年汉英网络新词对比研究	基础
2015330155	钟佳琦	现代汉语"动结式"研究及其在对外汉语教学中的建议	综合
2015330101	陈雪丽	巴基斯坦二语者汉语声调偏误分析——基于送气清塞音与后响复元音组合的考察	应用
2015330116	蒋鑫	巴基斯坦二语者汉语声调偏误分析——基于送气清塞音与前响复元音组合的考察	应用
2015330119	李艳艳	巴基斯坦二语者汉语声调偏误分析——基于送气清塞音与前响复元音组合的考察	应用
2015330135	取米拉姆	却域语母语者汉语普通话阳平调与上声调的习得研究——基于四川省雅江县普巴绒乡藏族人的考察	应用
2015330157	周玮鑫	巴基斯坦二语者汉语声调偏误分析——基于不送气清塞音与前响复元音组合的考察	应用

（四）培养质量形成良性循环,得到社会广泛认可

创新培养模式的构建形成了培养质量的良性循环,培养质量得到社会广泛关注及认可。近 3 年,专业招生人数扩大一倍,由 50 多人扩大为近 110 人,招生分数线由二本升为一本。每年申请专业转入人数均在 12 人次以上,申请转出低于 2 人次。

留学生本科教学也取得显著成效,2015 级南亚国家汉语师资本科班在汉办评审规定的每学年 HSK 及 HSKK 各级考试中均取得不俗成绩,通过率 100%,位居全国同批次汉语师资班前三。培养质量得到汉办官方表扬。全班 29 人中,有 16 人获得不同学校的研究生学习机会。如前所述,2015 级南亚国家汉语师资班学生及前期转硕士的学生,均在所在国家找到较高收入的工作,巴基斯坦 3 名 2019 年转硕士的毕业生,1 人去了中国巴基斯坦大使馆工作,2 人去了卡拉奇大学孔子学院工作。2020 年毕业的本科生,最近有 12 人前往卡拉奇大学孔子学院应聘汉语老师,实际教学能力表现出色,据卡拉奇大学孔子学院中方院长反映,想将其全部招聘为汉语教师,并且向国家汉办汇报了我们培养的学生质量优秀。

（五）创新培养模式理念,社会推广影响深远

本专业培养成效,为权威媒体广泛报道,《中国日报》"李克强见证学校孔子学院发展";《光明日报》"突出汉教专业特色,发展成效可观";《人民日报》"四川师范大学汉语国际推广教学经验和应用价值取得可喜成绩";中央电视台报道我校承办的多届全球"汉语桥"盛会。

（六）创新的培养模式及理念为其他院校所关注并借鉴

近年来,有多所高校相关专业前来我校调研。很多教学创新方式如"T-C-F"三角助教模式,为多所高校借鉴实施。卡拉奇大学孔子学院,也拟借鉴我们的培养模式,在卡拉奇大学的汉语教学中,推行我们的线上线下教学模式和助教"小老师"在线辅导模式。

叁

南亚本科留学生汉语教学探索

巴基斯坦留学生汉语语音偏误
及其教学方法探讨①

摘要:本文主要通过对在四川师范大学学习了 4 个月的巴基斯坦留学生汉语语音入门和提升 2 个阶段的学习情况进行观察,对中介语的发展情况进行描述,分析学生的语音偏误,找出偏误原因,并提出相应的教学方法,以期起到促进学生学习和教师教学的效果。

巴基斯坦留学生在初学汉语语音时,偏误主要出现在声母上,随着学习时长的增加,学生的声母偏误逐渐减少,但韵母特别是复元音韵母上的偏误却逐渐显现出来。在声母学习中,学生比较顽固的偏误出现在塞音、擦音和塞擦音上;在韵母学习中,比较顽固的偏误出现在单元音韵母 e、ü 及字母组成比较相似的复元音韵母上。在声调学习中,学生的主要偏误由二、四声的混淆变成一、四声的调值问题。

针对学生的声母偏误,在教学中可以采取的方法有对比法、实物演示法、气息感应法、过渡法等;针对学生的韵母偏误,可以采取的方法有夸张法、对比法、增音法、手势法等;针对学生的声调偏误,可以采取的方法有模仿法、对比法、换序法等。

关键词:巴基斯坦留学生　二语习得　语音偏误　教学方法

一、绪论

近年来,随着我国与南亚地区经济合作的增多,越来越多以乌尔都语为母语背景的留学生来华学习汉语。由于乌尔都语与汉语属于 2 个完全不同的语系,所以巴基斯坦留学生在学习汉语语音时会出现一些规律性的偏误。

(一)写作目的及意义

乌尔都语属于印欧语系中的印度语族,其语音与汉语相比存在很大差异,所以对以乌尔都语为母语背景的学生来说汉语语音学习是一个难点。2015 年 9 月,我校迎来了南亚国家汉语师资班 40 余名来自南亚地区的留学生,其中巴基斯坦籍学生

---

① 本论文由唐传思、王飞华完成,曾刊发于《嘤鸣集韵》第二辑(汤洪主编,四川师范大学电子出版社 2018 年出版)。

37 名。在教学过程中,我们观察到巴基斯坦留学生在学习汉语语音时无论是在声母、韵母还是声调上都存在一定偏误,而其中很大一部分都具有普遍性,因此,深入地了解他们为何会出现这样的语音偏误,找到合适的方法去改正,从而促进其汉语语音的学习,是非常有研究价值的。

(二)论题相关研究概述

目前学界关于外国学习者汉语语音偏误研究的著作和文章很多,但专门针对巴基斯坦留学生语音偏误的相关文章却比较少。其中系统地从汉语语音整体即声、韵、调 3 个方面进行研究的主要是陈晨等人。

吉林大学陈晨提出巴基斯坦留学生在汉语声母学习中塞音和塞擦音是主要问题所在,送气与不送气的区别是难点;学习元音时产生的偏误较少,主要是舌面单元音 ü[y]和舌尖单元音-i[ʅ]和-i[ɿ],复元音韵母及带鼻音韵母中出现偏误的原因主要是音位变体未标明;习得声调时按难易次序为一声、三声、二声、四声。[①]

渤海大学黄柳青提出声母教学中应留意汉语中有但乌尔都语中没有的声母教学,如舌尖前音 z、c、s,舌尖后音 zh、ch、sh、r,舌面前音 j、q、x;学生在掌握边音 l 和鼻音 n 以及后鼻韵 ng 时也会出现一定问题。[②]

胥秋菊、杜开群提出巴基斯坦留学生在学习汉语声母时的难点主要有:舌尖前音 z、c、s 和舌尖后音 zh、ch、sh;送气音 p、t、q、c、ch 与不送气音 b、d、j、z、zh;容易将 h 与 k 混淆等,学习韵母时偏误主要发生在与声母拼合的过程中。[③]

此外,单独研究巴基斯坦留学生汉语元音学习情况的有胡波、刘飞、安玉香等人。胡波用实验语音学的方法对巴基斯坦留学生汉语元音发音作了声学记录与分析,找出了其元音发音与普通话之间的差别,并进行了偏误分析[④];刘飞、安玉香则基于实验对 10 名巴基斯坦学生的元音进行了声学分析。

单独研究巴基斯坦留学生声调习得情况的有叶良颖、王溢等人。叶良颖通过实验语音学的方法对巴基斯坦留学生汉语声调作了记录,结论是学生阴平和阳平存在调型问题,阴平和去声时长过短[⑤];王溢则分别对零基础、学习时长为 6 个月的 2 个不同学习阶段的 8 名巴基斯坦留学生进行了调查,以不同数据的特征对其声

① 陈晨.巴基斯坦留学生汉语语音学习偏误分析及应对策略[D].吉林大学硕士学位论文,2010.
② 黄柳青.汉语语音习得初期难点分析——以巴基斯坦留学生为例[J].教育教学论坛,2013(39):85-86.
③ 胥秋菊,杜开群.印度巴基斯坦留学生汉语学习中的语音偏误分析[J].亚太教育,2016(01):127-128.
④ 胡波.巴基斯坦留学生汉语一级元音声学分析[D].湖南师范大学硕士学位论文,2011.
⑤ 叶良颖.巴基斯坦留学生习得汉语声调的实验研究[D].湖南师范大学硕士学位论文,2010.

调调型和调值进行了对比分析,其结论是初级阶段的巴基斯坦留学生发阳平和上声时比较标准,发阴平和去声时不太标准①。

综上,针对巴基斯坦留学生汉语语音偏误的系统研究较少,且主要关注声母部分,对韵母的偏误不够重视。再者,现有研究中对学生整体语音面貌动态发展的关注尤为不足。笔者通过对学生汉语语音学习中2个不同阶段的观察和记录,发现巴基斯坦学生在入门到提升阶段的声母偏误逐渐减少但韵母偏误却逐渐增多,声调主要由调型偏误变为调值偏误,其中第四声的偏误最为顽固。

(三)本文的理论依据、研究对象和研究方法

本文所采取的二语习得理论主要有对比分析假说、中介语假说以及偏误分析理论。对比分析假说(1957)由美国语言学家罗伯特·拉多提出,他认为第二语言的获得是经过刺激—反应—强化这一过程而形成的一种习惯。与第一语言习得不同的是,在二语习得过程中学习者会借助第一语言的一些规则,从而产生负迁移,也叫作干扰。这种干扰就是二语言习得的主要偏误来源,教师需要将学生的母语与目的语进行对比,发现其异同,预测学生在二语习得中的难点和易错之处。1972年塞林克提出中介语假说,指出在二语习得过程中学习者所形成的是一种动态语言系统,这种系统与学生第一语言和目的语都不同。"偏误分析是对学习者在二语习得过程中所产生的偏误进行系统的分析,揭示学习者的中介语体系,从而了解二语习得的过程与规律。"②

本文的大体思路为:通过对巴基斯坦留学生汉语语音学习不同阶段语音面貌的分析,找出具有普遍性的语音偏误并归类,之后对学生所产生的偏误进行原因解释,并尝试找出合适的教学方法,以期纠正巴基斯坦留学生汉语语音学习中的偏误,促进语音的学习与教学。

本次研究对象为14名巴基斯坦留学生,其中女生3名、男生11名。

本文采用的研究方法主要是观察法、实验法和对比研究法。其中语音样本的搜集主要使用观察法和实验法:在巴基斯坦留学生学习语音的入门阶段对其在集体学习以及一对一辅导中出现的语音问题进行观察并作记录,总结其语音偏误。在汉语语音学习阶段结束后运用《百字音节测试表》对14名巴基斯坦留学生进行录音,分析他们语音面貌的变化以及当前阶段的语音偏误。最后运用对比法将乌尔都语与汉语、英语语音进行对比,找出其母语与英语对巴基斯坦学生汉语语音学习的干扰之处。

① 王溢. 初级阶段巴基斯坦及留学生汉语单字调习得调查分析[D]. 渤海大学硕士学位论文,2014.
② 刘珣. 对外汉语教学引论[M]. 北京:北京语言大学出版社,2000:191.

本次研究分为 3 个阶段：

第一阶段：2015 年 11 月至 2016 年 1 月，这一阶段巴基斯坦留学生学习了汉语所有的声韵调。语音偏误来源主要是一对一辅导课程中学习情况的反馈。

第二阶段：2016 年 2 月至 2016 年 3 月，在对汉语语音有了全面的学习及强化后对 14 名巴基斯坦留学生进行录音，从录音中分析其语音偏误的变化。录音所用材料为朱川等人设计的《百字音节测试表》(1997)。

第三阶段：2016 年 4 月至 2016 年 5 月，通过对学生语音偏误产生原因的分析尝试找出合适的教学方法，在实际教学过程中验证教学方法的有效性。

二、巴基斯坦留学生汉语语音偏误分析

在分析语音偏误时本文主要采取传统的声韵调分析法，从这 3 个方面分析和描述巴基斯坦留学生汉语语音学习中的偏误。

(一)巴基斯坦留学生汉语语音入门阶段的语音偏误

2015 年 11 月初，本次南亚国家汉语师资班开始学习汉语课本《成功之路·入门篇》，全面学习汉语的声韵调，并于当月完成学习任务。

1. 巴基斯坦留学生汉语语音入门阶段的声母偏误

此次研究笔者选取了汉语普通话的 21 个辅音声母。通过一段时间的观察，我们发现，从发音部位来看，巴基斯坦学生最易出现偏误的是舌尖前音 z、c、s，舌尖后音 zh、ch、sh、r，舌面前音 j、q、x 以及舌面后音 g、k、h；从发音方法来看，巴基斯坦留学生最易出现偏误的地方在塞擦音、擦音、送气音及清音浊发上。巴基斯坦留学生汉语声母偏误具体情况如下：

(1)送气音与不送气音混淆。

汉语普通话声母中，"塞音、塞擦音有送气音和不送气音的区别"①。其中送气音有 p[pʰ]、t[tʰ]、k[kʰ]、q[tɕʰ]、c[tsʰ]、ch[tʂʰ]，不送气音有 b[p]、d[t]、g[k]、j[tɕʰ]、z[tsʰ]、zh[tʂʰ]。巴基斯坦留学生在发这些声母时总是会忽略这一区别特征，从而将送气音与不送气音混淆，其中表现最明显的是 b[p]与 p[pʰ]、d[t]与 t[tʰ]、j[tɕʰ]与 q[tsʰ]、zh[tʂ]与 ch[tʂʰ]四组声母。如将"病房"读成[pʰiŋfaŋ]、将"头疼"读成[toutəŋ]、将"秋天"发成[tɕioutiɜn]、将"衬衫"发成[tʂənʂan]。

(2)清辅音浊发。

汉语普通话浊辅音声母只有 m[m]、n[n]、l[l]、r[ʐ]4 个，其余全都是清辅音声母，但巴基斯坦留学生容易将某一些清辅音声母发成短促的浊辅音，其中表现最

①　黄伯荣,廖旭东.现代汉语(上册)[M].北京:高等教育出版社,2011:32.

明显的是舌尖前音 z[ts]、舌面前音 j[tɕ]以及舌面后音 g[k],如将"怎么样"读成[dʑənməiaŋ]、将"季节"读成[dʑidʑiɛ]、将"感冒"读成[ganmau]。

(3)塞擦音、擦音中的问题。

在对巴基斯坦留学生汉语语音学习的观察中,我们发现他们在学习塞擦音时存在很多问题。如总是容易将 z[ts]、c[tsʰ]、s[s]尤其是 c 和 s 相混淆,出现将"碎片"读成[tsʰueipʰiɜn]、将"词典"读成[sɻtiɜn]。还会出现将舌面前、塞擦音 j[tɕ]发成舌尖后、塞擦音 zh[tʂ],将浊擦音 r[ʐ]发成浊边音 l[l],如把"虽然"读成[sueilan]、把"热"读成[lɤ],有时即使意识到该声母是 r,也会发出小幅度的弹舌音。

此外,清擦音 sh[ʂ]也是巴基斯坦留学生语音学习的一个难点,他们总是将这个音发成[tʃʰ],如将"上海"读成[tʃʰaŋxai]、"多少"读成[tuotʃʰau]。

巴基斯坦学生还有一个明显的语音偏误是塞音 k[kʰ]与擦音 h[x]不分,如总是出现将"和"读成[kʰɤ]、将"一块儿"读成[ixuɐr]的错误。

2.巴基斯坦留学生汉语语音入门阶段的韵母偏误

"普通话韵母共 39 个,按结构可分为单元音韵母、复元音韵母、带鼻音韵母三类"①,其数量分别为 10 个、13 个、16 个,本文对巴基斯坦留学生汉语普通话韵母的偏误也据此进行分类。

(1)单元音韵母偏误分析。

在初学汉语普通话韵母时,巴基斯坦留学生单元音韵母偏误主要出现在 o[o]、e[ɤ]、u[u]、ü[y]、-i[ɿ]、-i[ʅ]上:当韵母 e[ɤ]和舌尖前音声母 z、c、s 及舌尖后音声母 zh、ch、sh 拼合时,巴基斯坦留学生总是将其发成-i[ɿ]或-i[ʅ]的音,如将"厕所"读成[tsʰɿsuo]、将"颜色"读成[iɜnsɿ]、将"宿舍"读成[su ʂʅ]。

单元音韵母 o[o]、u[u]和 ü[y]也是巴基斯坦留学生韵母学习中的难点。在拼读时学生总是将 ü[y]误读成 u[u],将 o[o]与 u[u]相混淆,如将"去"读成[tɕʰu]、将"浴室"读成[iuʂ]、将 wu 读成 wo。

此外,我们发现巴基斯坦学生在发以[u]韵母开头的零声母音节时,总是会发成半元音、浊音[ʋ]。

(2)复元音韵母偏误分析。

在初学汉语普通话韵母时,巴基斯坦留学生复元音韵母偏误主要集中在 iu 与üe、ie 与 ei、uo 与 ou 上。学生总是将"休息"读成[ɕyɕi]、将"背"读成[piɛ]、将"朋

① 黄伯荣,廖旭东.现代汉语(上册)[M].北京:高等教育出版社,2011:51.

友"读成[pʰəŋio]。

（3）带鼻音韵母偏误分析。

巴基斯坦留学生在学习带鼻音韵母时困难不大，只要将正确的发音告诉他们，他们就能很好地发出相应的音。但在发 in 和 ing 时还是需要提醒其注意前后鼻韵。

3. 巴基斯坦留学生汉语语音入门阶段的声调偏误

由于乌尔都语是没有声调的语言，巴基斯坦留学生在刚学习汉语声调时普遍觉得困难。其中存在的问题是：第一声的调值太低，在五度标调法上本来应该读 55 调的一声被大部分学生读成 22 调，第二声的升幅不够，第三声的曲折不完整，第四声的降幅不够。很多学生都会将二声与四声相混淆。

（二）巴基斯坦留学生汉语语音提升阶段的语音偏误

2016 年 3 月 5 日至 3 月 10 日，笔者对上面选取的 14 名巴基斯坦留学生分别进行了录音测试，测试中单音节字的材料来源于 1997 年朱川等人设计的《百字音节测试表》。该测试表选用汉字共 100 个，涵盖了汉语普通话的所有声母、韵母、声调并结合了汉语语音的拼合规律，其中运用了普通话 14 个常用音节及 33 个次常用音节，有较强的科学性和合理性。

表 1　百字音节测试表

波 bō	白 bái	杯 bēi	报 bào	本 běn	朋 péng	表 biǎo	票 piào	不 bù	夫 fū
法 fǎ	怕 pà	没 méi	门 mén	忙 máng	在 zài	三 sān	走 zǒu	宿 sù	坐 zuò
词 cí	四 sì	字 zì	大 dà	他 tā	德 dé	到 dào	地 dì	点 diǎn	对 duì
哪 nǎ	了 le	来 lái	两 liǎng	你 nǐ	里 lǐ	路 lù	女 nǚ	绿 lǜ	题 tí
志 zhì	吃 chī	这 zhè	产 chǎn	中 zhōng	衬 chèn	程 chéng	住 zhù	说 shuō	春 chūn
是 shì	日 rì	少 shǎo	上 shàng	授 shòu	人 rén	生 shēng	睡 shuì	剧 jù	泉 quán
向 xiàng	熊 xióng	七 qī	小 xiǎo	先 xiān	进 jìn	京 jīng	学 xué	去 qù	群 qún
几 jǐ	家 jiā	介 jiè	九 jiǔ	见 jiàn	观 guān	光 guāng	快 kuài	哭 kū	画 huà

续表

客 kè	和 hé	个 gè	工 gōng	国 guó	银 yín	迎 yíng	五 wǔ	我 wǒ	翁 wēng
诶 éi	二 èr	一 yī	也 yě	要 yào	有 yǒu	用 yòng	喂 wèi	晚 wǎn	语 yǔ

此外,在此次测试中我们还选取了一对一辅导中反馈的巴基斯坦留学生比较容易产生语音偏误的 18 个多音节词,并对其进行录音,分别是:

病人 bìngrén	朋友 péngyǒu	地图 dìtú	头疼 tóuténg
感冒 gǎnmào	喝水 hēshuǐ	饺子 jiǎozi	全部 quánbù
颜色 yánsè	衬衫 chènshān	建议 jiànyì	学习 xuéxí
背诵 bèisòng	咳嗽 késòu	热量 rèliàng	然后 ránhòu
浴室 yùshì	一块儿 yíkuàir		

除了对留学生进行语音材料录音,探索其语音输出的情况,本文还对巴基斯坦留学生汉语普通的声调输入情况作了简单的调查。此次调查只测试留学生对汉语普通话阴、阳、上、去四声的输入情况,轻声在这里不作考虑。双字调的测试根据朱川先生的"普通话双字调模型"选取了 16 个双音节词,这 16 个二字连读模型分别是 1+1、1+2、1+3、1+4、2+1、2+2、2+3、2+4、3+1、3+2、3+3、3+4、4+1、4+2、4+3、4+4。由于 2+3 与 3+3 的语音表现一致,在对巴基斯坦留学生进行测试时我们使用夸张的办法尽可能地让学生感知这两种不同的声调模式。以下是声调输入的测试材料:

卑微 beiwei	角逐 juezhu	纯粹 chuncui	处境 chujing
剥夺 boduo	潮湿 chaoshi	口吻 kouwen	障碍 zhangai
高等 gaodeng	调整 tiaozheng	解除 jiechu	措施 cuoshi
操纵 caozong	富饶 furao	逮捕 daibu	嘱托 zhutuo

为了避免汉字对测试的干扰,给巴基斯坦留学生的测试样卷中我们删掉了汉字部分。

表 2　单音节测试中声韵母偏误情况

声母	p	pʰ	m	f	t	tʰ	n	l	k	kʰ	x
出现次数	7	3	3	2	6	2	3	5	5	3	2
偏误率(%)	10.20	16.67	0	3.57	8.30	3.57	0	0	29.57	2.38	21.42

声母	tɕ	tɕʰ	ɕ	tʂ	tʂʰ	ʂ	ʐ	ts	tsʰ	s
出现次数	8	4	5	4	5	6	2	4	1	2
偏误率(%)	0	5.36	1.43	1.78	11.43	14.29	0	53.57	78.57	35.71

韵母	a	o	ɤ	ɛ	i	u	y	ɿ	ʅ	ɚ	ai	ei	ɑu
出现次数	4	1	2		7	6	5	3	4	1	3	3	3
偏误率（%）	3.57	57.14	32.14		0	9.52	15.71	2.38	3.57	0	4.76	35.71	0

韵母	ou	an	ən	ɑŋ	əŋ	iA	iɛ	iɑu	iou	iɛn	in	iɑŋ	iŋ
出现次数	2	2	4	2	3	1	2	4	2	3	2	1	2
偏误率（%）	35.71	3.57	1.78	14.29	3.57	0	17.86	1.78	28.57	7.14	0	0	57.14

韵母	uA	uo	uai	uei	uan	uən	uɑŋ	uəŋ	uŋ	yɛ	yan	yn	yŋ
出现次数	1	3	1	3	2	1	1	1	2	1	1	1	2
偏误率（%）	0	14.29	0	14.29	0	14.29	28.57	35.70	7.14	7.10	35.71	21.43	3.57

注：“出现次数”指该声（韵）母在《百字音节表》100 个音节中出现的次数；“偏误率算法”为 14 份录音中出现该声（韵）母的偏误次数÷（出现次数×14）。

表3　单音节测试中声韵母搭配错误率（%）

	p	pʰ	m	f	t	tʰ	n	l	k	kʰ	x	Ø
a		14.3		0	0	7.1	0	0				
o	35.7											28.6
ɤ					21.4				64.3	0	35.7	
ɛ												
i					7.1	7.1	0					0
ɿ												
ʅ												
u	7.1			7.1				50.0		21.4		
y						7.1	7.1					7.1
ɚ												0
ai	28.6							0				
ei	42.9		35.7									50.0
ɑu	14.3				7.1							
ou												
an												

续表

	tɕ	tɕʰ	ɕ	tʂ	tʂʰ	ʂ	ʐ	ts	tsʰ	s	Ø
ən	0		7.1								
ɑŋ			7.1								
əŋ		7.1									
iɛ											21.4
iA											
iɑu	14.3	28.6									0
iou											14.3
iɛn				7.1							
in											0
iɑŋ							0				
iŋ											64.3
uA										21.4	
uo								21.4			
uai									0		
uei				14.3							0
uan								28.6			0
uən											
uɑŋ								57.1			
uəŋ											35.7
uŋ											
yɛ											
yan											
yn								7.1			
yŋ											21.4
a											
o											28.6
ɤ				42.9							
ɛ											
i	0	21.4									0
ɿ								71.4	64.3	35.7	
ʅ				0	28.6	7.1	7.1				
u				0						21.4	
y	28.6	35.7									7.1
ɚ											0

续表

ai						64.2	
ei							50.0
ɑu				28.6			
ou				14.3	85.7		
an				21.4			21.4
ən				7.1			
ɑŋ				50.0			
əŋ				7.1	21.4		
iA	0						
iɛ	7.1						21.4
iɑu		0					0
iou	42.9						14.3
iɛn	0	21.4					
in							0
iɑŋ		7.1					
iŋ	85.7						64.3
uA							
uo					14.3	64.3	
uai							
uei				42.9			0
uan							0
uən				21.4			
uɑŋ							
uəŋ							35.7
uŋ		7.1					
yɛ		7.1					
yan	42.9						
yn	50.0						
yŋ		0					21.4

注:"搭配错误率"是指该声母与该韵母组合成音节时留学生的错误率,其中无论是声母错还是韵母错都算作该音节出现了错误。

表 4　单音节测试中声调偏误情况

声调	出现次数	偏误率(%)
第一声	20	12.50%
第二声	20	8.21%
第三声	21	2.85%
第四声	38	14.08%

注:此调查中留学生发音基本正确的不算作偏误。

表 5　错误频率高的音节及偏误情况

错误率高的音节	错误率(%)	声母的偏误情况（误读音及次数）	韵母的偏误情况（误读音及次数）
tʂou	85.7	将 tʂ 读为[dz]10 次	将 ou 读为[ɔ]3 次、[uo]3 次
tɕiŋ	85.7		将 iŋ 读为[in]12 次
tsɿ	71.4	将 ts 读为[dz]6 次、[z]4 次	将 ɿ 读为[i]1 次
kɤ	64.3	将 k 读为[g]9 次	
tsuo		将 ts 读为[dz]9 次	将 uo 读为[ɔ]1 次
tsʰɿ		将 tsʰ 读为[s]6 次、[ts]3 次	
kuaŋ	57.1	将 k 读为[g]4 次	将 ŋ 读为[ng]5 次
lu	50.0		将 u 读为[y]6 次、[iɑu]1 次
ʂɑŋ		将 ʂ 读为[tʃʰ]5 次	将 ɑŋ 读为[əŋ]3 次
tɕʰyn			将 yn 读为[yɑn]5 次、[uən]2 次
ei			将 ei 读为[i]3 次、[iɛ]2 次、[ə]1 次
pei	42.9	将 p 读为[pʰ]2 次	将 ei 读为[iɛ]2 次、[ɛ]2 次
ʂuei			将 uei 读为[uai]2 次,[ui]、[uɛi]、[i]、[y]、[ɿ]各 1 次
tɕʰyan			将 yan 读为[yɑn]5 次、[uən]2 次
tɕʰy	35.7	将 tɕʰ 读为[tɕ]1 次	将 y 读为[iu]4 次
xɤ		将 x 读为[ɦ]3 次、[kʰ]2 次	
ɡuəŋ			将 uəŋ 读为[ɡueng]2 次,[uen]、[uɑŋ]、[vɡəŋ]各 1 次
sɿ		将 s 读为[tsʰ]4 次、[ʂ]1 次	

表6　多音节词偏误情况统计

词语	错误率(%)	偏误说明
piŋẓən	85.7	将p误读为[pʰ]1次;将iŋ误读为[in]12次;将ẓ误读为[ʈ]1次
iɛnsɣ	78.6	将ɣ误读为[ɻ]10次、[ei]1次;将s误读为[tsʰ]3次
ikʰuair	64.3	将kʰ误读为[x]9次
xɣʂuei	57.1	将x误读为[ɦ]1次;将ʂ误读为[ɕ]1次;将uei误读为[uɛi]6次、[ye]1次
kanmau	50.0	将k误读为[g]7次;将an误读为[ən]3次
tɕʰyanpu	35.7	将tɕʰ误读为[tɕʰ]3次;yan误读为[yɑn]3次、[yɛn]1次
tʰoutʰəŋ	35.7	将ou误读为[ɔ]3次、[u]1次;将tʰ误读为[t]1次
peisuŋ	35.7	将p误读为[pʰ]1次;将ei误读为[iɛ]3次、[ɛ]1次;将s误读为[tsʰ]1次
pʰəŋiou	28.6	将əŋ误读为[ɑŋ]3次、[ən]1次;将iou误读为[ɔ]1次
yʂʐ	28.6	将y误读为[iu]2次;将ʂ误读为[ɕ]1次
ẓanxou	21.4	将ẓ误读为[ʈ]1次;将x误读为[ɦ]1次;将ou误读为[ɔ]1次、[uo]1次
ẓɣliaŋ	21.4	将ɣ误读为[ɻ]2次;将iaŋ误读为[in]1次
kʰɣsou	14.3	将ɣ误读为[ʌ]1次;将ou误读为[uo]1次
titʰu	14.3	将t误读为[d]1次、[tʰ]1次
tʂʰənʂan	14.3	将tʂʰ误读为[tʂ]2次;将ʂ误读为[ʧʰ]1次;将an误读为[ən]1次、[ən]1次
tɕiautʂɻ	7.1	将ts误读为[z]1次
tɕiɛn'i	0	
ɕyeɕi	0	

注:将yan读为yɑn并不算错,这里只是指明有此现象存在。

表7　声调听辨情况

声调类型	偏误率(%)	误听前音节(%)	误听情况	误听后音节(%)	误听情况
多音节1+1	28.6	14.3	四声2人	28.6	二声1人,四声3人
多音节1+2	78.6	35.7	二声3人,三声1人	78.6	一声7人,三声3人
多音节1+3	42.9	35.7	二声3人,三声1人,四声1人	28.6	四声2人,一声1人
多音节1+4	28.6	21.4	二声4人	14.3	二声1人,一声1人

续表

声调类型	偏误率（%）	误听前音节(%)	误听情况	误听后音节(%)	误听情况
多音节 2+1	71.4	57.1	一声6人,三声5人	28.6	四声5人
多音节 2+2	57.1	28.6	三声2人,一声1人,四声1人	57.1	一声4人,三声2人,四声2人
多音节 2+3	85.7	71.4	一声3人,三声3人,四声1人	35.7	一声2人,二声1人,四声1人
多音节 2+4	50.0	35.7	三声3人,一声2人,四声1人	21.4	二声1人,三声1人
多音节 3+1	78.6	50.0	一声3人,四声3人,二声1人	64.3	三声4人,二声3人,四声1人
多音节 3+2	78.6	71.4	二声5人,四声4人,一声1人	42.9	一声4人,三声2人,四声1人
多音节 3+3	28.6	14.3	一声1人,四声1人	28.6	四声2人,一声1人,二声1人
多音节 3+4	85.7	71.4	一声5人,四声5人	50.0	三声4人,二声2人
多音节 4+1	42.9	28.6	一声2人,二声1人,三声1人	21.4	四声4人,二声1人
多音节 4+2	71.4	50.0	一声6人,二声1人,三声1人	57.1	三声5人,四声2人,一声1人
多音节 4+3	21.4	7.1	二声1人	21.4	四声2人,二声1人
多音节 4+4	14.3	7.1	一声1人	7.1	三声1人

1. 巴基斯坦留学生汉语语音提升阶段的声韵调偏误情况

从表2中的声母偏误率来看,学生的声母偏误在舌尖前音 z、c、s 和舌面后音 g、k、h 中大量出现。留学生在 z 上的偏误表现主要还是浊化,而且主要产生于发三声和四声的时候,因为这两个声调对留学生比较难发,留学生在发音时会有意识地去控制音调,彼时就需要嗓音有一定的连续性,从而造成发音时的"浊化"。c 和 s 的偏误主要表现为易将 c 发成 z,而且易将 c 与 s 混同;k 与 h 的偏误主要表现在 g 的浊化以及易将 h 读成 k。此外,双唇音声 b、p 以及舌尖后音 ch、sh 也是巴基斯坦留学生比较容易产生偏误的地方。从韵母偏误率来看,留学生在单元音韵母中的偏误主要集中于 o、e、ü 上,在复元音韵母中则偏误较多,按照偏误率多少来看主要是 ing、ueng、uang、iu、ün、ie、ui、uo、uen、ang。在分析录音时,笔者发现留学生的韵母偏误大都不易听辨出来,要仔细分析才能清楚地感知到他们在韵母尤其是复元音韵母的学习中存在不少问题。在这一阶段,留学生的声调学习普遍有所提升,但从偏误率来看,四声、一声仍然是学生的一个难点。在四声的发音过程中,学生虽然有意识地将其发为降调,但由于降的幅度过小,听起来就像是平调44或33;学生在开始发一声时没有达到第5度,当他们意识到应该发高平调时声调升高,就变成了35或45调,这是学生很难掌控的一点。二声的偏误也相对较多,三声对于学生来说相对较容易。虽然有很多学生在发三声时动程不完整,但是整个调型基本是正确的。

在观察巴基斯坦留学生声调偏误时,笔者还通过让留学生听辨声调来考察他们的声调输入情况。在表7中,笔者对14名留学生的声调听辨情况做了大致的分析,可以看出留学生在声调输入时的偏误远远大于声调输出。在调查中,笔者发现有2名留学生的情况非常特殊,一名留学生在读汉字时声调基本正确,但在声调听辨中的正确率非常低,另一名留学生则恰恰相反。这说明留学生们在读音节时并不是根据自己看到的声调在读,而是根据自己对于该字或词的记忆,汉语中的一、二、三、四声并未在学生的头脑中形成可识别机制。

经统计,在"1+X"的声调类型中,将前音节(即一声)误听成二声的有12人,将后音节第二声误听成第一声的有7人。在"2+X"的声调类型中,将前音节(即二声)误听成一声的有12人,误听成三声的有13人;将后音节中二、三声听成一声的有6人,将后音节中一、二、三声听成四声的有8人。在"3+X"的声调类型中,将前音节(即三声)听成一声的有10人,听成四声的有9人;将后音节中一、二、四声听成三声的有10人。在"4+X"的声调类型中,将音节(即四声)听成一声的有9人,将后音节中一、二、三声听成四声的有8人,将后音节中二声听成三声的有5人。这表明大部分巴基斯坦留学生在听音时容易将一声与二、三、四声混淆,一声不仅是汉语声调输出时的难题,也是汉语声调输入时的难题。

2. 巴基斯坦留学生汉语语音初学与提升阶段的偏误情况对比

通过对巴基斯坦留学生在两个不同学习阶段的语音调查情况对比,我们发现留学生在汉语语音初学阶段比较明显的语音偏误在教学和辅导过程中得到纠正后普遍有较大改善,如声母 d、t、j、q、r、l 等。然而,其中也有比较顽固的偏误如声母 b、p、z、c、s,韵母 e、ü、uo、ie 等。此外,学生在后一阶段又出现了新的偏误,其中以复元音韵母偏误居多。笔者猜测,可能是由于在第一学习阶段这一类偏误并不明显,而在比较明显的偏误得到改善后就逐渐显现出来。在声调方面,初学阶段的巴基斯坦留学生容易在四声和二声上犯错,对4个声调的调型记得不牢,容易混淆。

进入提升阶段后,留学生的问题则主要体现在调值上,留学生们在发音时会有意识地发出该调的调型,但由于掌握不好,调值也会出现偏误。

通过表5和表6的分析,结合留学生在初学阶段产生的偏误,我们可以看到巴基斯坦留学生比较顽固的语音偏误如下:

(1)声母方面。

b与p、z与c、zh与ch以及其他成对的送气与非送气音难以区分;声母g、z的浊化;声母sh的过度轻化;声母h与k的混淆。

(2)韵母方面。

后鼻韵母ing的问题;复元音韵母ou与uo单化;韵母ei与ie混淆;韵母u与ü混淆;韵母e的问题;韵母uei韵腹的丢失;后鼻音韵尾ng直接拼合的问题。

三、巴基斯坦留学生产生汉语语音偏误的原因

第二语言学习者产生汉语语音偏误的原因通常来说不止一个,但也分主次。本文对造成巴基斯坦留学生汉语语音偏误的原因分析将从母语的负迁移、英语的影响及目的语的影响三个方面进行。

(一)母语的负迁移

在二语习得中,留学生的语音偏误与母语的负迁移是分不开的。"用学习者第一语言的语音规律代替目的语的语音规律是中介语语音的一大特色。"[1]巴基斯坦留学生在学习汉语语音时对其影响最大的是乌尔都语。首先,巴基斯坦留学生在学习汉语声母时最易出现偏误的地方是成对的送气与不送气音,因为在乌尔都语的辅音系统中虽然存在送气与不送气的区别,但"送气与不送气并不是重要的区别特征,因此,巴基斯坦留学生会很难区分汉语辅音哪个送气,哪个不送气"[2]。其次,巴基斯坦留学生总是将清辅音发成浊辅音,因为"在乌尔都语中浊辅音居多,共26个。其中塞音、塞擦音、擦音存在清浊对立"[3]。再者,由于乌尔都语是无声调语言,学生在控制音调时必须依赖嗓音的连续性,这也是他们容易清音浊发的原因之一。此外,巴基斯坦留学生在学习汉语塞擦音时容易出现偏误,这是因为这些塞擦音是由两个辅音音素组合而成,而乌尔都语中没有这样的音,留学生对这些音的辨识度不高。

① 刘珣.对外汉语教学引论[M].北京:北京语言大学出版社,2000:194.
② 殷华杰,申姝琦.巴基斯坦学生汉语语音学习难点分析[J].科技教育,2013(31):177.
③ 沈莉娜,张义东,李学欣.汉语和乌尔都语的语音对比研究[J].大家,2011(09):211.

表 7　汉语与乌尔都语辅音对照表

方法			语种	部位音素										
				唇音		舌尖音			舌叶音	舌尖音			喉音	小舌音
				双唇	唇齿	前	中	后		前	中	后		
塞音	清	不送气	汉	p			t					k		
			乌	p			t	ʈ				k	ʔ	q
		送气	汉	pʰ			tʰ					kʰ		
			乌	pʰ			tʰ	ʈʰ				kʰ		
	浊	不送气	汉											
			乌	b			d	ɖ				g		
		送气	汉											
			乌	bʰ			dʰ	ɖʰ				gʰ		
塞擦音	清	不送气	汉			ts		tʂ	tɕ					
			乌						ʧ					
		送气	汉			tsʰ		tʂʰ	tɕʰ					
			乌						ʧʰ					
	浊	不送气	汉											
			乌						ʤ					
		送气	汉											
			乌						ʤʰ					
擦音	清		汉		f	s		ʂ	ç			x		
			乌		f	s			ʃ				h	x
	浊	不送气	汉				ʐ							
			乌			v	z							N
		送气	汉											
			乌	vʰ										
鼻音			汉	m			n							
		不送气	乌	m			n							
		送气	乌	mʰ			nʰ							
边音			汉				l							
		不送气	乌				l							
		送气	乌				lʰ							

续表

方法		语种	部位音素									
			唇音		舌尖音			舌叶音	舌尖音			喉音	小舌音
			双唇	唇齿	前	中	后		前	中	后		
闪音		汉											
	不送气	乌					ɽ						
	送气	乌					ɽʰ						
颤音		汉											
	不送气	乌				r							
	送气	乌				rʰ							
半元音		汉	w							j			
	不送气	乌								j			
	送气	乌								jʰ			

（二）目的语的影响

在留学生的语音偏误中,除了母语造成的影响,汉语本身也会对其产生不小的影响。其中,对巴基斯坦留学生语音偏误的影响主要体现在韵母的学习中。由于汉语中存在大量的复韵母,与单韵母不同的是,复韵母的舌位是滑动的,留学生在发音时往往会产生复韵母单化的问题。以 ou 与 uo 为例,巴基斯坦留学生在发[ou]时,很有一部分人容易将其发成[ɔ]或[o]音;发[uo]时,易将其发成[u]音。

此外,《汉语拼音方案》也是留学生产生偏误的一个颇为重要的因素。在观察中我们发现留学生容易将 ü 读成 u 的地方主要是:以 ü 开头的零声母音节以及以 j、q、x 为声母、ü 为韵腹的音节,这正是因为在《汉语拼音方案中》规定此两处在音节拼写时要省略 ü 上两点。对于初学汉语的二语习得者来说如果记不住这一规则,就会产生将 ü 读成 u 的偏误。另外,由于汉语的中复元音韵母中[iou]、[uei]、[uen]3 个在《汉语拼音方案》中分别写作 iu、ui、un,导致学生在发音时容易丢掉主要元音[o]、[e],直接将 2 个元音进行拼合。

（三）英语的影响

英语是巴基斯坦的官方语言,本次研究中的巴基斯坦留学生都具备相当程度的英语能力,可以说英语已经成为了他们的第二语言。留学生们初到中国时一般都用英语进行日常交流和沟通,所以,在学习汉语语音时,英语的发音也会对巴基斯坦留学生产生较大影响。其中,英语对巴基斯坦留学生的清音浊发影响较大,尤其体现在 b、d、g 3 个辅音声母上,在英语字母中,这 3 个音通常发为[b]、[d]、

[g]。在初学阶段留学生看到这 3 个字母时,无意识地就将其发为浊音。其次,英语中的舌叶音也较多地影响到了巴基斯坦留学生在汉语学习时擦音 x、sh 的发音,留学生总是习惯这 2 个音发得很轻,从而将 x 发成[ʃ],将 sh 发成[ʧʰ]。

（四）其他因素

这里的其他因素主要是指学习者自身的学习策略及周围环境对其的影响。我们发现,当留学生在二语习得中遇到困难时,他们会无意识地采取回避策略;当老师纠正了他们的语音错误后,留学生在发音时会格外地去注意自己发那个音的发音状态,从而将发音变得过度夸张。例如,巴基斯坦留学生在知道自己会把 ü 发成 u 的错误后,在发音时会特意将 ü 韵母的展唇程度夸张化,并且将发音拖得很长,又会造成过犹不及。

四、针对巴基斯坦留学生汉语语音偏误的教学方法

语音教学是对外汉语教学中的重要方面,其教学方法主要有演示法、夸张法、对比法、带音法、模仿法、分辨法、正音法、气息感应法、拼合法等。①

本次研究主要针对巴基斯坦留学生汉语语音偏误进行分析,在此基础上从一对一教学的实践中寻找适合这一群体的汉语语音学习方法。

（一）针对声母偏误的教学方法探讨

上文已经提到巴基斯坦留学生发声母时最易出现偏误的地方,接下来我们将针对这些偏误逐一探讨合适的教学方法。

1. 送气与不送气的问题

针对外国留学生在学习汉语过程中送气与不送气的问题,可以采取的方法有:

（1）对比描述法。

先将送气音与不送气音的区别用简单直白的语言告诉给留学生,然后再示范如何发这两种音。在示范发音时,可以适当地延长送气音的发音时间,让留学生从理性和感性思维两个层面来感受二者的不同。

（2）气息感应法。

"把一张轻薄的纸条放在嘴前,发送气音时气流较强,纸条会被吹动"②;发不送气音时则没有气流,纸条不动。这种方法可以让留学生不仅能够听音,还能"感音"。

（3）分辨法。

教师分别发送气音与不送气音,让学生分辨,然后再让留学生也发出这两组

---

① 陈枫.对外汉语教学法[M].北京:中华书局,2008:56-63.
② 张和生.汉语可以这样教——语言要素篇[M].北京:商务印书馆,2006:8.

音。通过辨听、辨认、辨读的方式,提高学生对这两组音的敏感度。

2.清音与浊音的问题

(1)实物演示法。

教学生分辨清浊时,把手指轻轻放在喉头,感受声带是否震动,告诉留学生除了特定的5个浊辅音外其他的声母发音时都感受不到震动。

(2)汉外对比法。

把汉语中的清浊辅音与英语中的清浊辅音进行对比,告诉留学生两者的差异,并用英语的清浊对比带出汉语的清浊对比。

3.塞擦音、擦音中的问题

汉语声母中很多塞擦音、塞音都是乌尔都语中所没有的,所以留学生在学习时会遇到一些困难。

(1)手势法。

在练习 z 组、j 组、zh 组声母时可以用两只手来展示我们的发音状态,右手代表口腔的中上颚部分,左手表示我们的舌头。发 z 组声母时,舌尖轻轻抵住下齿背,代表舌位的左手平直且略向下倾斜;发声母 j、q 时,左手手指向上抬,当碰到右手手指的中前部时再放开,发声母 x 时,左手手指呈平直状态;"发声母 zh 和 ch 时,左手手指呈弯曲状态顶住右手的中部,然后再放开,发声母 sh 时左手手指弯曲,接近但不碰右手手指的中部"①。

(2)对比法。

上文提到的 z 组、j 组、zh 组也可以采用此方法,通过对 3 组声母的对比让留学生了解其差异性。此外,在留学生学习声母 sh 时,总是会发成类似舌叶音的[ʧ],只不过是带了卷舌而已。在这种情况下,我们可以通过与英语中舌叶音的对比来纠正留学生的发音。如先发汉语普通话的"上海",再发英语中 shanghai 的读音。

(3)过渡法。

这个方法可以用于浊擦音声母 r 的教学,利用相同部位声母 sh 的发音带出 r。在留学生发 sh 时让他们将发音时间延长,在此基础上使声带震动。

(二)针对韵母偏误的教学方法探讨

巴基斯坦留学生的韵母偏误可以分为单元音、复元音、鼻韵母 3 个方面。

---

① 张和生.汉语可以这样教——语言要素篇[M].北京:商务印书馆,2006:15.

1. 单元音韵母 e[ɤ]、-i[ɿ]、-i[ʅ]

（1）带音法。

韵母 e 为舌面后、半高、不圆唇元音，与其发音部位相同的还有韵母 o。我们让留学生先发韵母 o 的音，将发音器官停在该位置，然后把唇往两边拉扁，就可以自然地带出韵母 e 的音了。

（2）延音带动法。

在对 -i[ɿ]、-i[ʅ] 两个舌尖韵母进行教学时可以采用整体拼读法，即让留学生直接读 zi、zhi 的音，然后保持舌位不变，延长发音时间就能发出这两个舌尖声母。

（3）对比法。

针对巴基斯坦留学生将 e[ɤ] 与 -i[ɿ]、-i[ʅ] 混淆的问题，我们有必要将三者的发音进行对比，告诉他们三者发音的相同和不同之处，包括拼合规律。

2. 单元音韵母 u 和 ü

（1）手势法。

u 和 ü 两个韵母最主要的区别是舌位前后的不同，教师可以通过手势让留学生直观感受到两者的差异。

（2）对比法。

在这类偏误中，留学生最常见的错误就是不能很好地掌控嘴唇的圆展程度，所以我们可以采取 o、u、ü 对比的方式来帮助他们，即老师先发 o 的音，再发 u、ü 的音，让留学生感知三者的不同（u、ü 的圆唇程度相对较大）。

（3）带音法。

先发舌面、高、不圆唇元音 i，然后将嘴唇逐渐拢圆，带出 ü 音，进行交替练习。此方法只用于初学时，在留学习之后还是要让留学生在发音时一步到位。

（4）逆序拼接法。

"汉语是一种在音变关系上采取逆向影响的语言"①，巴基斯坦留学生在发 ju、qu、xu、yu 时听起来就如朱川先生所言"像是在声韵母之间加了一个[i]"。针对此类偏误，我们可以先让留学生连续发 ü 音，然后再加上声母进行拼合，作出 ü-ü-ü-ü-ü-j-ü-ju 这样的发音模式。

① 毛世桢.对外汉语语音教学[M].上海：华东师范大学出版社,2008:174.

3. 复元音韵母 uo 与 ou,ei 与 ie

（1）辨音法。

把留学生发这两组音时的偏误音与韵母 uo、ou、ei、ie 分别放入相同的音节中，打乱顺序，由教师念音，留学生辨音。

（2）分解演示法。

将复元音韵母分解成单元音,向留学生展示单元音通过滑动变成复元音的过程并让留学生模仿。

（3）夸张法。

在教授复元音韵母的过程中,将韵腹的发音尽可能地夸张或延长,以区别于韵头与韵尾。在此过程中还可结合板书,如在发音时将韵腹写得很大,韵头或韵尾写得很小,给留学生以视觉上的对比。

4. 鼻韵母 -n 与 -ng

（1）增音法。

此种方法主要用于帮助分辨 -in 与 -ing。在发后鼻音 ing 时,我们的实际发音其实是 ieng。"可以让学生有意识地在 i 与 ng 之间加入一个过渡音 e[ɤ],让留学生先区别 in 与 ieng 之后,再练习 in 的发音。"①

（2）夸张法。

针对留学生不会发前鼻韵母的问题,我们可以让留学生故意把舌头的位置夸张向前,这样一来,留学生发音时舌头就会前移,就可以发出鼻音韵尾 -n。

（三）针对声调偏误的教学方法探讨

普通话声调几乎是所有外国留学生的学习难点。巴基斯坦留学生也不例外,在汉语普通话的声调学习中,我们发现他们的难点主要在第二声和第四声。第一声的问题主要出在调值不够高,第三声则是曲折的动程不足。在对留学生进行声调训练时,我们要以吴宗济先生所提出"单字调和双字调是普通话声调的基本单元"为原则,着重训练留学生单字调和双字调的发音能力。

1. 单字调模仿发音法

这是声调训练中最基本也最有效的方法,通过教师的示范和留学生的模仿,感知四声的曲折升降。需要注意的是由于清辅音无法承载声调,在选择声调附着的音段时我们往往从零声母音节或浊音声母音节开始。

2. 手势法

结合手势随着音高的变化发音,显示普通话 4 个声调的基本走向。

_____

① 张和生. 汉语可以这样教——语言要素篇[M].北京:商务印书馆,2006:25.

3. 联想法

汉语第二声与英语中的疑问语调不仅调型相似,调值也基本相当。在教巴基斯坦留学生发这个声调时,可以采取联想法,强调二者的相似性,然后让留学生进行模仿。

4. 换序法

在对单字调进行训练的后期,我们应变换阴阳上去四声的顺序,以免学生形成固定的声调顺序模式,也可以将留学生难以分辨的声调放在一起进行训练,达到对比的作用。

5. 双字调模仿发音法

在研究过程中我们发现留学生对于单字调的发音偏误会随着学习逐渐消失,但一进入双字调中就显得有些慌乱。汉语普通话中加上轻声共有 20 个双字调模型,我们的训练以变换后字声调即 1+1、1+2、1+3、1+4、1+轻……的模式开始,随后再变换前字声调即 1+1、2+1、3+1、4+1……的模式,最后再将顺序打乱进行练习。

6. 带音法

在留学生学习平调之后,我们可以利用平调来教授留学生声调和降调。首先用五度声调调型图标出 5 个调值,让学生发 55 调和 11 调,然后将 2 个调值的声调连起来带出 51 调。二声的教学也可以采用此方法。

五、结语

本文在初学和提升两个阶段对已学习四个月的巴基斯坦留学生的汉语语音学习情况进行了观察,通过对留学生中介语发展过程的观察,从声母、韵母、声调 3 个方面总结归纳了巴基斯坦留学生在汉语语音学习中常见且顽固的偏误。其中,留学生在声母上的偏误由多到少,比较常见的是送气与不送气,比较顽固的是清音浊发的问题;在韵母上的偏误由少到多,也可说由隐性到显性,比较常见的是 u 和 ü,比较顽固的是单元音韵母 e;在声调上的偏误从调型的问题演变为调值的问题,由难到易分别是一声、四声、二声、三声。对于偏误产生的原因,笔者从母语的负迁移、英语的影响、目的语的负迁移等几个方面对偏误原因进行了解释,其中留学生的偏误受母语负迁移的影响最大,其次是目的语的影响,再次是英语的影响。在教学中,我们可以运用实物演示法、对比法、模仿法、带音法等方法来引导留学生改正偏误,从而提高汉语语音的正确性。

参考文献

一、专著

[1]陈枫.对外汉语教学法[M].北京:中华书局,2008.

[2]黄伯荣,廖旭东.现代汉语(上册)[M].北京:高等教育出版社,2011.

[3]刘珣.对外汉语教学引论[M].北京:北京语言大学出版社,2000.

[4]毛世桢.对外汉语语音教学[M].上海:华东师范大学出版社,2008.

[5]孙德金.对外汉语语音及语音教学研究[M].北京:商务印书馆,2006.

[6]张和生.汉语可以这样教——语言要素篇[M].北京:商务印书馆,2006.

[7]曾毓美.对外汉语语音[M].长沙:湖南师范大学出版社,2008.

[8]赵金铭,孟子敏.语音研究与对外汉语教学[M].北京:北京语言大学出版社,1997.

二、期刊论文

[1]黄柳青.汉语语音习得初期难点分析——以巴基斯坦留学生为例[J].教育教学论坛,2013(39).

[2]刘飞,安玉香.基于实验的巴基斯坦留学生汉语元音习得研究[J].科技视界,2011(34).

[3]沈莉娜,张义东,李学欣.汉语和乌尔都语的语音对比研究[J].大家,2011(9).

[4]唐志芳,祁辉.外国学生汉语静态声调习得偏误分析——基于对巴基斯坦学生单字调的调查研究[J].汉语学习,2012(1).

[5]胥秋菊,杜开群.印度巴基斯坦留学生汉语学习中的语音偏误分析[J].亚太教育,2016(1).

[6]殷华杰,申姝琦.巴基斯坦学生汉语语音学习难点分析[J].科技资讯,2013(31).

[7]周静,尹琪.南亚留学生汉语语音偏误分析及对策[J].语言教学研究,2010(10).

三、学位论文

[1]陈晨.巴基斯坦留学生学习汉语语音偏误分析及应对策略[D].吉林大学硕士学位论文,2010.

[2]胡波.巴基斯坦留学生汉语一级元音声学分析[D].湖南师范大学硕士学位论文,2011.

[3]林帅.对外汉语语音教学研究——以声母教学为主要研究对象[D].吉林大学硕士学位论文,2013.

[4]王溢.初级阶段巴基斯坦籍留学生汉语单字调习得调查分析[D].渤海大学硕士学位论文,2014.

[5]魏梦媛.浅谈对外汉语语音教学[D].郑州大学硕士学位论文,2014.

[6]叶良颖.巴基斯坦留学生习得汉语声调的实验研究[D].湖南师范大学硕士学位论文,2010.

隐喻视角下留学生比拟修辞的理解及运用研究①

摘要：修辞教学在对外汉语教学中处在非常晚的阶段，留学生对于汉语辞格的认识和运用通常都相对薄弱。对于单个修辞的国际中文教学研究更是少之甚少。本文运用问卷调查法和语料库研究法，在隐喻理论的指导下，以比拟修辞的现有研究为基础，对以巴基斯坦为主的南亚留学生对比拟辞格的理解和运用进行探究和分析。

本文分为以下几个部分：第一部分是绪论，主要说明选题缘由，以及关于隐喻理论和比拟修辞的研究背景。第二部分分析了比拟修辞的形成条件和3种类型的基本使用方法。第三部分对本文使用的主要隐喻理论作了概述。第四部分对留学生比拟修辞的理解能力作出调查问卷并分析其结果。第五部分结合隐喻理论对留学生运用比拟修辞的语料进行探究和分析。第六部分针对以上研究对留学生比拟修辞的教与学提出恰当的建议。第七部分为结语。希望借助本文的研究使修辞教学在对外汉语教学中的地位能有提升，让更多从事对外汉语教学的学者注意到并研究留学生语料。

关键词：隐喻　比拟　修辞　留学生

一、绪论

(一)选题缘由

在与本校留学生的接触中我们发现，来华留学生经过长时间学习后，前期汉语水平突飞猛进，而到了后期，汉语水平常常会达到一个高原期，难以进一步提高和发展，其汉语运用能力也常常局限于应试需要。运用汉语言进行真实的交际能力较差，体现在难以理解本族人的"特殊"（此特殊是留学生看来的特殊，本族人却习以为常或是很容易接受）表达，难以与本族人实现流畅无障碍的交流。这可能与汉

---

① 本论文由叶锦怡、王飞华完成。

语中层出不穷的隐喻思维下的修辞表达有关。其中一种影响留学生汉语水平的修辞表达就是比拟。经问卷调查等发现,以巴基斯坦为主的南亚留学生对于比拟表达的掌握程度不理想,认为比拟表达不仅难懂,更难以运用。因此本文拟从隐喻理论的角度对以巴基斯坦为主的南亚留学生理解和使用汉语比拟修辞的情况进行研究。

隐喻从传统的修辞格生发逐渐扩展到人类思维的层面,并引起学界广泛而深入的研究。隐喻不再是一种修辞而是人类的一种思维方式和认知活动。而语言作为人类认识和体验世界的经验与感受的输出器,同隐喻必然有着千丝万缕、难以割舍的关系。但目前我国学者们对于汉语中隐喻表达的研究多集中于分析中国古诗词和小说等具体本族人的语料,而以隐喻理论为指导,基于留学生作文语料研究留学生比拟修辞掌握程度的则较为少见,且我们发现这样的联合研究多集中于比喻修辞。因此,本文试图通过隐喻理论来分析来华留学生对比拟修辞的理解和运用情况,从认知语言学的角度出发,通过发放调查问卷和语料库检索来具体了解留学生在学习和运用汉语比拟修辞表达时的情况,可以更好地帮助来华留学生学习和理解汉语的内在隐喻式的思维模式,也可为国际中文比拟修辞教学提供有效的建议。

(二)文献综述

1.国外隐喻理论的研究现状

传统修辞学角度的隐喻理论创始者是亚里士多德,他认为隐喻其实是把用于描述一种事物的语言借用来暗喻另一种事物。他论述了在演讲中可以使用隐喻,我们对个人的演讲风格和特色进行修正和打磨,目的是使演讲的风格和当时的情景相适应。传统隐喻理论还有昆体良在亚氏隐喻理论基础上提出的替代理论以及理查兹和布莱克两人提出的互动理论,昆体良认为隐喻是用一事物——"本体"去替代另一事物——"喻体"的修辞现象,其间隐喻生成的基础是"本体"与"喻体"之间的"相似性"。理查兹和布莱克两人提出互动理论,这对传统修辞学角度的隐喻理论提出了挑战,对概念隐喻理论的产生有着很大影响。总的来说,这一角度的隐喻理论研究为我们提供了看待隐喻现象的一种重要途径和角度,但是也具有局限性,没有深层挖掘隐喻理论的功能和作用。

以概念隐喻为代表的认知隐喻理论兴起于 20 世纪 80 年代初,以莱氏理论为主要体现,弗科尼亚创建的"概念合成理论"①对其作了补充。莱柯夫和约翰逊认

① Gilles Fauconnier. *Mapping in Thought and Language*[M]. Cambridge:Cambridge University Press, 1997.

为隐喻涉及人类的概念系统,由此隐喻的研究对象从修辞学角度的语言变异成了揭示人类思维模式和思维的运作机制的认知工具。

2. 国内隐喻理论的研究现状

国内对于隐喻理论的研究起步较晚,主要集中于对国外隐喻理论的引介和评析、从不同的角度对隐喻进行探讨以及隐喻理论视角的个案研究这 3 个方面。

(1)对国外隐喻理论进行引介和评析。

陈治安和蒋光友向国内介绍了 4 种典型的隐喻理解理论:比较观、相互作用观、语用观和认知观①。夏孝才和杨艳称"概念隐喻理论具有划时代的意义,合成空间理论是目前最具权威性、最完美的隐喻理论之一"②。赵蓉称此二者为"隐喻阐释的两种新视角"③。林书武归纳出当今隐喻研究的 7 个主题,紧接着叙述了相关的重要研究成果,其焦点是概念隐喻、概念整合理论、空间隐喻研究、转喻和其他修辞格的研究,最后对于隐喻研究的发展趋势作出了科学的预测。④ 汤本庆指出传统隐喻理论的局限,对隐喻研究的 2 个关键问题,即隐喻的本质和隐喻的理解作了详细的论述,还提出了现代隐喻研究应加强的方面。⑤

(2)从不同角度对隐喻理论进行探讨,补充其研究内涵。

成就显著的学者代表为束定芳,他从隐喻的本质、产生原因、理解过程、功能、工作运行机制等方面不断完善隐喻研究的内容,并形成了《隐喻学研究》一书的主体。此书弥补了国内"对隐喻研究进行系统介绍和分析的著作尚不多见"的欠缺,"为我们提供了隐喻研究的最新发展"⑥。

(3)隐喻理论视角的个案研究。

杜凤兰运用"空间隐喻"理论对介词进行分析,对英语介词作了深入的考察。⑦ 蓝纯、尹梓充分析中国诗词、小说以及哲学思想中的隐喻,积极使用新奇的理论去印证和挖掘中国古典作品中的隐喻认知模式,还延伸到英译研究方面。⑧ 王千将隐喻理论应用到二语教学中的研究,主要探讨词汇教学、教学中的文化导入、学生

---

① 陈治安,蒋光友.隐喻理论与隐喻理解[J].西南师范大学学报,1999(02):97-100.
② 夏孝才,杨艳.隐喻的两种理论[J].甘肃教育学院学报,2002(02):93-96.
③ 赵蓉.隐喻阐释的两种新视角及其比较[J].四川外语学院学报,2002(03):80-82.
④ 林书武.隐喻研究的基本现状、焦点及趋势[J].上海外国语大学学报,2002(01):38-45.
⑤ 汤本庆.隐喻研究中的若干问题与研究课题[J].外语研究,2002(02):1-6.
⑥ 王葆华,梁晓波.隐喻研究的多维视野——介绍《隐喻学研究》[J].外语教学与研究,2001(05):397-398.
⑦ 杜凤兰.英语空间词 over 的认知语义研究[J].沈阳师范大学学报(社会科学版),2007(02):158-161.
⑧ 蓝纯,尹梓充.《诗经》中的隐喻世界[J].中国外语,2018(05):44-52.

言语能力的培养等问题。①

总的来说，相较于国外，国内的隐喻研究主要集中于对外国学者隐喻理论的介绍，研究的语料也多是外语类的，少有结合留学生语料进行分析研究的，且研究起步较晚；但是从一系列出版的书籍和研究论文中可看出，国内对于隐喻理论的研究已形成了一定的规模，存在很大的发展空间和潜力。

3. 比拟修辞的研究现状

以下我们主要分析对外汉语教学视角下研究比拟修辞教学、认知隐喻视角下研究比拟修辞和留学生比拟修辞运用及偏误分析 3 个方面的研究文献。

（1）对外汉语教学视角下的比拟修辞研究。

王景萍在《汉语量词的语法、语义、语用特征——兼谈对外汉语量词教学》一书的第五章中探讨了量词的修辞功能，其中单独分析了比拟的功能，认为其给人以新鲜感、奇特感，并增加表达的感情色彩。② 于宏梅在《对外汉语写作教学中的修辞教学》中强调了修辞在对外汉语教学写作方面的重要性，并总结了修辞教学的内容与训练形式。③ 王冰在《面向对外汉语教学的意义修辞格研究》中的第三章讨论了比拟辞格的语义机制，认为其语义机制是词语之间语义关系的悖谬性，并提出了相应的教学方法建议，以比拟修辞格为例检验了教学方法设计的科学性和实用性④。杨长江在《〈HSK 标准教程〉中的修辞格研究》中发现教材里大量出现比拟和比喻修辞格，探讨了修辞格内容编排的规律和优缺点，并提出了一些教学建议。⑤ 丁丽娜在《对外汉语修辞教学与民俗文化研究》中结合《发展汉语》综合汉语教材和其他语料，从民俗文化的角度阐释修辞教学，帮助外国学生学习和理解汉语修辞，并提出教学建议。⑥ 王秀丽在《对外汉语常用基本颜色词修辞义教学研究》中从具体的颜色词如"红、黄、绿、白、黑"出发，分析其中的修辞义，以及留学生在学习中出现问题的原因，最后提出相应的教学设计建议，帮助留学生了解颜色词背后蕴藏的中国文化。⑦ 陈敏在《汉语修辞造词研究与对外汉语词汇教学策略》中从修辞造词的角度，结合初、中、高级汉语教学具体实践，提出了相应的教学策略，将汉

---

① 王千.《发展汉语》综合系列教材中的隐喻性词汇教学研究［D］. 哈尔滨师范大学硕士学位论文，2015.

② 王景萍. 汉语量词的语法、语义、语用特征——兼谈对外汉语量词教学［D］. 福建师范大学硕士学位论文，2001.

③ 于宏梅. 对外汉语写作教学中的修辞教学［J］. 乐山师范学院学报，2004（6）：133-137.

④ 王冰. 面向对外汉语教学的意义修辞格研究［D］. 辽宁师范大学硕士学位论文，2016.

⑤ 杨长江.《HSK 标准教程〉中的修辞格研究［D］. 陕西师范大学硕士学位论文，2017.

⑥ 丁丽娜. 对外汉语修辞教学与民俗文化研究［D］. 陕西师范大学硕士学位论文，2017.

⑦ 王秀丽. 对外汉语常用基本颜色词修辞义教学研究［D］. 山东大学硕士学位论文，2018.

语修辞造词研究和对外汉语词汇教学密切结合起来。①

这些文献从修辞的教学角度出发,结合对外汉语教学中的具体教学内容作出分析和讨论,并提出了相应的教学建议,为修辞教学的发展和完善作出了贡献,但缺乏单个修辞的个案分析研究,在研究方面仍存在不深入的问题,在教学策略的提出方面存在可行性不高的问题。

(2)认知隐喻视角下的比拟修辞研究。

李清园的《比拟辞格的认知研究》从一个新的角度展开比拟修辞的研究,研究了比拟的生成机制和运行规律,使比拟研究更加深入和理论化。② 孙毅、李乐的《现代汉语比拟辞格的认知隐喻学视阈探幽》从认知隐喻观出发,认为比拟是一种最基础的本体性隐喻,并在研究中揭示了比拟修辞格背后的隐喻思维动因。③ 汪爱武在《比拟辞格的认知和文化研究》中探讨了比拟修辞格的两种修辞效果,认为比拟丰富了形象的意蕴同时给人一种亲和感与形象感。④ 曾艳萍、谢世坚在《概念整合理论视角下〈威尼斯商人〉的比拟辞格》中讨论了比拟辞格的分类,并借助概念整合理论分析了比拟辞格在具体语料中的认知特点和功能。⑤ 张小华《幼儿文学作品中比拟辞格的认知分析》基于幼儿文学,分析了比拟辞格的内涵和用法,结合幼儿认知心理,认为运用比拟辞格可以让幼儿文学作品更加生动有趣。⑥

(3)留学生比拟修辞运用及偏误分析。

周小兵、洪炜在《中高级留学生汉语中介语辞格使用情况考察》以中介语语料库为基础,考察了中高级留学生在使用中介语辞格时的情况和偏误,发现留学生使用比拟修辞格的频率位居第二,第一则是比喻。书中指出留学生通过模仿、创造、母语移用和交际策略来生成辞格,认为留学生辞格生成能力与其汉语水平有很强的相关性,最后总结了留学生辞格偏误的三点原因。⑦ 黄慧在《中高级留学生辞格使用情况研究》一书中将留学生比拟辞格的使用情况与小学生的使用概率作了对比并探讨了其原因。⑧ 秦格格在《基于 HSK 动态作文语料库的留学生汉语修辞运

① 陈敏.汉语修辞造词研究与对外汉语词汇教学策略[J].现代语文,2020(5):97-101.

② 李清园.比拟辞格的认知研究[D].山东大学硕士学位论文,2011.

③ 孙毅,李乐.现代汉语比拟辞格的认知隐喻学视阈探幽[J].西北工业大学学报(社会科学版),2013(3).

④ 汪爱武.比拟辞格的认知和文化研究[J].安徽警官职业学院学报,2013(4).

⑤ 曾艳萍,谢世坚.概念整合理论视角下《威尼斯商人》的比拟辞格[J].广西教育学院学报,2014(1):45-49.

⑥ 张小华.幼儿文学作品中比拟辞格的认知分析[J].吉林广播电视大学学报,2015(8):16-17.

⑦ 周小兵,洪炜.中高级留学生汉语中介语辞格使用情况考察[J].世界汉语学,2010(4):536-647.

⑧ 黄慧.中高级留学生辞格使用情况研究[D].复旦大学硕士学位论文,2014.

用分析》一书中运用抽样分析法考察了留学生辞格运用的情况,分析了留学生辞格运用的偏误现象和原因,虽未单独地分析比拟辞格的运用和偏误,但其在第三章遣词造句谋篇修辞偏误分析中就涉及了比拟修辞。[①]

这些文献运用科学的调查和分析方法考察了留学生习得修辞格的真实情况、运用时出现的偏误类型和相关原因。虽然当前的文献研究还处于初步探索阶段,不够全面和系统,涉及比拟修辞的单独研究数量很少,甚至几乎没有,但仍为我们的研究奠定了十分重要、必不可少的基础,同时也为我们的研究提供了许多宝贵的建议和经验。

(三)研究意义

比拟修辞在来华留学生的汉语学习上有一定难度,即使一些留学生达到了中高级汉语水平,其在学习过程中也并不能完全理解与掌握汉语的比拟修辞,造成以上问题的原因首先是汉语比拟修辞自身存在复杂性和多变性,其次是语境和文化有差异,最后是留学生对比拟修辞的个性化理解运用能力不足。如果我们不严肃地认识和分析这些现象,留学生的汉语水平难以提高。基于隐喻理论,利用调查问卷和语料库分析对留学生比拟修辞理解和运用时出现的情况作详尽的研究考察,可以更好地了解留学生在比拟修辞学习中出现的问题,通过科学的理论有力地对其出现的原因进行分析,希望将会对对外汉语比拟修辞的教学有一定的帮助,从而更好地促进对外汉语教学走向科学和客观,更加适应时代的需求和社会的发展。

(四)研究方法

本文通过语料库研究、问卷调查法,对对外汉语教学中比拟修辞进行理论上的分析和探究。

语料库研究法:前期研究汉语比拟修辞的特点和类型,为留学生语料分析打下基础。通过逐篇检索留学生 HSK 动态作文语料库和 HSK 汉语水平测试题库,为我们的分析和研究找到真实可靠的语料。

问卷调查法:在分析语料得出部分结论后,设计调查问卷,以五度量表的形式,让四川师范大学国际教育学院的各国留学生(其中巴基斯坦籍留学生占比较大)进行选择,再用 SPSS 软件对得到的数据进行整理分析,了解他们对汉语比拟修辞的可接受度和习得情况。

---

① 秦格格.基于 HSK 动态作文语料库的留学生汉语修辞运用分析[D].湖南师范大学硕士学位论文,2016.

二、汉语比拟修辞的用法分析

(一)汉语比拟修辞概述

1. 比拟的性质

比拟就是把某个事物当作另外一个事物来描述、说明。比拟辞格分为以下三类:将人比作动植物以及无生命物体(人拟物)、将动植物以及无生命物体比作人(物拟人),或将甲物化为乙物(物拟物)。在写作中运用比拟修辞,能达到特有的修辞效果,或给人物环境增添特有的情感,或把无生命体写得活灵活现,栩栩如生,或让人物抒发出爱憎分明的感情。因此比拟辞格经常用在诗歌、小说、散文、寓言、童话等文体中。

关于比拟的定义,学界持有不同的看法,周达生对比拟辞格下了一个新的定义:"比拟是把甲当作乙,将本来适用于乙的词语用于甲,从而使乙的某种属性特征移植给甲的修辞方法。"①本文将依托于周达生对比拟修辞的定义来对语料和问卷结果作出分析和研究。

2. 比拟修辞基本范式

要准确地把握比拟辞格就得回归其内部,认识构成比拟的要素。我们可以以比喻为思考的起点,比喻是由本体、喻体和喻词三要素组成,那么比拟是否也可以此类推呢?李艳提出比拟是由本体、拟体和拟词三种成分构成的。这种说法被大多数人所接受,所以我们的认识也基于此分类法展开。

我们首先要弄明白什么是本体、什么是拟词,什么是拟体。举一个例句来看:"单是周围的短短的泥墙根一带,就有无限趣味。油蛉在这里低唱,蟋蟀们在这里弹琴。"(选自鲁迅《朝花夕拾》)这句话中,本体是"油蛉"和"蟋蟀",拟词是"低唱"和"弹琴",拟体在这里没有出现,但是我们能够推断出本句的拟体应该是能唱歌和弹琴的人类,这句话使用了拟人的修辞。

再来看一个例子:"在群众的呼喝声中,那个恶霸夹着尾巴逃跑了。"这句话中,"恶霸"是本体,"夹着尾巴逃跑"是拟词,拟体仍然没有出现。此句的拟体应该是有尾巴的生物,且在受到攻击时它会夹起自己的尾巴跑掉。

由此我们发现比拟修辞的固定结构范式包括了本体和拟词,拟体一般是不出现的。如李清园说的:"一般来说,比拟辞格从形式上来看,都有一个固定的结构形式,就是带有'本体+拟词'的组合。从意义上说,本体是修辞主体着意要写的人或物,自然会出现在比拟结构中;拟词是用以描述本体的一些相关性词语,也一定要

---

① 周达生.比拟的定义——兼论比拟的成分[J].佛山大学佛山师专学报(社会科学版),1988(03):41-47.

出现在比拟结构中,两者在比拟内部居于显性地位。至于拟体,在大部分运用比拟辞格的句子中,它都是不出现的,我们只能凭借本体和拟词进行推测,它在比拟结构中可以说是处于隐性地位。"①拟体是用于说明本体的,我们可以靠自己的背景知识和语境意义来进行推断和猜测。拟体可以是人或物,拟体中包含了复杂的信息概念,我们在推断过程中要注意它与本体之间的潜在联系性,如果找不到这种意义的交叉领域,那么就难以理解说话人的真实意义。

需要注意的一点是,虽然许多例句向我们表明拟体是处于隐性的地位,通常不出现,但这种不出现可以理解为不与本体和拟词同时出现,那么拟体就可以作为背景知识先行进入受话者的概念系统;当本体和拟体是存在暗喻性的同位词组,而且本体和拟体融合在一起充当比拟句的一个成分时,它们也可能同时出现。这也正是周达生先生所说的:"有暗喻性的同位词组作为成分的句子,有可能成为拟体出现的比拟句。"②因此,比拟辞格"本体+拟词"的基本范式并不能成为判断一个句子是否使用了比拟辞格的唯一依据。

我们还需要分析拟词与本体、拟体之间的关系,来进一步加强对比拟的界定。本体和拟体之间的关系是由拟词来实现的,如:"在群众的呼喝声中,那个恶霸夹着尾巴逃跑了"句中的本体"恶霸"和隐藏的拟体"狗类的生物"两者的关系借由"夹着尾巴逃跑了"的拟词而得到关联,通过词语的移用来使拟体的属性转变到本体身上,拟词就是实现这种词汇移用的载体。再加以分析我们可以发现,拟词虽然在比拟句中用于描述本体,但是这种使用是一种"移用",狗夹着尾巴逃跑了,是正常的搭配,但说恶霸夹着尾巴逃跑了,则显得不符合常规搭配,也就是说拟词实际是与拟体构成常规搭配,而与本体则构成一种非常规搭配。

(二)比拟的分类

陈望道先生将比拟辞格分为拟人和拟物两类。

(1)人拟物修辞的用法分析。

把人当作事物即无生命体的实物或是非人的动植物来描写,将本来适用于描写某个事物的词汇和语句用在人体身上,从而将原事物的某些特点和特性移植给人体。我们世间万物都有自己的属性和特征,而这种品质通常是人所不具备的,例如我们知道鸟会飞、许多动物有尾巴、狐狸很狡猾、树会开花、江河会流淌、太阳会发光发热、春蚕到死才会停止吐丝等。人类有许多复杂的情感难以表达,也有许多感受难以捉摸,它们属于抽象的事理范畴,要想表达和理解这类概念,人们经常将

①　李清园.比拟辞格的认知研究[D].山东大学硕士学位论文,2011.

②　周达生.拟体出现的比拟[J].佛山科学技术学院学报(社会科学版),1983(1):2.

其拟物化,赋予它们可视化的性质和形态。这种拟物化可以分为把人拟作动物和把人拟作植物。

①人拟作动物

1)金色的太阳照耀着金色的麦浪,丰收的歌儿在田野里荡漾;维吾尔族姑娘插上金色的翅膀,在广阔的天地里飞翔。

翅膀是属于鸟类的,但在例1)中,说话人却赋予维吾尔族姑娘以翅膀,把姑娘拟作自由飞翔的鸟儿,写出维吾尔族姑娘驾驶着收割机,在肥沃丰收的田野上自由地行驶,把鸟儿飞翔的姿态移植给人类,更加展示出了维吾尔族姑娘驾车收割的动作十分娴熟和灵巧。

②人拟作植物

2)那肥大的荷叶下面,有一个人的脸,下半截身子长在水里。荷花变成了人,那不是我们的水生吗?①

这句话将战士的下半身物化为长在水里的荷花根茎,荷花根茎和战士的下半身存在一些意义的交叉和相似关系,经简单分析可得出战士直立在荷花淀中,只有脸露在外面,和荷花在水中生长的形式一样:花和叶露出水面而根部埋在水底的土里。我们还可以大胆地联想:将植物的形态赋予人类,使得荷花淀里的战士和荷花融为一体,表现出战士们善于隐藏的特点。

(2)物拟人修辞的用法分析。

物拟人也就是拟人,把生物或非生物当作人来写,将人的情感、思想、行为、品质等特质赋予它们,其思想动机可以追溯到远古人们建构神话世界时,当遇到某事物是自己无法认识的、无法看透的,他们就会把自己作为事物的尺度来对事物本身进行描述,例如将天与地、山川河流、太阳月亮以及自然界中的天气变化等物体现象拟作具有生命实质的真事真物,并且用“以己度物”的方式,让它们也具有人的感情和品质。

物拟人可分为动植物拟作人和无生命之物拟作人两种类型。

①动植物拟作人

3)一只探险的蜜蜂正绕着布满柳树枝头的金色花朵嗡嗡着,向日葵摇着头微笑着。

这句话中的“蜜蜂”和“向日葵”都被人格化了。蜜蜂到处飞来飞去地采蜜被赋予人类探险冒险的特质,让蜜蜂变得勇猛、强大;向日葵随风摆动本是自然的物

---

① 孙犁.白洋淀纪事[M].南京:江苏文艺出版社,2010.

理现象,在这里也被赋予了人的情感,它如同人一样会摇头晃脑,会做出微笑的表情。这样一加以描述更好地将春天一片生机盎然的景象展示出来。

②无生命之物拟作人

按照以己度物的思维来看,自然界中的无生命的实体几乎都可以自然地被拟人化。

4)枪口对准星星,星星大吃一惊!看它呀,躲躲闪闪,看它呀,跳跳蹦蹦。星星,不要害怕,战士的眼睛最清!我们揍的是空中强盗,瞄你,只是练功。星星笑了,笑着跳上了准星。眼睛——星星,一条线,牵来了多少黎明!

这句话把星星这一宇宙中的实体写得如同人一般生动可爱。把星星在空中闪耀的形态与人类俏皮的蹦蹦跳跳的动作联系起来,十分自然和形象。

5)这里叫教条主义休息,有些同志却叫它起床。

这句话是把抽象的事理拟人化,给予其人的动作神态。"教条主义"也能像人一样"休息"和"起床",这里的意思是我们应该废止教条主义,但是有些同志却硬要继续推行教条主义。把人的动作行为赋予了抽象的事理,让我们仿佛能听见它们的声音,看到它们的面貌,感受它们的情感。

(3)物拟物修辞的用法分析。

物拟物包括将抽象事理拟为物、将生物拟为无生命之物和将无生命之物拟为生物三种类型。

6)予观夫巴陵胜状,在洞庭一湖。衔远山,吞长江,浩浩汤汤,横无际涯;朝晖夕阴,气象万千。此则岳阳楼之大观也。

这里把动物"衔""吞"的行为赋给了洞庭湖这个自然之物,"衔"住远山,"吞吐"长江,表现出湖面的气势恢宏,气概非凡。

7)罗马经历过战争,流血,唯物主义者——战士布鲁诺的思想在自由的人民当中翱翔。

"思想"在人民当中翱翔,这是将鸟类飞翔的本领和行为加到了思想这个抽象的事理之上,表现出布鲁诺思想强大的感染力,如同添上了翅膀在人群中迅速传播,把抽象的"思想"写活了。

二、概念隐喻理论简介

(一)隐喻理论的概述

学界对于隐喻的看法十分广泛,各执己说,难以综合运用,故本文将采用接受度较高的莱考夫的概念隐喻理论,以及作为其补充出现的弗科尼亚的概念合成理论,对留学生语料和问卷结果进行分析和研究。首先对两个理论作详细的介绍。

　　莱考夫和约翰逊认为隐喻是从一个具体的概念域向一个抽象的概念域的系统映射;隐喻是人类的思维方式和认知手段;隐喻不是语言表达的问题,也不应仅仅作为修辞学层面的研究对象,它更是人类思维层面的问题;隐喻是人类认知世界和周遭事物的工具和结果。① 隐喻由认知而起,人体内部和人体外部有上亿种概念事物等待我们去发掘和认识,我们认识了一个事物,它就进入了我们大脑中的概念系统,人类其实是通过隐喻的思维来认识世界,并在自己的大脑中形成对世间万物的概念结构和系统,并不断地使用隐喻的思维来发展、深化对万物的认识,于是隐喻又是认知的结果并推动人类认知的发展。这里举一个简单的例子来说明:

8)独生子　　　　是　　　　小皇帝。
　概念域 a　　　　　　　　概念域 b
　本体　　　　　　　　　　喻体
　目标域　　　　　　　　　始源域

　　在上例中,我们理解概念域 a 是建立在对概念域 b 的理解之上的,人们首先对"皇帝"这一概念有个明确多元的认识,然后经过一系列认知的加工、推理和深化,概念域 b 的一些特质通过映射被融入概念域 a 中,使概念域 a 获得了概念域 b 的某个或某些特质。

9)　　　"小皇帝"　　　　　　　　　　"独生子"
　中国古代权威的代表　　　　　　一个家的核心成员
　他说的话就是圣旨　　　　　　　说话做事不用顾及他人
　举国上下都服从于他　　　　　　家人对他言听计从
　戴着王冠,身穿龙袍　　　　　　吃穿住行都是最好的
　有许多侍女太监服侍　　　　　　家人都宠爱他、照顾他的起居
　……　　　　　　　　　　　　　……

　　当然这种映射是有选择性的,并不是将概念域 b 所有的特征都映射于概念域 a 中。例如"皇帝"后宫佳丽三千人、需要治理好一方水土、手握百姓的生死大权这些特质没有被映射到"独生子"的概念域中。这种映射可以被固定下来为人们所熟知,而且成为一种约定俗成的表达方式,人们在理解上不会太困难,同样也可以是暂时的,这就要依托隐喻发生时的语境和情景才能够被重新理解。上述的例子就属于固定下来的隐喻,人们对于这句话的理解并不困难。再看一个例子:

---

① [美]乔治·莱考夫,马克·约翰逊. 我们赖以为生的隐喻[M]. 何文忠译,杭州:浙江大学出版社,2005.

10）我的水杯是你的洋娃娃。

单独列出这句话，我们会发现在理解上存在难度。"水杯"是一种容器，用来盛水，在我们以往的认知中与"洋娃娃"并没有映射的关系存在，因此可以看出这句话并不是一个隐喻。但是如果加上一个情景呢？李玲的爸爸送给她一个洋娃娃作为她十岁的生日礼物，李玲十分爱惜它，每天给她梳头发、换衣服，不让它沾上一点灰尘，同学们想看她的娃娃一眼都不行……有一天李玲忘带水杯了，她找同桌芳芳借了水杯喝水，喝完水后她一点儿也不爱惜芳芳的水杯，直接把它放在饮水机旁边，没有还给芳芳，也没有提醒芳芳去取回自己的水杯，芳芳的水杯不小心被嬉闹的同学们撞倒，碎了一地。芳芳一边大哭一边对李玲喊道："我的水杯是你的洋娃娃！"

这样看，例10）就有了隐喻意义，李玲的"洋娃娃"被主人珍视、不容许别人破坏的特质被说话人芳芳暂时地映射到了自己的"水杯"上，这是一种短时性的具有一定排他性的映射关系，只有在当时的情景下，这句话才可以被理解，而且除了说话人和听话人，在场的其他同学要理解这句话还是存在一定困难。

在通常情况下，人类会使用自己原本熟知的某个概念来联系、理解和说明某个比较陌生的概念，这种认知模式也就正是概念隐喻理论认为的利用源域和目标域间的跨域映射来认识周遭的人事物。因此我们说隐喻是一种思维方式，而人类的思维方式本身就是隐喻的。

（二）隐喻的核心要义

莱考夫等人认为隐喻是概念层面的问题，我们的隐喻是一种概念隐喻，核心内容是"隐喻是跨概念域的系统映射"。这里举一个例子来进一步说明。

11）The foundation of the theory is shaky.

在例11）中，"foundation"和"shaky"本是描写建筑物的词汇，在句中用于描述"theory"，因此我们几乎把理论这一抽象的事理当成了建筑物这个具体的事物，既然"Theories are buildings"理论即建筑这样的观念认识在我们大脑的概念系统中是普遍存在的，就说明隐喻应该是概念层面的问题。下面对其核心内容做一个简单的概括：

1. 隐喻是一种认知手段

"不论是在语言上还是在思想和行动中，日常生活中隐喻无所不在，我们的思想和行为所依据的概念系统本身是以隐喻为基础。"①它是不可避免的，亦是人类

① ［美］乔治·莱考夫，马克·约翰逊.我们赖以为生的隐喻[M].何文忠译，杭州：浙江大学出版社，2005.

最伟大的一种智力。我们在理解抽象的概念和复杂的事理时,常常会使用自己熟悉的事物来帮助我们认识和理解,进行推理,这种普遍潜在于我们思维模式中的认知方式其实就是隐喻。我们依托隐喻来理解纷繁复杂的客观世界。隐喻让我们有可能使用内外部有高度组织、更具体的事物来理解相对抽象的或结构组织不明确的事物。在许多主题上如"时间""因果"都依靠隐喻以利用普遍的事物来理解深奥的科学理论。

2. 隐喻的本质是概念性

莱考夫认为隐喻是我们赖以生存的概念。隐喻性的语言只是人类概念性隐喻思维在表层的体现,不能将隐喻简单地看成语言。

从这点出发,我们认识到隐喻建构着概念,举个例子来说明:想象你现在身处于一场激烈的战争之中,战争的起因、军队的武器装备和采用的战斗模式我们不去深究,但是至少存在两支具有敌对关系的队伍,且唯一的目标是率领自己的队伍占领对方营地,取得战争的胜利,与此同时,他们还需要捍卫自己的地盘,保证自己的安全,否则顾己失彼失去自己的领地,即使占领了对方的营地,这场战争也还是失败的。有了这个概念的先导,再想象我们正在观看一场气氛紧张、激烈的辩论赛,在辩论场上,两支队伍对一个论题各执己说,他们属于两个敌对的阵营,处在相互矛盾的立场之上,他们按顺序发言,一边"攻击"对方的论述,一边"捍卫"着自身的立场。你会听到解说员这样说:今天"对阵"的双方是……,双方辩手"唇枪舌剑",某某辩手"杀气太盛",某支队伍的"进攻"打得井井有条,"寸土不让","捍卫"着自己的观点,某辩手抓住对方辩手的"要害","场面陷入了白热化",辩手们转变了"战术"。从这两个想象可以看到在辩论赛中使用了大量描述战争的词汇和术语,于是莱考夫提出了"争论是战争"的隐喻。人的思维和概念认识是无法直接被外界感知的,人类需要借助语言的外壳来使自己的想法和见解被别人所意识到。如上述两个场景中,隐喻的认知手段驱使人们使用自己较为熟悉的"战争"概念域来具体化"争论"的概念域,在语言层面则表现为使用语言词汇系统中描述战争的词语和概念来理解一场争论。我们回到概念域建构的起点会发现,最初军事冲突的描述性词汇并不被用于一场辩论,而我们使用隐喻性语言即使用军事战争的概念域里的概念来描述辩论赛,是帮助人类认识和理解一场辩论赛,用军事冲突的理解来建构起对辩论赛的理解,在这个时候,隐喻不再仅仅起到对语言进行修饰和润色的功能,通过隐喻建构起的概念系统作为一个次概念进入人类原有的概念系统中,并稳定下来,成为我们知识体系的重要组成部分,之后在日常生活中,我们可以对这些隐喻性语言信手拈来。

3. 隐喻是跨概念域的系统映射

莱考夫认为这种映射并不是两个概念域完全的复制粘贴,而是不对称的,是部分的映射。要理解这一点,我们可以再回到前文关于"战争"和"辩论"的想象中去,这两个概念域的映射并未被完全投射,当这场辩论赛被设定为两支队伍的友谊赛,即不需要辩手在辩论中争个"你死我活",再把背景扩充到有 a 国的一所学校与 c 国的一所学校存在友好的交流合作历史当中,为了展示两校的和谐,在两国建交的周年庆祝活动上两国的合作学校各派一支队伍展开一场友谊辩论赛。在这个前提条件下,两支辩论队伍辩论的目的不是分出胜负而是展示彼此的友谊,那么"辩论"也就不完全对等于"战争",始源域的一些特征由于目标域概念的建构而存在被强调或是被弱化的 2 种情况。

4. 映射的基础是人体的经验

这一点是莱考夫等人将概念隐喻理论划归于认知语言学领域的重要依据。《涉身哲学——基于身体的心智及对西方思想的挑战》一书在经验主义的基础上建立了一个具有创新意义的哲学范式,并定义为"涉身哲学"(embodied philosophy)。[①] 此概念有力地论证出认知主体即人的身体经验在认知形成发展中的基础性地位。我们的概念隐喻所做的映射不是任意的,它们都来自于我们对客观世界的感知、理解、认识、总结、归纳等经验知识,就如同婴儿学会爬行后,从始源地出发,开始沿着一条路爬行,最后到达了目的地。长大后在完成一项目标时,我们也会经历从现有的能力和条件(始源域)出发,经过自身的努力(路径),最后达成目标(目标域)。他们强调概念意义的体验性、互动性和主观性,意义源自人对周围环境的感知经验,我们意识里的世界并不是世界本来的面貌,而是通过人类认知加工后呈现出的"人化"了的世界,它与真实的世界是存在差异的。人类对于这个世界的认识通过经验被固定在社会集团的思维版图和推理方式上,方便日后能够快速取用。

5. 概念隐喻具有创造力

人类具有丰富的感觉体验和千奇百怪的想象力,因此概念隐喻的种类必定是数量繁多的。因为人体的个体差异性,每个人看待问题的方式不同,那么创造出来的隐喻也就是不同的。例如有人觉得有钱是幸福,有人觉得有一块面包就是幸福。莱考夫也收集出了英文中"love"的 100 多种隐喻性的表达形式。人类的认知在不断的深化中,那么其物质外壳语言也在不断的发展之中,人们的隐喻表达也会越来

---

① [美]乔治·莱考夫,马克·约翰逊.肉身哲学——亲身心智及其向西方思想的挑战[M].李葆嘉等译,北京:世界图书出版公司,2018.

越丰富,越来越具有创新性。

(三)隐喻的基本路径

莱考夫和约翰逊把概念隐喻分为结构性隐喻、方位性隐喻、本体性隐喻三大类,以期更系统地分析隐喻意义的生成和运作的过程及方式。

1. 结构性隐喻

结构性隐喻是指始源域中的概念结构可以系统地转移到目标域的概念系统中去,由此目标域的结构和组织可以依照始源域的结构组织形式系统地加以理解。如之前我们讨论过的"争论是战争""理论是建筑"都是结构性隐喻的表达,又如鲁迅在《呐喊》中关于"铁屋子"的隐喻性表达也可以从结构性隐喻的角度来分析:

12) 始源域   目标域

一间铁屋子   封建黑暗愚昧的旧社会

绝无窗户而万难破毁   白色恐怖严重

里面有许多熟睡的人们,   人们内心被压抑的痛苦

不久都要闷死了

昏睡人死灭,并不感到就死的悲哀   当时人们麻木不仁

你大嚷起来,惊起了较为清醒的几个人 先驱们的觉醒和鼓舞

几个人既然起来,   还是可以看到胜利的曙光和希望

你不能说绝没有毁坏这铁屋的希望

在结构隐喻的概念建构过程中需要注意的是:认识和理解抽象或陌生的概念系统时,常常借助于我们已经较为熟知的概念特征,通过隐喻来映射到前者的结构之中;隐喻是用我们所熟悉的旧概念对不熟悉的新概念进行意义上的重组;隐喻的概念建构是有限制性的、不对称的,可能只是部分的建构而不是完全的建构。

2. 方位性隐喻

方位性隐喻也叫空间隐喻,这是莱考夫的独创见解,将"空间维度"所建构起来的概念当作隐喻。人类生活工作中常常会运用诸如上下、内外、前后、中心、边缘、远近、深浅等表达空间的词汇概念系统,这些空间维度也通过隐喻存在于我们的语句中,发挥着意义建构的作用。

13) 今天他们赢得了比赛,情绪十分高涨。

她的新裙子脏了,心情有些低落。

生意失利的那段时间是我人生中的低谷。

他与丽丽迅速陷入了爱河。

如果你再不努力,将会沦为社会的地层。

通过以上例句,我们可以总结方位性隐喻与人的情绪有关,如"快乐是上,悲伤是下"的说法;方位性隐喻与人的意识有关;方位性隐喻与身体的状态有关。如果我们的语言中不存在以空间维度为基础的隐喻语句,那么许多关于心理状态的表达形式都会消失,因此我们应该重视空间概念性隐喻。

3. 本体性隐喻

本体性隐喻是用关于物体等实体的概念或概念结构来认识和理解我们的经验,主要用于理解抽象的概念,把抽象的不具有实体性的事理说成具体的实体。可以分为 3 个小类:

(1)实体和物质隐喻。

把事理经验视为实体或物质,通过后者来理解前者,可以看作是对经验等抽象概念作出的物质性描写,如量化、分类等,使其带上某类物质的特征,方便人们理解。

14) 高度紧张的学习压力让学生们喘不过气来。

在例 14)中"学习压力"明显不是一个客观存在的实物,我们对实体的理解至少是摸得到、看得见的物体,然而压力怎么会看得到呢? 又怎么能摸得着呢?

15) 葬礼上,人们饱含热泪,空气中笼罩着悲伤的气氛。

在例 15)中"悲伤的气氛"是如何笼罩在空气中的呢?

16) 现代社会中追名逐利的人们数不胜数。

在例 16)中的"名利"是朝着某个方向在运动吗?

17) 这周末我会挤出点时间来给你们讲课。

例 17)中的时间怎么能挤压呢?

像这样的例子在我们的语言系统中不胜枚举,把悲伤消极的事理看作是压在身上的石头,把人们潜在的心情境遇实体化为一缕轻纱或是薄雾,把名利看作一个实体,把时间当作海绵里的水……莱考夫把这种利用实体来映射目标域的隐喻称为实体隐喻,这些语句有一个母式"a 是实体",许多我们熟悉的概念都源自这种隐喻,我们把抽象的词汇想象成不同的实体,把心智视为计算机的隐喻更是为心理学的研究发展提供了重要的假设。

（2）容器隐喻。

容器隐喻是将本不是容器的事物看作是一种容器,让其有了边界、可以被量化、能进能出。例如:

18）美丽的布达拉宫进入了我的视野。

19）他现在处于情感的空巢期。

20）天黑了就不要进山了。

这里 3 个例句分别将人的精神状态视为一个容器,有了一定的边界;把人的情感看作是一个容器,里面没有物体则表示一种孤单寂寞的感觉;把山也当作一种容器,变得可进可出。

（3）拟人隐喻。

拟人隐喻是将事物视为具有人性,把原本没有生命的事物或抽象的事理概念加上了人的情感、特质和行为,使之人格化。根据人的自身体验把本属于人的行为、情感、思想、品质等映射到无生命的事物上去。

21）生活欺骗了我。

例 21）中"生活"本是个抽象的概念,不可捉摸,而"欺骗"是人类特有的行为,意为用虚伪的言行隐瞒真相,使人上当。把人的行为映射到"生活"这个抽象概念域中,就是拟人隐喻。

三、留学生比拟修辞习得情况问卷调查

（一）问卷设计

我们以第二章对比拟辞格的分类为依据,对我校的以巴基斯坦为主的留学生做了对这 3 种类型的比拟辞格理解能力的调查。问卷包括 3 个部分:第一部分包括被试者的基本信息以及对比拟辞格的基本认识,这个部分共 6 项;第二部分包括判断句子是否使用了比拟辞格以及对比拟辞格意义的理解,这个部分共 15 项;第三部分是识别句子使用的比拟辞格类型,这一部分共 11 项。3 个部分的难度呈依次递增的趋势。对于物拟人、人拟物、物拟物 3 种类型的比拟辞格,我们分别设计了 5 项、5 项、1 项。对于比拟辞格在生活中的实际运用理解,我们设计了 4 项。

1.调查目的

调查设计的目的是了解留学生对汉语比拟辞格的理解和掌握情况。

第一部分是为了解留学生汉语水平等级,以及留学生对汉语比拟辞格了解的程度。第二部分是为了解留学生对汉语比拟辞格的判断、理解和识别能力。第三部分是为了解留学生对汉语比拟辞格的系统知识掌握程度。

2.调查对象

接受本次调查的对象为四川师范大学国际教育学院初、中、高级留学生,主要

为南亚学生群体,共计 18 名,其中零基础和初级水平 2 人、中级水平 3 人、高级水平 13 人。

(二)调查问卷中比拟修辞的 3 种类型情况说明

此调查问卷中出现的比拟句如下:

22)太阳的脸红起来了。

23)花儿羞答答地垂下头来。

24)这一圈小山在冬天特别可爱,它们低声地说:"你们放心吧,这儿保准暖和。"

25)走在路上,路上的花儿看着我,我也看着它们。

26)书,哺育着人类的思想。

27)人群不顾一切,蔓延了上来。

28)在群众的呼喊声中,那个恶霸夹着尾巴逃跑了。

29)小红扇动翅膀,翩翩起舞。

30)我到了房外,我的母亲早已迎着出来了,接着便飞出了八岁的侄儿宏儿。

31)倩倩的男朋友出轨了。

32)火山发出一声咆哮。

其中 22)到 26)是物拟人类,是把"太阳""花儿""小山""书"等无生命的实物当作人来写;27)到 31)是人拟物类,则是把人当作物来写,27)是将人群当作水流来写,把适用于水流的动词"蔓延"用到了人身上,28)、29)、30)都是把人当作动物来写,如"夹着尾巴逃跑了""扇动翅膀""飞出了"都是适用于动物的动作,31)是把人当作无生命的实物来写,把铁轨离开自己原本轨道的动作赋予了人;32)是物拟物类,把动物类的咆哮动作移植到了火山这一实物上。

(三)数据统计

通过 SPSS 软件分析本次问卷的有效数据,对被试者的正确率和对各个类别比拟修辞的了解与掌握程度作出统计,反映学生对比拟修辞的习得情况。

1. 被试者得分情况统计

本问卷除被试者基本信息题,满分共 26 分,最高分 22 分,最低分 5 分,平均分 14.8333,标准差 4.72875。

2. 被试者对各类别比拟辞格的了解和掌握程度分析

问卷中涉及物拟人比拟辞格的共 10 项,人拟物的比拟辞格共 10 项,物拟物的比拟辞格共 2 项,理解比拟在生活中的运用共 4 项。各类型比拟辞格认知情况如下:物拟人比拟辞格的正确率为 58%、人拟物比拟辞格的正确率为 62%、物拟物比拟辞格的正确率为 44%、实际的交际运用正确率为 58%。

由此我们看出,正确率最高的是人拟物类,其次是物拟人类,对于物拟物类比拟辞格的掌握情况较差。总体来看,最高的正确率勉强超过及格线,可知留学生对比拟辞格的认知情况较差。

（四）调查问卷结果分析

此问卷共收回 18 份有效问卷,其中零基础和初级水平 2 人,占比 11.1%;中级水平 3 人,占比 16.7%;高级水平 13 人,占比 72.2%。这说明被试者的汉语水平大部分是中高级,对于汉语比拟修辞的了解程度是:12 人了解,占比 66.67%;6 人不了解,占比 33.33%。13 人知道比拟修辞的类型,占比 72.22%;5 人不知道比拟修辞的类型,占比 27.78%。在要求写出比拟的类型时,2 人写出了具体的句子,如"太阳的脸红了,花儿害羞了""秋天到了,树上金红的果子露出了笑脸,它在向着我们点头微笑"。另有 3 人写出拟人和拟物 2 种类型,1 人写出拟物,1 人写出拟人,6 人回答不知道,5 人未作选择,可见对比拟修辞的分类有 7 人有所了解,占比 38.89%。对比拟修辞在日常交际中的使用情况调查显示,有 13 人使用过,占比 72.22%,有 5 人未使用过,占比 27.78%。对于比拟修辞在写作中的运用,有 12 人表示使用过,占比 66.67%,有 6 人表示未使用过,占比 33.33%。在日常生活中使用的比拟修辞理解情况上,我们共设计 4 项题目,正确率为 58.33%。

以上调查数据表明:学生对于比拟辞格的掌握情况不太理想,在实际的交际运用中对使用了比拟辞格的语句理解上存在问题。

留学生对问卷中 11 项比拟句子的理解情况如下:

认为"太阳的脸红起来了"这句话是比拟句的有 12 人,正确率 66.67%;有 8 人认为其是物拟人类型比拟句,有 5 人认为其是人拟物类比拟句,有 5 人认为其是物拟物类比拟句,正确率 44.44%。

认为"花儿羞答答地垂下头来"这句话是比拟句的有 13 人,正确率 72.22%;有 11 人认为其是物拟人类型比拟句,有 3 人认为其是人拟物类比拟句,有 4 人认为其是物拟物类比拟句,正确率 61.11%。

认为"这一圈小山在冬天特别可爱,它们低声地说:'你们放心吧,这儿保准暖和'"这句话是比拟句的有 12 人,正确率 66.67%;有 8 人认为其是物拟人类型比拟句,有 2 人认为其是人拟物类比拟句,有 8 人认为其是物拟物类比拟句,正确率 44.44%。

认为"走在路上,路上的花儿看着我,我也看着它们"这句话是比拟句的有 10 人,正确率 55.56%;有 12 人认为其是物拟人类型比拟句,有 6 人认为其不是物拟人类比拟句,正确率66.67%。

认为"书,哺育着人类的思想"这句话是比拟句的有9人,正确率50%;有9人认为其是人拟物类型比拟句,有9人认为其不是人拟物类比拟句,正确率50%。

认为"人群不顾一切,蔓延了上来"这句话是比拟句的有7人,正确率38.89%;有5人认为其是物拟人类型比拟句,11人认为其是人拟物类比拟句,有2人认为其是物拟物类比拟句,正确率61.11%。

认为"在群众的呼喊声中,那个恶霸夹着尾巴逃跑了"这句话是比拟句的有13人,正确率72.22%;有6人认为其是物拟人类型比拟句,有9人认为其是人拟物类比拟句,有3人认为其是物拟物类比拟句,正确率50%。

认为"小红扇动翅膀,翩翩起舞"这句话是比拟句的有14人,正确率77.78%;有5人认为其是物拟人类型比拟句,有10人认为其是人拟物类比拟句,有3人认为其是物拟物类比拟句,正确率55.55%。

认为"我到了房外,我的母亲早已迎着出来了,接着便飞出了八岁的侄儿宏儿"这句话是比拟句的有10人,正确率55.56%;有15人认为其是人拟物类比拟句,有3人认为其是物拟物类比拟句,正确率83.33%。

认为"倩倩的男朋友出轨了"这句话是比拟句的有12人,正确率66.67%;有5人认为其是物拟人类型比拟句,有10人认为其是人拟物类比拟句,有3人认为其是物拟物类比拟句,正确率55.55%。

认为"火山发出一声咆哮"这句话是比拟句的有10人,正确率55.56%;有6人认为其是物拟人类型比拟句,有6人认为其是人拟物类比拟句,有6人认为其是物拟物类比拟句,正确率33.33%。

根据以上信息,我们可以清晰地看到,中高级水平的留学生对汉语比拟修辞大多是有所了解的,但是这种了解较为浅显。在实际的修辞判断以及比拟修辞的类别判断中,留学生存在着很多的问题,如对句子是否使用了比拟修辞、使用了何种比拟修辞的认识很不到位,对于比拟修辞的知识储备较为缺乏。这既有学生自身的原因也有教师的原因。许多教师长期以来都忽视了比拟修辞在修辞教学中的地位,也忽视了修辞教学在整个对外汉语教学中的地位,导致留学生对汉语比拟修辞的认识不够。此外,汉语比拟修辞本身与其他种类的修辞格难以区分,例如比喻、借代等,所以本身知识过于复杂和含糊也导致了留学生的掌握情况不够理想。

四、留学生汉语比拟修辞运用情况及分析

我们将基于HSK动态语料库中筛选出来的比拟句,结合前文的概念隐喻理论对留学生在写作中运用的比拟句进行一个细致的分析,期望更加了解留学生使用比拟辞格的情况。我们把留学生语料按照比拟辞格的 3 种类型做一个分类,并分别进行讨论。

(一)物拟人使用情况及分析

通过语料库的检索,我们发现留学生使用以物拟人比拟句时,通常是将抽象的事物拟作人,也就是比拟辞格物拟人中的第二小类把抽象的事理拟作人。而第一小类将动植物拟作人的情况较为少见。

1. 物拟人比拟修辞的使用情况

在物拟人比拟辞格中,我们选用了下列 7 个句子作为分析的对象:

33)若动不动就要离婚,那结婚的意义到底跑去哪里了。

34)既然知道了真正原因,就该想尽一切办法挽救这桩婚姻。

35)因此作为新世纪的中国人应把这些恶习赶走,要做一个勤劳而不怕艰难困苦的好青年,应从现在就培养好的习惯。

36)虽说离婚能够避免夫妻间不愉快的事件发生,但这未必能对症下药。

37)顿时,我的思绪进入了时光隧道……

38)可是,儿时玩伴呢? 童真? 无邪? 他们似乎已遭岁月带走了。

39)我感到有些家长,会与孩子们有"代沟"最主要的是:上代所受的教育远远地不及孩子们受的教育。加上思想也那么老套,追不上时代前进的脚步。

在 33)句中"意义"是本体,拟词是"跑",而拟体没有出现,但可以推断拟体是能随意跑动的具有生命体征的人类。再来看 34)句"婚姻"是本体,"挽救"是拟词,但是本句中的本体是拟词的接受者,因此我们判断本句的拟体应为躺在病床上的病人,将病人虚弱、等待救治和垂死挣扎的属性移植到了一桩失败的婚姻身上,让婚姻变得如同拟体病人一样可以被救助,可以被治愈。我们来看 36)句中"离婚"是本体,"对症下药"是拟词,这句话的拟体应该是能够开药的医生或是药剂师等角色,留学生将"离婚"这个抽象的概念人格化了,它仿佛穿得了白大褂,手里拿着各种药片,为我们的婚姻把脉,诊断病情,但是却是个庸医,不能根除夫妻生活中不愉快的事情。35)句中的"恶习"是本体,拟词是"赶走",而恶习能被赶走吗? 显然这里是将恶习拟作了坏人,"把坏人赶走"这样的搭配是合理的,这里把"坏人"身上惹人讨厌、憎恶、遭人唾弃和赶、骂的不好的品质赋予了"恶习"这个抽象的概念,让抽象的概念如同一个活生生的人类站在我们面前,他身上有我们所厌恶的东西,不良的品质,所以我们要把他赶走,这样一做转换,抽象事理的意义可以很容易地被认识到,并在二语学习的过程中被保存和固定下来,形成一种熟悉的思维方式。

37)句中,"思绪"是本体,"进入"是拟词,这句话也是把思维人格化了,把思维拟作有手有脚的人类,甚至还有自己的思想,可以主动地进入一个隧道,这句话还包含了一个比拟——"时光隧道",但这句不属于物拟人的范畴,因此我们会将在后文进行细致的讨论。38)句中"岁月"是本体,拟词是"带走",这里显然是将岁月这个看不见、摸不着、无法感知的东西拟作一个无情无义的人类,他狠心地带走了我(这里的"我"指的是说这句的留学生)的儿时玩伴以及我的童真和无邪,到这里我们会发现本句中还有一个物拟人的比拟存在,就是把"童真"和"无邪"拟作了人,因而可以被带走,这就把它们拟成了具有实体的人,在短短 22 个字中就包含了 2 个比拟辞格,可见该留学生对比拟辞格的运用较为熟悉,掌握程度较高。39)句中,去掉多余的成分,我们得到的是"追不上时代前进的脚步"这一个比拟句,"时代"是本体,"前进"是拟词,拟体也可被推断出是能够直立行走的人类,如果将本句改为"追不上时代的脚步",那么拟词也变得隐性了,我们就需要利用上下文和储备知识对其进行推论,我们可以推论出是前进的脚步,也可以是倒退的脚步,等等。

通过以上对留学生在作文中出现的 7 个比拟句的分析,我们可以发现,一方面,他们会使用物拟人的比拟辞格来人格化一些抽象的事理,帮助自己理解和认识,帮助自己更好地使用这些概念来进行写作;另一方面,通过使用物拟人的比拟辞格,读者或是阅卷老师也能更好地理解留学生写作中使用的抽象概念。

2. 物拟人比拟修辞隐喻视角分析

以上的例句反映出留学生在学习汉语的过程中,遇到汉语词汇里的一些抽象的概念时,他们会很主动地将这些抽象的概念"转化"为一个实体,这个实体偏向于人类本身而非动植物,这一点值得我们继续探讨。我们提到过在人类认识世界之初,由于自身的知识和认识事物的手段技术很落后,他们难以对周围的事物或是一些无法感知、看不见、摸不着的抽象的概念有一个清楚的认识,因此人们会使用隐喻的思维方式和认知手段来理解这些抽象的复杂的概念。这一点可以概括为人在无知的时候就会把自己当作衡量万事万物的尺度,这种存在于我们思维范式中的认知手段在二语学习者首次接触第二语言时会产生巨大的效果。

例如上述 38)例句,把"无情的人"这个始源域中的部分特征和属性映射到"岁月"这一目标域的思维过程,可以揭示隐喻在二语习得中的重要作用。我们回到使用该映射的留学生初次学习"岁月"这一词的场景中去:留学生在网络上搜索"岁月",出现的解释更加模糊不清,影响他们对其概念的理解。留学生对"岁月"这一抽象概念的理解遇到困难,于是他们想到了另一个办法来理解这个词——隐喻的手段。留学生通常使用自身的属性或品质来认识一些抽象的事理,而不是使用一些动物或植物来认识抽象事理,我们可以猜到是留学生的汉语水平有限,对于汉语词汇的积累量还不足以支撑他们做这样的映射,于是他们采用的还是最原始的认知手段——"以己度物"。"岁月"可以形容人们过去的一段生活经历,时间过去了就不会再回来,那么在那段生活经历中所产生的记忆和情感也就无法被复现。

我们再来看始源域"无情的人"这一概念域中的特质,无情、冷漠、做了事情不会再回头也不会后悔。我们可以大胆地猜想留学生在自己的生活经历中一定会遇到这样的人,他们很无情很冷漠,这样的人有可能是自己的亲人,例如半夜两点了,"我"还在打游戏,妈妈知道之后很生气,把"我"的游戏机摔坏了,并且警告我以后都不准玩游戏。有了这两个输入空间存在之后,38)句的隐喻映射就得以产生了:始源域"无情的人"概念中"无情""冷漠""残忍""让人很难过"的特性被映射到了目标域"岁月"的概念域之中,两者之间潜在的相似性即"类属空间"被留学生所察觉,留学生将两者之间的类属空间融合在一起形成了"融合空间",使得这段映射得以成立。然而这种映射可以是留学生在学习过程中自发产生的属于新创的隐喻映射,也可以是汉语发展过程中已经形成的映射,留学生可以自行取用。上述例句中"医生""药剂师"到"离婚"之间的映射就可看作是学生在二语学习中自发的一种隐喻映射,这种隐喻具有一定的局限性,如果脱离了上下文,我们理解起来会有困难,这也体现出了隐喻的创造力和生成力。

(二)物拟物使用情况及分析

通过语料库的检索,我们发现留学生使用物拟物类型的比拟辞格的情况相较其他两种类型是比较常见的;通过进一步的分析,我们发现留学生更常使用物拟物中的把抽象事理拟作物的这一类,也有将具体实物拟作另一物(动植物)的用法。

1. 物拟物比拟修辞的使用情况

在物拟物比拟辞格的使用情况中,我们选用了 10 句语料进行分析。

40)假若他们不能在工余时间互相沟通,明白了解对方的苦与乐,那么婚姻可能便会因此而出现裂痕。

41)是为爱而结婚。但如果爱已逝,感情已淡,那该怎么办呢?

42)如果没有爱情,那可以把婚姻和家庭绑在一起。

43)当爱情被时光、距离乃至金钱、地位等现实问题磨尽光辉,以致夫妻反目时,离婚问题就被提上了日程。

44)我的疲劳不知飞到哪里去了,非常舒服!

45)之后,思绪就投入到了我们人类的社会生活中。

46）如果夫妻双方爱情坚定，婚姻就一定能经得住现实生活中的大风大浪。

47）放下旧思想，加紧脚步，跑在他们身边，那，我相信"代沟"这个东西会变小。

48）我想人应该不断地努力，只有这样，才能得到需要的东西。很多东西一放松就跑走。

49）一块口香糖从一个无意识的人的嘴里飞出来可以把一个美丽的公共场地的面貌毁掉，会给环境保护工作带来很多麻烦；用来清除乱吐的口香糖的经费也不少。

这些都是留学生在写作中使用比拟辞格而造出的句子，我们来做一些分析：40）句中"婚姻"是本体，"出现裂痕"是拟词，拟体同样可以通过推断得出，什么东西才会出现裂痕？通过反问可以得出是一些具有实体的实物，例如：杯子、木头等，但是婚姻是人与人的一种社会关系，它绝不是我们可以感知的实物，也绝不可能产生裂痕，这里将婚姻这个抽象的概念拟作能产生裂痕的实体。41）句中"感情"是本体，"淡"是拟词，而拟体通过拟词可以推论出应该是有味道的、可食用的东西，具备可闻可食或可视的性质特征，我们可以假设有一杯盐水，不断地往里面加入纯净水，那么盐水的味道一定会被不断地稀释，逐渐变淡，最后变得没有味道，这里将这种动态的过程或是盐水加水可被稀释的物理特性移植到了感情这一抽象的事理中去。42）到47）都可以通过这样进行分析，在这里就不再赘述了。

48）和49）这两个句子与前面8个句子有些不同。48）中"很多东西一放松就跑走"，"很多东西"具体指哪些我们不得而知，但是"跑走"这一动作却明显不能用于"东西"，这里由于对"东西"的理解不同，会出现一个分叉：这个"东西"可以是一些抽象的事理，比如"荣誉""名利"等，也可以是实物，比如"金钱"。那么我们就不能把这个句子简单地把抽象事理拟作动植物，或是把一实物拟作另一实物，而是要结合起来看。49）句中的"口香糖"显然是一个实物，我们可以看到它、可以咀嚼它，但是它不能表现出"飞"的动作，"飞"是鸟类动物所特有的属性，于是我们可以说这句话是将一实物拟作了动物。

通过上述的分析，我们发现在这类比拟辞格的运用中，将抽象的事理拟作有生命或无生命之物的例子是最多的，还有部分用法是将一实物拟作有生命的动物或植物。这也体现出留学生对拟体属性的掌握程度较高，并通过拟体来认识一些抽象的本体，由此来降低学习中的难度；在另一层面上还可以使得他们对本体的认识更加生动形象，增加学习中的趣味性。

2. 物拟物比拟修辞隐喻视角分析

在这一类型的比拟辞格中，我们可以看到留学生使用 a 物来认识、理解或推理

b 物的思维过程,这也是隐喻认知的一大作用——帮助人们利用自己熟悉的或是结构严密的旧事物来理解一个陌生的或结构较为复杂的新事物。这里使用上述例句中的 46)句来举例分析:能够掀起"大风大浪"的海洋是我们所熟知的实物,它产生的风浪和海啸,是我们能够看到的,水花是我们能够触碰到的,风浪过后产生的后续影响也是我们能够意识到的,这种事物我们要理解起来并不困难,对于留学生来说也是一样的简单,只需告诉他们"sea"就可以了,但是"现实生活"中出现的"挫折""失败"等各种各样的困境呢? 相比之下,留学生在掌握海洋这一词的属性时,显得更加敏捷和轻松,于是他们选择了自己较为熟悉的"海洋"掀起的"风浪"来映射"现实生活"中的"种种不好的境遇",这样的映射可以帮助他们更快地接受后者的意义和特点,以及它们对我们的人生所产生的后续影响。这也完全符合人类认知的顺序——"由易到难""由具体到抽象",由于留学生们作为二语学习者,他们之前完全没有接触过汉语,因此很自然地会使用这样的认知手段来认识汉语中抽象的事理。

在上面举到的例句中,"海洋"这个"始源域"中的部分概念被映射到了"现实生活"的目标域之中,例如海洋的环境变幻莫测,有时会有风浪,有时又十分平静,它的变幻是我们无法掌控的。这些与现实生活中出现的起起落落十分相似,依着这种相似性,留学生在"海洋"与"现实生活"之间建构了一些类属空间,并且将其融合在一起,使得"海洋是生活"这一映射得以成立。我们仍需注意的是,我们所说的这些映射都是不对称、不完全的。

(三)人拟物使用情况及分析

通过对语料库的检索,我们发现人拟物比拟辞格使用情况较为少见,为数不多的例子中,将人拟作动物,特别是鸟类的现象十分突出,且留学生在这类比拟中的创造力不佳,许多都是沿用了汉语内部早已存在的隐喻结构进行比拟。

1. 人拟物比拟修辞的使用情况

在这人拟物比拟辞格中,我们选用了 6 个句子进行分析。

50)我们去旅行时,他们就跑到我娘家大发牢骚骂我们不听话,有翅膀就飞了。

51)我听到古典音乐就像飞到一个很美的地方,而不想回来,会把自己安静下来,可以说是一种……

52)在异国他乡生活,我常常想念你们,每次头疼、发烧,我恨不得飞回你们身边,飞回我那温馨的家。

53)我恨不得立刻就飞到家跟你们在一起。

54)我恨不得飞到你们的身边,想一起去看花、吃饭、聊聊天。

55)那些保守的家庭,儿子娶媳妇儿是必须住在一起的。否则你要承担这不孝的罪名。什么翅膀长硬了、不要父母啦。

在上述6个句子中,我们可以发现都是将人拟作了鸟类,也就是说留学生在使用人拟物比拟辞格时常常把人拟作鸟类动物。这种情况还可以细分为:将拟体"鸟"会飞的属性移植给人类;将拟体"鸟类的翅膀"这一实物移植到人类的身上,以及将这两个拟体同时用于本体"人"身上。我们分别使用例句来分析:52)句中"我恨不得飞回你们身边",这句话中就是将拟体"鸟"会飞的属性赋予了本体"人"。55)句中"什么翅膀长硬了"这句话我们可以将其补充完整得到"你的翅膀长硬了","翅膀"属于拟体"鸟类"的生理构造,将其移植到本体"人"的身上。50)句中"有翅膀就飞了"是将拟体"鸟类"的翅膀以及会飞的属性一并给予人。这类比拟的运作机制较为简单,也很清晰。

2. 人拟物比拟修辞隐喻视角分析

前文讨论过,概念隐喻具有"化异为同"的功能和特性,我们将利用这一点来分析留学生在运用人拟物时出现的情况。他们经常把人拟作鸟,把鸟的部分属性移植或是映射到人类身上,尽管我们知道"鸟"和"人"在本质上是完全不同的两个概念,但是他们能够意识到两者之间可能存在的相似性——"鸟"飞得很快与"人"迫切地想要去到某个地方,正是由于这种相似性的存在,或是能够通过人的意识加工而被提取、利用,这类比拟才得以出现和成立。在这种情况中,人类的联想机制起着很重要的作用,一方面事物间存在着千丝万缕的相似性,另一方面人类可以利用认知系统对事物间的相似性进行加工和映射。也就是说,在概念系统中,"人"是"鸟"这样的关系是不存在的,但是随着人对事物的认知越来越丰富和全面,人类的认知体验介乎其间之后,人类发现了更多的相似性或者说是创造出了更多的相似性。

五、针对留学生比拟修辞习得情况提出的教学建议

(一)基于留学生的学习策略

结合留学生对汉语比拟辞格的理解和运用情况,我们对留学生的汉语学习提出以下3点建议:

1. 多用眼——积累汉语常见的比拟用法

学习离不开日常对知识的输入和积累。留学生仅仅学习汉语的语音、词汇、语法等基础的知识对其汉语掌握水平的后期提高是远远不足的,而且其作用也难以发挥出来。语言是动态变化的,人们在使用语言的过程中会对某些词汇的意义进行扩充或是移用等,如果留学生对这些变化着的词汇不理解、不储备的话,就会造成理解的偏差或交际的障碍。因此为了顺应目的语不断发展的趋势,留学生需要进行大量的积累和深度的学习。以比拟辞格为载体的隐喻思维和表达在汉语的语言系统中的占比很大,想要完全掌握是不太可能的,这就需要学生自己多看多积累,不能死读书本,而是要关注使用汉语的社会的变迁与发展,观看一些顺应时代发展的电视节目,浏览中国的网站,了解当代中国人的生活和思维模式,才能够更好地掌握汉语。

其次,知识积累到一定程度后如果不加以分析、分类,也是达不到语言学习的最佳效果的。我们建议留学生在汉语比拟辞格积累到一定程度后,可以对其进行分析和总结,通过分析汉语的比拟辞格与自己母语的异同,了解中国人的思维方式和表达习惯,逐步建立起自己的比拟辞格表达系统。

2. 多用口——勇于使用汉语比拟辞格

语言教学的最终目的是学习者能自如地运用所学语言进行交际。记得再熟悉的知识如果不加以运用和表达也会被遗忘,因此,留学生应该在学习和理解比拟辞格之后有意识地加以运用,这样对比拟辞格的掌握才会越来越娴熟。

3. 多用心——创造新的比拟隐喻表达

从上文的论述中我们知道隐喻是一种认知手段,它具有创造力和创新性,它可以化异为同,通过建立事物之间的相似性来深化人类对陌生、复杂事物的认识和理解,那么留学生在二语学习中,可以大胆地发挥自己的创新思维和想象力,使用汉语比拟隐喻表达来抒发自己的看法和思想。在留学生活中,留学生可以充分利用自己母语的背景思维模式来充实汉语的隐喻思维,用不同的眼光来看待汉语和使用汉语的社会,一定会有新奇的发现。留学生还可以充分利用自己原有的形象思维和母语隐喻能力,促使隐喻机制形成。

(二)基于教师的教学策略

1. 培养学生的隐喻思维

在教授汉语比拟辞格时,教师应该意识到比拟辞格背后深藏的认知机制——隐喻思维。因此在教学中,不能只关注留学生对比拟辞格系统知识的掌握,还应注意养成留学生对比拟隐喻思维的认识,培养留学生的隐喻意识和能力。特别是在词汇教学中应该注意对多义词的解释和扩展,许多词汇的引申义都来自于隐喻,向留学生解释隐喻思维对多义词义项的补充,有助于留学生在日后自行理解一些隐喻表达,甚至自行创造出一些比拟的表达。这是从根源上为留学生理解和运用汉语比拟辞格输入养分。

2. 讲解隐喻的文化内涵

任何一门语言都是以文化为其内涵而得以不断发展。教师应该有意识地为留学生讲解中国的文化,提高他们对中式思维的理解和接受度。但同时需要注意文化差异带来的隐喻间隙(Metaphor Gap),例如在西方,"龙"是邪恶的化身,而在中国,"龙"却是中华民族的图腾,我们自称是龙的传人;"狗"在西方是勇敢和忠诚的象征,而在中国"狗"具有一丝贬义的感情色彩,那么在理解有关"龙"和"狗"的隐喻表达时,一部分留学生会产生疑惑,教师在这些特殊情况下应该有敏锐的洞察力,及时地向留学生解释这种内在思维偏差。

(三)比拟修辞教案

1.教学对象

HSK 中级水平留学生。

2.教学目标

(1)留学生掌握比拟修辞的基本含义和分类,能够判断语句中是否使用了比拟修辞以及使用了哪种类型的比拟修辞。

(2)留学生能够理解语句中使用比拟修辞的原理和使用了比拟修辞的语句的意义。

(3)留学生能够在日常社会交际中主动积极地使用比拟修辞,在汉语写作中把语言锤炼得更加准确、生动、鲜明,增强语言的表达效果。

3.教学准备

课前布置任务让留学生预习比拟修辞的含义和分类,且分别找到 3 句以上的例句,并整理在笔记本上。

4.教学重点难点

正确判断句子是否使用了比拟修辞及其使用的类型,并在日常交际中和汉语写作中灵活地运用比拟修辞。

5.教学思路

通过讲解,让留学生理解比拟修辞的生成机制,了解语句中本体和拟体之间的联系,能自如地使用汉语比拟修辞;通过实物展示,如轻盈地飞舞,引导留学生观察带翅膀的动物飞翔的姿态通过文化内涵讲解和介绍,以及联系留学生母语文化背景,讲述一些带有情感的比拟修辞,如坏人夹起尾巴逃跑了,引导留学生联系文化背景中可恶的动物形象,将其移植到人类身上;通过多方位的讲述,增强留学生对比拟修辞的掌握度。

6.教学过程

(1)导入。

结合课前预习作业进行比拟修辞教学的导入。

(2)比拟含义、类型教学。

给出例句,引导学生进行辨别分类。

最后,总结比拟的3种类型。

(3)比拟修辞作用教学。

引导留学生分析例句,思考运用了比拟修辞的语句的美感和生动性。如:

一只探险的蜜蜂正绕着金色花朵嗡嗡着,向日葵摇着头微笑着。(物拟人)

星星大吃一惊! 看它呀,躲躲闪闪;看它呀,跳跳蹦蹦。(物拟人)

每当到了丰收的时节,维吾尔族姑娘插上金色的翅膀,在广阔的天地里飞翔。(人拟物)

那肥大的荷叶下面,有一个人的脸,下半身长在水里。(人拟物)

唯物主义思想在自由的人民当中飞翔。(物拟物)

(留学生动手完成练习后进行交流,老师公布答案并就重点难点进行再讲解,深化留学生对修辞作用的理解)

(4)布置作业。

用比拟修辞改写下列句子:

月亮升起,照亮了整个大地。

两只小狗汪汪地叫着,仿佛在交谈。

李红大笑起来。

小兰跑得风快。

火山即将喷发,人们落荒而逃。

六、结语

本文先将近年来学术界对隐喻理论和比拟辞格的研究做了一个综述,又对比拟辞格的基本知识和隐喻理论进行了概述,然后以调查问卷和检索语料库的研究方法得出留学生对汉语比拟辞格的理解能力处中等偏下的水平的结论,接着对比拟辞格的运用做了心理动机方面的分析,最后结合上述的讨论对留学生和教师双方提出了学习和教授的对策建议。

本文的创新之处在于将研究的目光聚焦到对外汉语教学的薄弱之处——修辞教学上,其次较为新颖地将留学生使用的比拟辞格语句作为研究对象,得出了留学生对比拟辞格的理解和运用情况,并结合隐喻理论研究分析了留学生运用比拟辞格的心理动机。但由于问卷收回的数量有限,比拟辞格的语料检索难度较大,且对汉语比拟辞格的研究著作和文献较少,本文的研究较为片面和笼统,对于留学生使用比拟辞格时的偏误问题,以及不同文化背景对于留学生使用和理解比拟辞格的影响都没有做细致的研究和考察。我们对于留学生理解和运用汉语比拟辞格的情况缺乏足够的关注,虽然比拟辞格在教学中难度较大,但是如果教材编撰者能在教材中加大修辞知识的比例,教师能在对外汉语教学中有意识地引导学生对遇到的比拟辞格进行积累和分类,积极地鼓励留学生使用隐喻思维进行比拟辞格的运用和创新,比拟辞格的教学效果是值得期待的,也会使对外汉语教学更加系统化和规范化。综上,希望通过本文能让更多从事对外汉语教学的教师意识到修辞教学在对外汉语教学中的重要地位,让修辞教学不再困难,让留学生对汉语修辞不再陌生。

参考文献

一、专著

[1]Gilles Fauconnier. *Mapping in Thought andLanguage*[M]. Cambridge:Cambridge University Press, 1997.

[2] M. A. K. Halliday. *An Introduction to Functional Grammar* [M]. London:Edward Arnold, 1985.

[3]陈汝东.对外汉语修辞学[M].南宁:广西教育出版社,2000.

[4]冯晓虎.隐喻:思维的基础,篇章的框架[M].北京:对外经济贸易大学出版社, 2004.

[5]李崇兴,祖生利,丁勇.元代汉语语法研究[M].上海:上海教育出版社,2009.

[6][美]乔治·莱考夫,马克·约翰逊.我们赖以为生的隐喻[M].何文忠译,杭州:浙江大学出版社,2005.

[7]孙犁.白洋淀纪事[M].南京:江苏文艺出版社,2010.

[8]王希杰.汉语修辞学[M].北京:商务印书馆,2004.

[9]王寅.认知语言学[M].上海:上海外语教学出版社,2007.

[10][意]维柯.新科学[M].朱光潜译,北京:人民文学出版社,1986.

[11]张美兰.《祖堂集》语法研究[M].北京:商务印书馆,2003.

二、期刊论文

[1]陈敏.汉语修辞造词研究与对外汉语词汇教学策略[J].现代语文,2020(05).

[2]陈治安,蒋光友.隐喻理论与隐喻理解[J].西南师范大学学报,1999(02).

[3]杜凤兰.英语空间词 over 的认知语义研究[J].沈阳师范大学学报(社会科学版),2007(02).

[4]蓝纯,尹梓充.《诗经》中的隐喻世界[J].中国外语,2018(05).

[5]李崇兴,丁勇.元代汉语的比拟式[J].汉语学报,2008(01).

[6]李思明.晚唐以来的比拟助词体系[J].语言研究,1998(02).

[7]林书武.隐喻研究的基本现状、焦点及趋势[J].外国语,2002(01).

[8]路胜宏.略论比拟辞格的形成及其艺术品味[J].中学语文,1999(07).

[9]孙毅,李乐.现代汉语比拟辞格的认知隐喻学视阈探幽[J].西北工业大学学报(社会科学版),2013(03).

[10]汤本庆.隐喻研究中的若干问题与研究课题仁[J].外语研究,2002(02).

[11]汪爱武.比拟辞格的认知和文化研究[J].安徽警官职业学院学报,2013(04).

[12]王葆华,梁晓波.隐喻研究的多维视野——介绍《隐喻学研究》[J].外语教学与研究,2001(05).

[13]王琴.元曲中的比拟句考察——兼论比拟句的历史发展[J].修辞学习,2008(02).

[14]王少帅.浅谈篇章修辞在对外汉语教学中的价值[J].北方文学,2019(08).

[15]吴迪.对外汉语中的修辞教学[J].渤海大学学报(哲学社会科学版),2006(03).

[16]夏孝才,杨艳.隐喻的两种理论[J].甘肃教育学院学报,2002(02).

[17]杨德峰.试论修辞教学在对外汉语教学中的地位[J].修辞学习,2001(06).

[18]于宏梅.对外汉语写作教学中的修辞教学[J].乐山师范学院学报,2004(06).

[19]张小华.幼儿文学作品中比拟辞格的认知分析[J].吉林广播大学学报,2015(08).

[20]曾艳萍,谢世坚.概念整合理论视角下《威尼斯商人》的比拟辞格[J].广西教育学院学报,2014(01).

[21]赵蓉.隐喻阐释的两种新视角及其比较[J].四川外语学院学报,2002(03).

[22]周达生.比拟的定义——兼论比拟的成分[J].佛山师专学报,1988(03).

[23]周达生.拟体出现的比拟[J].佛山师专学报,1983(01).

[24]周小兵,洪炜.中高级留学生汉语中介语辞格使用情况考察[J].世界汉语学,2010(04).

三、学位论文

[1]丁丽娜.对外汉语修辞教学与民俗文化研究[D].陕西师范大学硕士学位论文,2017.

[2]黄慧.中高级留学生辞格使用情况研究[D].复旦大学硕士学位论文,2014.

[3]李清园.比拟辞格的认知研究[D].山东大学硕士学位论文,2011.

[4]秦格格.基于HSK动态作文语料库的留学生汉语修辞运用分析[D].湖南师范大学硕士学位论文,2016.

[5]王冰.面向对外汉语教学的意义修辞格研究[D].辽宁师范大学硕士学位论文,2016.

[6]王景萍.汉语量词的语法、语义、语用特征——兼谈对外汉语量词教学[D].福建师范大学硕士学位论文,2001.

[7]王千.《发展汉语》综合系列教材中的隐喻性词汇教学研究[D].哈尔滨师范大学硕士学位论文,2015.

[8]王秀丽.对外汉语常用基本颜色词修辞义教学研究[D].山东大学硕士学位论文,2018.

[9]杨翠.比拟句的历时研究[D].苏州大学硕士学位论文,2012.

[10]杨长江.《HSK标准教程》中的修辞格研究[D].陕西师范大学硕士学位论文,2017.

附录

留学生对汉语比拟修辞的理解能力的调查问卷

同学,您好!我是四川师范大学国际教育学院 2017 级的学生。我正在做一份关于留学生对汉语比拟修辞理解能力的调查研究,十分感谢您抽出宝贵的时间参加本次问卷调查。问卷内有关您的信息和回答将被完全保密,请您安心作答。本问卷将占用您 30 分钟的时间,请您谅解。谢谢您的配合与支持!

填写说明:

1. 请您按第一部分、第二部分、第三部分的顺序完成问卷,第一部分完成后再完成第二部分,最后完成第三部分。

2. 为了问卷结果的有效性,请您积极自主地完成作答。

第一部分　请按照您的实际情况选择和填写下列问题

1. 您现目前的汉语水平等级是?

○A. 零基础　　　　○B. 初级水平　　　○C. 中级水平　　　○D. 高级水平

2. 您是否了解汉语比拟修辞?

"比拟"的"拟"是把 a 当作 b 来写

○A. 是　　　　　　○B. 否

3. 您是否知道比拟修辞的类型?

○A. 是　　　　　　○B. 否

4. 您知道的比拟修辞的类型有哪些?请写在下方横线上。

_____

5. 您在日常交际过程中,是否使用过比拟修辞?

○A. 是　　　　　　○B. 否

6. 您在写作中,是否使用过比拟修辞?

○A. 是　　　　　　○B. 否

第二部分　请选出您认为最恰当的一个选项

1. "太阳的脸红起来了"这句话是比拟句吗?

○A. 是　　　　　　○B. 否

2. "花儿羞答答地垂下头来"这句话是比拟句吗?

○A. 是　　　　　　○B. 否

3."这一圈小山在冬天特别可爱,它们低声地说:'你们放心吧,这儿保准暖和。'"这句话是比拟句吗?

　　○A. 是　　　　　　　○B. 否

4."走在路上,路上的花儿看着我,我也看着它们"这句话是比拟句吗?

　　○A. 是　　　　　　　○B. 否

5."书,哺育着人类的思想"这句话是比拟句吗?

　　○A. 是　　　　　　　○B. 否

6."人群不顾一切,蔓延(spread)了上来"这句话是比拟句吗?

　　○A. 是　　　　　　　○B. 否

7."在群众的呼喊声中,那个恶霸夹着尾巴逃跑了"这句话是比拟句吗?

　　○A. 是　　　　　　　○B. 否

8."小红扇动翅膀(wings),翩翩起舞"这句话是比拟句吗?

　　○A. 是　　　　　　　○B. 否

9."我到了自家的房外,我的母亲早已迎着出来了,接着便飞出了八岁的侄儿(nephew)宏儿"这句话是比拟句吗?

　　○A. 是　　　　　　　○B. 否

10."火山发出一声咆哮(roar)"这句话是比拟句吗?

　　○A. 是　　　　　　　○B. 否

11.某大米公司广告——"每一粒都在向你致敬(salute)"是否使用了比拟修辞?

　　○A. 是　　　　　　　○B. 否

12.某制鞋公司广告——"我们只出售(sale)舒适",您认为下列选项最符合这句话的意思的是(　　　)

　　○A. 我们出售的是鞋

　　○B. 我们出售的是舒适的感觉

　　○C. 我们出售的是穿起来舒适的鞋

　　○D. 我们出售的鞋名叫舒适

13.某酿酒(brew beer)公司广告——"在加利福尼亚(California)酿造(brew)出全人类的快乐",您认为下列选项最符合这句话的意思的是(　　　)

　　○A. 我们酿造的是全人类的快乐

　　○B. 我们酿造的酒,全人类喝了之后都会感到快乐

　　○C. 我们酿造的酒名叫全人类的快乐

14. 某水果销售公司广告——"我们出售健康"，您认为下列选项最符合这句话的意思的是（　　　）

○A. 我们出售的是健康

○B. 我们出售的是健康的水果

○C. 我们出售的水果名叫健康

15. "倩倩的男朋友出轨了。[出轨（轨：rail）是指火车等在固定轨道上行驶的交通工具离开了本来的轨道，行驶到别的轨道上去了]"这句话是否使用了比拟修辞？

○A. 是　　　　　　　○B. 否

第三部分

1. "太阳的脸红起来了"这句话属于哪种比拟句？

"人拟物"的意思是把"人"当作"物"来写

"物拟人"的意思是把"物"当作"人"来写

"物拟物"的意思是把"a 物"当作"b 物"来写

○A. 人拟物　　　　○B. 物拟人　　　　○C. 物拟物

2. "花儿羞答答地垂下头来"这句话属于哪种比拟句？

○A. 人拟物　　　　○B. 物拟人　　　　○C. 物拟物

3. "这一圈小山在冬天特别可爱，它们低声地说：'你们放心吧，这儿保准暖和。'"这句话属于哪种比拟句？

○A. 人拟物　　　　○B. 物拟人　　　　○C. 物拟物

4. "走在路上，路上的花儿看着我，我也看着它们"这句话属于物拟人的比拟句吗？

○A. 是　　　　　　　○B. 否

5. "书籍，哺育着人类的思想"这句话属于人拟物的比拟句吗？

○A. 是　　　　　　　○B. 否

6. "人群不顾一切，蔓延（spread）了上来"这句话属于哪种比拟句？

○A. 人拟物　　　　○B. 物拟人　　　　○C. 物拟物

7. "在群众的呼喊声中，那个恶霸夹着尾巴逃跑了"这句话属于哪种比拟句？

○A. 人拟物　　　　○B. 物拟人　　　　○C. 物拟物

8. "她扇动翅膀（wings），翩翩起舞"这句话属于哪种比拟句？

○A. 人拟物　　　　○B. 物拟人　　　　○C. 物拟物

9. "我到了自家的房外，我的母亲早已迎着出来了，接着便飞出了八岁的侄儿

(nephew)宏儿"这句话属于哪种比拟句？

　　○A. 人拟物　　　　○B. 物拟人　　　○C. 物拟物

10. "火山发出一声咆哮(roar)"这句话属于哪种比拟句？

　　○A. 人拟物　　　　○B. 物拟人　　　○C. 物拟物

11. "倩倩的男朋友出轨了。[出轨(轨：rail)是指火车等在固定轨道上行驶的交通工具离开了本来的轨道,行驶到别的轨道上去了]"这句话属于哪种比拟句？

　　○A. 人拟物　　　　○B. 物拟人　　　○C. 物拟物

论"一边 A,一边 B"与"连 A 带 B"的区别及其对外汉语教学策略①

摘要: 在对外汉语教学的过程中我们发现,留学生极易将"一边 A,一边 B"和"连 A 带 B"这两个结构混淆,本文梳理了两者的区别,总结了偏误,并提出了相应的教学策略。

本文分为六个部分。第一部分介绍了本文的研究目的和意义、研究现状以及在研究时所用到的理论基础和研究方法。第二部分主要是从语法、语义、语用 3 个方面对两者进行了对比分析。第三部分从北京语言大学 HSK 动态作文语料库和全球华语研究中心的留学生书面语语料库检索了 2291 条有效语料,对其中的偏误句子作出数据统计分析。第四部分是把偏误分类细化、描写并解释其产生的原因。第五部分根据偏误提出自己的教学建议。第六部分对文章进行了总结。

关键词: 一边　连 A 带 B　偏误　对外汉语教学

一、绪论

(一)选题缘由及意义

"连 A 带 B"(以下简称"连字结构")与"一边 A,一边 B"(以下简称"边字结构")两个结构在汉语中使用的频率很高,《对外汉语教学语法释疑 201 例》《现代汉语虚词词典》《现代汉语八百词》《新编汉英虚词词典》皆对这两种结构作了收录。通过仔细查阅不难发现,"连 A 带 B"与"一边 A,一边 B"在表示两种动作的同时,进行的语义方面有交叉,而相关工具书对于这两种结构的解释在语法方面过于粗疏,缺少对语义、语用的系统解释,在对外汉语教材如《成功之路》中,区分性也不是很大。这就在对外汉语教学的过程中造成了一种困境:教师根据教材讲解相关内容时讲不清楚,查阅工具书的解释又不甚明了,从而导致留学生在学习两类结构时产生混淆,可理解输入效率低下甚至直接回避使用。笔者通过查阅文献,发现

---

① 本论文受 2022 年度教育部人文社会科学研究项目《基于汉英情态对比之留学生汉语情态系统习得研究》(项目批准号:22YJA740027)资助,由郑亚洁、王飞华完成。

相关的论文和著作数量并不多,且在内容上缺少一定的系统性。从理论应用方面针对对外汉语中相关留学生的偏误研究更是少见,相应的教学策略也比较概括笼统,缺乏具体的可操作性。

本文在对前人文献的梳理的基础上使"连 A 带 B"与"一边 A,一边 B"的对比理论研究呈现语法、语义、语用三个平面的系统化,深入和丰富现代汉语本体理论研究;在对外汉语教学方面运用偏误分析对留学生在两类结构产生的偏误类型,尤其是对于 A、B 词性为动词以及其他词性时易混淆的情况进一步分析总结,阐明原因,并针对留学生所犯偏误,设计具体的课堂教学方法步骤。本文将有效地解决相关语法课堂讲解的困境,进一步推动对外汉语教学的发展。

(二)文献综述

1.个体结构的单独研究

(1)"连 A 带 B"。

李芳杰指出"连"和"带"的动词词性,A、B 一般属于名词或动词性同类词或词组。A、B 的语义关系有同现、主次、先后、有定无定等类型,"连 A 带 B"语法功能主要是作主语、谓语、状语、宾语、定语、同位语。但是整体研究未能深入,所列举的例句比较有限,缺少语用分析。①

张海林对"连 A 带 B"结构进行了三个平面的系统分析,进一步阐明了"连 A 带 B"的构式义,指出 A、B 的单音节、双音节和多音节对称分布,二者都是语义焦点,并且对在语用方面提出,"连 A 带 B"格式常出现在强调人或物作为一体存在的语境里或是表示慌乱、忙乱的语境里。②

(2)"边 A 边 B"。

王红斌详细讨论了此类结构对动词和动词性结构小类的选择性,说明了动词小类语义成分的差别对"一边 VP,一边 VP"语义类型的影响和制约。但是缺少语用方面的分析。③

贺菊玲从三个平面理论进行了系统分析,句法方面指出此结构可以使不成词语素独立使用,也能缔造分句。A 与 B 的语义关系可以是前提、急缓、主次、修饰、因果、矛盾,语用上指出"一边 A,一边 B"强调的是一个动态的过程,结构表达的重点在 B 上。④

---

① 李芳杰.连……带……初探[J].武汉大学学报(社会科学版),1985(4):116-119.

② 张海林.连 A 带 B 格式研究[D].吉林大学硕士学位论文,2011.

③ 王红斌."一边 p(v/vp),一边 q(v/vp)"对动词和动词性结构的选择[J].语文研究 2007(1):28-31.

④ 贺菊玲.论"一边 A,一边 B"的句法、语义和语用功能[J].陕西师范大学学报,2001(s1):40.

小结:从目前已有的文献来看,前人对两个结构的研究内容比较丰富,但是在一些分支研究上,诸如"连"和"带"的词性、连字句和边字句中 A 和 B 的语义关系以及相关语用研究方面还存在诸多分歧与不足。

2. 连字结构与边字结构的对比研究

王丽彩运用语义分析、对比分析、认知分析、语用分析等多种研究方法对"连 A 带 B""又 A 又 B""一边 A,一边 B"三个格式进行研究,在句法上第一次发现三种结构后面的动作动词除了既有的分类之外还可以从动作的来源进行划分,"连 A 带 B"后的动词既可以是同一器官发出的动作,也可以是不同的器官发出的动作,而"一边 A,一边 B"后面的动词一般是不同的器官发出的动作。"连 A 带 B"后所跟的两个动词往往具有相关性;语义上对几种格式所表示的"同时进行"进行了具体区分,并首次将其归为"伴随范畴";语用上来看,"一边 A,一边 B"一般用于描述客观发生的两件事,"连 A 带 B"用来说明一种行为进行时的状态,或说明在两个动作作用下产生了某种结果。该文主要探讨的是两种结构后面都为动词的情况,忽略了两种格式在其他情况下产生混淆的可能性,内容多集中在语义方面,对句法、语用的研究比较粗浅。①

肖奚强、余璐瑶弥补了以上研究的缺憾,指出在形式上三者音节的对称性和 A、B 语法单位有所不同,三种格式 A、B 对动词性、形容词性、名词性成分的接纳程度不同,这是造成三者句法功能和语义不同的重要原因。在语义上,三种格式的 A、B 语义关系有各自的特点。在语用上,三者焦点信息也不同:"连 A 带 B"侧重于 A,"一边 A,一边 B"侧重于 B,而"又 A 又 B"的则侧重于 A、B 共同形成的意义上。②

小结:通过相关文献查阅发现,学术界对于伴随结构中的几个分类的易混淆性早有关注,也尝试从多个方面进行分析,但是总体研究缺乏统一的划分类别的标准,个别文章在划分类别时所举例子的适用性与严谨度还有待考究。

3. "连 A 带 B"与"一边 A,一边 B"的对外汉语教学研究

朱雪花选取了汉语和朝鲜语做本体对比,对两者表示同时、伴随义的结构进行深入探讨,集中研究了现代汉语中"一边/面 A,一边/面 B""又 A 又 B""连 A 带 B"3 个格式在朝鲜语中的对应形式。但该文没有对以朝鲜语为母语的汉语学习者在

① 王丽彩.现代汉语中表伴随义的三个格式考察[D].暨南大学硕士学位论文,2005.

② 肖奚强,余璐瑶."连/又/一边 A 带/又/一边 B"格式比较研究[J].南京师范大学学报(社会科学版),2017(6).

习得时产生的偏误进行分析,也未提出教学策略。①

贺雪霏对伴随性动作的结构的四种格式"(一)边 A,(一)边 B""一面 A 一面 B""又 A 又 B""连 A 带 B"进行了语法、语义、语用三个平面的理论本体描述,系统地分析了二语习得者在习得上述结构时的习得顺序、所犯偏误,把偏误分为误加、误代和错序三种类型,并提出了一定的教学策略。但在偏误调查中所设计的调查问卷难度未能和留学生的学习水平相适应,偏误分析较为粗疏,忽略了教师因素和留学生学习策略角度的分析。教学策略未能细化,且缺乏具体的可操作性。②

小结:在对外汉语教学过程中,无论连字结构和边字结构的本体教学还是二者的区分都是难点,伴随性动作表达结构的整体研究逐渐开拓,但是目前学界对于其对外汉语教学部分的研究甚少,为数不多的文章中的偏误分析分类模式较为粗劣僵硬,未展开具体的课堂教学设计。

(三)本文的理论依据及研究方法

1.理论依据

(1)中介语理论。

"中介语"是美国语言学家塞林克于 1969 年提出的概念,它是指学习者在第二语言学习过程中,于目的语输入的基础之上所形成的介于母语与目的语之间的动态语言系统。③ 该理论有利于挖掘学习者语言系统的本质,揭示第二语言的发展阶段和习得过程以及第一语言的影响。

(2)对比分析和偏误分析。

对比分析理论是拉多于 20 世纪 50 年代中期提出的假说。拉多认为,两种语言的相似之处产生正迁移,不同之处产生则会负迁移,负迁移会造成第二语言习得过程中的困难和错误。在第二语言教学过程中,我们需要通过对比两种语言结构的差异来预测学习者第二语言习得时产生的难点和易犯的错误,以便在教学中突出强化这些重点和难点,并帮助其尽早建立新的语言习惯。④ 对比分析包括描写、选择、对比、预测四个步骤。

偏误分析最早由科德提出,它对第二语言习得过程中所产生的偏误进行了全面系统的分析,研究偏误来源并揭示学习者的中介语体系,从而揭示第二语言的习

① 朱雪花.汉语"一边/面 A,一边/面 B"格式及其朝鲜语对应形式[D].延边大学硕士学位论文,2007.
② 朱雪花.汉语"一边/面 A,一边/面 B"格式及其朝鲜语对应形式[D].延边大学硕士学位论文,2007.
③ 刘珣.对外汉语教学引论[M].北京:北京语言大学出版社,2000:169.
④ 刘珣.对外汉语教学引论[M].北京:北京语言大学出版社,2000:168.

得过程与规律。① 偏误分析的过程分为搜集供分析的语料、鉴别偏误、对偏误进行分类、解释偏误产生的原因、评估偏误的严重程度、是否影响到交际共六个步骤。

2. 主要研究方法

（1）文献研究法。

文献研究法是根据研究课题，通过调查各类资料文献来获得信息，从而全面地掌握所要研究问题的方法。本文通过该法将前人有关两种格式的文献进行梳理，从句法、语义、语用三个层面对二者进行对比分析，为接下来的偏误分析奠定基础。

（2）定量分析法和定性分析法。

定量分析法可以使人们对研究对象的认识进一步精确化，以便更加科学地揭示规律，把握本质，厘清关系，预测事物的发展趋势。

定性分析法是运用归纳和演绎、分析与综合以及抽象与概括等方法，对获得的各种材料进行思维加工，从而去粗取精、由表及里，认识事物本质并揭示内在规律。

本文拟采用以上两种方法统计留学生使用两种格式的频率和偏误率，对偏误进行归纳分类、具体描写，并分析其形成的原因。

二、"连 A 带 B"与"一边 A，一边 B"的对比分析

（一）句法方面

1. A、B 的音节特点比较

在不考虑 A、B 词性的前提下，总结文献可以看出，不同长度音节的 A、B 均可进入两种结构，当长度不相等时，两种格式都符合汉语的基本韵律原则，多采用"前短后长"的音节搭配方式，但两者之间的差异性仍十分显著，主要表现为：

在"连 A 带 B"结构中，A、B 通常为单音节，"连 A 带 B"中 A、B 的音节对称性远远高于"一边 A，一边 B"，凝固性比较强。如：连滚带爬、连人带车、连说带笑。

而在"一边 A，一边 B"中，A、B 通常为多音节，如：一边嚼着口香糖，一边走回家去；一边诉说，一边泪流满面。

这主要是由于"连 A 带 B"的口语化色彩比较浓厚。

2. A、B 的语法单位构成比较

两种格式中，A、B 的语法单位皆可不同级，但二者对语法单位的选择倾向性存在一定差异。在"连 A 带 B"结构中，A、B 多为同级语法单位，且 A、B 同为词的出现频率极高，如：连本带息、连好的带坏的、连吃带拿、连吼带吓。

在"一边 A，一边 B"结构中，A、B 不同级的情况很多，多数为短语，如：一边看

---

① 刘珣.对外汉语教学引论［M］.北京:北京语言大学出版社,2000:191.

老师,一边读"唇语";一边拆线,一边捂住嘴巴;一边读书,一边工作赚钱。

3. A、B 的词性比较

两种结构中的 A、B 均可为动词性成分,且多为自主性行为动词和心理动词,不同之处在于"一边 A,一边 B"中 A、B 所表动词的使用情况更为复杂,表现在充当 A、B 的成分可以是单个动词、单个动词连接使用、述宾式短语、状中式短语、述补式短语、兼语式短语等,此外,由于 A、B 可表示在一个时间线性序列中,两种动作并存、交替发生,A、B 都可以加表持续意义的"着",B 中可以加时体助词"了"。

"连 A 带 B"结构中 A、B 可由动词、形容词性或名词性结构充当,但只有意义相对或相反的形容词才能进入该格式。结构成分的多样性对于二者所作句子成分分布以及整体结构的语义关系有重大影响。

4. 所作句子成分分布比较

由于"一边 A,一边 B"中的 A、B 只能由动词性成分充当,因此此结构主要用作谓语,而动词、形容词、名词均可进入"连 A 带 B"的结构,因此此结构可作状语、谓语和主语,例如:

1)四个工作人员连哄带吓,终于给它套上了假牙。(A、B 为动词,作谓语,出自北大语料库)

2)斜阳懒懒地打下来,他们俩连说带写地讨论起苏曼姝来。(A、B 为动词,作状语,出自北大语料库)

3)连人带船都已经葬身海洋深处了。(A、B 为名词,做主语,出自北大语料库)

5. 主语一致性的比较

"连 A 带 B"只能作为整体结构,必须是相同主语,"一边 A,一边 B"结构相对松散,可以是相同主语,也可以是不同主语。例如:

4)大家一边唱,一边跳,热闹极了。(主语相同)

5)老师一边说,我一边记。(主语不同)

(二)语义方面

1. 语块的语义对比

二者同可以表示动作同时、交替或相继发生。

在"一边 A,一边 B"中,表同时并发时往往由不同器官发出,例如:

6)野兔在逃跑的时候要一边跑一边回头看,根据敌人的速度来调整自己的逃跑速度。

表反复交叉出现时,主要表达动作的持续,例如:

7）他一边打听消息，一边赶路。

"连A带B"中A、B词性的多样性使其整体表义呈现复杂性。当A、B为动词时，表示动作同时或先后交替发生，例如：

8）他转身扑了过去，连打带抓，"我打你这个死胖子！……"（出自李晓明《平原枪声》）

9）在门外精选了几个小菜，连吃带喝地，享受了一顿。（出自老舍《正红旗下》）

当A、B为形容词时往往表示性质或者状态的并存，例如：

10）大家伙也都连累带饿走不动了。（出自刘流《烈火金刚》）

当A、B是名词时，通常用来泛指一个整体，例如：

11）外面一片叫嚷，连老带少，似乎全城的人已经团团围住了这座房子。（出自《圣经故事》）

这里的"连老带少"指的是城里的所有人。

李芳杰最早将A、B的语义关系划分为同现、主次、先后、有定无定四种，[①]后经肖溪强进一步归纳概括，重新划分成相同、相类、相反、相关与无关共五类关系。[②]经统计得出在"连A带B"结构中，A、B五类关系均有涉及，其中相类居多，而"一边A，一边B"中A、B通常是无关的，证明了王丽彩的观点："连A带B"中A、B的关联度越高越容易进入格式，"一边A，一边B"恰好相反。

2. A、B间逻辑关系的比较

因为两种格式都有表达动作同时进行或状态同时存在之意，因此A、B之间的并列关系是基本的逻辑关系。这里的A和B处于平等地位，前后可以互换位置。例如：

12）会议马上就要开始了，他连资料带笔一块拿了过去。

13）他们趁消费者一边看报纸，一边喝茶水的时候，悄悄地改变了他们的饮料口味。

另外，动作的发生处在时间范畴之内，有一定的先后顺序，A、B之间存在顺承关系，例如：

14）自己做一件衣服，连买布料加缝纫也要花几百块钱。

15）他一边苦笑着，一边把我手里的东西接过去。

---

① 李芳杰. 连……带……初探[J]. 武汉大学学报（社会科学版），1985（4）：116-119.

② 肖奚强，余璐瑶. "连/又/一边A带/又/一边B"格式比较研究[J]. 南京师范大学学报（社会科学版），2017（6）.

除此之外,根据肖溪强和余璐瑶的归纳,"连 A 带 B"的 A、B 之间还可以表示递进关系,"一边 A,一边 B"的 A、B 之间还可以表示递进和因果关系,因用法比较罕见,占比很小,在此不展开列举。

(三)语用方面

1. 语块表达作用的比较

二者都具有对于客观事物或事件的描写性,例如:

16)晓霞用一口流利又标准的普通话连笑带说。(出自路遥《平凡的世界》)

17)他经常是一边看书,一边啃着冷馒头。

不同之处在于"连 A 带 B"结构多从主观角度出发,带有评价性和强调性,传达出消极的感情色彩,例如:

18)许多人家嫌麦客吃得多,嫌他们经常连吃带拿。

除此之外,当 A、B 皆为动词时,用于强调两个动作共同导致了某种结果,例如:

19)他们连吃带喝,桌子上的东西一会就没了。

相比于前者,"一边 A,一边 B"则多用于描述客观同时发生的两件事,例如:

20)列宁一边走一边看,发现路边的花丛里有许多蜜蜂。

2. 信息焦点的比较

"连 A 带 B"结构的语义焦点多在 A 上,一般与话题保持一致,例如:

21)饺子做得很好看,弟弟连吃带玩地就把它们吞下了肚。

这里的主要动作是"吃",附加或伴随动作是"玩"。

对"一边 A,一边 B"而言,B 一般比 A 字数多,表达的内容更加丰富,动作发出者侧重突出句子后面部分的动作,因此使用"一边 A,一边 B"时,说话人的表达重点在 B 部分,例如:

22)爱迪生小的时候由于家境贫寒,不得不一边卖报,一边利用空余时间读书和做实验。

这个句子主要是通过描写后半部分爱迪生在工作的同时还不忘挤出时间读书学习,来突出他刻苦耐劳的优秀品质。

三、留学生使用"连 A 带 B"与"一边 A,一边 B"的偏误统计

(一)语料来源及整理

本文首先根据格式在北京语言大学 HSK 动态作文语料库和全球华语研究中心的留学生书面语语料库中检索,前者检索到 1442 条有关例句,后者检索到 849 条例句。随后本人对例句逐一进行筛检,排除系统中的无效语料,最终得到有效语料共计 1771 条。最后再从有效语料中筛选出偏误例句总计 225 条,按照偏误分析的步骤进行描写、归纳和分类。

(二)使用频数与偏误统计对比

1. 使用频数与频率统计对比

通过对两大语料库中检索的例句进行分类获得两结构的使用频数与频率对比数据,见下表:

表 1 语料库中两结构的使用频数比较

伴随性动作表达结构	北京语言大学 HSK 动态作文语料库使用频数	全球华语研究中心的留学生书面语语料库	总计
连 A 带 B	64	39	103
一边 A,一边 B	930	738	1668

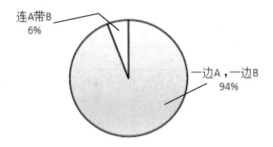

连A带B 6%

一边A,一边B 94%

图 1 使用频率统计饼状图

通过上列图表可以明显看出"一边 A,一边 B"的使用频数远远高于"连 A 带 B",初步分析首先可能是由于"一边 A,一边 B"的书面性比较强,留学生在书面表达方面应用较多,其次是由于"连 A 带 B"对其中嵌入成分的对称性更为严苛,在学习和使用方面难度较大,学习者在前期学习时不能够很好地区分二者的使用条件,于是使用回避策略,倾向选用"一边 A,一边 B"来表达,另外,根据哈奇的话语分析理论以及留学生在华语言学习环境的影响分析,也不排除中国人使用"一边"结构的场合更多,留学生更容易接触到,因而也更容易习得。① 同时,在筛选的过程中也发现,留学生在使用"连 A 带 B"时,A、B 通常为名词,这与结构本身难度的阶梯性直接相关。

2. 偏误率统计对比

本文所采用的偏误率的计算方式为:偏误率=偏误语料总数/有效语料总数。根据有效语料和偏误语料的数据,可以计算出两种结构的整体偏误率为 12.7%,下

---

① 刘珣. 对外汉语教学引论[M].北京:北京语言大学出版社,2000:226.

表就二者的偏误率分别进行统计对比:

表2 语料库中两结构的偏误率统计对比

伴随性动作表达结构	有效语料	偏误语料	偏误率
连A带B	103	45	43.69%
一边A,一边B	1668	176	10.55%

通过上表可以看出二者的使用频数与偏误率成反比,且差异较大。"连A带B"的使用频率仅占6%,偏误率却高达43.69%,相比于前者,"一边A,一边B"在使用时占比极大,偏误率稳定在10%左右,对于留学生而言是比较容易习得的。

为了更加详细直观地了解两个结构的偏误率,本人对两个语料库中的例句分别作了偏误率的统计对比,如下表:

表3 北京语言大学HSK动态作文语料库中的偏误率统计对比

伴随性动作表达结构	有效语料	偏误语料	偏误率
连A带B	64	29	45.31%
一边A,一边B	930	98	10.54%

表4 全球华语研究中心留学生书面语语料偏误率对比分析

伴随性动作表达结构	有效语料	偏误语料	偏误率
连A带B	39	16	41.03%
一边A,一边B	738	79	10.7%

上述列表中两个结构各自的偏误率都与先前所作的整体统计大体一致,"连A带B"的偏误率远远高于"一边A,一边B"的使用偏误率,说明前者的习得难度也远大于后者,留学生对"连A带B"掌握得不是很好,原因除了结构本身的复杂性之外,也可能是教材与教学中的讲解不到位,导致留学生练习不够充分。

四、偏误的归类与原因分析

(一)偏误的归类

鲁健骥(1994)与杨玉玲、吴仲伟(2013)在分析偏误时都将其分为误加、误代、遗漏和错序四大类型,其中"误加"是指在不应该使用某一词语或句法成分的地方使用了该词语或句法成分,"误代(误用)"是指从易于混淆的语言形式中选用了不适合于特定语言环境的形式而造成的偏误,"遗漏"指的是某些必要成分的遗漏,而"错序"顾名思义就是句中一个或几个句子成分放错了位置。本文首先据此进行了初步的分类数据统计,见下表:

表 5　两种结构的偏误类型统计表

伴随性动作表达结构	偏误类型	偏误率
连 A 带 B	误加	17.66%
	误代	68.08%
	遗漏	0
	错序	14.26%
一边 A，一边 B	误加	23.69%
	误代	67.92%
	遗漏	3.16%
	错序	5.23%

由上表可以看出,留学生书面语中关于两种结构的表达最容易出现的偏误类型依次是误代、误加、错序、遗漏。而在占比最大的"误代"类型中,语法和语义的误代是主要的两大类。

(二)偏误的描写

1.误加

首先是对"一边 A,一边 B"的误加分析,主要表现在与其他结构相混淆,不该使用该结构的情况下使用了该结构。

第一是与状语的混用。

23)她很伤心,一边哭泣,一边向我诉说她失恋了。

24)老大爷一边哆嗦一边说:"求求你,我感到又饿又冷。"

25)王美丽一边拥抱唐晓阳一边说:"我不要跟你分手。"

26)然后小黑一边指手给小狗看一边说:"小黑花,你向报纸亭跑去然后拿一份报纸过来。"

27)就在这时,苹果树一边看一边对小男孩微微一笑。

28)我们一边坐火车,一边看到很多动物。

29)妈妈一边嘱咐燕,一边倔强地不让眼里噙着的泪水流出来。

"一边 A,一边 B"中的 A、B 为自主性动词,强调的是两个动态性动词之间的并列,这一点应该区分于表伴随性,突出衬托后一动作的状语的使用,上述五个例句将表伴随的格式"A 的时候 B"与"A 着 B"混用,实属赘述,表意不清,应该分别改为"哭着对我说她失恋了""老大爷哆嗦着说""王美丽抱着唐希阳说""然后指着报亭给小黑狗说""苹果树微笑着看着小男孩""我们坐火车的时候看到了很多动物""妈妈嘱咐燕的时候倔强地不让眼里噙着的泪水流出来"。

第二是"既 A 又 B"与"又 A 又 B"的混用。

30）那样可以一边提高我的汉语水平，一边让我更了解中国文化和中国人。

31）当时，我一边生气，一边笑，不知道怎么办。

32）妈妈听了一边笑，一边气恼地说："真是傻孩子！"

例 30）强调的是某件事情受益于说话人的两个平行的方面，而不是"一边 A，一边 B"所表达的对两个同时进行的动作的客观描述，应该改为"既能提高我的汉语水平，又能够让我更了解中国文化和中国人"；"又 A 又 B"具有夸张的色彩，常常连接两个意思相反的词来表现说话人矛盾、混乱的心理状态，因此应该改成"我又生气又想笑""妈妈听了又气又笑地说"。

其次是对"连 A 带 B"的误加分析。

第一是 A、B 为动词时相关性不足引起的误加，例句如下：

33）听到消息大家高兴得连笑带傻的，过了一会就出发了。

34）一路上我们连记带唱很快就学会了。

"连 A 带 B"相比较前者而言更具口语色彩，进入格式的 A、B 要求有很强的对称性和相关性，例 33）中的"傻"为形容词，并且和"笑"关联度很低，只能理解为用"傻"来修饰"笑"，因此用法错误；同理，例 34）中的"唱"和"记"用作"学会"的手段也不够恰当。上述例句的正确说法为"听到消息大家高兴得连蹦带跳的，过了一会就出发了""一路上我们连记带背很快就学会了"。

第二是 A、B 为名词时表意不明，例句如下：

35）连虫带鸟都高高兴兴地飞起来了。

36）连男带女都做过不可能的事情。

当 A、B 为名词时，"连 A 带 B"可以泛指一个整体，当 A、B 泛指一个整体时，在语义上，A、B 通常出于某认知范围的两端，从而达到泛指概括的效果，如"连老带少"泛指全部的人，但例句中的"虫"和"鸟"、"男"和"女"不符合上述条件，从而造成句子表意不明，应改成"虫和鸟都高高兴兴地飞起来了""男人和女人都做过不可能的事情"。

2. 误代

首先对"一边 A，一边 B"的误代进行分析。

第一是 A、B 词性错误的情况，例句如下：

37）所以要是需要用网络的话，应该一边用一边小心，这样会玩得很开心。

38）另外一个有特点的是韩国的菜，韩国菜一边辣一边糖的味道。

39）但是，这个行动是一边害怕，一边危险的事情。

40）很多时间做运动的话，可以一边对你的身体很好，一边不想吸烟。

前文在进行两种结构的格式形式对比时曾经指出 A、B 的词性多为自主性行为动词和心理动词，例 37）中，"小心"属于形容词，一般不能进入该结构，应该理解为使用网络时的一种状态，作为状语修饰动词，因此修改为"小心地使用"；例 38）中的"辣"和"糖"的词性分别是形容词和名词，留学生应表之意是韩国菜"甜辣"的特点，因此应该改为"韩国菜又辣又甜的味道"；例 39）和例 40）中着重表达的是一件事情的两个方面，因此应该改为"这个行动既危险又让人害怕""多做运动的话既对身体好又能让你减少对烟的欲望"。

第二是动态助词"着"和"了"的误用，例句如下：

41）到金字塔还要走一段沙漠路，我一边走着，一边望着人类的古迹。

42）他们一边跳舞着，一边唱歌，让观众得到了另一种乐趣。

43）我们一边说一边走了。

44）我们一边看书，一边谈话了。

45）那时候我一边学汉语，一边学经济了。

李喜凤在《对句式"一边 A，一边 B"中 B 的限定研究》中指出，"一边 A，一边 B"表示动作同时、交替或相继发生，嵌入其中的自主性动作动词在语义上具有持续性，动态性助词多出现在"B"中。① 例 41）中的"走"后接"着"，在语义表达上显得累赘，应该为"我一边走，一边望着人类的古迹"；例 42）中的"跳舞"是述宾短语，"着"应该紧跟动词，改为"一边跳着舞，一边唱着歌"；而吕叔湘在《现代汉语八百词》中指出"了"有两种用法，一是出现在动词之后表示动作的完成，二是放在句末表示事情的状态有了一定的变化。由前文的结构语义分析可知"一边 A，一边 B"的语义与表示动作变化过程的"了"相矛盾，所以不能在句末使用"了"，因此例 44）、例 45）应该分别改为"我们一边看书，一边谈话""那时候我一边学汉语，一边学经济"。

第三是动词重叠的误用，例句如下：

46）我的男朋友和我昨晚一起做了菜，然后我们一边吃一边聊聊天。

47）一边喝一边跟朋友们聊聊天儿一边享受优美的风景。

48）我们就去饭馆吃火锅，一边吃一边聊聊天。

49）突然听到母亲一边大声地喊着，一边敲敲我房间的门。

如前文所述，"一边 A，一边 B"所表达的语义隐含了动作的可持续性，与动词

---

① 李喜凤. 对句式"一边 A，一边 B"中"B"的限定研究 [D]. 山西师范大学硕士学位论文，2010.

重叠后表达的短暂、尝试之意相矛盾,因此动词重叠不能出现在此结构里,上述例句应分别改为"一边吃一边聊天""一边聊天一边欣赏优美的风景""母亲一边大声地喊,一边敲我的房门"。

第四是语义上 A、B 作为并列动词的误用,例句如下:

50)因为在河里我可以一边游泳,一边玩水。

51)在火车上朋友们一边谈话,一边睡觉。

52)我每天早上六点多起床,一边准备早饭,一边洗澡。

53)他一边想,一边睡。

54)爸爸一边欣赏公园的风景,一边看报纸。

55)我一边洗澡,一边复习。

"一边 A,一边 B"的主要语义是描述两个动作同时进行,A、B 多为并列的语义关系,然而在统计偏误的过程中,本人发现有相当一部分的偏误是留学生对语义的认识不到位造成的,例句中的两个动词在表示同时进行时产生了矛盾。因此,在学习有关内容时教师有必要通过展示偏误例句来加深留学生的理解,多加练习,帮助其更好地掌握。

接下来对"连 A 带 B"的误代进行分析。

第一是 A、B 对称性引起的误代,例如:

56)火车开的时候大家高兴得连跳带笑。

57)开演唱会的时候大家连喊带大声唱歌。

A、B 有很强的对称性,应同为名词、动词、形容词或为同类短语,不能额外添加其他成分,应改为"连跳带笑""连喊带唱"。

第二是"连 A 带 B"作句法成分不当时引起的误代,例如:

58)他对学生非常有连爱心带信心。

59)我们连吃带喝了很多东西。

当 A、B 为名词时,一般不作宾语,当 A、B 为动词作谓语时,后面通常不接宾语或其他成分,应分别改为"他对学生既有爱心又有信心""我们连吃带喝,桌子上的东西很快没了"。

3.遗漏

"一边 A,一边 B"的遗漏偏误占比较小,主要是核心动词、动态助词和宾语的遗漏。

60)一边学习一边家务很辛苦。

61)晚上就高兴得睡不着了,一边放行李,一边想明天的旅行。

62) 燕一边听妈妈的话一边哭,她什么话都说不出来,只是紧紧地抱着妈妈。

例 60)中,后半部分遗漏核心动词"做",应改为"一边学习一边做家务很辛苦";例 61)中后半部分的"想"不能持续,缺失表状态或动作持续的动态助词"着",应改为"一边放行李,一边想着明天的旅行";同理例 62)应改为"燕一边听着妈妈的话一边哭"。

"连 A 带 B"的遗漏偏误只发现在其作状语时遗漏"地",如:

63) 那天,天气不太好,但我们仍然连跑带跳出去玩。

4. 错序

首先是"一边 A,一边 B"的错序分析。

第一是主语的错序,如:

64) 一边老师讲,一边我记笔记。

65) 一边我努力学习,一边我努力赚钱。

例 64)中是两个主体同时发出的动作,"一边"应该跟在主语之后,同样的,例 65)中发出动作的主体是一个人,主语放在"一边"之前,后面主语承前省略,所以上述例句应改为"老师一边讲,我一边记笔记""我一边努力学习,一边努力赚钱"。

第二是否定词的错序,如:

66) 可是他又向我要了回去,一边在商量,一边不写电话号码。

67) 我们明白,应该一边开发,一边别破坏环境。

在"一边 A,一边 B"中,对整体意思的否定的否定词应该放在整个结构之前,上述例句应改成"没有一边商量,一边写电话号码""不应该一边开发,一边破坏环境"。

第三是语义上表义重点的错序,如:

68) 我相信我能一边努力复习功课,一边上班,顺利毕业。

69) 然后一边自学一边打工,通过考试,用自己的钱继续生活。

由前文语义比较可知"一边 A,一边 B"的音节安排倾向于前短后长,语义重点在 B 上,所举例句根据句意可以看出说话人的目的主要是读书学习,通过考试,因此句中 A 和 B 的位置前后调整会更加符合汉语的表达习惯,表意更加明确,应分别改为"我相信我能一边上班,一边努力复习功课,顺利毕业""然后一边打工一边自学,通过考试,用自己的钱继续生活"。

其次是"连 A 带 B"的错序分析,主要是状中位置的颠倒,例如:

70) 我们很开心,我们走路回家连蹦带跳地。

71) 我奔向妈妈地连跑带跳。

"连 A 带 B"在上述句子中作状语表示主要动作的一种伴随方式,留学生很可能受英语母语的影响,将状语后置,应分别改为"我们连蹦带跳地回了家""我连跑带跳地奔向妈妈"。

(三)偏误原因分析

1. 结构自身的复杂性

从前文的对比可以看出二者不仅在自身的使用方面有诸多条件,而且在格式形式、语义和语法三个平面上都有细微而繁多的区别,这给留学生在记忆和理解方面带来了挑战,也极易在使用的过程中出现混用、滥用和错用的情况。

在格式形式方面,二者中可充当 A、B 成分的音节的长短,语法单位的级别和词性都有所区别;在语义方面,"一边 A,一边 B"通常表达动作的同时、反复交叉出现,进一步隐含动作的持续意,而"连 A 带 B"在 A、B 为动词、形容词和名词时能分别表示动作同时、交替出现,性质或状态的共存以及事物的加合之意;在语用方面,前者多用于客观地描述事件的进行,语义重心在 B 上,后者则强调主观地来表述两个动作同时进行所产生的某一后果,语义重心在 A 上。以上这些细微的差别都需要学习者长期、反复学习才能较好地掌握。

除此之外,二者在使用时也可能与"一方面 A,一方面 B""又 A 又 B"等结构产生混淆,这些结构在语法、语义方面的相似之处也会给留学生带来很大的负担,极易造成偏误。

2. 英语或母语造成的负迁移

母语负迁移指的是学习者在不熟悉目的语规则的情况下,过度依赖母语或较熟悉的其他语言理解目的语知识而造成偏误。① 留学生在学习这两种结构的初期,为了便于认知上的理解,常常不自觉套用母语的类似词组。

就"一边 A,一边 B"而言,举个例子,"他一边工作,一边读书,非常努力",此结构的语义表达重心在 B 上,是通过强调"他在工作的时候要抽出时间来学习"以展现人物努力刻苦的优秀品质,此时易对应成英语里面的"When"或者"While"。实际上,英语也倾向于把语义重心放在句末,以上例句可以表达成"He studied very hard . While working, he often read books",但是英语中状语和从句之间的位置关系比较灵活,也可以表达成"He often read books as worked",这就可能造成留学生在练习的过程中忽略或混淆了该结构的语义重心,说出"我相信我能一边努力复习功课,一边上班,顺利毕业"这样表意不明的句子。

---

① 刘珣. 对外汉语教学引论[M].北京:北京语言大学出版社,2000:194.

在学习"连 A 带 B"的 A、B 由名词充当的情况时,此结构表达的是加合之意,留学生易理解为"and",造出"他对学生非常有连爱心带信心"这样有偏误的句子,殊不知在这种情况下"连 A 带 B"一般不能充当宾语。

3.教材编写的粗疏

教师、教材和学生构成了教学的三大因素,其中教材是教师和学生学习所依据的材料,在二语教学中起着纽带作用,很大程度上决定了教与学的效果。

本文所研究的两大伴随性动作表达结构是教学中的难点,但是多数教材并没有根据语法点的难易程度作出更为详细的解释。就本学院使用教材《成功之路·顺利篇》讲解"一边 A,一边 B"时,仅仅就语法点本身简单地解释为"同时做两件事""at the same time",而没有就该结构的语义和语用限制作出进一步说明,使留学生在应用该结构的过程中容易和状语的使用混淆,造出表意不明的句子。

此外,教材的编写还应该遵循针对性、合理性、系统性、科学性的原则,但在其后讲解同范畴内的"又 A 又 B""连 A 带 B"的时候并没有点明这些结构之间的主要区别和安排相应的强化巩固练习。

4.教师的教学策略对留学生学习策略的影响

教师的教学策略是课堂上影响学生有效输入效率的直接因素。教师在教学过程当中对该结构的本体知识认识不足,容易陷入流于形式、照本宣科的讲课方式。对于上述课本的编写问题和留学生的个体水平差异,教师不能够在备课时有效地进行内容的调整和补充,也不能对照留学生的偏误进行针对性的强化练习和指导,这是学生屡犯偏误的重要原因。

另外,由于"连 A 带 B"结构本身的复杂性和较为浓重的口语色彩,使得留学生在练习的过程中倾向于使用回避与替换策略。教师在教授相关内容时应遵循难度阶梯性原则,适时对比,补充二者结构的主要易混淆点,并对于"连 A 带 B"结构采取较多的口语练习活动,以帮助留学生更好地掌握。

五、教学策略与教学活动设计

(一)教学策略

1.循序渐进,螺旋上升

要求"循序渐进"是因为文中所涉及的两个结构无论在格式要求还是在语义、语用的理解上都有一定的复杂性。在教学过程当中,教师有必要将这些用法依照难度划分开来,根据留学生的水平分阶段教学。具体可从以下几方面来考虑:

第一是语法方面。

"一边 A,一边 B"可适用于同一主语也可以适用于不同主语,教学时应该先讲授同一主语的情况,同时要注意点明主语与该结构的位置关系。

"连 A 带 B"所充当的句法成分随 A、B 的不同也会有所不同。当 A、B 是名词时主要充当主语,是动词时主要充当谓语。教学时宜先讲使用频率最高的充当主语、谓语的情况,然后再适当补充其作状语、少数宾语的情况。

除此之外,A、B 必须由同级语法单位充当,如语素、词、词组,但 A、B 是词的情况最常见也最易于掌握。

第二是语义方面。

就"连 A 带 B"而言,当名词和动词进入此格式时分别表示事物加合与动作同时进行之意,在教学时应先进行前者的教学,因为前者表意更具体,课堂上举例更灵活。

而所谓"螺旋上升"是指知识点在本课讲解后还要反复出现,教材应在回顾已学知识的基础上适当扩充用法,这样留学生的语言水平才能在反复操练的基础上有所提高。

2."举三反一",立体教学

任何一个语法点都不是老师讲会的,而是学生说会的,练会的。教师要在适当讲解的基础上让留学生进行大量的练习,做到"举三反一",甚至"举五反一"。这样做是因为,对于留学生来讲,这两个伴随性动作表达结构是陌生的,大量的练习能让留学生对语言点的语义、语用有更感性的认识。但是要注意练习不能盲目,在量大的基础上还要做到科学安排,由机械性练习依次过渡到半自主性、自主性练习,详见后文的课堂活动设计。

另外,教师应该鼓励留学生多用新的语法项目,在口语和作文练习中适当地进行语法项目的限定,为留学生提供更多的练习机会。

最后,教师有必要在单一教材的基础上参考更多的教材资料,横向对比进行教学内容的补充;同时注重完善自身的汉语本体知识,做到"立体教学",这既包括充分利用课堂环境,从语法、语义、语用三方面展开语法点的讲解,也包括结合留学生的偏误及时预防,及时点睛。

(二)课堂教学活动设计

1."一边 A,一边 B"的课堂教学活动

(1)情景举例法引入语法点。

师:(在黑板上写句子,同时读出来,然后问留学生)老师在做什么?

生:老师在讲课。

师:老师怎么讲课的?

生:老师读句子。

师:老师只读了吗?

生:老师还写了。

师:很好,老师一边写一边读。(板书)

师:你们在做什么呢?

生:我们一边听一边记。(板书)

师:总结格式,当我们要表达两个动作同时进行的时候,可以用这样的格式:一边 V1+一边 V2。(板书)

(2)课堂练习活动——词语错搭。

老师将下列词语印刷后裁剪下来制作成卡片,每个留学生轮流抽取两张卡片,用卡片上的词语"一边 A,一边 B"说句子,同时表演动作。

卡片词语包括:游泳、睡觉、吃饭、看书、听音乐、上厕所、洗脸、洗澡、穿衣服、看电视、上网、开车、打电话、唱歌、跳舞、喝水。

2."连 A 带 B"的课堂教学活动

图片法引入语法点并进行二者的分辨

师:(展示动态图)图片中的小女孩在干什么?

生:在跑!在跳!

师:跑完会怎么样?

生:出汗!

师:小女孩连跑带跳的,出了一身汗。(板书)

师:晚会上的人在干什么?

生:在吃东西,在喝酒。

师:现在桌子上还有东西吗?

生:没了/东西没了。

师:大家连吃带喝,桌子上的东西很快没了。(板书)

师:(总结)当我们要表达两个动作同时进行时,可以用"连 V1 带 V2",但是要注意这两个动作要比较接近,比如句子中的"跑"和"跳"、"吃"和"喝",而且这些动作通常会产生一些结果。(分条板书总结)

师:上面的这些特点也是"连 A 带 B"和我们之前学过的"一边 A,一边 B"的不同点。

六、结论

首先,本人在总结前人文献的基础上,从句法、语义、语用三个方面对"一边 A,

一边 B"和"连 A 带 B"进行了比较,其中格式形式方面的比较包括 A 和 B 的音节特点比较、A 和 B 的语法单位构成比较、A 和 B 的词性比较、句法分布比较和主语一致性的比较;语义方面的比较包括结构整体的语义对比、A 和 B 之间的概念关系及逻辑关系的比较;语用方面的比较包括结构整体表达作用的比较和信息焦点的比较。

其次,以中介语分析和偏误分析为基石,通过对北京语言大学 HSK 动态作文语料库和全球华语研究中心的留学生书面语语料库的检索,搜集到了一定数量的偏误,并在四大基础偏误分类之下进一步统计分析,细化出了几个有代表性和规律性的小分类,使得两种结构的偏误分类更加清晰明确。

最后,针对前文所作出的偏误从四大角度进行原因分析,提出教学策略并且设计了关于两种结构的课堂教学小活动。

参考文献

一、专著

[1]黄伯荣,廖序东. 现代汉语[M].北京:高等教育出版社,2017.

[2]刘珣. 对外汉语教学引论[M].北京:北京语言大学出版社,2000.

[3]彭小川,李守纪,王红. 对外汉语教学释疑 201 例[M].北京:商务印书馆,2004.

[4]杨玉玲. 国际汉语教师语法教学手册[M].北京:高等教育出版社,2011.

[5]杨玉玲,吴仲伟. 国际汉语语法与语法教学[M].北京:高等教育出版社,2013.

[6]王还. 新编汉英虚词词典[M].北京:华语教学出版社,1999.

[7]王自强. 现代汉语虚词词典[M].上海:上海辞书出版社,1998.

[8]张辉,邱军,彭志平. 成功之路·顺利篇[M].北京:北京语言大学出版社,2008.

[9]周小兵. 对外汉语教学入门[M].广州:中山大学出版社,2004.

[10]周健. 汉语课堂教学技巧 325 例[M].北京:商务印书馆,2009.

二、期刊论文

[1]贺菊玲.论"一边 A,一边 B"的句法、语义和语用功能[J].陕西师范大学学报,2001(s1).

[2]李芳杰. 连……带……初探[J].武汉大学学报,1985(4).

[3]鲁健骥.外国人学习汉语的语法偏误分析[J].语言教学与研究,1994(1).

[4]王红斌."一边 p(v/vp),一边 q(v/vp)"对动词和动词性结构的选择[J].语文研究,2007(1).

[5]肖奚强,余璐瑶."连/又/一边 A 带/又/一边 B"格式比较研究[J].南京师范大学学报(社会科学版),2017(6).

三、学位论文

[1]贺雪霏.留学生汉语伴随性动作表达结构的习得研究[D].上海交通大学大学硕士学位论文,2015.

[2]李喜凤.对句式"一边A,一边B"中"B"的限定研究[D].山西师范大学硕士学位论文,2010.

[3]王丽彩.现代汉语中表伴随义的三个格式考察[D].暨南大学硕士学位论文,2005.

[4]张海林.连A带B格式研究[D].吉林大学硕士学位论文,2011.

[5]朱雪花.汉语"一边/面A,一边/面B"格式及其朝鲜语对应形式[D].延边大学硕士学位论文,2007.

论复合趋向补语"下去""下来"的差异及其对外汉语教学策略①

摘要:我们发现在对外汉语教学时,外国学生很容易在复合趋向补语"下去"和"下来"这两个结构上产生混淆,本文在二者的本体研究上整理出两者的区别,归纳出留学生在使用"下去""下来"这两个结构的过程中产生的偏误以及偏误的类型,还分析了产生偏误的原因。针对留学生各种各样的偏误,笔者提出了对应的教学方法,希望能对复合趋向补语"下去""下来"的对外汉语教学起到一定的积极作用。

本文大体从五个部分进行阐述:第一部分解释了选题的理由和研究的意义,说明了目前的研究现状和运用的理论依据以及研究策略;第二部分分析了两个结构在趋向意义和引申意义方面的区别;第三部分用归纳法、偏误分析、对比分析等二语习得理论来对留学生所犯的相关语法偏误进行偏误分析并指出偏误产生的原因,进一步把偏误分类细化、描写;第四部分以留学生产生的偏误为基础,在对外汉语教学上提出有意义的策略方法;第五部分总结文章的主要内容。

关键词:复合趋向补语 下去 下来 偏误 对外汉语教学

一、绪论

(一)选题缘由及意义

在对外汉语教学中,复合趋向补语"下去""下来"对于外国留学生来说,是很难掌握的重要汉语语法结构,"下去""下来"这两个结构不仅是在汉语中和对外汉语教学中使用频率很高的一种复合趋向补语,更是汉语水平考试中的重难点。《对外汉语教学语法释疑 201 例》②与《现代汉语八百词》③皆对这两种结构作了收录,

① 本论文受 2022 年度教育部人文社会科学研究项目《基于汉英情态对比之留学生汉语情态系统习得研究》(项目批准号:22YJA740027)资助,由陈志敏、王飞华完成。

② 彭小川,李守纪,王红. 对外汉语教学语法释疑 201 例[M]. 北京:商务印书馆,2004:278-279.
③ 吕叔湘. 现代汉语八百词[M]. 北京:商务印书馆,1999:568.

前者对于这两种结构的解释分别为"表示从现在继续到将来"或"表示继续","表示从过去继续到现在"或"表示固定",后者对两者的解释分别为"表示动作离开说话人所在地""表示动作朝着说话人所在地"。杨玉玲、吴中伟的《国际汉语语法与语法教学》中的解释是:"下来"朝着说话者从高到低移动;表示使固定、使脱离;持续到现在;状态由强到弱。"下去"背着说话者从高到低移动;表示动作的持续进行;使分离。① 从以上语法工具书的解释可以看出,复合趋向补语"下去""下来"在表示语义时较复杂,而与之有关的教材和参考书也只是粗略地解释了"下去""下来"的语法层面,忽略了两个结构在语义和语用层面的详细说明,从而给对外汉语教学造成了两难的境遇:教师讲不清楚课本上出现的语法点,只好查阅工具书,但是工具书上的解释又含糊不清,模棱两可;不光使教师无法准确生动地讲授这两个结构,还导致留学生产生疑惑,无法正确理解。即使是高级阶段的学习者,也容易产生偏误。通过翻阅可知,关于"下去""下来"这两个结构的论文和著作数量有限,内容也不够规范系统,缺乏理论依据,对外教学的策略方法也仅限于理论,很难应用于实践。

本文以前人的研究为基础,运用对比分析理论对复合趋向补语"下去""下来"作了系统化的语义层面对比,深化本体研究。用偏误分析理论分析和整理留学生在复合趋向补语"下去""下来"使用中产生的偏误类型,并论述产生的原因。根据偏误设计详细的教学方案,将对两个结构的语法教学起到实质性的帮助。

(二)文献综述

1.个体结构的单独研究

(1)复合趋向补语"下去"。

李丽在语义方面总结复合趋向补语"下去"可以表示人或物的位移由高处向低处的变化,立足点在高处;使物体的一部分从整体脱离;动作或状态仍然继续进行;状态由动态到静态变化。在词语搭配方面,"下来""下去"都可以与具有[+位移][-定向]或[+致使位移][-定向]或[+分离][+去除]语义的动词搭配,[+吞咽]义的动词只能和"下去"搭配。②

(2)复合趋向补语"下来"。

李丽在语义方面总结复合趋向补语"下来"可以表示人或物的位移由高处向低处的变化,立足点在低处;使物体的一部分从整体脱离;动作的完成或者动作持续发展至现在;进入新的状态,多由动态到静态。在词语搭配方面,"下来""下去"

---

① 杨玉玲,吴中伟.国际汉语语法与语法教学[M].北京:高等教育出版社,2013:104.
② 李丽.对外汉语教学中复合趋向补语"下来""下去"研究[D].扬州大学硕士学位论文,2018.

都可以与具有[+位移][-定向]或[+致使位移][-定向]或[+分离][+去除]语义的动词搭配,[+决定]义和[+取得]义的动词只能和"下来"搭配。①

小结:从查阅的文献看,学术界对个体结构的单独研究还是比较具体的,但是在其他方面如"下去""下来"的句法分析以及相关语用研究方面还存在不足。

2. 复合趋向补语"下去"与"下来"的对比研究

罗艳对复合趋向补语"下去""下来"的趋向意义及引申意义分别作了较为详细的说明并且列举了多个例子来进一步阐述,加强理解。又对复合趋向补语"下去"和"下来"作了比较。解释"下去""下来"的语法意义,通过对所搜集到的语料进行分析总结,详尽整理了"下去""下来"两个结构的偏误类型,并把偏误分为误加偏误、遗漏偏误、无用偏误、错序偏误四种类型,对复合趋向补语"下去""下来"的偏误原因进行了分析,提出了一定的教学策略。但在偏误分析和归纳原因上较为粗疏,在对"下去"和"下来"的比较中选取的语料不太充分;教学策略未能细化,缺乏具体的可操作性。②

刘书书对两个结构表状态引申意作了较为详尽的偏误情况分析和偏误分类,用较为精确的数字来说明留学生在复合趋向补语"下去""下来"的习得情况。但是在复合趋向补语"下去""下来"表状态引申意义的比较中显得较为粗疏,忽略了二者的差异性,并缺乏对外汉语教学的相应策略。③

小结:通过相关文献查阅发现,学术界早就注意到复合趋向补语"下去""下来"容易弄混,努力从多个层面剖析这两个结构,但是没有统一的标准,缺乏严谨性。

3. "下去"与"下来"的对外汉语教学研究

吴红霞在《复合趋向补语"上来、上去、下来、下去"的教学研究》一文中从复合趋向补语"上来、上去、下来、下去"的本体研究和实际教学出发,对其进行句法、语义分析及辨析,使语法简单化,降低留学生学习的难度,有利于准确交际使用,并对留学生产生的偏误做了分类进而探讨复合趋向补语的教学技巧和方案,其教学设计具体,可付诸实践。但是在分析"下来、下去"的偏误原因时较为粗疏,忽略了教

---

① 李丽. 对外汉语教学中复合趋向补语"下来""下去"研究[D]. 扬州大学硕士学位论文,2018.

② 罗艳. 对外汉语教学复合趋向补语"下去""下来"的偏误分析[D]. 西北师范大学硕士学位论文,2013.

③ 刘书书. 留学生汉语复合趋向补语"下去""下来""起来"表状态引申义习得偏误分析[D]. 暨南大学硕士学位论文,2012.

师教学因素和留学生学习策略因素。①

李艳杰在《母语为英语的留学生汉语趋向补语习得偏误分析》一文中,针对母语为英语的留学生汉语趋向补语习得,从多方面查找偏误原因,并根据母语为英语的留学生出现的偏误类型,提出多种多样的教学方法,但文中的教学策略在一定程度上难以付诸实践。②

小结:"下去""下来"这两个结构在对外汉语教学中是很难讲授的重要语法点,前人对两个结构的对外汉语教学策略大都一笔带过,偏误分析粗略单一,教学策略过于理论化且难以付诸实践,没有详尽具体可行的教学设计方案。

(三)本文的理论依据及研究方法

1. 理论依据

(1)中介语理论。

"中介语"的概念是在 20 世纪 60 年代由美国语言学家塞林克提出的,它又被称为"过渡语"或"语际语",是指在第二语言习得过程中,习得者自行创造的一种处于第一语言与目的语之间的独特的有规律的不断变化的语言系统。③ 中介语理论的提出,有利于学习者去理解他们从来没有接触的语言并且反映出母语对其的影响。

(2)对比分析和偏误分析。

对比分析理论是行为主义鼎盛的 50 年代中期被拉尔多提出来的概念。他认为第二语言习得是刺激—反应—强化的结果,第二语言与第一语言相似特征结构容易学,因而产生正迁移;反之,则不容易学,便产生干扰。该理论有利于预测学习者在二语学习中的重难点和容易出现的错误,促进对外汉语教学,避开母语的干扰,有助于学习者建立全新的习惯。④

偏误分析的鼎盛时期是西方的 20 世纪 70 年代,是科德最早倡导的。科德系统分析了学习者第二语言学习中出现的偏误,探究偏误的来源,展现出习得者的中介语体系,从中领会第二语言习得的过程和规律。科德把偏误分析分成五个过程,分别是从二语学习者的口头和书面或听力搜集语料,对偏误进行识别,分出偏误类型,说明其原因,判断严重程度会不会对交际产生影响。⑤

---

① 吴红霞.复合趋向补语"上来、上去、下来、下去"的教学研究[D].曲阜师范大学硕士学位论文,2013.

② 李艳杰.母语为英语的留学生汉语趋向补语习得偏误分析[D].中央民族大学硕士学位论文,2002.

③ 刘珣.对外汉语教学引论[M].北京:北京语言大学出版社,2000:169.

④ 刘珣.对外汉语教学引论[M].北京:北京语言大学出版社,2000:168.

⑤ 刘珣.对外汉语教学引论[M].北京:北京语言大学出版社,2000:191.

2.主要研究方法

(1)文献研究法。

文献研究法是以自己论文的研究目的为依据,通过查阅各种各样与之相关的文献著作,正确地了解所要研究问题的全貌的方法。本文运用这个方法收集到了大量资料并进行有效的整理归纳,从语义方面入手,对"下去""下来"两个结构进行对比分析,进而进行合理的偏误分析。

(2)定性和定量分析法。

定量分析法使研究者准确精细地认识到所要研究的课题对象,透过现象看到本质,把握规律,看清内在联系,预见发展势态。

定性分析是对收集到的资料运用归纳法和演绎法,使研究者清楚地把握事物的内在本质,由抽象到具体,由理论到实践,观察到事物的规律性。

二、复合趋向补语"下去"与"下来"的对比分析

(一)复合趋向补语"下去"的趋向意义和引申意义

本小节展开讨论了"下去"作为趋向补语本身的含义和引申出来的结果含义和状态含义。

1."下去"的趋向意义

表示离开说话者从高到低移动,动作离开说话人所在地,立足点在高处;表示人员、事物从高层次到低层次。如:

1)他昨天从梯子上摔了下去。

2)他急急忙忙地跑下去了。(暨南大学中介语语料库)

3)村长已经把任务传达下去了,请同志们好好完成。

4)会议的精神已经传达下去了。

2."下去"的引申意义

(1)表示使分离。

5)衣服上的墨汁怎么也洗不下去。(暨南大学中介语语料库)

6)请把旧日历摘下去吧。

(2)表示事物状态变化由动到静的延续。

7)天慢慢暗下去的时候,我正要回家了。

(3)表示动作的持续进行。

8)我不想继续和你交往下去了,分手吧。(暨南大学中介语语料库)

9)请你继续讲下去。

10)这本书很无聊,我不想看下去了。

11）他忍耐不下去了。

（4）表示某种状态已经存在并将继续发展,强调继续发展。

与形容词搭配,并且形容词多用于表示消极意义。如:

12）他日复一日地工作,渐渐地瘦下去了。（暨南大学中介语语料库）

13）情况一天一天地坏下去。

14）在这么热下去,过几天就可以游泳了。

（二）复合趋向补语"下来"的趋向意义和引申意义

本小节展开讨论了"下来"作为趋向补语本身的含义和引申出来的结果含义和状态含义。

1."下来"的趋向意义

表示动作朝着说话者所在地,由高到低移动,并且立足点处于低处。"下来"既指出起点又指向终点。如:

15）他从车上跳了下来。

16）老杨从山上下来了。

17）把衣服拿下来。

18）请等一会儿,他在楼上没下来。（暨南大学中介语语料库）

2."下来"的引申意义

趋向补语用在动词或形容词之后,表示事物运动、位移的方向。如"走下来"中的"下来",复合趋向补语并不是只有表示动作趋向这一种语义,还包括引申出来的状态意义和结果意义,如"他果真瘦下来了"中的"下来"。当复合趋向补语置于非位移动作后,意义会虚化,从而不再代表人或事物运动、位移的方向,而是另外一种语法意义。以下是概括的复合趋向补语"下来"的五种引申意义:

（1）表示事物的部分从整体中分离出来或次要事物脱离主要事物,侧重于部分或次要的事物上。

19）他把零件卸下来了。

20）他从本儿上撕下来一张纸。

（2）表示动作的完成,使固定。

如:记下来、写下来等。

21）这个方案终于定下来了。（暨南大学中介语语料库）

22）把你的想法写下来吧。（学生作业）

23）你都记下来了吧?

24）这篇文言文他最终念下来了。

（3）表示动作由过去持续到现在。

如：活下来、坚持下来等。

25）你真不错，学习中碰到那么多的困难都坚持下来了。

26）这个故事是古代流传下来的。

（4）表示某种状态开始出现并且继续发展，强调开始出现。

27）他的声音慢慢低了下来。

28）天色渐渐黑了下来。（学生作业）

29）碰到困难就软下来，那还行？

（5）表示状态由强到弱，并且是从动态变为静态。

30）表哥说完以后我就平静下来了。（暨南大学中介语语料库）

31）中途的时候，高铁突然停下来了。

（三）复合趋向补语"下去""下来"的比较

在表引申的含义时，"下去""下来"从某种层面来说是相似的，就二者表使分离或脱离的意义来比较，两个结构突出强调的重点不一样："下去"强调部分脱离后的整体，"下来"强调从整体中分离出来的部分。例如：

32）黑板上不能挂时钟，老师让你摘下去。

33）这种花在她农村里是很少看到的，所以她想把它摘下来。

所以，从整体中分离出来的部分如果是要留着的，与复合趋向补语"下来"搭配，反之，如果部分脱离后的整体后要被放弃，则与"下去"搭配使用。

34）放在桌子上透明玻璃已经碎了，请把它拿下去扔了吧！

35）爸爸还要笑地要把我们一家人的照片，就是那个很大张挂在墙上的照片拿下来放在我的行李里，希望女儿不会忘记爸爸。

如果前面动词的表"消除"，消除的事物不复存在，则只能搭配"下去"使用：

36）用菜刀把树枝削下去吧。

37）这么些日子过来，脸上的肿块也消下去了。

若说话人不是特别强调什么，单纯表示"分离"的含义，复合趋向补语"下来""下去"可随意切换。

"下来"也表状态由动减弱到静，与能跟动词"停"搭配，但是"下去"不可以。

38）那时，我很希望时间能停下来，我真舍不得离开这个地方。

"下来"可与表速度、氛围的形容词搭配，但是"下去"不可以。

39）当我们第三度走近齐德利兹别墅的灯光时，我们脚步渐渐慢下来。

40）直至她的手从他手中滑落，她的呼吸慢下来。

"消沉"等消极动词通常与"下去"搭配,不与"下来"搭配:

41)失败一次便产生动摇,失败两次便灰心丧气,以致畏葸不前,消沉下去。

通过比较,复合趋向补语"下来"比"下去"可搭配的形容词多。

复合趋向补语的引申意义与基本意义存在着密切的关联。按教学规律来说,初级阶段的留学生掌握趋向补语的基本意义就可以,中高级水平的留学生要掌握两个结构的引申意义,处于高级水平的留学生,要多操练同义句辨析,使其更准确地运用在平时的交流表达中。

三、留学生复合趋向补语"下去""下来"的使用偏误分析

(一)语料来源及整理

本文以先前已有文献为依据,从暨南大学中介语语料库中选择语料,对上千条有关"下去""下来"的语料运用对比分析理论进行细致的比较,并运用偏误分析的理论对偏误分类且解释说明产生的原因。

(二)偏误的类型

偏误可以从不同的角度进行分类,课堂教学中经常用的分类方法是按句法和词法分类的。从形式上来看,偏误可分为误加、误代、遗漏、错序四种情况。

1. 误加

(1)对"下去"的误加偏误类型分析。

42)她妹妹的鼓励之下,她继续下去创作。

正:她在妹妹的鼓励之下,她继续创作下去。

"V+下去"的结构中"下去"表示延续的意义,这里可以说"创作下去","继续"是副词,可以放在动词"创作"的前面。当"下去"表延续意义时,"V+下去"的结构可以转变为"继续+V/动词短语"这一结构,也可以说"他继续创作"。

43)虽然我英语还不好,可是我在认真跟他们谈话下去。

正:虽然我英语还不好,可是我在认真跟他们谈话。

"下去"表示动作的继续,"谈话"是动宾结构,在"V+下去"的结构中,应去掉"话",应该说"谈下去",所以错误例句中误加了"下去"。

44)如今我已到广州来生活下去,我的妈妈以前的心情都懂了。

正:如今在我已到中国来生活,妈妈以前的心情我都懂了。

"下去"是赘余的,正确的是"到中国来生活"。"生活下去"这个短语是学生之前学习的,在这句话中就把"生活"和复合趋向补语"下去"搭配使用了,这句话中表示"我"已经来到广州住了,所以"下去"是多余的。

（2）对"下来"的误加偏误类型分析。

45）反正我穿起来感觉不错的话,什么类型的衣服都可以接受下来。

正：反正我穿起来感觉不错的话,什么类型的衣服都可以接受。

46）大家先确定看什么电影,各自回家看,明天对这部电影讨论下来。

正：大家先确定看什么电影,各自回家看,明天讨论这部电影。

例45）中"受下来"结构中的"受"是动词"接受"的意思,表示"接受任何类型的衣服"。例句中没有表达"动作延续"的语义,所以不能用"下来"。同理,例46）中"下来"表示动作延续的意义,延续的含义在此例句中没有表现出来,所以"下来"是误加。

47）如果我们大家相互合作,互相帮助,公司的所有问题也解决了下来。

正：如果我们大家相互合作,互相帮助,公司的所有问题也就解决了。

此处"了"表示完成,表明"解决"这个动作已经完成了,这里"下来"表动作的延续,与"已经完成"相矛盾,属于误加。

2. 误代

（1）对"下去"的误代偏误类型分析。

48）随着医疗技术的发展,病人通过药物治疗而活下去。

正：随着医疗技术的发展,病人通过药物治疗而活下来。

复合趋向补语"下去""下来"都表延续的含义,但"V+下去"表示动作从现在延续到将来,"V+下来"表示动作从过去持续到现在,因此例句中的"下去"应换成"下来"。

49）最近我在努力减肥,我照镜子,我感觉到渐渐瘦下去了。

正：最近我在努力减肥,我照镜子,我感觉到渐渐瘦下来了。

例句中"瘦下来"表示"瘦"这一变化是最近发生的,但是"瘦下去"着眼于"瘦"这一状态的延续,"下去"有延续的含义,由例句的语义可知,"瘦下来"是正确的。

（2）对"下来"的误代偏误类型分析。

50）虽然工作很难,但我要坚持下来。

正：虽然工作很难,但我要坚持下去。

复合趋向补语"下来""下去"都有延续的含义,表示动作或状态从过去延续到将来,要用"V+下去",而"V+下来"表示的是动作从过去持续到现在,例句中"坚持"含有从过去坚持到现在并将一直坚持下去的意思,所以要说"坚持下去"。

3. 遗漏

51）珍妮希望医生可以救活他,如果他能活下,珍妮也能有坚持活下的勇气。

正：珍妮希望医生可以救活他,如果他能活下来,珍妮也能有坚持活下去的勇气。

例51)中"如果他能活下"中少了"来",语义表明,"他活下来,没有那么容易的",而"下来"表完成但需要战胜困难的含义;例句中"坚持自己活下"缺少"去",例句的语义指,如果他现在活下来了,珍妮自己也能继续活下去,而"下去"表示动作或状态从现在延续到将来。

(三)偏误原因分析

1.目的语知识负迁移

目的语知识负迁移是学习者将学过的有限知识过度泛化,不恰当地应用于新的语言点中,从而导致偏误的出现。例如:

52)医生建议吸烟者最好为了自己的健康停下来抽烟。

正:医生建议吸烟者最好为了自己的健康停止抽烟。

复合趋向补语"下来"有表示固定,终止的含义,而且经常跟"停"这个动作结合使用,如"车停下来了"。如果复合趋向补语带宾语,宾语位置一定是"V+下+O+来",如"停下工作来",例句中"抽烟"可作为动词,"停止"也表终止的语义,所以把"停下来"换成"停止"。

2.母语负迁移

母语负迁移是学习者缺乏目的语的相关知识,导致较多地依赖其自身的母语来理解新的语言现象。① 对初学者来说,母语负迁移所造成的偏误比重较大。

"下来""下去"表结果和状态意义时,是区别于其他语言现象的,具有一定的独特性。若只关注母语与目的语的相同点,忽视二者存在的差异性,就会把自己已经掌握的语言过度泛化。英语为母语的留学生比较容易掌握复合趋向补语的趋向意义,但是他们往往在复合趋向补语引申义方面出现的偏误较多。在翻译时,汉语不一定与英语对应。例如"留下"的"下"是结果引申义"leave"在其英语中对应的词,英语中的"take"一词既可表达汉语中的"带来"又可表示汉语中的"带去",又如汉语"坚持下去"中的"下去"表示从现在延续到将来,英语解释为 hold on 或者 keep it up 或者 keep going on 等说法。在复合趋向补语的引申义的翻译中,汉语和英语不对应的时候,留学生受母语影响,出现偏误的概率是最高的。但有的趋向补语是能够和英语一一对应的,所以这类词语出现错误的概率是最低的。

3.教学策略与学习策略的影响

教师在教授复合趋向补语"下去""下来"时,由于自身不够精准的解释和引

导,甚至不正确的示范,可能自己都没有吃透这一语法点,又因为教材的粗制滥造、漏洞太多,其在没有充分理解的情况下便草草给予答复,使得偏误出现。而作为教师,应该尊重留学生的主体作用,遵循从易到难的学习规律,让复合趋向补语"下方""下来"在口语和书面语中反复出现,并且结合大量的相关操练,让留学生在有效的温习中逐渐掌握从易到难的学习规律,提高学习效率。

四、教学策略与教学活动设计

（一）教学策略

1. 复式递升

复式递升的意思就是先易后难、循序渐进地安排语法结构,即横向同一层面的循序渐进,纵向的不同层面的循环递进。对于复合趋向补语"下去""下来"同一层面的渐进性,我们要先给留学生讲清楚它的基本义,也就是它本身所表示的趋向意义,在留学生理解掌握的基础上延伸这两个结构的状态意义和结果意义。具体操作如下:

（1）复合趋向补语"下去""下来"的趋向意义。

表示离开说话者从高向低移动,动作离开说话人所在地,立足点在高处;"下去"表示人员、事物从高层次到低层次。"下来"表示动作朝着说话者所在地,由高到低移动,并且立足点处于低处。"下来"既指出起点又指向终点。对外汉语教学中,应先讲二者的基本意义,教师利用留学生所处的真实情景,引导留学生用两个结构造句,掌握这两个结构表示动作趋向的语义。

（2）复合趋向补语"下去""下来"的引申意义。

复合趋向补语"下去""下来"的引申意义是基于其趋向意义延伸出来的。某个层面来说,复合趋向补语"下来"与"下去"的引申意义是相同的,只是在侧重点上有所区别:"下去"强调主要的,"下来"强调部分。分离下来的事物如果是有用的、要保留的,用"下来";同样,如果分离下来的事物是要丢弃的,用"下去"。教学时宜先讲清楚"下去""下来"的趋向意义,再慢慢延伸出两个结构的引申意义。

对于复式递升就是指语法难度的循环性上升,重复性递增这种教学方式,我们要从不同侧面、角度对学习者重复进行各种各样的练习,并适当地拓展补充一些用法,不断提升学习者的语法水平。

2. 精讲多练

教师不可能光靠课堂讲解该语法点就把留学生教会了,最终还是要依靠留学生反复练习,不断地运用到口语交际中才能掌握。教师在教学过程中,先对复合趋向补语"下去""下来"做浅化和简化处理,在此基础上进行精讲,抓关键点讲,从最能帮助留学生精准理解的东西下手。然后教师在黑板上写多个句子,让留学生填复合趋向补语"下去""下来",并且用图片示意法引导留学生用"下去""下来"造句。通过这个环节,教师可以发现留学生出现的问题和教学上需要改进的地方,留学生也可以在不断操练中更好地掌握"下去""下来"的用法,并且能够准确运用,举一反三。

(二)课堂教学活动设计

1.复合趋向补语"下去"的课堂教学活动

教学目标:

(1)使留学生了解并掌握复合趋向补语"下去"的使用规则。

(2)能够在语流中正确理解说话人的意思并准确使用。

教学理念:情景举例法。

教学活动一:我问你答。

教师:(在讲台上做一个把瓶子扔下去的动作,然后问学生)老师在做什么?

学生:老师扔下去一个瓶子。

教师:对,瓶子离我们越来越远,我们不要这个瓶子了。

教师:学生1,请你把墙上的画摘下去。

学生1把墙上的画摘下去。

教师:学生1干了什么?

学生:学生1把墙上的画摘下去了。

教师:我们让画离开了墙。现在墙上还有画吗?

学生:没有了。

教师:这幅画还需要吗?

学生:不需要了。

教学意义:通过以上情景演示,教师在一步步引导,使留学生一步一步了解"下去"的引申意义,部分与整体分离,最终被放弃。

教学活动二:情景说话。

(1)讲台上不能摆作业本,学生1把作业本拿下去,不要放在讲台上。

(2)黑板上的挂着的日历已经过期了,学生2把它摘下去吧,不要了。

教学意义:利用直观图像和情景,一目了然,明白易懂,省去抽象解释,也给学生留下深刻印象,化繁为简。利用真实情景训练,还可以调动留学生的积极性。

2. 复合趋向补语"下来"的课堂教学活动

教学目标：

(1)使留学生了解并掌握复合趋向补语"下来"的使用规则。

(2)能够在语流中正确理解说话人的意思并准确使用。

教学理念：图片法、演绎法。

教学活动：我问你答。

①教师向学生展现一个苹果。

教师：想吃苹果吗？

学生：想吃。

教师：当你们看到一个农民伯伯在卖苹果时,你们要做什么？

学生：买下来。

教师：把苹果买下来。

②教师拿出一本书,从中选了一段进行讲解。

教师：我今天讲的内容很重要,所以你们课上要做什么？

学生：记下来。

教师：把今天的讲课内容记下来。

教师：课下要针对上课讲的内容做什么？

学生：背下来。

教师：把讲的内容背下来。

教学意义：之前"下去""下来"的教学,可能还不足以让留学生灵活运用,而经过今天相关知识点的复现,留学生能在日常情景中正确使用,降低畏难情绪。

3. 比较复合趋向补语"下去""下来"的课堂教学活动

教学目标：

使留学生有效区分两者,能在实际交际场合正确使用。

教学理念：图示法、比较分析法、TPR 体验学习法。

教学活动：

□表示某一特定场所,△表示说话人位置,m 表示移动者。

"下去",△在□上面,m 从上往下进入□。

"下来",△在□内,m 从上往下进入□。

教师在黑板上图示这两个示意图,讲解区别。

给带情景的例句,要求留学生理解后填空。

教师给出无处所宾语句和有处所宾语句,留学生比较后分别造句。

教师归纳:有处所宾语,处所宾语一定放在"来"或"去"之前。如果宾语是事物,可放在之前也可放在之后。

教师要求将例句中有事物性宾语又有处所宾语的句子,改"把"字句。留学生仿写造句。

教师规定留学生对应"下来"和"下去"做两种手势。根据教师提供的情景,做相应手势,并造句。

教学意义:直观引入概念,不抽象,便于留学生理解,有针对性地训练。留学生自己发现造句的不同,就会对使用条件有清晰认识,更利于之后日常生活的使用。TPR 是 Total Physical Response 的缩写,这种学习法也称为"纯体验式语言学习法"。语言和行动的结合提高了留学生的学习效率,活跃了课堂氛围,有助于留学生巩固记忆。

五、结论

首先,本文在仔细研读前人研究的基础上,分别阐述了复合趋向补语"下去"的基本意义和引申意义以及"下来"的基本意义和引申意义,并且就这两种含义,对"下去"和"下来"做了比较,提出一些不同之处。

紧接着,笔者对所搜集到语料进行分析整理,运用对比分析、偏误分析、归纳演绎等理论,对复合趋向补语"下去""下来"产生的偏误进行详尽的分析,剖析偏误产生的原因,分出三种偏误类型并展开描写。

最后,笔者根据前面部分的论述,针对复合趋向补语"下去""下来"提出相应的对外汉语教学策略并给出了具体的课堂教学设计。

参考文献

一、专著

[1]刘月华. 趋向补语通释[M]. 北京:北京语言大学出版社,2011.

[2]刘珣. 对外汉语教学引论[M]. 北京:北京语言大学出版社,2000.

[3]李大忠. 外国人学汉语语法偏误分析[M]. 北京:北京语言大学出版社,2011.

[4]孟国. 对外汉语十大语法难点的偏误研究[M]. 北京:北京大学出版社,1998.

[5]彭小川,李守纪,王红. 对外汉语教学语法释疑 201 例[M]. 北京:商务印书馆,2004.

[6]杨玉玲,吴中伟. 国际汉语语法与语法教学[M]. 北京:高等教育出版社,2013.

[7]周小兵. 对外汉语教学入门[M]. 广州:中山大学出版社,2004.

[8]赵金铭. 汉语作为第二语言的学习者语言系统研究[M]. 北京:商务印书馆,2006.

[9]张莉,邱军. 成功之路·顺利篇[M]. 北京:北京语言大学出版社,2008.

[10]朱德熙. 语法讲义[M]. 北京:商务印书馆,1982.

二、期刊论文

[1]李淑红.留学生使用汉语趋向补语的情况调查及分析[J].民族教育研究,2000(4).

[2]鲁健骥.外国人学习汉语的语法偏误分析[J].语言教学与研究,1994(1).

三、学位论文

[1]冯杰.复合趋向动词"下去"的对外汉语教学研究[D].沈阳师范大学硕士学位论文,2017.

[2]吴红霞.复合趋向补语"上来、上去、下来、下去"的教学研究[D].曲阜师范大学硕士学位论文,2013.

[3]李艳杰.母语为英语的留学生汉语趋向补语习得偏误分析[D].中央民族大学硕士学位论文,2002.

[4]李丽.对外汉语教学中复合趋向补语"下来""下去"研究[D].扬州大学硕士学位论文,2018.

[5]鲁淑娟.对外汉语教学中的趋向补语研究[D].天津师范大学硕士学位论文,2009.

[6]罗艳.对外汉语教学复合趋向补语"下去""下来"的偏误分析[D].西北师范大学硕士学位论文,2013.

[7]刘书书.留学生汉语复合趋向补语"下去""下来""起来"表状态引申义习得偏误分析[D].暨南大学硕士学位论文,2012.

[8]赵田田.复合趋向补语"下来、下去"引申义的教学设计[D].辽宁师范大学硕士学位论文,2017.

论"连连 V""频频 V"与"不停(地)V"的区别及对外汉语教学策略①

摘要:本文首先从语义、句法两个角度对"连连 V""频频 V"和"不停(地)V"进行了深入的本体研究。"连连 V""频频 V"和"不停(地)V"都表示动作行为的反复,但"连连 V""频频 V"多重复有频率、有节奏的具体动作,而"不停(地)V"只强调动作行为的不间断,"连连 V"和"频频 V"更强调动作在短时间内不断反复,不能修饰长时间反复发生的行为,而"不停(地)V"则没有时间长短的限制。

其次,在句法差异方面,"连连"可以修饰不定量的动量结构,"频频""不停"不能与数量结构共现;"连连""频频"可以与时态助词"了""着"共现,不能与"过"共现;"不停"可与助词"着"共现,不能与"了""过"共现。"连连 V"可变换为"V 连连"的形式,"不停(地)V"可以变换为"V 个不停"的形式。

最后,本文对留学生习得这三个副词的情况进行了研究。将搜集到的偏误划分出了误加、错序、误用、错用四种偏误类型,并从学习者的回避心态、母语负迁移和目的语规则泛化三方面分析了造成偏误的原因。针对这些偏误提出了四项教学对策:注意课前的偏误预测、注意教学设计的针对性、注意引入教学的方式、注意课堂讲解的技巧性。希望能给对外汉语教师提供一些教学建议和参考。

关键词:"连连 V" "频频 V" "不停(地)V" 偏误 对外汉语教学

一、绪论

(一)研究背景及意义

对外汉语副词教学有着较大的难度,尤其是对于近义副词的教学。很多近义词意义、用法都相似,在参考资料中的基本释义也几乎一致。对于没有汉语语感的留学生而言,近义副词就是高频出错点。

本文所研究的"连连""频频"和"不停"是一组近义副词,都表示动作一个接一

① 本论文受 2022 年度教育部人文社会科学研究项目《基于汉英情态对比之留学生汉语情态系统习得研究》(项目批准号:22YJA740027)资助,由成美玲、王飞华完成。

个反复进行,用法相似,即都修饰谓语,可以充当状语。尽管这三个词语在很多相关的教材和工具书中,甚至是老师的讲解中意义都是相近的,但通过仔细的分析和研究还是可以发现它们之间存在着一些差异。

"连连""频频"属汉语中高级词汇,留学生在刚接触时往往会采取主动回避的策略,能省则省,实在不能省的情况下就只能随意选择,因而导致他们对这三个词的具体用法掌握有限,在实际运用的时候因无法区分而常常出现偏误。事实上,三者之间意义虽然有很大一部分的交叉,但也不能说它们是完全等同的,正是这些不等同的部分造成了留学生学习的困难以及使用偏误的产生。另外,教师多从现代汉语语法研究角度进行教学,缺乏针对此类词语的对外汉语教学设计,也导致了留学生掌握困难。因此,本文对比研究"连连""频频""不停"修饰动词的区别,同时参考中介语语料库的数据,探究偏误造成的原因,结合对外汉语课堂教学法提出合理有效的教学策略,设计出一套有针对性的教学方案。

(二)文献综述

1."连连""频频"等词语的本体研究

(1)关于"连连"的本体研究。

在已有的研究成果中,关于"连连"的研究相对较多。对"连连"这一单独个体进行研究的主要是从"连连"的词性入手,探讨其语法意义。应晨锦的《"连连"的动词用法》从"连连"作为动词入手,对"X连连"的结构进行分析,详细论述了"X连连"与"连连V"的结构和意义联系[1];魏启君的《"连连"的语义变迁》通过历时平面的研究阐述"连连"的语义变迁过程,有助于具体分析"连连"的语法意义[2]。

在"连连"的相关研究方面,主要是同"连""一连"等词语的辨析,侧重于对词语的同异进行对比。此类论文相对来说比较多,研究也十分详尽,但也仅仅只是停留在词语辨析阶段,基本没有涉及教学方法和课堂设计,对于课堂教学的参考意义较小。刘畅在《"一连"和"连连"的对比分析》中表示"连连"和"一连"最大的区别在于所表示动作频率的高低,"连连"修饰的多是短时间内快速接连发生的动作,"一连"修饰的可以是较长时间内连续发生的行为。[3] 叶昕媛的《现代汉语频率副词"连、一连、连连"的比较研究》对"连、一连、连连"的语义特征和句法特征进行了比较分析,从限制方面解释这组词的异同。[4] 该研究对比十分详细,但缺乏与课堂

①　应晨锦."连连"的动词用法[J].语文学刊,2005(5):75-77.

②　魏启君."连连"的语义变迁[J].铜仁学院学报,2009(1):74-78.

③　刘畅."一连"和"连连"的对比分析[J].文学教育(上),2011(3):102-103.

④　叶昕媛.现代汉语频率副词"连、一连、连连"的比较研究[D].扬州大学硕士学位论文,2009.

教学实践的结合。赵新的《"连、连连、一连"的语义和句法分析》系统分析了三个词的语义和句法差异,指出"连连"只表示动作行为的反复,表示动作的频率最高,时间最短。紧接着对三个词的语义强度、句法结构和音节搭配进行了细致对比。[①]但也是只停留在词语辨析的层面上,没有谈论到教学方法层面。

(2)关于"频频"的本体研究。

关于"频频"的研究相对较少,且基本没有单独研究"频频"的文献,大多数是将"频频"与其他常用频率副词进行对比来研究"频频"作为频率副词的具体用法。张琪的《现代汉语重叠式频率副词研究》对"连连""频频"等常用重叠频率副词进行了分析[②],为常用频率副词的辨析研究提供了样本。这些研究基本没有涉及对外汉语教学的内容。

(3)关于"不停"的本体研究。

关于"不停"作为频率副词的研究很少,甚至没有对"不停"这一个体作单独研究的文献,少有的研究都是侧重于对"不停"和"不断"进行简单的词义辨析,很少有涉及教学方法的,更何况是对外汉语教学方法的研究。帅芳、付丽、任海波的《"不停"与"不断"的对比分析》系统对比了"不停"和"不断",指出"不停"一般用于表示动作的持续进行,且在表示重复意义时程度略高。[③] 由此可见,关于"不停"的研究大都是常规的词语辨析,对本体研究的方向提供了很大的参考意见,但不足仍然在于缺乏课堂教学的借鉴意义。

总的来说,在"连连""频频"和"不停"的本体研究方面,主要成果都在于词义辨析层面,从语义特征和句法特征等方面对"连连、频频、不停"和其他意义相近的词语进行全面对比研究。其中又以对"连连"的研究为多,而对"频频"和"不停"的研究很少,将"连连""频频""不停"三个词放在一起作出详细对比的更是没有。

2."连连""频频"等词语的对外汉语教学研究

就目前而言,国内对于"连连""频频""不停"的对比研究已经很成熟了,但应用研究是近年来才发展起来的,所以在对于如何进行对外汉语课堂教学的问题至今都涉及得较少,即使有也是站在现代汉语研究的角度,笼统作出语法解答,并没有结合对外汉语课堂教学法进行针对性的教学设计。

这少量的涉及对外汉语教学的研究中,何淑冰、陈鑫雨和葛小宾等人的关于频率副词的研究相对贴近对外汉语教学。何淑冰《基于统计的现代汉语频率副词研

① 赵新."连、连连、一连"的语义和句法分析[J].广东教育学院学,2002(3):80-84.
② 张琪.现代汉语重叠式频率副词研究[D].南京林业大学硕士学位论文,2014.
③ 帅芳,付丽,任海波."不停"与"不断"的对比分析[J].海外华文教育,2017(3):337-346.

究》深入分析了留学生的频率副词偏误并对对外汉语教学课堂提出了一些教学建议[①],但实际操作性不强。陈鑫雨的《副词"一连、连连、接连、连续"的偏误分析及教学设计》通过对"一连、连连、接连、连续"的偏误分析发现了来自留学生、教师还有教材的问题,提出了较为合理的教学建议。[②] 这应该是目前在对这几个词的辨析与教学问题上的相对全面的研究了,对后续的研究有着重要的导向作用。葛小宾的《基于对外汉语教学的常用频率副词研究》通过对 HSK 语料库里留学生偏误的着重分析,指出母语负迁移和目的语泛化对偏误形成的重大影响,同时指出对外汉语教学教材及教师方面的问题。[③] 但其对教学设计的方面也只是站在观望的角度泛泛而谈。

综上所述,我们知道,"连连""频频""不停"修饰动词的本体研究已经比较成熟了,但关于"连连""频频""不停"修饰动词的对外汉语教学研究还比较少,与对外汉语课堂教学法的结合度较小,缺乏完整有效的教学设计,尚有较大的探索空间。

(三)研究方法

本文主要采取以下三种研究方法:

1. 文献研究法

通过全面调查文献来获得资料,从而展开研究的一种方法。笔者通过阅读大量的相关文献,对关于"连连 V""频频 V"和"不停(地)V"的研究状况、主要的研究成果、发展趋势及存在的问题有宏观的把握,并作出细致的概述和总结。

2. 归纳法

主要用于偏误语料的搜集和整理,首先通过中介语语料库的检索,搜集留学生有关"连连 V""频频 V"和"不停(地)V"的偏误例子,再将所收集到的例子进行整理,归纳出典型的偏误类别。

3. 比较分析法

就是用比较的方法进行研究。通过比较分析不同的数据,发现同异,并找出原因作出解释。比较分析法是偏误分析中的最典型研究方法。我们需要根据偏误类型对比分析找出造成偏误的原因,从偏误原因中找到对应有效的教学策略。

二、"连连 V""频频 V"和"不停(地)V"的本体研究

"连连 V""频频 V"和"不停(地)V"这三个词在语义上虽然十分相似,但深入

---

① 何淑冰.基于统计的现代汉语频率副词研究[D].南京师范大学硕士学位论文,2006.
② 陈鑫雨.副词"一连、连连、接连、连续"的偏误分析及教学设计[D].湖南师范大学硕士学位论文,2016.
③ 葛小宾.基于对外汉语教学的常用频率副词研究[D].黑龙江大学硕士学位论文,2014.

分析会发现,它们之间仍然存在着差异,主要表现在以下几个方面:

(一)语义差异

"连连"表示同一动作或行为在短时间内不间断地反复出现;"频频 V"表示动作行为连续出现;"不停"表示动作行为的反复和持续。在表达同一动作在短时间内不间断高频再现时,三者经常可以互换。如:

1)连连点头——连连摆手

2)频频点头——频频摆手

3)不停地点头——不停地摆手

"连连 V""频频 V""不停(地)V"都表示动作的反复发生。像点头、挥手等在短时间内可以快速反复的动词,既可以用"连连""频频"修饰,又可以用"不停"修饰。

王黎把能受"连连"修饰的动词概括为与身体部位相关的动词、传递信息的言语动词以及自然生理活动的动词三类,如:点头、摇头、说、咳嗽、打嗝等。[①] 同样的,"频频""不停"也能修饰以上动词,和"连连 V"一样,表达短时间内动作的反复。此外,值得注意的是,王黎所归纳的能被"连连"修饰的这三小类动词其实远远不足以覆盖其全部的使用范围。如:

4)连连下了几天的雪

5)连连被罚了几次款

这两例中的动词短语"下雪""被罚款"跟三小类的情况完全不符,但这两种说法也是成立的。事实上,很多动词都能与"连连"共现,只是说这三小类动词的使用率更高而已,所以我们不能以偏概全地说"连连"只能与这些动词共现。

"连连 V""频频 V"多重复有频率、有节奏的具体动作,若某动作不具备这样的特性,一般不能被"连连"和"频频"修饰。但"不停(地)V"只强调动作行为的不间断,不在意动作的频率、节奏和是否具体只有一个动作。如:

6)连连吃饭

7)频频吃饭

8)不停吃饭

一般而言,点头、摆手等动作是有节奏的,而且"连连点头""频频点头""不停点头"重复的一直都是点头这一个具体的动作。但"连连吃饭""频频吃饭"不能说是,因为吃饭并非指一个具体的吃饭的动作,重复的内容不同且没有一定的节奏和

---

① 王黎."连"和"连连"[J].汉语学习,2003(2):33-36.

频率。

除修饰具体动作外，"不停(地)V"还可以修饰抽象范畴的动作。如：

9)我知道我堕落了，就会不停地堕落下去。

"连连 V""频频 V""不停(地)V"都表示动作的连续，但"连连 V"和"频频 V"更强调动作在短时间内不断反复，不能修饰长时间反复发生的行为；而"不停(地)V"则没有时间长短的限制。如：

10)他一直在不停地追逐自己的梦想。

11)他一直在连连追逐自己的梦想。

12)他一直在频频追逐自己的梦想。

"追逐梦想"是一个漫长而久远的过程，可以说"不停追逐梦想"，表达对梦想的坚定。但"连连 V""频频 V"都强调在短时间内动作的连续，所以不能说"连连追逐梦想、频频追逐梦想"。

13)连连找工作

14)频频找工作

15)不停找工作

"找工作"是一个带有过程意义的词语，实现这个动作需要时间过程，可能需要花很长很长的时间，所以不能说"连连找工作"；"频频""不停"只强调动作的持续反复，对于时间长短没有要求，因此"频频找工作"和"不停找工作"是正确的。

(二)句法差异

1.与数量结构的共现差异

"连连"一般不与数量结构共现，如：

16)当听到他这样说时，我被吓得连连摆手。

17)他们的表演受到观众们的连连称赞。

一般来说，"连连"不与数量结构共现，但实际上，在一些具体的语言环境中，"连连"可以接数量结构，而"频频"和"不停"后面不接有表达数量关系的成分。如：

18)连连点了几次头

19)频频点了几次头

20)不停点了几次头

需要特别注意的是，"连连"可以修饰动词数量结构，但这个数量结构必须是不定量的，不能修饰时间数量补语。如：

21)连连尖叫了几声

22) 连连后退了三四步

23) 连连后退了三步

"尖叫了几声"和"后退三四步"为不定量动量结构,可以被"连连"修饰;"后退三步"是确定的动量补语,不能被"连连"修饰。

24) 连连眨巴了几下

25) 连连眨巴了几分钟

"连连"可以修饰"眨巴了几下"这个不确定的动量组合;"眨巴了几分钟"是时量补语,不能被"连连"修饰。

2. 与"了""着""过"的共现差异

"连连""频频"都可与"了""着"共现,不能与"过"共现。如:

26) 他连连换了好几个女朋友。

27) 她连连摇着头说:"不,不!"

28) 见识到这般壮观的瀑布,人们频频举起了手中的相机。

29) 每次来看我比赛,她都只是站在角落,频频摇动着手中的小旗。

"不停"可与"着"共现,不能与"了""过"共现。如:

30) 看到久久未见的女儿,她不停地诉说着自己的想念。

3. 变换形式差异

"连连 V"可以变换为"V 连连"的形式,且词语意义基本相同;而"频频 V"则没有这样的变换形式。如:

31) 连连叹气——叹气连连

32) 连连尖叫——尖叫连连

33) 频频后退——后退频频

"连连叹气、连连尖叫"可以变换为"叹气连连、尖叫连连",语序发生了变化,但词语意义基本相同;可以说"频频后退",但没有"后退频频"的说法。

"不停(地)V"可以变换为"V 个不停"的形式,也就是说,"不停"常常可以和"个"组合表示补语,表示该动作的状态持续。如:

34) 不停地说——说个不停

35) 不停地吵——吵个不停

36) 不停地哭——哭个不停

三、偏误分析

本文重点考查留学生在学习"连连 V""频频 V"和"不停(地)V"时的偏误情况。在分析了大量的偏误实例后,笔者归纳出了主要的偏误句法表现,进而分析了偏误产生的原因。以下所列偏误语句均来源于 CCL 语料库①：

(一)偏误表现

在这一组近义副词的使用情况上，留学生的偏误类型主要体现在误加、错序、误用、错用这四种之中。

1. 误加

误加是指句子中加了不该有的成分。对于"连连 V""频频 V"和"不停(地)V"的句子来说，误加主要体现在与时态助词"了""着""过"共现的问题上。如：

37) 看见敌人过来，他连连喊叫过几声。

38) 爸爸妈妈一回到家就连连吵架。

39) 这个城市他频频来过几次。

40) 经过那儿的时候，他忍不住不停看了几眼

"连连喊叫"表达现在正在进行，"过"有表示完成的意思，两者的状态是矛盾的，应该把"过"去掉；"频频"不能与"过"共现，句子想表达的意思是说他来过这个城市几次，可以直接把"频频"去掉；"不停看"表示一直在看，没有停下来过，而"了"表示过去或完成，所以应该把"不停"去掉。

2. 错序

错序是指句子成分没有按照应有的规则排列顺序。汉语的状语性修饰成分很多，基本上都在动词之前、主语之后，中间的排序关系非常复杂，还有一些状语成分，可以放在句首和动词之前两个位置。但是由于规则泛化的影响，有很多留学生会把"连连""频频"和"不停"放在句首和主语前。如：

41) 看了他的表演，连连我们鼓掌。

42) 频频他点头，同意爸爸的说法。

"连连""频频"和"不停"修饰动词作状语，要求放在动词之前、主语之后。两个例句里的副词"连连"和"频频"都放在了主语之前，造成错序。

3. 误用

误用是词语意思相近所引起的偏误。由于词语意义相近，留学生不清楚三者的用法差异，选取了不适合语言环境的一个词。"连连""频频"和"不停"三词的基本词意相同，很容易造成误用。如：

43) 最近他频频换了几个女朋友。

44) 他身手敏捷，不停躲过了对方的攻击。

---

① 詹卫东、郭锐、谌贻荣. 北京大学中国语言学研究中心 CCL 语料库. 2003. (规模：7 亿字；语料时间：公元前 11 世纪—当代)，网址：http://ccl. pku. edu. cn:8080/ccl_corpus。

例43)"频频"不能接数量组合"几个女朋友",只能是"频频换女朋友"或者"连连换了几个女朋友"。例44)"不停"表示动作一直持续,没有结束,"了"表示完成或过去,所以"不停"和"了"不能共现,应该是"频频躲过了攻击"。

4. 错用

错用是指将不能放在一起的成分放在了一起,主要就是指词语的搭配问题。词语的搭配问题一直是留学生所苦恼的,汉语语法冗多,词语的搭配更是错综复杂。"连连""频频"和"不停"三词的意义相近,但语义特征有所差异,与动词的搭配就更加复杂了,因而留学生总是出现错用的情况。如:

45)大卫连连思考。

46)阿姨连连生了三个孩子。

47)他连连看着我。

48)他频频吃饭,吃得很饱。

49)她把自己的母亲给频频气死了。

50)他不停点五次头。

51)解放军被逼得不停后退了。

"生孩子"是一个需要漫长过程才能完成的事情,与"连连"表示短时间内动作的反复矛盾;例49)人只能有一次的生命,不能被反复"气死";例50)、51)分别是不停与数量结构和时态助词"了"的共现造成的错用。

(二)偏误原因探究

1. 学习者的回避心态

留学生在刚刚接触一个新的语法点时,通常会采取主动回避的策略,即在自我感觉可以不用的情况下就拒绝使用,并且认为用不用对句义的影响不大。尤其是新接触的语法点用法不够简明、意义多、庞杂、不够单一、语法点整体不够凸显的时候,留学生的回避策略就会更加明显。比如"连连""频频"这两个词属于汉语中高级词汇,且多用于书面语,在日常生活中的使用率较低,留学生要在汉语水平达到一定程度之后才会接触到;而"不停"相对来讲就是比较初级的词汇了,且使用率高。所以留学生在刚接触"连连""频频"时往往会采取主动回避的策略,能不用就不用,或者都用意义相近的"不停"代替。此外,需要注意的是,还有一个特殊的点会令学生采取回避策略,那就是"连连""频频""不停"在句中作状语成分,不在"主谓宾"的基本结构中,抽去它们后,句子结构仍然保持基本的完整,句子含义前后变化不大。这就给留学生造成一种错觉,认为副词可以用也可以不用。

2. 母语负迁移

母语负迁移是指母语阻碍了目的语的学习,通常会在思维方式、句法等方面给学习第二外语的留学生造成很大的困扰。语言是相通的,我们总会找到两种语言在含义方面接近的对应词,这种现象在留学生学习外语的开始阶段是有利的,但是这种所谓的对应词在语义、语法方面不会完全等同,它们之间的交叉点是留学生学习过程中最大的难点。很多时候,留学生在不熟悉语境的情况下,就容易生搬硬套,造成偏误。有的留学生在学习"连连""频频""不停"这三个副词时,并没有真正掌握这几个词的语义和语用,而只是与母语词汇的简单对应。对于对应同一母语词汇的两个汉语词汇,留学生会产生两个词的意义和用法都一模一样,可以随意混用的错误认知。例如"连连"和"频频"在有道词典中的对应英语解释是:"again and again;repeatedly",当留学生想表达 again and again 或 repeatedly 的意思的时候,就会随意选择"连连"或"频频"而忽略两个词语的内在差异,偏误也就因此出现。

3. 目的语规则泛化

泛化指学生将所学的不充分的、有限的目的语知识,套用在新的语言现象上,结果产生偏误的现象。[①] 随着学习深入,留学生进入汉语学习的中高级阶段,在这阶段中因目的语知识的泛化造成的偏误是最多的。因为把汉语作为第二语言学习的多为成年人,成年人的思维发达,容易把自己的理解加诸到学习中,过度泛化规则。比如,教师告诉留学生,"连连"与"频频"是一组近义词,很多时候可以互换,而留学生就会类推到所有的情况中,认为二者在任何条件下都可以互换。例如"连连 V"可以接不定量的数量结构,如:"他连连去了好几趟厕所",学生就会说出"他频频去了好几趟厕所"这样的句子,但实际上,"频频 V"是不可以接数量结构的。

四、对外汉语教学策略

对于如何将理论更好地与实践贯通起来,更有效地解决留学生在习得"连连 V""频频 V""不停 V"过程中所出现的难题,我们从以下几个方面提出建议,希望对提高对外汉语课堂教学的有效性有所帮助。

(一)注意课前的偏误预测

陆俭明教授认为对外汉语教师需要通过经常思考"为什么""是什么"和"怎么样"的问题来不断提高对外汉语的教学水平。[②] 所以在对外汉语教学中,我们应该对学习者可能出现的偏误进行初步预测,归纳经常出错的知识点,并在课堂教学中重点进行讲解,然后布置一些练习让留学生巩固,从而减少偏误的产生。

通过语料库的考察,我们发现,留学生在使用"连连"和"频频"时常常出现混淆,不知道应该什么时候用、怎么用。针对这一现象,对外汉语教师应该将"连连"

---

① 王建勤. 汉语作为第二语言的习得研究[M]. 北京:北京语言文化大学出版社,1997:37.

② 陆俭明. 对外汉语教学中经常要思考的问题[J]. 语言文字应用,1998(4):10.

和"频频"进行重点讲解,在课堂上对留学生出现的典型偏误进行分析,这样才能达到防患于未然的效果。

(二)注意教学设计的针对性

教学设计是整个教学过程的大前提,尤其是面对较为复杂,有诸多交叉、重合点的知识点,必须要有全面详尽且有针对性的教学设计。课堂时间有限,不可能完全用来讲一个词语,课后又缺乏练习机会,所以要求教学设计必须要有针对性,从而将课堂四十五分钟充分利用。

"连连""频频"和"不停"作为一组近义词,其意义的交叉重叠部分是留学生最易出现偏误的地方,所以教学设计必须充分考虑到对这一部分的讲解和训练。具体来说,一方面,我们可以设计一些关于词义辨析的环节,加深留学生对词汇的理解。而且词义的辨析必须在语境中具体分析,不能空讲,要设计一些贴近生活的句子,消除留学生对语法学习的排斥心理。另一方面,可以设计一些对比练习,突出三个词在句法上的不同,让留学生可以在练习中掌握。如:

"连连""频频""不停"的选词填空练习。

52)老师(　　　)摇头。

53)老师(　　　)摇了好几次头。

54)老师的头一直摇个(　　　)。

例52)考查学生最基本的用法,"连连摇头""频频摇头""不停摇头"都是正确的;53)和54)则是考查三个词与数量结构的共现问题和变换形式,只有"连连"可以接不定量的数量结构。"头摇个不停"是"不停摇头"的变式。

教师应该注意从留学生的课堂练习中纠错,尤其是要注意在课堂上细致分析偏误句子,加深留学生对偏误的印象。

(三)注意引入教学的方式

课堂引入教学的模式不能单一化,要尽可能多地变换引入教学的途径,利用情景教学可以唤起留学生探究的兴趣,也有利于加深印象。在这种引入教学的方式中可充分利用多媒体如声音、视频短片、图文,实物如卡片、道具等调动活跃的课堂气氛,引出留学生对于这种表达方式的需求。

例如,可以用"根据动画造句"的方法来引入"连连"的教学。首先在多媒体上展示动画,第一个动画是"老师在翻书";第二个动画是"老师连连翻了几十页书";接下来提问留学生:"第一幅图中老师在干什么?"留学生可以很简单地说出"老师在翻书"的句子,但是第二幅图却找不到合适的表达方式,这时教师就可以很自然地引入"连连"来表达动作反复的含义了,这样一来,留学生就会对"连连"的含义有一个直观的感知。使用情景引入需要注意:利用多媒体、实物表演进行展示时传达的信息一定要简单明确,尽量让留学生能很快地明白教师的指示。

另外,对于中高级阶段的留学生来说,在训练的环节,教师可以提供一些贴近生活的交际情景,让留学生编写对话,从而将词语、句子和片段联结起来学习。这样做既有助于留学生灵活掌握该词语的用法,又有利于他们的日常对话和交际,久而久之,留学生会逐渐克服恐惧感,习惯开口说,因此,口语水平也能够得到逐步提高。

(四)注意课堂讲解的技巧性

课堂教学讲究技巧,如何讲解知识点才能让留学生在有限的时间内更快掌握是提高课堂效率的关键。我们认为,在课堂讲解的技巧性方面应该注意以下几点:

首先,注意句法和语义讲解相结合。"连连""频频""不停"的意义比较抽象,如果教师只讲语义不重视用法的讲解,往往很枯燥,就会引起留学生的反感,导致留学生知道词义却不知道怎么用。

其次,注意系统与分类讲解相结合。既不能将所有的内容一股脑全部扔给留学生,也不能将各知识点孤立出来凭空讲解,而是应该将系统讲解和分类讲解相结合。"连连""频频""不停"是一组近义副词,在讲解的时候应该配合着出现,将三个词放在同一语境中进行辨析,让留学生在理解其语义、语法的基础上,掌握各自的用法。

最后,注意精讲多练。教师在对比三个词的用法时要尽量少讲解但是内容要精练,练习要多。语言知识只有经过了留学生的实践和反复操练才能转化为真正的语言能力,所以多练习是绝对有必要的。但多练习不是说盲目的题海战术,而是应该有技巧性地进行针对训练,形式要多样,操作性要强。

五、结语

本文从语义、句法两个角度对"连连 V""频频 V"和"不停(地)V"进行了深入的本体研究。首先,在语义差异方面,我们发现,"连连""频频"和"不停"都表示动作行为的反复。在表达同一动作在短时间内不间断高频再现时,三者经常可以互换。但"连连 V""频频 V"多重复有频率、有节奏的具体动作,而"不停 V"只强调动作行为的不间断,不在意动作的频率、节奏和是否具体只有一个动作;"连连 V"和"频频 V"更强调动作在短时间内不断反复,不能修饰长时间反复发生的行为,而"不停(地)V"则没有时间长短的限制。其次,在句法差异方面,"连连"可以修饰不定量的动量结构,"频频""不停"不能与数量结构共现。"连连""频频"可以与时态助词"了""着"共现,不能与"过"共现。"不停"可与助词"着"共现,不能与

"了""过"共现。另外,"连连 V"可变换为"V 连连"的形式,"不停(地)V"可以变换为"V 个不停"的形式。

另外,本文参考中介语语料库的数据,搜集相关的偏误语料,划分出了四种偏误类型,并从学习者的回避心态、母语负迁移和目的语规则泛化三方面分析了造成偏误的原因,针对这些偏误提出了 4 项教学对策:注意课前的偏误预测、注意教学设计的针对性、注意引入教学的方式、注意课堂讲解的技巧性。希望能给对外汉语教师提供一些教学建议和参考。

由于篇幅及本人研究水平的限制,对"连连 V""频频 V"和"不停(地)V"的对外汉语教学研究还不够深入,还需要在以后的学习中加倍努力。

参考文献

一、专著

[1]王建勤.汉语作为第二语言的习得研究[M].北京:北京语言大学出版社,1997.

[2]邵敬敏.现代汉语通论[M].上海:上海教育出版社,2001.

二、期刊论文

[1]柯希茜.频率副词"连连"与"一连"的习得研究[J].课程教育研究,2015(9).

[2]刘畅."一连"和"连连"的对比分析[J].文学教育(上),2011(3).

[3]罗宇."一连"和"连连"的异同及认知解释[J].现代语文(语言研究版),2011(4).

[4]陆俭明.对外汉语教学中经常要思考的问题[J].语言文字应用,1998(4).

[5]施伟伟,张银龙."连连"与"一连"的语义比较研究[J].湖州师范学院学报,2007(6).

[6]帅芳,付丽,任海波."不停"与"不断"的对比分析[J].海外华文教育,2017(3).

[7]唐为群."连连"和"连连"句[J].语文知识,2012(2).

[8]王刚,杨宁."连连"和"一连"的比较分析[J].吉林省教育学院学报(学科版),2009(2).

[9]王黎."连"和"连连"[J].汉语学习,2003(2).

[10]魏启君."连连"的语义变迁[J].铜仁学院学报,2009(1).

[11]应晨锦."连连"的动词用法[J].语文学刊,2005(5).

[12]赵新."连、连连、一连"的语义和句法分析[J].广东教育学院学,2002(3).

三、学位论文

[1]陈鑫雨.副词"一连、连连、接连、连续"的偏误分析及教学设计[D].湖南师范大学硕士学位论文,2016.

[2]葛小宾.基于对外汉语教学的常用频率副词研究[D].黑龙江大学硕士学位论文,2014.

[3]关黑拽.现代汉语频率副词"频频"与"屡屡"的比较研究[D].吉林大学硕士学位论文,2011.

[4]何淑冰.基于统计的现代汉语频率副词研究[D].南京师范大学硕士学位论文,2006.

[5]李燕.现代汉语频率副词研究与对外汉语教学[D].内蒙古师范大学硕士学位论文,2010.

[6]吕梦雅.面向对外汉语教学的连续义共量副词研究[D].沈阳师范大学硕士学位论文,2016.

[7]吕金漪.现代汉语中含"连"的频率副词比较研究[D].吉林大学硕士学位论文,2013.

[8]马贺.现代汉语频率副词"不断"和"不停"的比较研究[D].吉林大学硕士学位论文,2013.

[9]施伟伟."连连"与"一连"的比较研究[D].吉林大学硕士学位论文,2006.

[10]苏文文.面向对外汉语教学的频率副词研究[D].沈阳师范大学硕士学位论文,2011.

[11]唐小明.频率副词"屡"与"屡屡"的比较研究及其教学策略[D].吉林大学硕士学位论文,2014.

[12]叶昕媛.现代汉语频率副词"连、一连、连连"的比较研究[D].扬州大学硕士学位论文,2009.

[13]张琪.现代汉语重叠式频率副词研究[D].南京林业大学硕士学位论文,2014.

[14]张丰.现代汉语频率副词"屡次"与"屡屡"的比较研究[D].吉林大学硕士学位论文,2011.

"把+O+V+过"句式合理性的逻辑语义分析①

摘要:"把"字句是对外汉语中的重难点,也是对外汉语教师和留学生普遍公认的一个"老大难"问题,学界对于"把"字句的研究众多,但尚有许多问题有待回答。"把+O+V+过"句式合理性,在对外汉语教学中更没有细致的解释。本文集中探讨"把+O+V+过"句式成立条件,在总结前人研究的基础上,对"把+O+V+过"的句法结构、语义内涵和使用条件进行全面探讨,并运用逻辑语义学相关理论进行分析。本文分成四个部分:第一部分为绪论,主要说明选题缘由和关于"把+O+V+过"的研究现状;第二部分从句法结构、语义内涵角度分析"把+O+V+过"结构的句式语义及成句条件;第三部分,从逻辑语义学的角度进一步探讨"把+O+V+过"句式合理性,归纳总结其逻辑语义表达式;第四部分为结语。希望本文的研究能够帮助留学生更好地掌握"把"字句,同时能为对外汉语教学提供参考。

关键词:"把"字句　过　逻辑语义

一、绪论

(一)选题缘由

"把"字句作为汉语的特有句式不仅让汉语的二语习得者经常感到头痛,也是对外汉语教学中的一个"老大难"问题。这种情况的出现,一方面是因为现代汉语语法研究在"把"字句问题上,还不能为对外汉语教学提供充足的研究成果。虽然自1924年黎锦熙在《新著国语文法》中提出关于"把"字句的"提宾说"②后,诸位学者从三个平面、认知语义学和意象图式等各个角度对"把"字句进行了较为全面的研究,但因其用法复杂,仍然有许多问题没有解决,其中之一就是"把+O+V+过"结构。目前学界有些学者曾对"把+O+V+过"结构从"宾语、V、过"各部分进行过讨论,但语言学家们一直都有不同的看法,所以至今尚未有一个公认的结论。

---

① 本论文由贾红红、王飞华完成。
② 黎锦熙.新著国语文法[M].北京:商务印书馆,1992:36.

在这种情况下,外国人在学习如何使用"把"字句时经常出现两类问题:第一,因为不了解"把"字句所表达的语义内涵及不知道其使用语境导致用错;第二,无法全面掌握"把"字句的句法条件、语义内涵及句式成立条件。在日常教学中,笔者发现在"把"字句的学习和教学中,"把+O+V+过"结构是二语学习者和对外汉语教师尤为头疼的问题。留学生在学习过程中经常出现"我把这本书看过了""我把作业写过了"等错误句式,而正确的形式应为"我把这本书看完了""我把作业写完了"。但类似的"把+V+过"的例句,有很多却又是正确的,如:

我把教室打扫过了。

我把地拖过了。

我把碗洗过了。

我把文章修改过了。

这些例句都是正确的,那么,为什么"我把这本书看过了"不成立,其他却成立呢?通过搜索文献,有学者认为这与动词小类有关,有学者认为跟"过"的义项有关,但其解释都能找到反例,可见,关于"把+O+V+过"句式成立条件仍有待进一步讨论。因此,本文尝试用逻辑语义学的分析方法,探讨"把+O+V+过"句式的合理性条件,希望可以为国际汉语教师"把"字句教学提供些许参考,同时对"把"字句研究提供一些借鉴。

(二)研究综述

学界对"把"字句的研究众多,大多是单独研究"把"字句和讨论"V+过"的论文和著作,目前,虽然对于"把+O+V+过"的研究较少,不过也有学者作出了有益的探索,为现代研究把字句提供了重要的资料。

1. 关于"把"字句后面是否可以带"过"的讨论

对于"把"字句的研究始于黎锦熙的《新著国语文法》,他最早从句法结构出发,提出介词"把"的功能是可以使句中原先位于动词之后的宾语提到动词之前的。① 其后学者们开始从句法、语义及"把"字句内部成员之间的各种关系进行探讨。如在 20 世纪后期,有学者提出助动词"了""着"可以进入把字句,而对于动态助词"过"是否可以进入"把"字句并未进行探讨。随着"了""着"研究的深入及语言事例的出现,学者们开始讨论动态助词"过"是否能出现在"把"字句中的问题,其发展历史如下:

吕叔湘《现代汉语八百词》认为能出现在"把"字句中的动词一般不可以是一

---

① 黎锦熙. 新著国语文法[M]. 北京:商务印书馆,1992:36.

个简单的动词,而是复合动词或动词短语,至少动词后面要加"了"或"着"。①

朱德熙《语法讲义》指出,"了""着"可以作为后缀附着在把字句中动词的后面。②

直到20世纪80年代,学者开始讨论关于"把"字句后面是否可以带"过"的问题。

马真在《"把"字句补议》中提出"把"字句中动词后面可以带动态助词"了""着",但不可以带动态助词"过"。两位学者运用句式变换进一步论证没有一个动词后面带"过"的"主—动—宾"句式可以变换为动词后面带"过"的"把"字句。③马真在《关于虚词的研究》中又对此进行了修正,认为"把"字句中的动词后面也不是绝对不能带"过"。④ 这是第一篇论述动态助词"过"可以进入否定式"把"字句动词后面的文章,得到后来学者们的普遍认同,但是对于制约动态助词"过"进入"把"字句的具体限制条件并未阐述。

《现代汉语虚词释例》指出动态助词"了、着、过"可以出现在"把"字句动词的后面,其句式成立条件是主要动词前后要有一些别的成分,不能是一个单独的动词⑤,但并没有对此进行具体分析和解释。

史金生在《谈"把"字句中的"过"》中,考察了"把"字句中"过"的使用情况,提出动态助词"过"进入"把"字句谓语之中时,因"过"的类别不同,具体限制条件也有些差异,"把"前有无否定词以及"把"的宾语是定指或泛指,对"过"的出现乃至整个谓语部分都有一定影响。⑥ 此观点为我们谈论动态助词"过"出现在"把"字句中的限制条件提供了一个思考的角度。

综上所述,各位学者都结合具体语言实例探讨了动态助词"过"进入"把"字句的制约因素,虽然对于制约因素是什么仍有待进一步求证,但从诸位学者的谈论中我们可以明确一点,"把"字句中可以带动态助词"了/着/过",只是有条件限制,这也是本篇论文可以进一步讨论分析的基础。

2. 关于"把"字句后面带"过"成立条件的讨论

随着动态助词"过"可以进入"把"字句的事实被学界普遍认可,诸位学者开始关注其成句条件,对于把字句后面带"过"的成立条件的探讨主要有:

---

① 吕叔湘.现代汉语八百词[M].北京:商务印书馆,1980.
② 朱德熙.语法讲义[M].北京:商务印书馆,1982.
③ 陆俭明、马真.现代汉语虚词散论[M].北京:语文出版社,1999:209.
④ 吕叔湘、马庆株.语法研究入门[M].北京:商务印书馆,1999:444-445.
⑤ 北京大学中文系1955、1957级语言班.现代汉语虚词例释[M].北京:商务印书馆,1982:63.
⑥ 史金生.谈"把"字句中的"过"[J].汉语学习,1988(3):27-30.

　　王军虎《动词带"过"的"把"字句》首次对"把+O+V+过"句式成立条件进行讨论,文章把动态助词"过"分两种情况讨论,一是表示动作完毕的"过1",提出"把"字句中动词带"过1"的条件有:动词前有表示全程的"都";动词前有其他成分;动词+过+动量宾语。另一种是表示过去发生过这样的事情的"过2",动词带"过2"的条件有:动词前有表示全程的"都";动词+结果补语+过;动词+过+动量宾语。①关于"过1"和"过2"的成立条件的交叉部分如何界定,文中并未给出具体方法,并且在如何区分"过"的性质方面存在诸多争议。但作为第一篇讨论"把+V+过"句式的文章,为后来研究此类问题提供了从内部因素切入分析的一个方向。

　　史金生《谈"把"字句中的"过"》考察"把"字句中"过"的使用情况,将"过"分成两类进行讨论:一是"过a",在"把"字句中,过a与单个谓语动词结合,表示动作的完成、结束,在动作完成之后,"把"的宾语处于某种状态之中。二是"过b",在"把"字句中,"过b"可以接在动结式短语之后,也可以接在单个动词之后,但单个动词带过b,在前或后还要带上其他成分。"过b"表示动作及动作结果所造成的状态曾经发生或存在,并且指出"过a"与"了""着"都可以直接附于单个动词后,共同组成一个描述性语段,描写"把"的宾语因动作而达成的状态,而"过b"不具备这种功能,这是由于它们之间的语法意义的差别造成的。②

　　王惠在《"把"字句中的"了/着/过"》中指出,"了/着/过"在"把"字句中共有两个可能的位置:处于句中(N1 把 N2V+了/着/过+其他成分);处于句末(N1 把 N2V+了/着/过)。他提出"把"字句中的"了/着/过"从性质上分为补语性词尾和时态助词,并指出真正直接与动词 V 相结合进入"把"字结构内部的,只有补语性词尾"了/着/过"。③ 文中提出的"了/着/过"在"把"字句中共有两个可能的位置为本文的研究提供重要参考。

　　王世群在《"把 OV 过"句式的制约因素及成活条件》中指出"过"可以分成表示完成义、有标记的"过1"和无标记、由"过1"虚化而来"过2"。"把 OV 过1"的成活条件是"过1"与"了"同现,或紧接一个承接分句。"把 OV 过2"的成活条件是:"过2"后附加表动程信息的尾焦点,如动量补语、宾语;"过2"后如果没有附加成分,必须给句子加上表示曾经或从未有过某种经历的词语或反问标记,以强化句子的经历意,削弱句子的处置义。④

　　① 王军虎.动词带"过"的"把"字句[J].中国语文,1988(5).
　　② 史金生.谈"把"字句中的"过"[J].汉语学习,1988(3):27-30.
　　③ 王惠."把"字句中的"了/着/过"[J].汉语学习,1993(1):6-12.
　　④ 王世群."把 OV 过"句式的制约因素及成活条件[J].现代语文,2008(8):53-55.

李炳媛《动词带"过"的"把"字句研究》通过对动词带"过"的"把"字句中动词特点、句法结构、语用、语义特征进行分析,从历时角度进行归纳比较,并从意义配合的角度,提出动态助词"过"不经常出现在"把"字句动词后主要是因为"把"字句的语义核心与表示曾经语义的"过"相排斥。①

寇金凤、徐采霞的《"把"字句中动词带动态助词"过"的制约因素探析》从语义角度,结合句法、语用,提出"把"字句中动词带动态助词"过"的前提条件是动词后要出现语义指向宾语的补语。在此前提下,不同情况带"过"的合理程度不同,主要表现在:主语出现与否(出现>不出现);语气(表示遍指的否定句或疑问句>否定句或疑问句>肯定句)。②

何君《"V过"把字句研究》从认知语言学角度探讨了"V过""把"字句成立的制约因素,提出进入"V过""把"字句的动词受到"V过""把"字句的构式义、动词后补语"过"和动态助词"过"的多重限制,也受到句中副词、补语等其他成分的影响。③ 关于"把"字句构式义、动词语义和助词"过"的互相作用的机制并未讨论。

董晓娇在《"把"字句带"了/着/过"的分布研究》中提出不同助词进入"把"字句中的制约条件和语法要求体现在以下四个方面:对动词的要求、对补语的要求、对状语的要求、对"把"字宾语的要求。④

胡柳映的《试论动态助词"过"对把字句句式的影响》从把字句的句式格局角度出发,运用跨层结构分析方法指出,动态助词"过"进入"把"字句是通过改变语义指向以及跨层语义结构促成"把"字句句式的完成。⑤ 本文作者从把字句整体语义出发,探讨动态助词"过"进入"把"字句的条件,较好地揭示了"把"字句所隐含的语义关系。

综上所述,目前对于"把+O+V+过"的研究多集中在对"过"的性质的分析,大多学者都将动态助词"过"分成表示经历义的"过1"和表示完成义的"过2"进行讨论,亦有学者从动词、状语、补语等其他附加成分角度及"把+O+V+过"各内部成分之间的关系进行讨论,笔者认为关于"把+O+V+过"的研究应该依托"把"字句整体句式语义,虽然现在学者对于此研究较多,但对于"把+O+V+过"句式的成立条件学界还未有统一的结论,主要原因是学者们在语法研究的同时将"把"字句拆分为

① 李炳媛.动词带"过"的"把"字句研究[D].辽宁师范大学硕士学位论文,2008.
② 寇金凤,徐彩霞."把"字句中动词带动态助词"过"的制约因素探析[J].语言应用研究,2009(7):67-68.
③ 何君."V过"把字句研究[D].复旦大学硕士学位论文,2012.
④ 董晓娇."把"字句带"了/着/过"的分布研究[D].辽宁师范大学硕士学位论文,2013.
⑤ 胡柳映.试论动态助词"过"对把字句句式的影响[J].艺术研究,2015(2):143-161.

各小部分,忽视了句式整体语义及其制约作用,因此有进一步讨论的必要。

3. 关于"把"字句后面带"过"逻辑语义分析

逻辑语义学作为新兴的理论,目前还在发展中。逻辑语义学,也可称为形式语言学,它是运用逻辑语言对自然语言的语义作出描写和解释的学科,是现代语言学和逻辑学相互交织而形成的学科。目前国内逻辑语义学研究时间尚短,运用逻辑语义学对"把"字句进行分析研究的文章也较少,主要有:

吴平《汉语特殊句式的事件语义分析与计算》首次从形式语义学中的事件语义学的角度,对"把"字句内部的逻辑语义进行了形式化的描写。书中按照事件语义学的基本分析思路将"A 把 BVP"格式的时间结构看作是由前后两个事件所组成的复合事件。用 e1 和 e2 分别表示前后两个原子事件,e 则表示的是这个"把"字句格式的事件。那么 e1 是以谓词"把"为核心的事件结构,e2 是以谓词 P 为核心的时间结构,他提出"把"字句有处置类和致使类两大事件结构:

(1)处置类"把"字句的事件结构表达式为:

$$\lambda y[\lambda x[\lambda e[\ \exists e_1[\ \exists e_2[e =^s(e_1 \cup e_2) \wedge \text{把}_D(e_1) \wedge$$
$$Agt(e_1) = x \wedge Th(e_1) = y \wedge Become_{<Y>}(e_2) \wedge$$
$$Arg(e_2) = y \wedge TPCONNECT(Cul(e_1), e_2, y)]]]]]$$

(2)致使类"把"字句的事件结构表达式为:

$$\lambda y[\lambda x[\lambda e[\ \exists e_1[\ \exists e_2[e =^s(e_1 \cup e_2) \wedge \text{把}_C(e_1) \wedge$$
$$Causer(e_1) = x \wedge Th(e_1) = y \wedge Become_{<Y>}(e_2) \wedge$$
$$Arg(e_2) = y \wedge TPCONNECT(Cul(e_1), e_2, y)]]]]]$$

本文基于此理论进一步论述"把+O+V+过"结构的句式语义内涵[①]。

张维在《现代汉语"把"字句的逻辑语义分析》中指出现代汉语中典型的"把"字句由四段构成:A+把+B+C+D,其中,A、B 表示"把"字句涉及的对象段,C 段表示"把"字句的动作段,D 段表示"把"字句的结果段。同时,运用逻辑语义学下的谓词逻辑法对"NP1+把+NP2+V+了/着/过"的"处置式把字句"的逻辑语义内涵进行了分析。[②] 但讨论只限于"NP1+把+NP2+V+了"简单的典型例句分析,对于"把"字句中动词后面带动态助词"过"的及"了、着、过"使用时具体差别并未探讨。

逻辑语义学作为形式语义学的一个分支,随着新的逻辑理论的不断发展,为自然语言的语义分析提供新的研究思路和方法。在 20 世纪上半叶,语言学家们普遍认为自然语言的句法和语义是极不严谨的,因而无法用逻辑语言对自然语言进行

---

① 吴平. 汉语特殊句式的事件语义分析与计算[M]. 北京:中国社会科学出版社,2009:118-119.
② 张维. 现代汉语"把"字句的逻辑语义分析[D]. 四川师范大学硕士学位论文,2017.

描写和解释。但我们看到,经过学者们的不断探索,逻辑分析法不仅可以应用于自然语言的描写与解释,对于揭示自然语言的深层语义关系具有极强的说服力。以现代汉语中的"把"字句为例,运用逻辑语义分析法可以揭示出"把"字句内部包含的两个事件及两个事件之间的深层语义关系,还可以从语义层面揭示出句子中施事、受事与动作行为与其所产生的结果各部分之间的关系,为我们学习和研究"把"字句的句式语义关系,发现其使用规律,提供重要参考。

(三)研究意义

本文在总结借鉴前人研究的基础上,立足"把"字句整体句式本身的语义特征,对"把+O+V+过"的句法结构、语义内涵和使用条件进行全面探讨,运用逻辑语义学相关理论进行分析,并试图归纳出"把+O+V+过"成立的句法结构公式,回答动态助词"过"可以进入"把"字句动词后的使用条件,尝试对其成立条件作出合理性分析和解释,同时也为对外汉语把字句教学提供借鉴。

(四)研究方法

逻辑语义学是从分析自然语言的需要出发,采用现代逻辑方法,研究语言表达式及其意义之间关系的学科。逻辑语义学属于语义学,主要研究语言表达式与所表达的意义之间的关系,其特征是把语言看成一种逻辑推演的形成系统,从而把对语言表达式及其意义之间关系的研究,看成对形式系统中符号表达式及其意义之间关系的研究。我们认为语言学本就是内在逻辑非常严谨的学科,逻辑语义学的相关理论对于句子语义内涵具有较强解释力。目前国内已经有学者注意到这一点,并且运用逻辑语义相关理论进行汉语研究。如潘海华、蒋严的《形式语义学引论》,吴平《汉语特殊句式的事件语义分析与计算》等。

本文的研究方法是在分析观察大量语料的基础上,运用逻辑语义相关理论对这些例句进行解释和分析,运用句式转换比较、同类替换的办法对"把"字句中动词后是否带动态助词"过"的语料进行分析,其后从逻辑语义角度切入,以描写分析为主,同时结合现代语言学中的功能主义、生成语法等分析手段,从语法形式与语法意义入手,探讨"把+O+V+过"结构的句式语义及成句条件。

本文的例句主要来自所搜集的留学生错句以及学者的论文。

二、"把+O+V+过"结构的语义及成句条件

(一)"把"字句的语义特征

在现代汉语中,"把"字句的句式结构可以表示为"A 把 BVP",其中 A、B 分别表示"把"字前、后的名词性成分,VP 表示动词词组。①

关于"把"字句所表达的句式语义,诸位学者从不同角度运用不同理论进行过探讨,如沈阳提出"把"字句语义特征是"经过某种动作行为的处置、支配或影响,使某个人或事物(NPb)达到某种结果或状态",将"把"字句的语义特征归为两种:"语义 1＝NPb 受到某种处置或支配;语义 2＝NPb 具有被陈述的某种结果或状态"②。王力从语义特征方面分析"把"字句提出"处置说"③,目前学界普遍采用这一说法。屈承熹从施事、受事的语义角色指出,"把"字句是指"施事"执行了某个动作,而"受事"在某种意义上受到这个动作一定程度的影响。④ 此外,有很多学者提出"致使说",认为"把"字句的语义核心是致使,如叶向阳⑤和郭锐⑥。还有学者提出,"把"字句同时具有"处置"和"致使"的语义特征,如刘培玉提出"把"后的词语是介词"把"的宾语,和介词"把"组成介词结构作状语。"把"字句既有处置,又有致使的语义特征,并且"把"字句的语义经由一个处置到致使的过程。⑦

综上所述,虽然学界对于"把"字句的句式语义内涵仍有争论,但我们认为,"把"字句的句式语义内涵大致可以归为两类,一是"处置"义,如"我把玻璃杯摔碎了"。这个"把"字句,就体现了施事"他"对受事"玻璃杯"的处置,即"摔碎"。二是"致使"义,如"一瓶酒把刘强灌醉了","酒"使"刘强"醉了。我们同意沈家煊指出的"一个句式是一个完形,只有把握句式的整体意义,才能解释许多分小类未能解释的语法现象,才能对许多对应的语法现象做出相应的概括"⑧。结合以上分析,我们认为张伯江在《论"把"字句的句式语义》中对"A 把 BVP"提出了较合理的解释,"'A 把 BVP'的整体语义是表示由 A 发出的动作或作为起因,作用于选定对象 B 的,以 V 的方式进行的,使 B 发生了某种确定的结果或变化 P 的一个行为过程"⑨。

(二)"把+O+V+过"结构的句式语义

目前学界普遍同意动态助词"了/着/过"可以进入"把"字句,我们发现"了""着"进入"把"字句的情况往往是与动词一起构成述补结构,在意义上指向"把"字句的宾语,表示谓语动词对"把"字句中宾语带来的变化或结果。此类"把"字句一

---

① 吴平.汉语特殊句式的事件语义分析与计算[M].北京:中国社会科学出版社,2009:114.

② 沈阳.名词短语的多重移位形式及"把"字句的构造过程与语义解释[J].中国语文,1997(6):402-414.

③ 王力.汉语史稿[M].北京:中华书局,2003:474.

④ 屈承熹.汉语认知功能语法[M].哈尔滨:黑龙江人民出版社,2005:278.

⑤ 叶向阳."把"字句的致使性解释[J].世界汉语教学,2004(2):25-39.

⑥ 郭锐."把"字句的语义构造和论元结构[J].语言学论丛,2003(28):152-181.

⑦ 刘培玉,赵敬华."把"字句动词的类和制约因素[J].中南大学学报,2006(1):121-125.

⑧ 沈家煊."在"字句和"给"字句[J].中国语文,1999(2):94-102.

⑨ 张伯江.论"把"字句的句式语义[J].语言研究,2000(1)28-40.

般包含两层语义结构,如"我把玻璃杯摔破了"就包含着"我把玻璃杯摔了"和"玻璃杯破了"这两层语义。而"过"进入"把"字句的情况要比"了""着"复杂。我们认为主要跟"过"的语义有关,从前文分析我们可以看出很多学者都曾提出动态助词"过"具有两种语义内涵,可以表示为"过1"和"过2","过1"表示动作完毕,如"吃过饭再吃点心","过2"表示曾经有过某种经历,如"我以前没学过汉语"。目前学界普遍同意动态助词"过"进入"把"字句后,不论"过1"还是"过2"在与动词结合后都不足以形成语义指向宾语,表示动词给宾语带来某种结果或变化,这是"把"字句后面动词带"过"句式出现频率较低的主要原因。方宏提出"只有在谓语结构能独立对'把'字介引得成分就行处置的时候,动词后面才可以带动态助词'过'字"①。他在《"把"字句定义及分类再考》一文中分析了"小王从没把一个苹果吃完过"和"小王把烟台苹果吃过"两个句子,认为前者能成立,后者不成立的原因是"单独一个'吃'字似乎不足以完成对'烟台苹果'的处置"。寇金凤、徐彩霞运用观察法与"假设—求证"相结合的方法,提出动态助词"过"进入"把"字句中动词后的条件是动词后出现语义指向宾语的补语,在此条件下,不同的情况带"过"的合理程度又不同,主语出现与否(出现>不出现);语气(表示遍指的否定句或疑问句>否定句或疑问句>肯定句)。②

　　通过以上分析我们可以看到,诸位学者一致认为在带动词助词"过"的"把"字句中,动词后需要带补语。但我们注意到,"我把地扫过了""我把黑板擦过了"此类句子中,动词后没带宾语依然成立。笔者认为,此类句式"过"的完成义传递的信息与"把"字句所要传达的信息一致,在具体语境中,此类句子往往暗含[+完成][+强调][+结果]的语义特征,如"我把地扫过了"一句,我们可以知道"扫"这个动作发生在过去、现在已经完成,并且暗含着"地"现在处在"被扫过"的状态。回到文章开头的问题,为什么"我把这本书看过了""我把作业写过了"不通呢?笔者认为,这主要跟"过"与动词"看""写"结合后语义指向"我",与"把"字句表示A发出某个动作,动作完成后给"把"的宾语带来某种确定的结果或变化的语义矛盾,故句子不成立。

　　综上所述,我们认为"把+O+V+过"是处置义"把"字句的小类,表示动词对宾语产生某种作用或影响,动作一般发生在过去并且现在已经结束,具有[+完成][+结果][+变化][+强调]的语义特征。

---

① 方宏."把"字句定义及分类再考[J].语言学研究,2004(2):134.
② 寇金凤,徐彩霞."把"字句中动词带动态助词"过"的制约因素探析[J].语言应用研究,2009(7):67-68.

(三)"把+O+V+过"结构的成句条件

通过对大量例句进行分析,我们认为"把+O+V+过"结构的句式成立与否,主要与"V"及动词后的成分有关,其句式结构主要有以下几类:

1. 把+O+V+过+了

在这类句式中,"过"与前面的动词紧密结合,表示动作[+完成]的语义,与"把"字句"A 把 BVP"的整体语义是表示 A 发出某个动作,动作完成后给"把"的宾语带来某种确定的结果或变化的语义特征相符,故句子成立。此外我们注意到去掉"过"字后,句子依然成立,但语义发生了变化。

1)我把教室打扫过了。   我把教室打扫了。

2)我把地拖过了。   我把地拖了。

3)我把碗洗过了。   我把碗洗了。

4)我把文章修改过了。   我把文章修改了。

5)我把桌上的菜都尝过了。   我把桌上的菜都尝了。

在例1)中,"我把教室打扫过了"表示过去的某个时间段我打扫了教室,"打扫"这个动作现在已经完成,有重复强调的语气,强调部分是"打扫"这个动作在过去某一时间段发生过。例2)至5)中的"拖过""洗过""修改过"和"尝过"在句中都是表示动作发生在过去,都是过去完成时。而后面的句子"我把教室打扫了"则是一般陈述句,并没有明显的时态特征,这个句子可以用于过去、现在或者将来。"把+O+V+过+了"结构体现了过去时态并且[+完成]的语义,而"把+O+V+了"虽然同样具有[+完成]的语义特征,但并未体现时态特征,在以上句子中,我们可以利用句式变换的方法进一步比较两种句式之间的差别。

6)我已经把教室打扫过了。   等我把教室打扫过了。

7)我已经把地拖过了。   等我把地拖过了。

8)我已经把碗洗过了。   等我把碗洗过了。

9)我已经把文章修改过了。   等我把文章修改过了。

10)我已经把桌上的菜尝过了。   等我把桌上的饭菜尝过了。

"已经"具有[+过去][+完成]的语义特征,与"把+O+V+过+了"的表示过去时态、完成义的语义内涵一致,所以句子在加入副词"已经"后依然成立。而"等"具有[+将来][+未完成]的语义特征,与"把+O+V+过+了"[+过去][+完成]的语义内涵相矛盾,所以句子不通。

而"把+O+V+了"结构并未体现出时态信息,其可以表示完成的动作,也可以表示未完成的动作,我们可以变换为。

11）我已经把教室打扫了。　　　　　我要把教室打扫了。

12）我已经把地拖了。　　　　　　　我要把地拖了。

13）我已经把碗洗了。　　　　　　　我要把碗洗了。

14）我已经把文章修改了。　　　　　我要把文章修改了。

15）我已经把桌上的菜尝了。　　　　我要把桌上的饭菜尝了。

例11）副词"已经"表明了事件发生在过去，并且目前事件已经结束，我们还可以进一步添加具体的时间成分，如"我半小时前就把教室打扫了"。而"等我把教室打扫了"句子给人还未说完的感觉，我们可以进一步补充为"等我把教室打扫了就回家"，此时，句子是表示还未发生，在不久的将来会发生的含义。如例12），前一句表示动作"拖地"已经完成，其语用内涵一般是强调动作的完成。比如，一位小朋友正在看电视，此时妈妈走进来，他害怕被妈妈批评急忙说："我已经把地拖了，您交给我的任务完成了才看电视的。"而后一句一般出现在表示将来的句子中，如"等我把地拖了就可以看电视了。"例13）至15）同样表示此义。

从上述句子中，我们可以看出，"把+O+V+了"结构可以表示在发生过去也可以发生在将来，可以表示事情已完成也可以表示将要去做某事。而"把+O+V+过+了"结构一般表示动作发生在过去，即事件在以前经历过。通过句式变换，我们认为"过"在进入"把"字句"把+O+V+过+了"结构时，其自身的语义特征限制了其只能使用在［+过去］［+已完成］的"把"字句中。

2. 把+O+V/VP+过

通过观察大量例句，我们认为"把+O+VP+过"结构句式成立情况主要有三种：

（1）"V/VP+过"前后必须有状语、补语等成分。

16）我把这本书看过。

17）我把这本书看完了。

18）我把这本书看过三遍。

19）我把这本书认真看过了。

例16）中，"过"单独放在动词后，该句不成立。这主要是由于"看过"的不是补充说明句子中动词所表示的动作对宾语的处置情况，与"把"字句要去传递信息的结果义不一致，故不成句。例17）至19）中在前后加入其他成分后，都有表示结果的语义成分，故句子成立。"看完了"是结果补语表示结果，"看过三遍"是时量补语表示结果，"认真看过了"是在前面加入状语"认真"表示结果。

（2）"V"具有［+重复］的语义特征。我们可以用副词"反复"验证。

20）把事情反复想过。

21）把问题反复思考过。

22）把说明书反复研究过。

23）把门反复关上过。

24）把玻璃反复打碎过。

25）单位把他反复辞退过。

例20）至22），动词"想""思考"和"研究"都具有[+重复]的语义特征，而例23）至25）中，"关上""打碎""辞退"都是表示结果义的述补短语，不具有可重复出现的语义特征，所以句子不成立。

（3）在否定句和疑问句中，"把+O+V/VP+过"可以单独成句，而在肯定句中，"把+O+V/VP+过"后一般要跟小句，其单独使用时，往往给人话没说完的感觉，因此后面需要进一步补充。

26）我从没把名字写错过。

27）我没有把饭煮糊过。

28）他把家里的事情交代过，便赶去机场了。

29）你说，你什么时候把事情办利落过？

30）你不信问问这村里人，他们谁把大夫从山上请上来过。

由于笔者时间和能力有限，本文仅讨论肯定式的"把+O+V+过"结构，对于否定式不做讨论分析。

三、"把+O+V+过"结构的逻辑语义分析

（一）"把"字句的逻辑语义分析

目前，国内运用逻辑语义对现代汉语进行分析研究的著作比较少，国内最先运用逻辑语义理论对"把"字句进行研究的是吴平，本文便是在阅读吴平《汉语特殊句式的事件语义分析与计算》时提出的思考，并尝试对"把+O+V+过"结构进行描写和解释。

吴平提出"把"字的基本句式结构为"A 把 BVP"，其中 A、B 分别表示"把"字前、后的名词性成分，VP 表示动词词组。典型的"把"字句的句式语义信息可归为两类：一类是表处置，即 A 处置 B，并且这种处置行为会导致 A 的某种结果产生或状况出现；另一类是表致使，即 A 致使 B，并且这种致使行为会导致 B 的某种结构产生或状况出现。①

在逻辑语义学中，e 表示复合事件，e1 和 e2 分别代表前后两个原子事件，如果

---

①　吴平.汉语特殊句式的事件语义分析与计算[M].北京：中国社会科学出版社,2009：123.

用 e 表示整个"把"字句格式,则 e1 是以谓词"把"为核心的结构,e2 是以谓词 P,即 VP 中的 V 为核心的事件结构。用数学集合来表示其前后关系,e 表示整个事件集合,∃ 表示包含,其逻辑语义结构可以表示为:

$$e = [\ \exists e_1 [\ \exists e_2 [e = {}^s(e_1 \cup e_2) \wedge 把(e_1) \wedge P(e_2)]]]$$

根据"把"字句的语义信息,可以将其分为两类:处置类"把"字句和致使类"把"字句。在处置类"把"字句中,e1 是处置事件,e2 是结果事件。如:

31) 刘强把西红柿洗干净了。(吴平,2009)

e_1:处置事件=刘强洗西红柿

e_2:("处置"导致的)结果事件=西红柿洗干净了

在致使类"把"字句中,e1 是致使事件,e2 是结果事件。如:

32) 一瓶酒把刘强喝醉了。(吴平,2009)

e_1:致使事件=一瓶酒致使刘强

e_2:("致使"导致的)结果事件=刘强喝醉了

从以上分析我们可以看出,无论是致使类"把"字句还是处置类"把"字句,"把"字句事件结构中的第二个原子事件 e2 都应该具有结果事件的性质,具有[+完成][+结果]的语义特征。

在事件语义学中,结果事件又可以称为完成事件,完成事件由活动事件和 Become 事件(Become event)组成,动词代表事件的集合,动词的分类是由事件的性质所决定的,并且动词的特征制约着事件的性质。Vendler(1967)依据两大标准,一是时间是否有自然结束点,即终结点;二是事件是否有明显的过程,将动词分为状态动词、活动动词、达成动词和完成动词四类。

Rothstein(2004)中按照词汇分解的分析思路并应用事件语义学的思想进一步将此四类重新分析,描写作如下表达式:

状态动词　　　$\lambda e[P(e)]$

活动动词　　　$\lambda e[(Do(P))(e)]$

实现动词　　　$\lambda e[(Become(P))(e)]$

完成动词　　　$\lambda e[\ \exists e_1 [\ \exists e_2 [e = {}^s(e_1 \cup e_2) \wedge (Do(P))(e_1) \wedge Cul(e) = e_2]]]$

其中,Do 和 Become 等逻辑算子赋予原本"静态"的谓词以动态的性质。根据"A 把 BVP"的整体语义是表示由 A 发出的动作或作为起因,作用于选定对象 B 的,且以 V 的方式进行的,使 B 发生了某种确定的结果或变化 P 的一个行为过程,我们认为,"把"字句的核心语义是表示事件由不具有某种性质状态到具有某种性质状态的变化,并且这种变化要求出现结果,具有过程性和终结性。因此我们同意

"'把'字句实际上表示的是完成事件"[1]的看法。

其完成谓词的事件结构如下：

$\lambda y [\lambda x [\lambda e [\exists e_1 [\exists e_2 [e =^s (e_1 \cup e_2)$

$\wedge\ Activity_{<X>}(e_1) \wedge Agt(e_1) = x \wedge Th(e_1) = y$

$\wedge\ Become_{<Y>}(e_2) \wedge Arg(e_2) = y \wedge INCR(e_1, e_2, C(e_2))]]]]]$

其中，Agt 代表施事者（"agent"的缩写），Th 代表客体（"theme"的缩写），也就是宾语部分。Activity$_{\langle X \rangle}$(e1)是完成事件中的前一个活动事件，Become$_{\langle Y \rangle}$(e2)是后一个 Become 事件，INCR 代表的是活动事件与 Become 事件之间的渐进关系，这两个事件（分别表示作 e1 和 e2）的渐进关系是通过 e2 的渐进链 C(e2)联系起来的。

我们用表处置义的 Dispose 表示处置类"把"字句，记作把 D，用表致使义的 Causer 表示致使类"把"字句，记作把 C，则例 31）和例 32）可以分别描写 31a）和 32a）：

31a）：

$\exists e [\exists e_1 [\exists e_2 [e =^s (e_1 \cup e_2)$

$\wedge\ 把_D(e_1) = 洗 \wedge Agt(e_1) = 刘强 \wedge Th(e_1) = 西红柿$

$\wedge\ Become - 干净(e_2) \wedge Th(e_2) = 西红柿 \wedge INCR(e_1, e_2, C(e_2))]]]$

32a）：

$\exists e [\exists e_1 [\exists e_2 [e =^s (e_1 \cup e_2)$

$\wedge\ 把_C(e_1) = 灌 \wedge Causer(e_1) = 一瓶酒 \wedge Th(e_1) = 刘强$

$\wedge\ Become - 醉(e_2) \wedge Th(e_2) = 刘强 \wedge INCR(e_1, e_2, C(e_2))]]]$

（二）"把+O+V+过"的逻辑语义分析

根据完成事件是由活动事件和 Become 事件所组成的理论，以及上文的分析我们可以看出，"V"后的补语或其他成分构成 Become 事件部分，那么关于"把+O+V+过"结构呢？借鉴吴平对"刘强把苹果吃了"，即"把+O+V+了"结构的逻辑分析如下：

$\exists e [\exists e_1 [\exists e_2 [e =^s (e_1 \cup e_2)$

$\wedge\ 把_D(e_1) = 吃 \wedge Agt(e_1) = 刘强 \wedge Th(e_1) = 苹果$

$\wedge\ Become - 被吃(e_2) \wedge Arg(e_2) = 刘强 \wedge INCR(e_1, e_2, C(e_2))]]]$

我们同意吴平提出的"把"字句的事件结构应该是完成事件，当"吃"这类不具[+完成][+结果]语义特征的活动动词进入 VP 短语"吃苹果"时仍旧会保持活动

---

[1]　吴平. 汉语特殊句式的事件语义分析与计算[M]. 北京：中国社会科学出版社，2009：123.

动词的性质,因为在这种情况中"苹果"是不定指的。而当进入"把"字句时,"把苹果吃了"中的出现在"把"后的"苹果"通常是定指的,这样一来"吃"就必须转换为具有完成动词的性质,也是因为这个原因,在这个例句中"了"出现在相关动词后便是顺理成章的,"'把'字触发了其后的活动动词转换为必须具有完成动词的性质"①,这就要求动词必须借助其他成分,如补语、状语或动态助词"了"等完成这一转变。这就解释了为什么"他把苹果吃"不可说,而"他把苹果吃了"可以成立。因为"把苹果吃",动词"吃"后面没有其他成分使其具有完成的语义,因而造成其自身语义不足,无法进入"把"字句。而"他把苹果吃了","吃了"具有完成动词的性质,因此可以进入"把"字句。从事件语义角度看,在此句中,活动事件($e1$)为"吃苹果",结果事件($e2$)为"苹果被吃了"。从开始吃苹果,到苹果被全部吃完,这是一个事件逐渐完成并出现了结果的过程,因此"把"字句一般是完成事件。

此外,吴平提出根据两个原子时间发生时间的关联性,事件可以分为描述事件和结果事件两个次类:在描述事件中,前、后两个原子事件的发生时间是一致的;在结果事件中,两个原子事件发生的时段总是不同的。② 我们认为"把+O+V+了"结构属于结果事件,如:"我把教室打扫了。"这个事件中的两个原子事件是"我打扫教室"和"教室被打扫了",后一个原子事件是前一个原子时间的结果,即我打扫教室的事件是直到整个教室被打扫完毕的时候结束的。用逻辑语义表达式为:

$$\exists e[\ \exists e_1[\ \exists e_2[e =^s(e_1 \cup e_2)$$
$$\wedge \ 把_D(e_1) = 打扫 \ \wedge \ Agt(e_1) = 我 \ \wedge \ Th(e_1) = 教室$$
$$\wedge \ Become - 被打扫(e_2) \ \wedge \ Arg(e_2) = 教室 \ \wedge \ TPCONNECT(cul(e_1),$$
$$e_2,教室)]]]$$

其中,"TPCONNECT"是"Time-Participant Connected"的缩写形式,意思是"时间—参与者相关性"。TPCONNECT[Cul($e1$),$e2$,教室]的意思是事件 $e1$ 即"我打扫教室"的终结点,表示作 Cul($e1$),它与事件 $e2$,即"教室被打扫了"的发生时间一致,并且两个原子事件的共同参与者是"教室"。

又如"我把碗洗了",其逻辑语义表达式如下:

$$\exists e[\ \exists e_1[\ \exists e_2[e =^s(e_1 \cup e_2)$$
$$\wedge \ 把_D(e_1) = 洗 \ \wedge \ Agt(e_1) = 我 \ \wedge \ Th(e_1) = 碗$$
$$\wedge \ Become - 被洗(e_2) \ \wedge \ Arg(e_2) = 碗 \ \wedge \ TPCONNECT(cul(e_1),e_2,碗)]]]$$

此句中包含活动事件 $e1$:我洗碗,结果事件 $e2$:碗被洗了。活动事件 $e1$"我洗

---

① 吴平.汉语特殊句式的事件语义分析与计算[M].北京:中国社会科学出版社,2009:129.
② 吴平.汉语特殊句式的事件语义分析与计算[M].北京:中国社会科学出版社,2009:47-48.

碗"的终结点,与结果事件 e2,即"碗被洗了"的发生时间一致,并且两个原子事件的共同参与者都是"碗"。

而"我把教室打扫过了",虽然"把"字句一般表示结果事件,但当动态助词"过"进入"把"字句后时,其句子整体语义焦点发生改变,我们就认为这个事件变成描述事件。描述事件和结果事件最重要的区别体现在 TPCONNECT 上,即"时间—参与者相关性"上。[①] 在结果事件中,前后两个原子事件其发生时段总是不同的,前一个时间的终结点与后一个事件发生时间一致,表示为 TPCONNECT[Cul(e1),e2,y]。如"我把碗洗了",前一事件"我洗碗"事件结束后"碗"的状态与后一事件"碗被洗了"中"碗"的状态发生在同一时段,故可以表示为 TPCONNECT[Cul(e1),e2,碗]。在描述事件中,前后两个原子事件发生的时间相同,表示为 TPCONNECT(e1,e2,y) 或 TPCONNECT(e1,e2,x)。如"我把教室打扫过了"一句,"过"在这里是时态助词,强调"打扫"这个动作过去发生过,即过去经历。这个事件的两个原子事件是"我打扫过教室"和"教室被打扫过了",前后两个事件发生的时间都是指"打扫"这个动作开始到结束,并且此类事件具有明显的[+过去]的语义特征。其逻辑语义表达式为:

$\exists e [\exists e_1 [\exists e_2 [e =^s (e_1 \cup e_2)$

$\wedge 把_D(e_1) = 打扫过 \wedge Agt(e_1) = 我 \wedge Th(e_1) = 教室$

$\wedge Become - 被打扫过(e_2) \wedge Arg(e_2) = 教室 \wedge TPCONNECT(e_1,$
$e_2,教室) \wedge PAST(e)]]]$

其中,PAST(e)表示相关的事件是描述过去时态的。"我把教室打扫过了"和"我把教室打扫了"的主要区别除了时态外,还体现在时间—参与者相关性上。TPCONNECT(e1,e2,教室)的意思是,前后两个原子事件发生的时段相同,即"我打扫过教室"和"教室被打扫过"两个事件发生的时间段都是从打扫教室行为开始到打扫教室行为结束这段时间,并且两个事件的共同参与者是"教室"。

又如:"我把这本书认真看过了"。其逻辑语义分析如下:

$\exists e [\exists e_1 [\exists e_2 [e =^s (e_1 \cup e_2)$

$\wedge 把_D(e_1) = 认真看过 \wedge Agt(e_1) = 我 \wedge Th(e_1) = 这本书$

$\wedge Become - 被认真看过(e_2) \wedge Arg(e_2) = 这本书 \wedge TPCONNECT(e_1,$
$e_2,这本书) \wedge PAST(e)]]]$

这个事件包括"我认真看过这本书"和"这本书被认真看过了"两个原子事件,

---

① 吴平.汉语特殊句式的事件语义分析与计算[M].北京:中国社会科学出版社,2009:47-48.

前后两个事件发生的时间段都是从认真"看书"行为开始到看完书。

综上所述,我们认为"把+O+V+过"结构表示描述事件,句子的焦点是表示过去对某件事做了某种处置,不同于结果事件强调的是对宾语产生某种作用或影响,描述事件意在表达过去曾做过某事,一般情况下当施事者要强调过去曾做过或经历过某事一般用"把+O+V+过"结构,其逻辑语义表达形式如下:

$$\lambda y[\ \exists e[\ \exists e_1[\ \exists e_2[e =^s (e_1 \cup e_2)$$
$$\wedge\ 把_D(e_1, y)\ \wedge\ Become_{<Y>}(e_2)\ \wedge\ Arg(e_2) = y$$
$$\wedge\ TPCONNECT(e_1, e_2, y)\ \wedge\ PAST(e)]]]]$$

前一个原子事件 e1 表示主语对宾语曾经做过某种处置,后一个原子事件 e2 表示宾语 y 在过去时间段中出现过某种状态或结果,动作或状态现在已经完成或结束,并且两个原子事件 e1 和 e2 发生的时间段相同。

四、结语

逻辑语义学是运用逻辑语言对自然语言的语义作出描写和解释的学科,在分析解释汉语句式方面具有重要作用。本文利用逻辑语义学的分析方法对"把+O+V+过"事件结构进行分析,认为"把+O+V+过"结构一般表示描述事件,表示过去对某件事做了某种处置,强调的是对宾语产生某种作用或影响,并提出其逻辑表达式。在分析大量语料的基础上,我们认为"把+O+V+过"是处置义"把"字句的小类,表示动词对宾语产生某种作用或影响,动作一般发生在过去并且现在已经结束,具有[+完成][+结果][+变化][+强调]的语义特征。因而,我们归纳出"把+O+V+过"结构成句的三个条件:"V/VP+过"前后必须有状语、补语等成分;"V"具有[+重复]的语义特征;在否定句和疑问句中,"把+O+V/VP+过"可以单独成句,而在肯定句中,"把+O+V/VP+过"后一般要跟小句,其单独使用时,往往给人话没说完的感觉,因此后面需要进一步补充。最后一部分对典型例句进行逻辑语义分析,但由于笔者能力和时间有限,未对否定句、疑问句和反问句等其他形式进行讨论,希望以后进一步学习逻辑语义学相关理论,对"把+O+V+过"事件结构进行更全面的分析。

参考文献

一、专著

[1]北京大学中文系 1955、1957 级语言班. 现代汉语虚词例释[M]. 北京:商务印书馆,1982.

[2]黎锦熙. 新著国语文法[M]. 北京:商务印书馆,1992.

[3]吕叔湘. 现代汉语八百词[M]. 北京:商务印书馆,1980.

[4]吕文华.对外汉语教学语法探索[M].北京:语文出版社,1994.

[5]陆俭明,马真.现代汉语虚词散论[M].北京:语文出版社,1999.

[6]吕叔湘,马庆株.语法研究入门[M].北京:商务印书馆,1999.

[7]屈承熹.汉语认知功能语法[M].哈尔滨:黑龙江人民出版社,2005.

[8]王力.汉语史稿[M].北京:中华书局,2003.

[9]王力.中国语法理论[M].北京:中华书局,1954.

[10]沈家煊.不对称和标记论[M].南昌:江西教育出版社,1999.

[11]吴平.汉语特殊句式的事件语义分析与计算[M].北京:中国社会科学出版社,2009.

[12]朱德熙.语法讲义[M].北京:商务印书馆,1982.

二、期刊论文

[1]方宏."把"字句定义及分类再考[J].语言学研究,2004(2).

[2]郭锐."把"字句的语义构造和论元结构[J].语言学论丛,2003(28).

[3]胡柳映.试论动态助词"过"对把字句句式的影响[J].艺术研究,2015(2).

[4]寇金凤,徐彩霞."把"字句中动词带动态助词"过"的制约因素探析[J].语言应用研究,2009(7).

[5]刘培玉、赵敬华."把"字句动词的类和制约因素[J].中南大学学报,2006(1).

[6]沈家煊."在"字句和"给"字句[J].中国语文,1999(2).

[7]沈阳.名词短语的多重移位形式及"把"字句的构造过程与语义解释[J].中国语文,1997(6).

[8]史金生.谈"把"字句中的"过"[J].汉语学习,1988(3).

[9]王惠."把"字句中的"了着过"[J].汉语学习,1993(1).

[10]王军虎.动词带"过"的"把"字句[J].中国语文,1988(5).

[11]王世群."把OV过"句式的制约因素及成活条件[J].现代语文,2008(8).

[12]叶向阳."把"字句的致使性解释[J].世界汉语教学,2004(2).

[13]张伯江.论"把"字句的句式语义[J].语言研究,2000(1).

三、学位论文

[1]董晓娇."把"字句带"了/着/过"的分布研究[D].辽宁师范大学硕士学位论文,2013.

[2]何君."V过"把字句研究[D].复旦大学硕士学位论文,2012.

[3]李炳媛.动词带"过"的"把"字句研究[D].辽宁师范大学硕士学位论文,2008.

[4]张维.现代汉语"把"字句的逻辑语义分析[D].四川师范大学硕士学位论文,2017.

肆
南亚本科留学生汉语水平考试
教学辅导研究

认知视角下留学生 HSK 六级缩写衔接技能掌握研究①

摘要:本文主要从认知视角出发分析缩写语篇衔接手段表现。通过对比分析备考 HSK 六级留学生缩写语篇和母语者缩写语篇,探索二者在衔接手段选用上的表现差异。

第一章绪论主要陈述了本文的研究对象、研究价值、语料来源和研究方法等,并综述衔接和六级写作相关文献。本文的研究目的是从认知视角分析留学生衔接手段选用特点,并提出针对性的教学建议。第二章为理论依据,包括信息结构理论和认知语言学理论。信息结构理论为本文划分语篇信息提供依据;认知语言学为本文论述视角,从认知视角出发探讨留学生缩写写作的衔接技能。第三章为 HSK 六级原文与缩写语篇信息结构对比分析。划分语篇信息便于研究论述,也有利于分析叙事型语篇的共同特点以及缩写原文特点,并为留学生缩写提供有益建议。第四章为 HSK 六级原文与缩写语篇衔接手段表现分析。通过对比分析母语者与留学生语篇衔接手段表现,笔者发现衔接手段选用与认知参照点有关。第五章为认知视角下留学生 HSK 六级缩写备考建议。综合全文分析,从认知视角出发为留学生衔接手段的选用和缩写写作能力的提高提出针对性的建议。

关键词:HSK 六级　认知分析　语篇衔接　缩写

一、绪论

(一)选题目的与研究价值

HSK 六级考试由听力、阅读、写作三大部分组成。由于汉字非表音文字,且汉字书写有一定难度,写作一直是 HSK 六级教学的难点。六级考试的写作形式为缩

---

① 本论文受 2022 年度教育部人文社会科学研究项目《基于汉英情态对比之留学生汉语情态系统习得研究》(项目批准号:22YJA740027)资助。本部分研究,由张相丽、王飞华完成。主要由王飞华提供 HSK 写作课堂教学中南亚国家汉语师资班留学生实际作文材料,提出研究方案,指导张相丽运用相关理论执笔共同完成。论文为张相丽硕士学位论文节选。

写。文章缩写的一个重要技能是衔接手段的运用。

目前有关留学生习得语篇衔接技能的研究还有不足之处。大部分学者将六级写作的研究重点放在衔接偏误上。分析留学生写作产生的衔接偏误固然能够有利于教学,但是分析衔接偏误是事后的弥补措施,并不能从根本上解决缩写课堂"教什么"的问题。

因此,研究留学生在平时写作训练中衔接手段的掌握及运用,也是较有意义的研究课题。

篇章语言学为衔接手段研究建立了理论基础。语篇研究经过马林诺夫斯基(Malinowski)、弗思(Firth)、韩礼德(Halliday)等人的不断发展,已经形成较为成熟的篇章语言学理论体系。篇章语言学的研究重点是语篇结构,衔接是语篇结构的重要组成部分,因此衔接也被视为篇章语言学的重要研究内容。当前,语篇衔接的概念、分类等内容已有较为丰富的研究成果,形成了基本的框架体系,能为本课题的研究提供参考。

另一方面,从认知的视角研究写作者对衔接手段的理解和运用,也是一个较新的研究视角。

认知语言学是基于体验哲学提出的,强调语言源自人与现实世界的相互作用,语言结构反映经验世界结构。因此,人类虽然有相似的认知机制,但不同语言的认知方法会有所不同。认知角度的语篇衔接研究,突破了篇章语言学在形式上的局限,强调人类的认知方式对组织和理解语篇的影响,以七种基本的认知方式(ICM、CRP、CDS 等)来解释语篇组织。

目前从认知角度研究留学生缩写语篇衔接问题的文章不多,有关留学生缩写语篇衔接问题的研究也没有从认知角度提出教学改进意见。本文从认知出发,从表层结构的衔接着手,以解释留学生写作练习中衔接手段的选择在认知层面的原因。希望能为对外汉语教师教学和留学生自学提供参考,帮助留学生备考 HSK 六级写作。

本文将教学实践中南亚国家汉语师资班留学生 HSK 六级备考的日常模考习作作为研究分析对象,更具有时效性、真实性和教学参考价值。目前大部分留学生汉语写作研究,特别是 HSK 六级缩写语篇研究都使用语料库作为语料来源。语料库中的材料较为陈旧,分析此类语篇不能及时体现现有教材以及教学环境下留学生在汉语写作中出现的问题。

本研究具有三个层面的研究意义。第一,希望能够帮助留学生掌握缩写衔接技能。第二,能够为教师缩写衔接教学提供有益参考。第三,能够为留学生缩写掌握研究、偏误分析研究提供较新内容。

（二）研究综述

有关篇章衔接理论与 HSK 六级写作及缩写衔接方面的研究可以分类概括如下：

1. 关于语篇衔接的相关研究

（1）语篇与衔接的概念。

"语篇"研究始于哈里斯（Harris），其《话语分析》标志着语言学家将研究对象从句子转向语篇，提出要区分"篇章"（Text）与"话语"（Discourse）。黄国文（1988）提出"语篇指口头语言和书面语言"，即语篇包括"篇章"和"话语"这两个概念。"话语分析"（Discourse Analysis）和语篇分析（Text Analysis）这两个概念有所区别。胡壮麟（1994）在《语篇的衔接与连贯》认为语篇应该是广义的，既包括"话语"，也包括"篇章"。这两个概念并没有本质区别，可用语篇来统称。

"衔接"这个概念最早由韩礼德首先提出，他在与哈桑（Hasan）（1976）合著的《Cohesion in English》中确立了衔接等概念的定义，并建立了衔接体系，他们认为"衔接"是一种具有谋篇功能的语义关系。黄国文（1988）首次提出"衔接"和"连贯"是语篇研究的两大基本内容，它们分别存在于语篇的表层和底层。衔接和连贯分别体现了语篇中的结构关联和语义关联。韩礼德和哈桑认为语篇连贯必须有 2 个基本条件即衔接和语域，仅从分析独立语篇而言，衔接可以补充语域的不足。韩礼德认为衔接是建造连贯大厦的基础，前者是后者的必要条件。因此，要想分析语篇的连贯，分析衔接是必不可少的。

张德禄（2000）确立了衔接在语言系统中的地位。他认为衔接是一个语义概念，分析衔接不应该拘泥于形式上的对应，而应从语义上寻找衔接的线索。他将衔接分为显性衔接（所指、替代、省略、连接等）、半显性衔接（外指衔接）、隐性衔接 3 类，进一步扩大了衔接的内部机制，扩大了衔接的范围。

认知语言学以语义分析为基本出发点，认为语篇的语义具有整体性，而要分析整个语篇所体现的底层语义、语用，需要从形式入手。衔接并不仅包括显性的衔接手段，有些语篇没有形式上的衔接手段，仍然能完整且连贯地传达作者信息。

本文与张德禄（2000）观点一致，认为"衔接"是广义的：既包括内指手段，也包括外指手段；既包括结构性衔接、非结构性衔接（词汇等）等显性手段，也包括时间、空间、话题、隐喻等非显性的语篇衔接手段。

（2）衔接手段的分类。

衔接手段的分类随着研究的深入逐渐细化、完善。韩礼德和哈桑（1976）将英语语篇中常见的衔接类型分为语法衔接（Grammatical Cohesion）、关联衔接（Cinjunction Cohesion）与词汇衔接（Lexical Cohesion）三大类。胡壮麟（1994）将衔接分为指称性、结构衔接、逻辑衔接、词汇四个类别，并分别论述了衔接的具体手段；黄国文（1988）将篇章的衔接手段分为语法手段、词汇衔接、逻辑联系语三类，并分别对具体的手段举例论述。

袁德玉（2017）将认知语言学与衔接结合，认为认知语言学与衔接在语义上有其共通之处。他从语义角度将衔接手段分类，认为可识别的语篇衔接关系只有三类，即形式关联（替代和省略、词汇搭配）、指称关联（指称、词汇复现）和语义关联（连接），值得肯定的是，他还将认知衔接与英语教学与翻译结合，为汉语作为第二语言教学研究也提供了思路。

毕宏伟（2012）在探讨英语背景留学生语篇衔接偏误时，将衔接偏误分为指称方面的偏误、替代和省略方面的偏误、连接偏误、词汇衔接偏误、时体偏误。

值得注意的是卢卫中（2006）将象似性与语篇衔接结合，解释了语序象似性（时间、空间等）、隐喻、转喻的衔接作用。这对本课题有所启发，衔接手段不应该局限于传统的篇章语言学所提出的语法、词汇、逻辑等显性手段，还应该考虑如话题、语序、时空等半显性的衔接手段以及隐性衔接手段。因此，本文结合信息结构理论，以事件为大语块单位切分语篇，以体现隐性衔接。

2. 关于 HSK 六级写作的相关研究

（1）HSK 写作研究。

在知网中检索"新 HSK 写作"共有 83 条检索结果，分析搜索到的文献发现 HSK 写作研究有两大特点。一是因 HSK 考试到五、六级才有语篇写作，所以写作研究文献都是有关五、六级的写作各项技能研究。例如管洪（2019）在其硕士学位论文中介绍了 HSK 五级完成句子、规定词作文、看图写作三个题型，并分析考生偏误，提出了一些针对性建议，以提高考生书写能力。于兆敏（2019）仅针对关键词写作这一 HSK 五级题型分析学习者偏误，提出教学策略。二是 HSK 写作与其他语言的语言测试对比研究。有一些研究者考察 HSK 写作与其他语言写作测试的异同，以促进 HSK 写作测试发展。如姜超（2018）对比分析了 HSK 五级与雅思考试的写作题等等。这些文章都针对学习者偏误提出了教学意见，具有一定的意义，但在寻找偏误出现原因上有所不足，没有从认知角度进行分析。

（2）HSK 缩写研究。

缩写是常见的写作题型，但除 HSK 六级外，并没有太多相关的研究文献。英语缩写研究大部分都是针对词的缩写，熊柏森在 1997 年发表的论文《英语缩写文写作的信息论基础》中有相关论述。汉语缩写研究有刘颂浩(2016)发表论文的《缩写练习在对外汉语教学中的应用研究》,文章虽然不涉及缩写的考试语篇分析,但其提到的"信息点""缩写文章准确度分析"等理论对本文有很重要的借鉴意义。

HSK六级写作题型为缩写,目前学界此类研究多集中在偏误分析与备考,并呈现出国别化的特点。例如,李祥(2019)对蒙古国留学生六级写作问题进行分析,认为他们在书写格式、语法、语篇、语用这四个方面都存在问题,并对这些问题存在的原因进行分析。郭鹏(2018)从语篇、格式、语法、词汇、汉字这五个方面分析了留学生的缩写语料偏误,并分析原因。从文献分析情况看,目前对缩写的研究比较完善,但研究内容缺少针对性。

从偏误分析角度研究 HSK 六级缩写,能够分析留学生常见缩写衔接偏误,这也是本课题研究可借鉴之处。但仅从偏误出发,以母语负迁移、目的语知识泛化来解释衔接偏误产生,对留学生而言缺乏可用于帮助提升衔接使用技能的实践意义。从认知视角解释偏误原因,分析衔接手段的使用、不用和误用,能够将解释落到实处。据此所提出的教学改进意见也更具有实践意义。

(三)研究对象

本文的研究对象为南亚国家汉语师资班留学生 HSK 六级缩写语篇衔接技能掌握情况。本文收集母语者和留学生根据相同原文所作缩写,并分别分析缩写语篇的衔接手段选用表现,最后对比分析异同。

缩写是 HSK 六级的写作考试形式。以下将简要介绍 HSK 考试要求、缩写写作要求以及缩写写作的评分标准。

1. HSK 六级考试介绍

首先需要介绍 HSK 考试及其题型。HSK 考试是一项国际汉语能力标准化考试。包括笔试和口试两个部分,本文研究的是笔试部分。笔试共分为六个等级,各等级划分与《国际汉语能力标准》《欧洲语言共同参考框架(CEF)》具有对应关系。本文研究的 HSK 六级主要面向掌握 5000 个及 5000 个以上常用词语的考生。试卷分听力、阅读、书写三个部分,共包括 101 道题。书写部分仅为最后一题,形式为缩写。缩写作为书写考察的唯一题型,它的重要性不言而喻。六级考试时间共约135 分钟,写作为 45 分钟,约占考试总时长 33%。最后试卷分数方面,六级试卷满分为 300 分,写作占 100 分,占总分的 33%。这几个方面,都能看出缩写在 HSK 六级考试中的重要性。

2. HSK 考试缩写写作要求

下面简单介绍 HSK 六级缩写写作要求。

HSK 六级写作题要求将一篇 1000 字左右的记叙文缩写为 400 字,以下为真题题干。

第 101 题:缩写

①仔细阅读下面这篇文章,时间为 10 分钟,阅读时不能抄写、记录。

②10 分钟后,监考收回阅读材料,请你将这篇文章缩写成一篇短文,时间为 35 分钟。

③标题自拟。只需复述文章内容,不需加入自己的观点。

④字数为 400 左右。

⑤请把作文直接写在答题卡上。

缩写,要求考生将文章的主要内容用简短的文字写下来,缩写时不能改变原文的意思,必须忠于原文。留学生在考六级前学习过 HSK 五级写作,五级写作的要求为直接写作,因此缩写对留学生来说是一个新的写作形式,具有挑战性。

缩写这种写作形式除了考查考生汉字书写、词汇运用、语法结构等基本能力之外,还增加了对考生记忆力和概括能力的考查。此外考生还需具备准确理解文章内容的能力。正是因为缩写具有概括性强的特点,衔接手段的合理应用就十分重要。合理选用衔接手段能使缩写语篇语义连贯。

3. HSK 考试缩写评分标准

本文还需简单介绍 HSK 六级缩写的评分标准。

表 1　HSK 六级缩写评分标准表

类别	分数	标准
空白卷	0 分	空白卷
低等分数卷	10—49 分	考生所写内容与原文相关性不多,内容不连续,有语法错误,有较多错别字
中等分数卷	60—79 分	考生缩写内容与原文基本相符,有语法错误,有少量错别字,写作字数不够
高等分数卷	90—100 分	考生缩写与原文相符,且结构合理,在语言表达上具有条理性,连贯,在语法上没有错误,没有错别字

从评分标准中可以看到,不同等级的留学生缩写语篇分数差距较大,写作题失分过多会使考生不能通过 HSK 六级考试。中低等级分数试卷强调缩写语篇与原文的相关性,因此分析语篇信息结构很有必要。高等分数卷强调文章的条理性和连贯性,这与本文研究目的一致。衔接手段的合理运用能有效使缩写文章更加连贯。

（四）语料来源

语料来源为四川师范大学汉语国际教育学院南亚国家汉语师资班班（本科）的学生平时缩写练习习作。这些学生分别来自不同的国家，但均属于南亚地区，所有留学生均为 HSK 六级备考者。

本次论文收集的语料分为两类：第一类是留学生在日常学习中进行模考所得缩写语篇。共包括三个题目，有效语篇共 42 篇；第二类是本研究选取了两个汉语为母语者的高三学生班级作为对照，并采用课堂模考的方式得到了三个题目的有效缩写练习语篇，分别有 30、38、37 篇。

为便于分析说明，将以上语篇编号如下。

将三篇 HSK 六级缩写练习真题原文编号为 Y01、Y02、Y03（Y 即代表原文）。已收集到的 HSK 六级备考留学生有效语篇 15、13、14 篇，分别编号为 FT101—FT115，FT201—FT213，FT301—FT314（FT 即留学生 Foreigner Test）。将收集到的母语者缩写有效语篇编号为 CT101—CT130，CT201—CT238，CT301—CT337（CT 即 Chinese Test）。

（五）研究方法

本研究涉及以下问题：一是缩写语篇需要保留原文中的哪些信息？二是留学生与汉语母语者在缩写语篇中衔接手段的使用有哪些特点？三是如何有针对性地提升留学生缩写写作能力？为解决这些问题，本文将采用以下方法进行研究。

1. 对比分析法

对比分析原文语篇与母语者缩写语篇；原文语篇与留学生缩写语篇；母语者缩写语篇与留学生缩写语篇在语篇信息选择、信息结构安排与衔接手段选用上的异同，并进行认知分析。

2. 文献研究法

搜集与课题相关的文献资料，认真研读整理出可供本研究参考的内容，并判断其可靠性，合理利用。

3. 统计分类法

对原文材料、母语者缩写语篇和留学生缩写使用衔接手段分别进行梳理并归类。

4. 举例分析法

通过列举语料中的例子，来阐释研究总结出的问题。通过提供具体的教学设计，展示如何将研究结果运用于教学实际。

5. 案例分析法

本文的语料来自四川师范大学南亚班 HSK 六级备考班写作练习，属于典型的案例分析。

二、理论依据

本文理论依据包括认知语言学相关理论以及信息结构理论。

（一）认知语言学相关理论

认知语言学有七种基本的认知方式：理想化认知模型（ICM）、认知参照点（CRP）、当前语篇空间（CDS）、原型范畴化理论、突显、概念隐喻、象似性。

这七种认知方式也是认知语言学的基本理论，它们基于互动体验性和心智连贯性这两大原则存在。几个基本认知理论中 CDS、CRP、凸显和 ICM 等基本认知理论与本文写作密切相关，下面将依据语篇分析的要求以及本文写作需要对认知语言学的这几个基本原则进行简单介绍：

1. 当前语篇空间（CDS）

语篇分析应是一个动态的过程。这是因为语篇由许多语句组成，每个分句都承载着一定的信息。随着分句的线性进展，语篇中的信息能够不断地更新与完善，渐渐在心智中整合为一个连贯的语篇。正因如此，语篇中的信息不是固定不变的，而是处在不断变化发展的，语篇中的信息整合也应该被视为一个动态发展的过程。

基于动态分析思想，Langacker 于 2001 年提出了"Current Discourse Space"用以分析语篇。CDS 的更新建立在分句上，Langacker 将每个分句都视为信息的载体，能为语篇提供一定信息。每个分句对应心智中的一个视窗，这个视窗（即此分句中所承载的信息）代表着被观察到的场景和在特定时候的行为场景。语篇由许多分句组成，因此也可以看作由分句所对应的视窗组成。一个语篇的内容实际上是依赖于一个个分句所承载的信息不断被更新。

依据语篇信息的更新，可以将视窗分为三个，即三个语篇框架（Discourse Frames）（见图 1）。

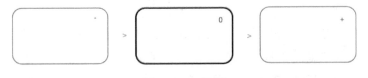

图 1　CDS 规框

左边为负框，对应输入的 CDS。中间为焦点框，用黑框表示，它正处在被注意和更新的过程中。右边为正框即焦点信息被处理后成为已知信息。

正是因为 CDS 的不断更新，各个分句不断推进语篇信息的整合，读者也随着分句能逐渐获得信息、处理信息进而组合信息，最后完成语篇的阅读和理解。

CDS 实际上揭示了语篇信息的整合过程和读者理解的过程。人们在生成语篇时先选择一个已知概念作为媒介,以此引入新信息,使新信息被识解。而这个引入新信息的已知概念,也被称为认知参照点。新信息被识解,也可以说它被突显出来,成为焦点。

2.认知参照点(CRP)

Langacker 提出了"夜空现象",这是他用来解释 CRP 的一种形象的说法。观察者如果在漫天星空中寻找特定的一颗星星,需要首先确定一个突显的星星作为出发点或参照点,然后以此来找到他想找到的星星。我们可以把观察者(Conceptualizer)简称为 C,把突显的星星即参照点(Reference Point)简称为 R,把需要找到的目标(Target)简称为 T。这就是 CRP 即认知参照点原则。① 他认为认知参照是普遍存在与人类各种各样的生活经验中的,是人类最基本的认知能力。

我们可以将 CRP 用于语篇分析。CDS 揭示了语篇事实上是一个线性发展的过程,是由无数分句所承载的信息所构成。结合本文论题,学习者想要在充满各种信息的语篇中抓住重点,完成缩写,也需要寻找一个"突显的星星"作为参照点,进而找到他们想要寻找的关键信息。

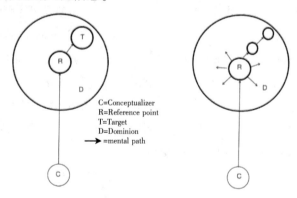

C=Conceptualizer
R=Reference point
T=Target
D=Dominion
→=mental path

图 2　CRP 模型图

王寅试图利用认知参照点原则分析语篇连贯。他认为:CRP 原则可解释论题统领性对于实现语篇连贯性的认知基础。一般来说,论述时说话者会首先确定一个 D,这是从说话者的主观视角出发确定的一个论述范围。然后说话者会选择一个 R 即认知参照点,这个认知参照点也可以说是论述的出发点。最后围绕这个 R 说话者展开论述,围绕一个 R 论述不同的内容,即可以有多个 T。只有确定 D,根据 R 论述 T 词才能使语篇有话题统领性,才能保证语篇的连贯性。②

---

① 王寅.认知参照点原则与语篇连贯[J].中国外语,2005(5):19.

② 王寅.语篇连贯的认知世界分析方法[J].外语学刊,2005(4):16.

本文将参照王寅的观点,运用认知参照原则分析缩写练习语篇。

3. 理想化认知模型(ICM)与突显(Salience)

CDS 将语篇视为线性发展的过程,分句的作用是借已知信息引入新信息,使新信息进入焦点框然后进入记忆系统。进入焦点框的新信息也可以说是从语篇的众多信息中被突显出来,或者说是由认知参照点 R 引出的 T。

缩写原文语篇中似乎所有信息都依托已知信息引介,然后进入语篇信息整体结构中。我们无法分辨哪些是缩写时应被保留的重要信息,哪些可以缩略。但是依据突显原则,或许可以区分语篇的必要信息与次要信息。这些被突显的信息经过焦点框的处理,有的能成为语篇的图形背景,有的也可能就此退出 CDS。

要将突显原则有效运用于语篇分析,还需要将之与理想化认知模型结合。

Lakoff 于 1982 年和 1987 年提出了理想化认知模型(Idealized Cognitive Model,简称 ICM)。它指特定的文化背景中说话人对某领域中的经验和知识所作出的抽象的、统一的、理想化的理解,是建立在 CM(人们在认识事体、理解世界过程中所形成的一种相对定型的心智结构)之上的一种复杂的、整合的完型结构,是一种具有格式塔性质的复杂认知模型。①

ICM 分为四个认知模型:命题模型、意象图式模型、隐喻模型、转喻模型。命题模型的客观性更强,其他三种模型具有主观性质。因为前两个模型是 ICM 的内容和基础解释,后两者为扩展机制。

4. 原型范畴化理论(The Theory of prototypes)

范畴化是对范畴内部成员的一种分析。它要求同一个范畴的成员相似程度需要达到最大化,而不同范畴的成员与其他范畴成员相似性需要最小。②

具有相似性的范畴含有原型范畴与非原型范畴。所谓原型需要指范畴内的典型代表,具有无标记性的特点,一个范畴就是围绕原型建立起来的。原型具有典型的特征,人们在识别原型时花费更少的时间,更短的心智处理步骤。

本文认为,每位留学生 HSK 六级缩写练习样本均具有家族相似性(都为同一篇原文的缩写文本)。一篇缩写包括原文所有重点信息就可被视为原型,留学生缩写练习的目的是接近原型。

(二)信息结构理论

1. 信息结构理论概述

信息理论最早由布拉格学派提出。他们总结出"交际动态论",认为交际过程

---

① 王寅. 解读语言形成的认知过程[J]. 四川外语学院学报,2006(6):53.
② 王寅. 解读语言形成的认知过程[J]. 四川外语学院学报,2006(6):53.

中因语境的改变,语句中不同成分的交际价值或信息价值也会随之改变。

系统功能语言学派基于信息理论提出了信息结构理论。

系统功能语言学派继承并发展了布拉格学派的信息理论,并提出信息结构理论。他们将一个信息单元分为已知信息与未知信息,句子信息的结构模式呈现从已知信息到未知信息的特点。而信息生成就在新旧信息的相互作用中得以实现。

2. 与语篇研究相关的信息结构理论

句子信息既然可理解为由已知信息与未知信息组成,由语句所组成的语篇也可以用信息结构理论分析。

毕罗沙将信息理论运用于大学英语的语法教学实践研究之中,他认为语篇信息结构理论指导语法教学相较于传统英语语法教学更具趣味性,尤其适合教授具有成熟思维能力的大学生。

信息结构理论还可以与认知语言学结合,从认知语言学的视角下研究信息结构。

信息结构理论由功能语言学派提出,但也有学者尝试将语篇信息结构运用认知语法进行分析。认知语言学认为,语篇是一个动态的认知过程。语篇中新旧信息的相互作用构成了语篇信息结构,那么语篇的中所承载信息的变化自然也是一个动态的过程,这个共同点为语篇信息的认知分析提供了可能性。

吴彩霞解释了"突显观""注意观"这两个认知语言学理论如何运用于语篇信息结构分析,这证明了信息结构理论可以与认知理论结合运用于分析语篇信息与语篇结构。

信息结构理论和认知语言学理论共同用于研究语篇问题,他们共同为本文的写作提供了理论依据。

本文还需要确立 HSK 六级缩写练习写作样本的语篇结构划分标准。

HSK 六级缩写题多为叙事型语篇。Labov(1967)将叙事结构分为六大部分:点题、背景、进展、评议、结局、回应。乔恒宇(2016)也对叙事型语篇的叙事结构进行了详细分析。他认为一个完整的叙事结构由独立的叙事单元组成,独立的叙事单元包含背景(时间、地点、人物)、事件(事件的发展过程)、人物反应(人物对该事件的评价与态度)。①

这些元素构成了叙事单元进而组成完整的叙事结构。因此,这些叙事元素的缺失会影响语篇信息的完整性,缩写时不能缺少这些元素。

---

① 乔恒宇.叙事型语篇的信息结构及其认知分析[J].鸡西大学学报,2016(9):140.

3.本文语篇研究信息结构划分依据

本文信息结构划分主要参考 Gee 的理论,以及郭纯洁等人的实践经验。

Gee 继承了布拉格学派和功能派的传统,以语调作为切分信息的依据。同时,他还将诗学的分析方法引入语篇信息结构分析。他将语篇分为"行""节"和"宏观组织"。

"行"体现在语篇中通常为小句(分句)。"节"比"行"大,指涉及相同的事件、视角、主题、概念等内容的语块,可以包括一个或多个小句,甚至可以是一个段落或多个段落。"宏观组织"是由节和行组成的更大的语块。若干宏观组织按照一定的顺序就组成了语篇。

郭纯洁、刘芳对比英汉篇章的信息结构,并探究其内在的认知机制。他们参照 Gee 的诗学分类方法把语篇信息单位分为"宏观组织""节"和"小句",并据此切分具体的语篇。

本文研究缩写原文主要为记叙文体裁,这种叙事型语篇有自己的结构特点。叙事型语篇由叙事单元组成,叙事单元由叙事元素组成。本文切分信息的目的是更好地论述和分析语篇衔接手段。

因此本文结合 Gee 的信息切分和叙事型语篇的叙事特点对信息进行分类,具体分类按照语篇信息单位由大到小分析如下:

事件:本文将按照一定顺序构成语篇的大语块信息单位定义为事件。Gee 将这种大语块信息单位定义为宏观组织,但本文所分析原文有固定的文体(记叙文),在定义信息单位时本文结合叙事型语篇特点,认为一个叙事单元由多个小事件组成,因此用"事件"定义这类大语块信息单位。

节:比事件小的信息单位,指涉及同一话题、事件、概念、视角或主题的语块单位,一个事件中可能包含一个或数个节。在本文中节表现为句子。

行:比节小的信息单位,通常体现为小句。一个节包含一个或数个行。

本研究以缩写为研究对象,缩写语篇的依据为缩文。因此本文将分析原文的信息结构并分类、定义,作为留学生语篇样本分析的参考依据。

三、HSK 六级原文与缩写语篇信息结构对比分析

缩写语篇是写作者对原文信息再次整合的结果。根据认知语言学的观点,语篇的信息整合是一个信息不断发展整合的结果,也是 CDS 不断更新的结果。既然我们把语篇看作是信息整合的结果,那么缩写语篇也可以看作写作者将原文语篇中的信息再次整合的结果。在再次整合的过程中涉及信息的筛选与排列问题,而信息间的关系会影响语篇内容结构,也会影响衔接手段的选择。因此本文需要首

先对原文语篇与缩写语篇中的信息进行比对。

本文的研究对象是 HSK 六级留学生缩写的衔接掌握情况,分析原文与缩写的信息结构并进行对比有以下原因:

第一,语篇是信息的整合,为便于后文论述需要对语篇进行切分。

第二,缩写是一种特殊的写作体裁。它是写作者信息选择和转述的结果。因此写作者在缩写时可能在信息的选择上会有差异。如果衔接手段不是发生在论述同一个主题的基础上,对比留学生和母语者的衔接手段选用时也不能得出准确的结果。

第三,缩写原文为记叙文,记叙文有独特的组篇方式。本文分析缩写原文的组篇方式找到规律,让留学生在阅读时能快速找到原文的组篇元素,在写作时按照原文的组篇元素完成缩写。这能帮助留学生在阅读和写作两个方面减少信息遗漏的问题,提高缩写语篇写作质量。

第四,本文的写作目的是帮助 HSK 六级留学生备考。缩写语篇与原文相关程度是留学生写作题得分的决定因素之一。

(一)叙事型语篇的信息结构

目前学者们主要从叙事型语篇的信息结构和叙事型语篇的叙事结构这两个方面出发研究叙事型语篇及其结构特征。。

所谓的叙事结构组成单位是叙事单元,而叙事单元由叙事元素组成,也可以将它称为事件。独立的叙事单元一般包括六个元素:点题(叙事内容的简单概括)、背景(事件发生的事件、地点、人物)、进展(事件的发展过程)、评议(叙述者对整个事件发生的原因、目的等的概括)、结局(事情产生的影响、结果)、回应(在故事结尾回应主题)。焦点对于叙事型语篇的认知过程有重要意义。人们为了将事情叙事清楚,会有意识地突出一些内容,在认知语言学中,这些被突出的内容就是焦点。焦点的出现使得关键信息更容易被阅读者认知,因此突出焦点也是重要的写作手段。这六个元素就是叙事型语篇中的焦点结构。①

本文三篇原文语篇是标准的叙事结构,每篇原文包括一个叙事单元,也存在着这些被突出的焦点结构。

叙事型语篇的信息结构可以至少概括为三种:按照时间顺序安排(时间型)、按照因果关系安排(因果型)和按照阅读者注意力顺序安排(读者注意力型)。

叙事结构概括了叙事型语篇的典型结构特点,分析原文叙事结构,帮助留学生

① 乔恒宇.叙事型语篇的信息结构及其认知分析[J].鸡西大学学报,2016(9):140.

学习叙事结构划分,都有利于六级缩写写作技能提高,因此本文主要分析叙事结构。

(二)本文对信息结构的划分

依据 Gee 的信息结构划分与叙事型语篇的特点,本文将信息结构划分为以下几个单位:

事件:事件是一个大语块信息单位。叙事单元的组成元素有六个,本文研究的语篇也可据此分为六类事件:点题事件、背景事件、进展事件、评议事件、结局事件、回应事件。为方便论述与比较,在本文信息划分中一个叙事单元可能出现一个以上的相同事件。

节:比事件小的信息单位,指涉及同一话题、事件、概念、视角或主题的语块单位,一个事件中可能包含一个或数个节。本文依据原文的句末点号划分信息节,人物的话不论有多少句末点号,都只被定义为一节。

行:Gee 比节小的信息单位,一个节包含一个或数个行。在本文中体现为分句。

(三)信息结构对比分析

Y01 号原文共包括六个自然段,1007 个字符。Y02 号原文包括十个自然段,1058 个字符。Y03 号原文包括九个自然段,1162 个字符。三篇原文材料字符都在1000 字左右,均符合 HSK 六级考试写作题的要求。

本文对信息结构的划分标准在前文中已经详细解释,包括事件、节等。一个完整的叙事结构是由一个独立的叙事单元组成,叙事单元由元素组成。前文已经介绍了本文的信息结构分类。

1. 原文语篇信息结构表现

节与行的划分方式很简单,并且在教学和中缺少实践意义。考试时原文阅读时间有限,不需要将过多时间浪费在节与行的划分上。因此在缩写练习时仅练习事件的划分,并要求留学生在考试时能灵活运用帮助阅读和写作即可。缩写是对原文信息的删减,并不是原文中每一个信息节或信息行都需要在缩写语篇中体现。过多强调节与行并不一定利于留学生缩写进步。

所以,本文在本章仅详细分析有教学用处和实践意义的"事件",不详细分析信息节和信息行。

本文共有三篇原文,这三篇原文来自 HSK 六级备考留学生随堂测验。三篇原文数量不多,但体裁和结构都与 HSK 六级考试一致,且每篇留学生的作文都较多。分析原文信息结构既能与留学生语篇信息结构对比,还能塑造典型,为教师在日常缩写教学中选择练习语篇提供参考。

（1）Y01 原文语篇信息结构表现。

Y01 号原文语篇的故事主人公为陈国钦,语篇讲述了陈国钦喝咖啡时受到启发,进而研究用咖啡渣做衣服,最后研制成功的故事。Y01 号语篇可划分为以下六个事件,包括背景、进展 1、进展 2、结局 1、结局 2、回应。

表 2　Y01 原文事件分析表

事件	位置 （段落）	字数 （个）	字数 比例	概述
事件 1（背景）	1	268	26.6%	陈国钦在咖啡馆受一位顾客及自己太太的启发产生想法
事件 2（进展 1）	2	141	14%	因老板与同事不赞成,辞职研究
事件 3（进展 2）	3、4	238	23.8%	经过失败,陈国钦坚持,最终研究成功
事件 4（结局 1）	5	95	9.4%	采用特殊方法制成——"咖啡纱"
事件 5（结局 2）	6	113	11.2%	陈国钦成立公司,生意兴隆
事件 6（回应）	7	151	15%	自信
总计	7	1006	100%	/

Y01 号原文中将进展划分为两个事件,这是因为两者讲述的内容不同。事件 2 是进展元素,是陈国钦正式开始研究前发生的事件,正是因为有了事件 2（老板的批评与同事的嘲笑）才使主人公陈国钦辞职,正式开始事件 3（开始研究咖啡纱）。因此事件 2 是后续故事展开的前提,有独特的叙事和衔接作用。

本文将 Y01 语篇事件 3 的结局——研制出"咖啡纱",单独列出作为事件 4。这是因为虽然原文中并没有"最终""成功"等词,只是说:

1）有一次,他先将咖啡渣制备成咖啡纳米母粒,然后……,生产出了第八代产品——"咖啡纱"。

但例 1）的确是 Y01 事件 3 的结果。

（2）Y02 原文信息结构表现。

Y02 号原文语篇叙述主人公为哈维。文中讲述越野跑运动员哈维平时训练成绩不理想,比赛中教练为激发他的潜力让自己的宠物"土狼"追赶哈维,最终哈维取得了冠军。Y02 号语篇包括背景、进展、结局、评议、补充、回应共六个事件。

表 3　Y02 原文事件分析表

事件	位置（段落）	字数（个）	字数比例	概述
事件 1(背景)	1、2	197	18.6%	介绍了哈维的运动员身份以及他目前的处境——达不到教练的要求，打算退役
事件 2(进展)	3、4、5、6	402	38%	比赛当天，哈维逐渐落后，但后来被土狼追赶着跑到终点
事件 3(结局)	7	241	22.8%	哈维得到冠军，土狼宠物身份暴露
事件 4(评议)	8	103	9.7%	解释教练严格要求与放土狼的目的
事件 5(补充)	9	55	5.2%	哈维心理活动补充经历事件感受
事件 6(回应)	10	60	5.7%	人的潜力无穷
总计	10	1058	100%	/

Y02 号原文叙事结构特殊，在完成"比赛"这一关键性事件结束后，还有事件 4 评议事件 1(哈维达不到教练要求，教练训斥他)，解释事件 2(赛场上出现土狼追赶哈维)。因此事件 4 是具有衔接功能的重要事件。

Y02 语篇包括事件 4 评议与事件 5 主人公心理感受的补充，这是此篇原文的特殊之处。

(3)Y03 原文信息结构表现。

Y03 号原文主人公为江夏铭，身份为半成品家具公司仓储员。语篇讲述了江夏铭发零件有自己的标准，并按照标准严格执行，老刘等同事都不理解他这种行为。随后有不同的客户分别向老板反馈，表扬江夏铭，投诉同事。这使老板意识到严谨工作的重要性。江夏铭也因此成为经理并要求员工严谨工作，公司也取得进一步发展。本篇原文共包括背景 1、背景 2、进展、结局 1、结局 2 共 5 个事件。

表 4　Y03 原文事件分析表

事件	位置（段落）	字数（个）	字数比例	概述
事件 1(背景 1)	1	262	22.5%	江夏铭发零件有严格标准
事件 2(背景 2)	2、3、4	187	16.1%	同事调侃江夏铭(体现同事没有零件发放标准)
事件 3(进展)	5、6、7	577	49.7%	客户 1 投诉、客户 2 表扬，老板批评老刘，表扬江夏铭
事件 4(结局 1)	8	100	8.6%	江夏铭被任命为仓储经理，要求员工一丝不苟
事件 5(结局 2)	1	36	3.1%	公司取得进一步发展
总计	9	1162	100%	/

本文将 Y03 号语篇背景内容划分为背景 1(事件 1)和背景 2(事件 2)。

这是因为两个背景事件论述了不同内容,并且对后文进展事件产生影响。两个背景都不可缺失,也不可混为一谈。背景 1 论述了江夏铭在日常工作中的严谨。背景 2 通过江夏铭和老刘的对话,体现老刘及其他同事在工作中很随意。两个背景是事件 3(客户 1 投诉与客户 2 表扬)的前提。而事件 3 的两个小事件(批评—表扬)的对比能突出 Y03 号语篇的主题(严谨)。分列两个背景事件,也能起到对比突出的作用,与事件 3 中两个事件对应突出主题。

同时 Y03 号语篇有两个事件结果。结局 1(事件 4)为事件 3 的结局。结局 2(事件 5)为全文结果,也可以将它理解为对语篇所叙述事件的一种补充。

Y03 号语篇的特点包括:缺失回应事件,结尾没有升华主题;有两个背景事件;进展事件中分两类小事件。

三篇原文语篇的共同特点为都论述了背景、进展、结局。虽然三篇原文各自有独特的叙事元素,例如 Y02 有评议元素,Y01、Y02 有回应元素,但这些都是叙事单元应有的元素。

2. 留学生缩写语篇信息结构表现

留学生缩写语篇在原文语篇基础上,选取重要信息,删掉多余信息进而将原文信息重组构成新的语篇。因此缩写语篇在原则上应该只出现原文中存在的信息。

分析发现留学生缩写语篇基本能体现原文内容;能基本按照原文结构(叙事结构、叙事结构出现顺序)写作。因此,留学生缩写语篇内容安排和信息选择基本一致,这是后文分析衔接手段的前提。

同时,分析发现留学生有的缩写语篇出现点题事件(原文中没有),有的没有出现此事件。点题事件是对语篇的总结性事件,缩写若以通过考试为目的写作,应该出现此事件。

(1)Y01 留学生缩写语篇信息结构表现。

上文分析了 Y01 的六个事件。分别为事件 1(背景)、事件 2(进展 1)、事件 3(进展 2)、事件 4(结局 1)、事件 5(结局 2)和事件 6(回应)。下面为留学生语篇"事件"表现。为便于对比,本文将原文事件表现也列在表中。

表 5　Y01 留学生缩写语篇事件表现分析表

编号	点题	事件 1	事件 2	事件 3	事件 4	事件 5	事件 6	总计
Y01	/	268 26.6%	141 14%	238 23.8%	95 9.4%	113 11.2%	151 15%	1006 100%
FT101	59 10.8%	209 38.3%	48 8.8%	100 18.3%	/	35 6.4%	95 17.4%	546 100%
FT102	59 11%	208 39%	49 9.2%	87 16.3%	/	35 6.6%	96 17.9%	534 100%
FT103	61 11.2%	191 35.1%	51 9.4%	122 22.4%	38 7%	/	81 14.9%	544 100%
FT104	/	166 44.1%	58 15.4%	78 20.7%	12 3.3%	33 8.8%	29 7.7%	376 100%
FT105	/	156 43.1%	51 14.1%	95 26.2%	/	5 1.4%	55 15.2%	362 100%
FT106	59 12.1%	131 27%	47 9.7%	93 19.2%	39 8%	22 4.5%	95 19.5%	486 100%
FT107	/	137 39.3%	53 15.2%	99 28.4%	6 1.7%	/	54 15.4%	349 100%
FT108	/	170 46.3%	58 15.8%	89 24.3%	6 1.6%	16 4.4%	28 7.6%	367 100%
FT109	59 11.9%	132 26.6%	49 9.9%	94 18.9%	40 8%	28 5.6%	95 19.1%	497 100%
FT110	/	149 39.4%	59 15.6%	59 15.6%	/	44 11.7%	67 17.7%	378 100%
FT111	58 11.2%	159 30.6%	61 11.7%	106 20.4%	6 1.2%	35 6.7%	95 18.2%	520 100%
FT112	59 12.7%	120 25.8%	52 11.2%	107 23%	6 1.3%	28 6%	93 20%	465 100%
FT113	/	149 39.2%	60 15.8%	60 15.8%	/	44 11.6%	67 17.6%	380 100%
FT114	58 11.1%	159 30.5%	61 11.7%	107 20.5%	6 1.1%	35 6.7%	96 18.4%	522 100%

续表

编号	点题	事件1	事件2	事件3	事件4	事件5	事件6	总计
FT115	59 12.8%	117 25.3%	75 16.2%	85 18.4%	5 1.1%	28 6.1%	93 20.1%	462 100%
平均 （FT）	59 12.2%	157 32.3%	56 11.5%	92 18.9%	16 3.3%	30 6.2%	76 15.6%	486 100%

表中列出了留学生缩写语篇每个事件的字数和字数占总字数比。其中平均栏不计算未描写该事件的语篇。

缩写要求忠于原文,不可以改变原文的主题或中心思想。总的来说,留学生的缩写语篇都能较好地体现原文思想。

首先从写作字数上看。HSK 六级考试要求缩写语篇在 400 字左右。缩写语篇如果字数过少不能完整表达重要信息,如果内容过多会有赘余之疑。15 篇留学生缩写语篇总字数在 372—553 字符之间,平均字数 458 字符。留学生语篇能够基本达到字数要求。

其次,从事件论述顺序来讲。HSK 六级缩写题所选原文叙事都有标准的叙事结构。Y01 原文按照时间和因果关系组织语篇信息。留学生语篇也具有相同的语篇信息结构,能够按照原文事件的发展时间与因果关系组织语篇。

再次,语言是信息的载体,事件叙述字符的多少一定意义上展现了该事件的信息量。一般而言,缩写语篇每个事件的信息量比例应与原文有相似性。原文语篇中字符数量比为:事件 1>事件 3>事件 6>事件 2>事件 4。

根据表中情况计算出的字数比例,原文事件 1 占比为 26.6%,有 268 字符,15篇留学生事件 1 字数占比在 25.3%—44.1%之间,字符数区间为 117—209;原文事件 2 占总字数 14%,有 141 个字符,留学生缩写语篇在 8.8%—16.2%之间,字符数区间为 47—61;原文事件 3 占总字数 23.8%,共 238 个字符,留学生缩写语篇在 15.6%—28.4%之间,字符区间为 59—122;原文事件 4 占总字数 9.4%,字符数为 95,留学生缩写语篇在 0—8%之间,字符区间为 0—40;原文事件 5 占总字数 11.2%,字符数为 113,留学生缩写语篇在 1.4%—11.6%之间,字符区间为 28—96;原文事件 6 占总字数 15%,字符数为 151,留学生缩写语篇在 7.6%—19.5%之间,字符区间为 29—96。

各语篇字符在不同事件中的分布比例基本一致,即事件 1 字符最多,叙述最为详细,事件 3 次之。其余事件字数不多,但除事件 4 和事件 5 以外,均出现在留学生缩写语篇中。

不同缩写语篇的各事件字符数和字符数在总字数中占比有一定差异。笔者经过分析,字符数在总字数中占比有差异的原因是:第一,有部分语篇有"概述"这一原文中不存在的事件,这拉低了其余事件的字符数占比;第二,有的语篇事件 4 和事件 5 这两个结果事件字数过少,以一小句话总结,影响了字数比例。

最后,还有一些情况需要说明。

缩写语篇中有必要出现原文中没有的点题事件,这说明留学生能抓住文章人物事件并进行简要概括。15 篇留学生缩写语篇中十篇都有概述性话语,字符数基本在 58—61 字符之间。点题是记叙文语篇叙事结构的基本元素之一,Y01 语篇虽然没有点题事件,但留学生点题时选择的信息均来自原文语篇信息,点题事件的出现是基于为考试服务的特殊目的,因此不算多余偏误。

母语者 Y01 号原文相关的 35 篇缩写语篇开头均没有概述性语句,这是因为母语者在缩写前均受过缩写这一题型的专门性训练,也没有专门学习叙事结构的相关知识,只能根据原文存在的事件进行缩写。因此留学生缩写语篇中的概述能体现出日常的写作训练痕迹,这说明教学能有效帮助留学生缩写。

(二) Y02 原文留学生缩写语篇"事件"表现

Y02 号原文共有十个自然段,分为六个事件。本文共收集到以 Y02 为原文的 13 篇留学生缩写练习语篇,编号分别为 FT201—FT213,这 13 篇缩写的具体情况见下表。

表 6　Y02 留学生缩写语篇事件表现分析表

编号	点题	事件 1	事件 2	事件 3	事件 4	事件 5	事件 6	总计
Y02	/	197 18.6%	402 38%	241 22.8%	103 9.7%	55 5.2%	60 5.7%	1058 100%
FT201	58 13.2%	99 22.4%	99 22.4%	91 20.6%		/	94 21.4%	441 100%
FT202	57 11.7%	98 20.2%	171 35.2%	66 13.6%	9 1.9%	/	85 17.4%	486 100%
FT203	58 12.5%	82 17.6	217 46.8%	43 9.3%	/	/	64 13.8%	464 100%
FT204	58 11.6%	116 23.2%	152 30.3%	41 8.2%	39 7.8%	/	95 18.9%	501 100%
FT205	60 13.5%	99 22.2%	96 21.5%	93 20.9%		/	98 21.9%	446 100%

续表

编号	点题	事件1	事件2	事件3	事件4	事件5	事件6	总计
FT206	57 11.4%	98 19.6%	215 43%	25 5%	9 1.8%	/	96 19.2%	500 100%
FT207	58 11.6%	117 23.4%	152 30.1%	41 8.3%	38 7.6%	/	95 19%	501 100%
FT208	58 12.2%	82 17.2%	220 46.2%	52 10.9%	/	/	64 13.5%	476 100%
FT209	59 10.8%	92 17.1%	253 47%	40 7.4%	/	/	95 17.7%	539 100%
FT210	36 13%	69 25%	134 48.4%	8 2.9%	30 10.7%	/	/	277 100%
FT211	/	62 18%	112 32.5%	71 20.6%	69 20%	/	31 8.9%	345 100%
FT212	57 14%	81 20%	152 37.4%	73 18%	43 10.6%	/	/	406 100%
FT213	60 14.5%	108 26.2%	136 32.9%	15 3.6%	/	/	94 22.8%	413 100%
平均 （FT）	56 11.8%	93 19.6%	162 34.1%	47 9.9%	35 7.4%	/	82 17.2%	475 100%

首先分析语篇总字数。13篇留学生缩写总字数平均数为475字符。缩写语篇总字数分布区间为277—538。FT210、FT211总字数分别为277个字符与345个字符,少于400字,有可能会出现重点信息缺失的情况。特别是FT210只有277个字符,远低于HSK六级缩写写作要求字数。除这两篇缩写外,其余缩写语篇字数均在400—538,篇幅适中,能容纳原文语篇的重要信息。

其次,需要分析事件字符比例,判断留学生对语篇重点的把握程度。留学生语篇对每个事件描写的字符比例应该与原文大致一致。不论信息把握是否准确,传递是否得当,如果对重点事件能使用更多字符描述,这说明留学生能够意识到哪些为重点事件。

原文各事件字符排列为:2>3>1>4>6>5。

事件2为比赛经过,原文共402个字符,占总字数的38%。

留学生缩写语篇也将事件2作为主要描写对象。事件2描写字数占总字数平均34.1%,有162个字符。从数字上看可以将事件2判定为Y02的重点事件。

事件 4 为评议事件,原文以"原来"这个连接词,使用连接关联的方式解释了事件 1 教练为何对哈维不满意,事件 2 为何赛场会出现土狼以及事件 3 哈维为何能夺冠(吓出)。因此事件 4 作为全文评议事件有出现的必要性。

没有出现事件 4 的 4 篇缩写,事件 3 的字数以及字数占比都与其他出现事件 4 的语篇基本一致,没有体现出更丰富的内容。这表示这四篇缩写并没有将事件 3 与事件 4 的信息糅合在一起概括,事件 4 的信息被遗漏了。

上文中 Y01 原文留学生缩写语篇也出现了类似的现象。事件 4 的研究结果 "咖啡纱"与陈国钦个人结局"成立纺织公司"也有遗漏现象。因此在教学中应该思考如何帮助留学生避免此类问题。

阅读原文,发现文中陈述事实的写作手法与 Y01 原文不同,有更多艺术性表达。

2)一公里、两公里……起伏不平的草原在他的脚下迅速向后方。

3)"哈维加油！哈维加油！"在沿途观众的呐喊中,他清晰地听到了家人的声音,他一边向他们挥手,一边努力加快已经开始慢下来的脚步。

4)一公里、两公里,天哪,哈维发现自己竟然已经冲到了终点。

例 2)、3)、4)为原文句子。可以看出例句中分别采用修辞、引用、列举的方式。

5)他努力加快速度,一公里,两公里……他的脚下迅速向后方移动。观众喊 "哈维加油加油！"他努力加快速度但一公里后速度又放慢了,然后他自己被其他队员一个接一个地追上。

例 5)为留学生缩写例句,几乎所有留学生缩写语篇基本都保留了例 4)中的 "一公里、两公里",但母语者语篇基本没有保留。

这个问题体现了一个事实。留学生虽然能在缩写中基本展现原文信息,但他们的缩写只是对原文每个句子的删减与简略复述,没有真正理解原文每个句子出现的作用和目的,因此也会在缩写时保留很多本该删去或者缩写的辅助性信息。

这也是为什么留学生缩写语篇与原文语篇不论是事件还是信息节在字符比例、排列顺序方面都基本一致。这不仅是因为语篇本身的信息结构(时间顺序、事件发展),更因为留学生缺乏重组语篇和重新排列语篇信息的能力。

要想培养留学生重组语篇的能力需要常规化的系列教学。教师应在日常教学中注重培养留学生信息筛选与组篇能力。

(3)Y03 原文留学生缩写语篇"事件"表现

Y03 号原文共有九个自然段,被分为五个事件。本文共收集到以 Y03 为原文的 14 篇留学生缩写练习语篇。编号分别为 FT301—FT314,缩写的具体情况见下表

（FT304 语篇有过多赘余信息和猜测信息,与原文相关性较差,因此不列入下表)。

表 7　Y03 留学生缩写语篇事件分析表

编号	点题	事件 1	事件 2	事件 3	事件 4	事件 5	回应	总字数
Y03	/	262 22.5%	187 16.1%	577 49.7%	100 8.6%	36 3.1%	/	1162 100%
FT301	52 13.7%	21 5.6%	100 26.4%	140 36.9%	/	/	66 17.4%	379 100%
FT302	54 12.4%	124 28.4%	11 2.5%	155 35.6%	/	/	92 21.1%	436 100%
FT303	38 11%	75 21.7%	78 22.5%	71 20.5%	/	/	84 24.3%	346 100%
FT305	/	123 35.1%	66 18.9%	125 35.7%	36 10.3%	/	/	350 100%
FT306	/	121 29.2%	56 13.5%	202 48.7%	36 8.6%	/	/	415 100%
FT307	/	33 9.3%	69 19.3%	141 39.5%	114 31.9%	/	/	357 100%
FT308	66 18.8%	86 24.5%	47 13.4%	71 20.2%	/	/	81 23.1%	351 100%
FT309	/	162 41.2%	51 13%	109 27.7%	/	38 9.7%	33 8.4%	393 100%
FT310	59 15.4%	65 16.9%	75 19.6%	109 28.5%	/	/	75 19.6%	383 100%
FT311	/	144 40.8%	/	182 52.6%	/	/	27 7.6%	353 100%
FT312	59 13.8%	67 15.7%	93 21.7%	69 16.1%	/	/	140 32.7%	428 100%
FT313	59 18.5%	115 36.2%	/	70 22%	/	/	74 23.3%	318 100%
FT314	/	35 12.6%	37 13.4	80 28.9%	66 23.8%	/	59 21.3%	277 100%
平均	55 12.1%	82 18%	62 13.7%	117 25.8%	63 13.9%	/	75 16.5%	454 100%

Y03 原文语篇划分为五个事件。从上表中可以看出留学生语篇总字数平均为 343。其中 FT314 最少有 277 个字符,字数最多的为 FT312,有 428 个字符。语篇总字数的分布情况与 Y01 和 Y02 原文表现基本一致。

对同一事件,各留学生缩写语篇呈现出较大的字数差异。例如事件 1,FT307 仅 33 字,但 FT305 有 123 字。由此可见,留学生在对 Y03 号原文进行缩写时遇到了较大的困难。因此需要简单分析这篇原文的基本情况,寻找原因。

首先从事件分类而言。Y03 有五个事件,分别论述了两个事情发生"背景"、事件的"进展",以及"进展"中所论述事件的结局,以及主人公江夏铭在"进展"所论述事件结束后的事业发展结局。仅从语篇结构分析看,Y03 原文与另外两篇原文事件结构一致,都是典型的叙事信息元素。

其次,分析原文中的信息量。信息量的多少与事件有多少个信息节,每个小节有多少信息相关。事件 1 有 262 个字符、六个小节;事件 2 有 187 个字符、十个小节;事件 3 有 577 个字符、六个小节;事件 4 有 100 个字符、三个小节;事件 5 有 36 个字符、一个小节。

事件 3 字数最多,却仅有六个小节,这说明每个小节都有较大的信息量。本文划分节的标准为句末点号,因此每个小节都有多个分句。造成这个结果的原因是,事件 3 中出现了许多直接引语,并且这些直接引语由多个小句组成。这些长引语使留学生阅读和写作更加困难。

Y03 原文存在读写困难,首先是因为生词。事件 1 出现了"螺丝""螺帽"这两个专业性名词。分析缩写语篇本文发现大部分留学生无法正确书写这两个名词,还有留学生甚至不明白这是什么物品。使用"一些小小的东西""东西""配件"等词取代或者直接选择不写。FT303 还因此误会本文发生背景为"某零件公司"。

其次事件 1 还有一定的数量词。这些数量词也为留学生阅读带来困扰。例如原文中描述。

6)他自己给自己定了一套备用零件发放数额标准,比如小家具,他一般只给客户多备 20 组螺丝和螺帽,大家则是 50 组。

留学语篇将例 6)中的原文信息描述为例 7)和例 8):

7)每个员工要装螺帽的时候多装给人们,小江也装多,但比其他员工少。比如小江 20,其他人 50。所以其他人和小江笑话。

8)家具装完后他多给客户 20 组配件,原来的配件是 50 组。

例 7)和例 8)体现出,留学生在面对多个数量词时可能会产生阅读困难。文中的数量词出现的作用是对小江比同事零件发得少,且更有标准的一个阐述,因此数字的多少并不是关键信息点。

在写作教学中需要引导留学生如何辨别信息,理解文中数字指向什么关键信息,有什么作用,同时还需训练留学生在无法理解生词的情况下,根据上下文选择替代词的能力。

(四)"信息点"对比——以 Y01 为例

前文对 HSK 六级写作的评分标准作了简要说明,要想获得中等分数,要求考生缩写语篇内容与原文大致相符。判断缩写语篇与原文是否相符,就要求分析对比缩写语篇与原文中的信息点。为便于说明,本文已经划分了原文语料的"事件",下面将以事件为说明单位,分析原文中的信息点,并进行重要性判断。

信息点即每个事件有哪些内容是不能缺少的,帮助确定关键信息点,可以帮助留学生记忆。

本文研究缩写原文与留学生语篇的目的在于辅助教学,因此尽管本文重点为衔接,为了能够提出有效建议,仍然不能忽视留学生在信息捕捉方面的问题。本文语料均来自同一批留学生,因此以 Y01 号原文为例分析留学生与原文信息点是否符合,就能反映留学生的信息捕捉能力。

1."信息点"划分依据

在传统的语文教学中,我们会将记叙文的六要素——时间、地点、人物、起因、经过、结果作为教学重点,并认为只要能够找出文中的六要素就能把握故事的脉络,理清文章的线索。起因、经过、结果三个要素通常会使用词组或者句子来表达,本文将已经将它划分为"事件",并做简单分析。而时间、地点、人物这三个要素通常以词语或词组的形式出现,本文信息点的划分也会参考这三个要素。

同时,要划分信息点还需参考认知语言学的"典型事件模型与基本句型"。Langacker 主张用"典型事件模型"来解释句法成分和结构。它由许多"概念基型"(由人在身体经验的基础上形成)构成。而在物质世界中最有意义的"概念基型"是"力量——动态"。典型事件模型就是在此基础上形成。

典型事件模型包括两个突显的参与者即施事者和受事者。这个模型包括弹子球模型和舞台模型,上文中已有详述在此仅简单介绍。弹子球模型强调一个物体对另一个物体的作用,主要成分有空间、时间、物体和能量。舞台模型强调观察者在观看表演时只会将注意力集中在演员而忽视背景,舞台模型可以和 CRP 结合论述。

2.原文语篇"信息点"表现——以 Y01 为例

文章主人公为陈国钦,全文对陈国钦的描述为"陈国钦"或人称代词"他"。因此根据认知语言学典型事件模型可以作出判断:Y01 号原文将阅读者(HSK 六级考生)当作观察者(V),全文焦点为"陈国钦"(F)。

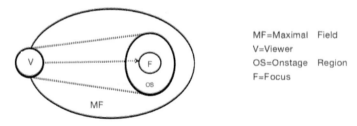

MF=Maximal　Field
V=Viewer
OS=Onstage　Region
F=Focus

图 3　典型事件模型图

事件 1 共五句话,按照现代汉语标点符号使用规则,句末点号的作用表示语气的停顿表示本句表达结束。因此事件 1 可以分为六小节。

前文已经论述记叙文的六个要素,并且将事件 1 定义为"起因"。在事件中还需要找到"时间、地点、人物"。时间和地点可以确定 OS,人物可以确定 F。

首先,需确定事件的"舞台表演区域"即观察者的视线范围,这也是记叙文中的"地点"要素。第二节中出现了一个场景"咖啡馆"。事件 1 所叙述内容都在"咖啡店"这个"舞台(OS)"发生。

其次,OS 除地点外还需要确定时间。原文事件 1 出现时间"一天"这并不指确切时间,也不能表示时间的变化和流动性,因此并不是必要的信息,"舞台表演"可以在任意一天发生。

再次,确定事件人物。事件中有"陈国钦、陈国钦的太太、顾客、服务员"四个人物词。"陈国钦"为全文的主人公,是作者在文章开头为读者确定的认知参照点,是不可遗漏的信息点;"顾客"是第四小节的施事者,"服务员"为第四小节的受事者。因此"顾客"应该作为"舞台"的焦点 F,应该被确定为信息点。"陈国钦的太太"为第五小节说话者,也是第五节舞台的焦点,正是她的行为启发了陈国钦,引出全文事件。30 篇母语者缩写中有 17 篇出现"陈国钦的太太",因此可以将她作为次重要信息点。

事件 1 中的六个小节,分别有不同的施事者和受事者,可以通过确定时间、人物区分。只要把握已确定的五个信息点就能把握时间 1 的主要信息。

事件 2 共四句话,可以分为四个小节(图 4 为事件 2 语流图)。

"陈国钦"依旧为此事件的焦点。事件发生在"回到工厂后",在确定表演时间的同时也确定了舞台表演区域"工厂"。OS 被确定为"陈国钦回到工厂后,在工厂"。

　　30 篇母语者缩写大部分未提到事件 2 的发生时间、地点。本文认为这是因为第一小节的受事"老板",第三小节的施事"同事"具有特殊性,这两个人物的出现自然地体现了舞台表演区域由"咖啡店"向"工厂"的转场过渡。因此事件发生时间"回到工厂后"以及地点"工厂"在有人物"老板"或"同事"确定 OS 时可以不出现。

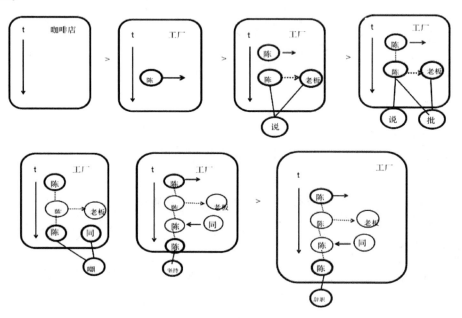

图 4   Y01 原文事件 2 语流图

　　事件 2 出现了"陈国钦""老板""同事"三个人物。上文分析中认为"老板""同事"有确定 OS 的作用,因此暂将"老板""同事"确定为关键信息点。

　　"老板批评"与"同事嘲笑"这两个小节共同导致陈国钦"坚持"与"辞职"的结果。尽管 14 篇留学生语篇中有七篇提到了"同事"这一界标,母语者语篇也大部分如此,但本文对比与职场相关的 ICM,认为这两个结果产生最重要的原因并不是"同事"的嘲笑,而是"老板"的批评,因此将"老板"列为主要信息点,将"同事"列为次要信息点。

　　第一节的"老板"有两个角色:一是作为听话人,听陈国钦讲话,二是作为说话人发出"批评"。这两个角色在舞台模型中都可以成为焦点,虽然如此,因为角色不同,还是将"老板"的两个角色作为两个信息点分列。

　　"坚持"和"辞职"这两个动作的发出者是陈国钦,因为他是整个事件焦点,代表这两个动作所指事件会与其他信息点混淆。因此需要借助动作帮助判断。这两个动作也应该列为信息点。

事件 3 共七句话,可以分为七个小节。

事件 3 中与时间相关的词包括"三年""期间""第四代产品时""有一次"。大部分母语者缩写语篇以"三年"或"第四代产品时"提示事件发生的时间,确定 OS。"三年"体现了时间的流动性,使该节的信息可以靠时间的发展变化串联,因此本文认为此事件中时间词存在的作用在于展现研究的经过。表现在缩写语篇中要求体现:长时间研究后有一定成果——出现问题不放弃继续研发这一过程。

事件 4 共两句话,因此事件 4 可以分为两小节。

事件 4 为事件 3"继续研发"的结果。第一节展现了"第八代产品——咖啡纱"的制作过程。第二节为"咖啡纱"的特性。因此留学生缩写语篇中本事件只需出现"咖啡纱"或"成功"等同类信息,均可视为契合信息点。

事件 5 共两句话,因此事件 2 可以分为两小节。

事件 5 为全文结果,第一节为陈国钦开创公司,第二节为"咖啡纱"受欢迎。这两节的内容总结而言体现为陈国钦个人的成功。因此只要与此相关即视为契合信息点。

第六,分析事件 6。事件 6 为哲理事件,只需要抓住关键信息点"自信"加以论述即可。

3. 留学生缩写语篇"信息点"表现

下表为 Y01 原文总结出的信息点。

表 8　原文"信息点"总结表

事件	信息点
1	陈国钦、咖啡店、顾客、陈国钦的太太、灵感
2	老板、老板批评、同事、坚持、辞职
3	长时间研究—出现成品—遇到问题—继续研发
4	咖啡纱/成功(研究结果)
5	陈国钦成功(个人奋斗结果)
6	自信

14 篇留学生语篇中的六篇在完成点题(概括)后,用"故事与……有关,故事的主人公是……"的形式准确突显了文章的线索与主要人物,这说明平时的写作训练有一定成效。

事件 1 共分为六节。第一节介绍了陈国钦纺织厂车间主任的身份;第二节交代了事件发生地点;第三节注意到顾客;第四节顾客要咖啡渣做除味剂;第五节陈国钦太太开玩笑；第六节陈国钦受到启发。

第一个信息点为"陈国钦"。陈国钦为事件 1 中第一节、第二节、第三节和第六节这四个小节的主语。因此他也就成为这四个小节的射体，是小节中的突显部分。所有留学生语篇均能准确展现这四个小节的内容，并突显"陈国钦"。

第二个信息点是"咖啡店"。所有缩写语篇均能准确体现。

第三个信息点是"顾客"。顾客作为新信息出现在第三节，被旧信息"他们"引入舞台，此时"顾客"并不是被突显者。第四节"这个人"代指"顾客"使他被突显，成为施事者向服务员要咖啡渣作除味剂。每位留学生语篇都能展现此信息点。

"陈国钦的太太"是第五节的主语。她作为被突显者，开了一句玩笑使陈国钦产生灵感。有九篇留学生能准确展现此信息。FT106 以及 F109 错误判断了第五节的施事者，使陈国钦成为玩笑的发出者。FT111、FT112 和 FT113 删除了第五节内容，直接将第四节与第六节衔接。

所有留学生均能展现第六节信息。

事件 2 中第七篇缩写只提到了"老板"的反对，省略了同事的嘲笑；七篇语篇同时符合两个信息点。所有语篇均能体现陈国钦被反对后依旧坚持；除 FT103 外，所有语篇均能体现陈国钦从工厂辞职。

事件 3 所有语篇均能表现陈国钦遇到问题、解决问题的过程。但有八篇留学生缩写没有强调出现问题的产品为"第四代"而是使用"每次""一代又一代"等词组。这样的表述与原文信息不符合。

两个结局事件（事件 4、5）在语篇中有缺失现象。

事件 4 为陈国钦用咖啡渣制作衣服的结果即"咖啡纱"。十个留学生缩写语篇提到了事件 4，其中六个语篇仅使用五或六个字总结——"最后成功了"，并没有具体说明成功的内容。其余四个语篇字符数在 12—40 之间，简单或详细地说明了"成功"的内容为"咖啡纱"。

事件 5 为全文结局事件，可概括为"成功"。具体内容为陈国钦利用"咖啡纱"技术开设公司，他本人获得成功。事件 4、事件 5 这两个结果都为成功，只是成功的具体内容不同。只有 FT103 与 FT103 没有出现此事件信息。

八篇留学生缩写同时出现事件 4 和事件 5，他们能够区分这两种结果信息的语义指向。

总结而言，结果事件的相对缺失原因在于留学生并没有分清两种结果。事件 5 仅有两篇缩写缺失，只说明大部分留学生认可将事件 5（陈国钦个人的成功）作为全文结果。

这个问题可以用认知参照点原则得出合理解释。

语篇写作者在写作时首先应该确定 D 这个论述的范围,才不会导致偏题,其次需要确定认知参照点 R 作为论述的开头,最后在 R 的基础上根据不同的论述目标 T 分头展开论述。Y01 号语篇的论述主人公是陈国钦,所有论述都围绕他展开。因此留学生在写作时也自然会将陈国钦作为认知参照点 R,将陈国钦用咖啡渣做衣服的经历确定为论述范围 D,进而分头论述。因此在面临两个结果时,留学生需要选择一个作为全篇的结果。大部分留学生都受认知参照点影响,选择了陈国钦个人的成功作为全篇的结果。

事件 1 第五节有留学生缩写语篇中让"陈国钦"说出该由"陈国钦太太"所开玩笑,有缩写语篇将第五节删去使咖啡渣制衣灵感来源于陈国钦太太,而描述为直接由要咖啡渣的顾客启发。这也是因为陈国钦为全文参照点 R,为了避免转换认知参照点,选择将"陈国钦太太"的话直接缩去,这样就可以不转换认知参照点,继续以陈国钦的视角展开论述。

四、HSK 六级原文与缩写语篇衔接手段表现分析

(一)本文对衔接手段的分类

汉语语篇衔接手段分为显性和隐性两种,显性衔接手段具有明显的标志性,隐性衔接手段没有明显标志。本文研究目的是了解留学生衔接技能掌握情况,并帮助其提高运用能力。隐性衔接手段不仅在分析上容易突显主观特性,在写作教学中也难以开展。因此本文仅将语篇显性衔接手段作为研究对象。

上文中对胡壮麟、袁德玉、黄国文等人的衔接分类作了详细介绍。

本文的研究对象为留学生语篇,这些留学生有不同的语言背景和文化背景,因此研究语篇衔接还需要考虑语言对比。朱永生(2001)对比研究了英汉语篇衔接手段,他将衔接手段分为照应、替代、省略、连接、重复、同义词、反义词、上下义关系、搭配。①

朱永生的衔接分类更加详细,且得出结论,认为中、英两种语言在衔接手段的使用上有各自的选择倾向。这符合本文研究对象的特点。

本文在朱永生、黄国文等人的研究成果的基础上将衔接手段分为形式关联、指称关联、语义关联三类,具体小类如下图所示。

---

① 朱永生.《英语语篇衔接手段对比研究》[M].上海:上海外语教育出版社,2001.

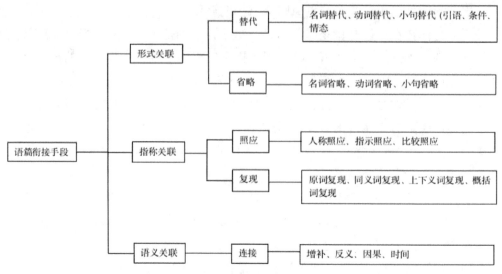

图 5　衔接手段分类图

（二）原文语篇衔接手段表现分析

本文语料包括原文、母语者缩写语篇、留学生缩写语篇三类。

三篇原文是留学生三场 HSK 六级模拟测试原文，为 HSK 考试真题。

留学生语篇来自课堂测验。测验方式模拟 HSK 考试，严格按照 HSK 考试研究完成。共收集留学生缩写三个题目 42 篇。

母语者共收集语篇 105 篇，分别来自两个高三班级。缩写语篇收集方式为课堂测验，母语者根据三篇原文完成缩写。缩写时不回收原文材料，不限制字数，要求在 35 分钟内完成。

1. 原文形式关联衔接表现。

形式关联包括替代、省略和词汇搭配。词汇搭配在语篇中表现不明显，因此此小节只分析替代与省略衔接。

（1）原文替代衔接表现。

替代衔接手段在三篇原文中表现有一定共性，以小句替代为主，多在后文论述中替代前文事件。因叙事型语篇有其特点，原文中出现了大量的人物话语引用，对此类引语的处理也是语篇衔接需要关注的内容，原文为引语，因此引语处理的方式，需要在缩写语篇中进行分析。

替代指在语篇中用替代形式取代上文中的某个成分。从信息结构的角度看所替代的内容在上文中已经出现过，因此替代是一种回指。替代的目的是使新信息更加突出。替代成分与被替代成分之间不必存在指称上的认同关系，仅仅是为了避免重复而选择一个语言成分替代另一个语言成分。

表9　替代衔接手段分类表

类型	英语	汉语
名词性替代	one, ones, the same, so	的,者,同样(的),一样(的)
动词性替代	do, do so	干,来,弄,搞
小句性替代	so, not	(不)这样,(不)这么,(不)是,不然,要不

①Y01语篇替代衔接表现。

替代衔接常表现为名词替代或小句替代。

9)他专门去请教了大学的科技人员,终于找到了原因:原来是咖啡渣中的咖啡油没有萃取干净,这样一来,人体运动产生的汗液与其相结合就会产生臭味儿。

"这样一来"使用了小句替代,"这样"替代前文小句"咖啡渣中的咖啡油没有萃取干净"。

这一次替代衔接的使用既涉及句(节)内衔接,也涉及句(间)衔接。

事件3第五节开头用"这样的打击"替代第三节咖啡衣的不成功。

小句替代中还有一类为引语替代。Y01原文中有三处涉及人物讲话。一是事件1中出现陈国钦太太的玩笑话,二是事件2老板的批评,以及事件6陈国钦的感触。

替代这一衔接手段多为回指性,即在下文中出现对上文内容的替代。因此分析陈国钦太太的话在语篇中的表现仅能看出信息选择与转写的特点,无法体现面对引语,缩写时应选用怎样的衔接手段。

所以还需要分析语篇中引语出现的下文,以展现下文如何回指引语。

②Y02语篇替代衔接表现。

Y02语篇替代衔接也表现为名词替代或小句替代:

10)"明明我不是最差的,甚至还算队里不错的,偏偏教练总是对我那么凶!"哈维又一次向朋友抱怨,同时心里也在暗暗盘算着:实在不行的话,我跑完这次越野赛就给自己的运动生涯画上句号。

"最差的""最好的"为名词性替代,指代队里成绩最差的运动员或成绩最好的运动员。

替代分为三类:名词性替代一般用"的"与"者"指代事物;动词性替代一般出现在对话中;小句性替代。朱永生认为小句性替代词在英语中为一般为"the same"。但是"汉语中没有与英语中的the same相对应的名词性替代词,从翻译的角度看,当the same用于名词性替代词时,一般译为'同样(的)''一样(的)',但在许多情况下,当英语中的the same用于名词性替代时,其相应的汉语表达则并不表现为名词性替代的形式"①。

同样,Y02 语篇中也存在引语。分别存在于事件 1 第四节、事件 2 第五节和第七节、事件 3 第四节,事件 5 第一节。

11)"明明我不是最差的,甚至还算队里不错的,偏偏教练总是对我那么凶!"

12)"哈维加油!哈维加油!"

13)"狼来了,狼来了!"

14)"随即,教练向他走来,说:'祝贺你,哈维,在土狼的帮助下,你赢得了冠军!'教练一边说,一边用手抚摸着小狼。"

15)"太可怕了,我都不敢回头看它,所以只能拼命往前跑。"

例 11)—15)为 Y02 原文出现的直接引语。

③Y03 语篇替代衔接表现。

Y03 原文中也出现了一次名词替代,表现形式与 Y02 一致。

事件 1 第六节:

16)这些零件,江夏铭会专门拿一个封口袋装起来,并写清楚是备用的。

"备用的"使用了名词替代,替代前文中的零件。

文中还有"清清楚楚的""不会处罚我们的"这类"的",但是这并不是替代衔接手段,而是作为语气词表强调。

在上文语篇结构分析中已经对 Y03 原文中的直接引用有一定分析,在此处不再论述,仅分析引用后文采用什么衔接手段。

事件 2 第八节引用,以第九节听话人人名复现并且回话的方式衔接。事件 3 第一节、第三节和第六节的直接引用也是如此。

(2)原文省略衔接表现。

省略衔接在三篇原文中主要表现为主语省略。分析主语省略在原文中的出现情况,本文结合认知语言学对主语省略何时该使用作出了推测。

一是多个分句论述同一个话题,此时认知参照点不变,主语只需出现一次以确定认知参照点(多出现在第一个分句),剩余分句主语可省略。

二是多个分句论述同一个话题,认知参照点不变,如分句没有省略主语,可以理解为强调。因此,多个分句不能每个分句都出现主语的强调,必须使用主语省略。

三是主语为带有修饰成分的词组,此时认知参照点没有得到突出,因此分句应

---

① 朱永生.英语语篇衔接手段对比研究[M].上海:上海外语教育出版社,2001:48.

再次突出认知参照点,主语不可省略。

上述推测,需要在缩写语篇中验证。

①Y01语篇省略衔接表现。

省略是指为了避免重复将语言结构中的某个成分省去使文章简练、紧凑的衔接手段。它也可以被认定为一种修辞方式。

省略还可以被视为一种特殊的替代现象,被称为零替代。因此替代和省略具有同样的特性,它们都是回指性的,也就是说替代结构和省略结构一般位于下文,且发生在语篇内部,能在语篇中找到被替代和被省略的成分。

省略可以分为三类:名词性省略、动词性省略与小句省略。

名词性省略指名词性词组的中心词的省略、中心词与部分修饰成分的省略以及整个名词词组的省略。一个名词性词组由表达事物意义的中心词和修饰成分组成。名词性词组的省略也可以理解为一种特殊的替代,用修饰成分取代中心词,代替整个词组。

动词性省略指动词词组内动词或者整个词组的省略。一个动词词组一般包括两个部分。一是实义动词,二是操作词。这两个部分可以分别被省略。可分类为左省略(实义动词)与右省略(操作词)两类。

小句性省略是指整个小句或小句的一部分被省略的现象,多出现在问答中。

汉语是以意合为主的语言,汉语中省略衔接手段的使用与语义有直接的关联。因此,汉语省略并不将语法的规范性和逻辑的合理性作为重点,只要省略的使用不影响语义即可。

这也是汉语多主语省略的原因,只要各个分句所论述为同一个话题,主语可以只出现一次,多次重复主语甚至可以被认定为赘余。

省略现象在Y01中出现频率较高,主要表现为主语省略。事件1分别在第二节和第四节各出现两次主语省略,在第五节出现一次;事件2在第一节、第四节分别出现一次主语省略;事件3在第二节、第三节分别出现一次,第四节出现两次;事件4第一节出现三次;事件第五节和第二节分别出现一次。Y01原文中共出现16次主语省略现象。

汉语中什么情况下可以省略分句主语,什么情况下不能省略,什么情况下省不省均可?通过分析原文中主语省略现象情况,本文有以下推测。

第一,一般情况下多个分句讲述同一个话题,可以只出现一次主语。主语一般出现在第一个分句。以事件4第一节为例:

17)有一次,他先把咖啡渣制备成咖啡纳米母粒,然后利用回收的纤维原料,再加上一些矿石玉粉,生产出了第八代产品——"咖啡纱"。

在这个小节中,主语"他"指称陈国钦。后续的所有动作"制备""利用""加上""生产"都由陈国钦一人发出。从 CRP 理论角度理解,即围绕一个认知参照点陈国钦,有数个 T。因认知参照点相同可以将本节后面所有分句的主语省略,这是因为认知参照点在开头已经确定,不需要进行多次确认。

Y01 事件 1 第四节也可以印证这个观点。

18)这个人临走的时候,向柜台服务员要磨咖啡豆剩下的咖啡渣,说回家后要将咖啡渣放在冰箱和烟灰缸里做除味剂。

这一小节在确定认知参照点为"这个人"(指称顾客)后,后面所有分句主语均被省略。

第二,带有修饰成分的词组作主语,需要再次确认参照点。

以事件 2 第三节举例。

19)在单位没有得到支持的陈国钦并没有放弃,他坚信自己的设想是合理的。

这一节的主语或者说 R 也是"陈国钦",但不同于例 17),第二个分句没有省略主语。对比分析例 19)与例 17),可以发现他们的主要区别在于主语的形式。例 17)主语为一个字符的人称代词"他",例 19)的主语为带有修饰成分的词组"在单位没有得到支持的陈国钦"。例 19)的主语不仅确定了句子的 R 是陈国钦,同时还讲述他在单位没有得到支持,突显了下个分句陈国钦的"坚信"。因此可以把分句中主语的再次出现判定为一种强调,使"坚信"更加突出也再次确定分句的主语为"陈国钦"。

理论依据介绍了 CRP 的两种形式,依据这两种 CRP 可以从认知视角分析主语省略。

主语可省略的句子属于第二种结构,围绕一个 R 可有多个论述。但第二种结构中每个论述的重要程度都是相等的,因此为了体现强调,就要将需要突显的分句单独列出,重新划分一个 CRP,这也是为什么有的分句主语不可以省略。

以 CT123 母语者缩写语篇为例。

20)在纺织车间工作的陈国钦主任,有一天和他太太在咖啡馆喝咖啡时,碰见了一个要咖啡渣回家当除臭剂的顾客,他顿时灵感爆发想到咖啡渣除臭效果这么好,要是把它用来做衣服,肯定是一个大的商机。

CRP 依旧是陈国钦,在以陈国钦为主语的这几个分句中,第四个分句主语"他"没有省略,这是因为此分句讲述内容为产生用咖啡渣做衣服的灵感,分句含有重点信息,因此需要进行强调。

这种强调表现了写作者的个人意志,因此并不是必不可少的,如果不表示强调也不能算作偏误。

②Y02 语篇省略衔接表现。

Y02 原文语篇共出现 15 次主语省略。与 Y01 语篇出现形式相同,都是同一主语不同分句的省略。

21)看着迷惑不解的哈维,教练笑着告诉他,土狼不是食肉动物,它以昆虫和白蚁为食,性情温驯,不会攻击人。

22)然而,在又坚持了将近一公里后,他的脚步再次慢了下来,他无奈地看着自己被其他选手一个一个地赶超。

例 21)中主语省略发生在句子的第一个分句。这是因为此句的主语省略功能不是分句衔接而是节与节之间的衔接。它与前面的小节主语也是相同的,是本文主人公"哈维"。同时在第一句分句省略主语后,其他分句并没有省略主语。

③Y03 语篇省略衔接表现。

Y03 原文语篇共出现 10 次主语省略。与 Y01 语篇出现形式相同,都是同一主语不同分句的省略。

前文分析事件结构时,发现 Y03 语篇留学生语篇与母语者语篇契合度较低,从留学生语篇表现看,Y03 的留学生缩写语篇是三篇原文缩写中信息匹配度最低、问题最多的。

在信息分析中,本文从关键词有生词、数量词多、引语多三个角度分析了原因。本节将用认知视角从认知参照点转换的角度分析。

Y01 与 Y02 的认知参照点相对固定。例如前文分析了 Y01 的主要认知参照点固定为"陈国钦"。

但是 Y03 出现了多个人物:江夏铭、同事们、同事老刘、老板、客户、江西的余老板、余老板的员工。这些人除"手下"外,其他人都曾作为认知参照点。这是此篇原文主语省略使用比其他语篇少的原因。同时,频繁的认知参照点转换也会使留学生在阅读原文时出现混淆。

2.原文指称关联衔接表现

指称是指语篇的某个成分与通过参照这个成分在特定情景中得到解释的其他事物之间的关系。本文将指称关系分为照应和复现两类。

朱永生认为照应关系就是"在语篇中,如果对于一个词语的解释不能从词语本身获得,而必须从该词语所指的对象中寻求答案,这就产生了照应关系"①。

因此,朱永生将照应关系认定为语义关系,他认为语篇中两个产生照应关系的成分,应该是一个成分成为另一个成分的参照点,他们可以互相解释。

照应在语篇衔接中发挥着重要的作用。从修辞上讲,用指代形式表达上下文中已经或即将提到的内容,可以使文章言简意赅;从衔接上讲,它可以使语篇在结构上更加紧凑,使语篇成为前后衔接的整体。

按照本文的语篇结构分类,照应可以分句内衔接、节内衔接与事件衔接三类,其中节内衔接与事件衔接对语篇结构衔接作用更大。

根据韩礼德和哈桑的划分,照应可分为人称照应、指示照应和比较照应。

汉语的人称照应划分为三类:

表 10   人称照应分类表

分类	照应词
第一人称	我、我们、咱们
第二人称	你、你们
第三人称	他、她、它、他们、她们、它们

汉语没有反身代词,在表达反身意义时需要在人称词前加上"自己",如"我自己"。有时"自己"也可以单独使用,表达反身代词的功能。

汉语语篇指示照应比较复杂。表现为数量多、用法复杂。

表 11   指示照应分类表

分类	照应词
指代人或事物	这(些)、那(些)
指代处所	这儿、那儿、这里、那里
指代事件	这会儿、那会儿
指代性质、状态和程度	这么、那么、这样、那样

比较照应分为总体比较和具体比较两类。

总体比较常用的形容词有同样的、相同的、同等的、类似的、其他的等;副词有同样、一样、不同等。此外,一些比较结构也可表总体照应:如……一样、和……相同、像……。

具体比较是通过词汇、语法手段来表达比较。常用的有更、更加、再、比较、这么等。

---

① 朱永生,郑立信,苗兴伟.英汉语篇衔接手段对比研究[M].上海:上海外语教育出版社,2001:14.

复现分为原词复现、同义词复现、上下词义复现、概括词复现等。但在上文分析中发现词语复现与照应常在语篇中呈现出二选一的状态。

在分析替代和省略时，已经发现缩写常用主人公的名词复现以及主人公的指称词"他""自己"等衔接语篇。因此本文主要讨论原词复现与人称指称这两类衔接的问题，通过统计，本文发现原词复现和人称指称使用频次高，是原文语篇的重要衔接手段。

（1）Y01原文指称关联衔接表现。

本文对Y01语篇使用人称照应的频次作了统计。原文语篇共出现人称照应20次。使用的人称代词有"他"14次、"他们"一次、"自己"三次、"你"三次。出现的位置灵活，但大部分出现在主语位置。其中"自己"和"你"多出现在回应事件中。除"你"和"自己"外所有的人称照应都指称文中人物陈国钦。

主人公名"陈国钦"在语篇中共复现五次。

总的来说，"陈国钦"的人称照应与原词复现总共25次。这印证了前文推断。Y01原文主要以主人公陈国钦为R，所有的事件与论述都围绕他展开。因此在全文R转换较少的情况下，会出现大量人称照应和主语省略衔接。这对缩减文章篇幅，减少论述难度是有益的。

除人称照应外，指示照应在文中出现频率也很高。Y01原文共出现指示照应十例，包括对人物、事物、事件的指称。

23）这个人临走的时候，向柜台服务员要磨咖啡豆剩下的咖啡渣，说回家后要将咖啡渣放在冰箱和烟灰缸里做除味剂。

24）这样的打击，让陈国钦一度想放弃，但他还是坚持了下来。

25）这种面料不仅实现了除味功能，而且各方面都优于普通面料。

原文语篇指示照应"这"使用频率远高于"那"。这与朱永生统计结果不符。"这"与"那"的选择体现了写作者对认知参照点的选择。文中主人公为"陈国钦"写作者本身是观察者C，不出现在语篇中。但是写作者在写作中代入自己的视角，与陈国钦共情，不自觉地更多使用"这"这个在心理上距离更近的指示代词。

（2）Y02原文指称关联衔接表现。

Y02原文共出现33次指称照应衔接。使用的人称代词有"他"21次、"自己"四次、"它"三次、"你"三次、"我"三次。

其中"它"照应小狼。"自己"三次均照应哈维，一次出现在哲理事件中。"你"两次出现在教练对哈维所说的话中照应哈维，一次出现在哲理事件中。

"他"共出现21次，两次出现在事件3中照应教练，剩余19次均照应"哈维"。

从人称代词的照应对象角度分析,可以发现 Y02 的指称照应比 Y01 指称照应更复杂。表现为指称对象更加多样,如果不加以区分,容易出现指称不明,影响语篇衔接和逻辑关系。

正因为指称多样,所以分析复现时不仅要分析主人公"哈维"还要和分析"教练"。

全文"哈维"复现 17 次,"教练"出现八次。

结合指称照应与复现的情况,文中主要人物"哈维"共通过"他""哈维""自己""我"出现 41 次。因此哈维应该成为 Y02 的主要认知参照点。

指称照应在 Y02 语篇出现 10 次。包括"这"五次,"那"五次。从频次上看"这"与"那"使用频次相当,但还需进一步分析文中指称照应的表现情况。

26)我跑完这次越野赛就给自己的运动生涯画上句号。虽然这样想,但哈维望着远处的跑道,却生出了许多不舍。

27)而此时,那团毛茸茸的东西也冲到了终点,离哈维仅仅一脚的距离。

不难看出 Y02 原文与 Y01 原文一样,写作者虽然处于旁观者 C 的位置,但在写作时代入了认知参照点哈维的视角。

(3)Y03 原文指称关联衔接表现。

Y03 原文共出现人称照应 29 次,其中"他"七次、"他们"一次、"它们"一次、"自己"三次、"我"七次、"我们"三次、"你"两次、"你们"四次、"大家"一次。

仅从指称词看,Y03 的人物关系十分复杂。指称对象包括江夏铭、同事们、老刘、老板、客户、江西余老板、余老板的员工。并且,这些人物的相互关系并不是固定的。

例如事件 3 第四节:

28)顿了顿,他又拿出另一张红单子,说:"所幸今天也有一个好消息——江西的余老板打来电话说我们发出去的主件、配件摆放得井井有条,备用配件更是码得清清楚楚,使他们的组装省时省力。"

"他"指公司老板,"我们"指江夏铭及公司同事,"他们"指余老板的员工们。这一个例句就可以看出指称对象的多样性。前文中分析提到 Y03 语篇母语者特别是留学生在组织语篇时与原文信息匹配度低,指称的多样性也是留学生阅读困难的原因之一。

"江夏铭"作为 Y03 主要论述中心,他的名字在文中复现 13 次。

指称照应在文中出现 13 次,八次与"这"相关。需要注意的是,文中对话中出现"这""那"指称,是站在说话人的视角按照与说话人的心理距离选择,其余地方则根据江夏铭的心理距离选择。

29)"你这是要为老板省钱吗？还是怕发多了配件老板处罚我们?"

30)江夏铭挠挠头,不好意思地说:"可能我一直习惯如此吧。"

31)老刘听了不以为然。

这三个例句为文中使用指示照应衔接的摘选。需要强调的是"不以为然"在本文中也为指称照应。

3.原文连接关联衔接表现

语篇中的连接成分本身就是具有明确含义的词语。通过这类连接性的词语,"人们可以了解句子之间的语义联系,甚至可以经前句从逻辑上预见后续句的语义"①。

既然连接可以通过连接词语预见后续句的语义,不同的连接词必然也会有不同的功能,根据不同的语义功能可以对连接词分类。但是本文的写作目的是考察原文和缩写语篇的连接衔接使用情况,因此不对各分类详细描述。

本文将"最后""再""期间"等时间词也认为是具有连接关系,并在本节进行分析。这是因为记叙文语篇中时间为重要的文章逻辑依据,具有衔接全文的作用。

既然连接词的选用依靠语篇句子间语义逻辑,不同写作者有不同的思维方式和重点,因此分析连接词表现很难找到规律,并缺乏教学指导性。本文仅列出三篇原文下各类语篇使用连接词的频次与表现,不做过多论述。

Y01 语篇中出现连接词 17 次。

32)后来,掌握了成熟技术的陈国钦成立了自己的纺织公司。

33)只有相信自己,才会有行动的动力;行动多了,才会有经验;经验丰富了,才会出成绩。

连接词出现的次数不算多,但没有连接词,特别是"先""然后""最终"等表示时间的词,语篇的连贯程度会下降很多。因此,即便连接词在文中占频次不多,本文也要分析它的使用情况,并运用于教学。

Y02 语篇出现连接衔接 18 次。"一边……一边"被计算为一次。

34)教练一边说,一边用手抚摸着小狼。

35)哈维紧张极了,但是出人意料的是,那毛茸茸的东西,不仅没有攻击教练,相反还亲昵地蹭着他。

Y03 语篇共出现连接衔接 17 次。

---

① 胡壮麟.语篇的衔接与连贯[M].北京:上海外语教育出版社,1994:92.

36)现在的关键问题是因为你们发的备用螺丝太多,又没有包装好,结果导致它们在运输过程中掉得到处都是,把好好的家具磨得满是擦痕。

连接词的选择要依据语义间的关系分为详述、同位、阐明、延伸等。因此缩写语篇中使用什么衔接词最重要的影响因素不是原文,而是缩写语篇作者语义间的逻辑关系。

(三)母语者缩写语篇衔接表现

本研究选取了两个汉语为母语者的高三学生班级作为对照,并采用课堂模考的方式得到了三个题目的有效缩写练习语篇,分别有 30、38、37 篇。

1.母语者缩写语篇形式关联表现

参照原文形式关联表现,在此节主要分析替代和省略。

(1)母语者缩写语篇替代衔接表现。

母语者语篇替代也表现为名词性替代和小句替代。

关于母语者引语替代,本文总结了无体现、概述、关键信息呈现、详细引述四类表现。而下文对引语的转述,总结了照应、复现、连接三种方式。分析发现母语者多采用概述的方式处理引语,以复现、照应的方式进行衔接,并使用连接词进行强调。

①Y01 母语者缩写语篇替代衔接表现。

母语者缩写语篇中 CT109 使用"这样的打击"替代前文衣服出现臭味,强调后文的继续坚持,这与原文表现一致。在处理事件 3 中"制衣失败"与"继续坚持"的关系时,母语者往往采用复现的方式。选择以"陈国钦"或者人称代词"他"为主语引出"继续坚持"衔接分句。这一方面是因为陈国钦为文章主人公,大部分母语者语篇将陈国钦作为所有分句的主语。另一方面是由于汉语本身的特性。汉语常采用原词复现的方式,而少用替代。

朱永生以英汉语篇互译衔接手段选用举例说明。

37)"Tom!"softly over the coach-roof.

"Hallo,Joe."

"Did you hear the message?"

"I did,Joe."

(C. Dickens:A Tale of Two Cities)

38)"汤姆!"他轻轻隔着车篷叫。

"嗳,乔"

"你听见那个口信了没有?"

"听见了,乔。"①

(选自张玲、张扬译:《双城记》)

英语中使用替代进行衔接,但在汉语译文中通过原词重复的方式表达。"I did"是动词替代,被替代成分为"hear the message"。同样的内容汉语以重复动词"听见了"并省略宾语"口信"的方式表达。

上文分析了母语者语篇词语替代衔接表现,接下来需要分析小句替代中的引语替代。

首先,看 Y01 原文事件 1 陈国钦太太所说的话例 39)。它在原文中表现为直接引语,在母语者语篇中的表现本文总结为四类。

39)如果咖啡渣的除味效果这么好,那把咖啡渣涂在运动完的人身上,是不是就不会有汗味儿了?

第一是完全没有体现。15 篇缩写完全没有体现这个信息。陈国钦太太这句话的作用是启发陈国钦的灵感。这 15 篇缩写将这个作用功能转移给了要咖啡渣的"顾客"。CT122 甚至将这个功能转移给了陈国钦本人,描述为例 40):

40)陈国钦是一家纺织厂的车间主任,一家在喝咖啡的时候突发奇想:把咖啡渣进行合理利用做出衣服。

第二类是概述。五篇缩写以"玩笑"概述整句话,CT119 以"一句话"概括。

第三类是只呈现关键信息,整句话的关键信息在于咖啡渣的除味效果。因此 CT108"涂在身上就不会有汗味"仅描写关键信息。

第四类是详细引述。九篇缩写详细引述陈国钦太太的话。其中 CT128、CT113、CT126 为间接引述,其余为直接引述。

分析母语者如何引述语句,这仅能在信息转写上有所体现,为了分析替代衔接手段的表现情况,还需要进一步分析下文。

第一类完全没有转述以及第二类概述已经改变了引语性质,因此无法分析出现引语时,下文的替代方式。

第三类关键信息引述以及第四类详细引述共有十篇。十篇缩写中八篇都没有使用替代或照应手段。而是一致选择以"陈国钦灵光一闪"指代前文。CT109、CT128 用"这句话"指代前文引述。但这也并不是小句替代,而属于照应。

41)"别异想天开了,咖啡渣要是能做衣服,早就有人研发了,还能等到今天?"

例 41)出现在事件 2 第一节,为老板批评陈国钦所说。它在母语者语篇中的

---

①　朱永生,郑立信,苗兴伟.英汉语篇衔接手段对比研究[M].上海:上海外语教育出版社,2001:59.

表现十分统一。有四篇缩写没有提及此信息,这四篇母语者缩写都十分短小,简介出现了信息的遗漏。其余所有语篇均将引述内容用小句概括。

下文衔接时采用的手段分为照应、复现、连接三类。照应即以"他"指称陈国钦,直接论述他接下来的行为。复现即直接以"陈国钦"开头展开论述。连接出现了"于是、然后、但、就"四种连接词。

"但"属于转折连接成分,使用这个连接词的语篇在下文论述了陈国钦的坚持。"于是、然后、就"属于增强式的连接词。他所连接的后文内容为之后发生的事。

增强连接词使用与采用复现、照应衔接的区别,在于他的强调作用,同时它的使用能展现后续事件与前文的延续性。

42)当全世界的人都在怀疑你的时候,你还能坚持相信自己,这一点非常重要。只有相信自己,才会有行动的动力;行动多了,才会经验丰富;经验丰富了,才会出业绩。所以,唯有自信,才能把一件看似荒唐的事情变成可能。

例42)引语出现在回应事件当中,所有母语者语篇处理的方式都是概述。直接提取这句话所说中心论点——"自信"并加以阐释。

②Y02 母语者缩写语篇替代衔接表现。

Y02 母语者语篇如何处理事件1第四节、事件2第五节和第七节、事件3第四节,事件5第一节中的直接引语的呢?

首先是事件1第四节。同样采用引语方式只有 CT202,同时这个母语者缩写语篇也与原文语篇同样使用替代的方法,这是对原文同样语句和用法的直接复现。其他母语者语篇均未提及此节信息。

43)他感到非常郁闷。"明明我不是最差的甚至还算队里不错的,偏偏教练总是对我这么凶。"他总是这样抱怨者,甚至偷偷盘算着不行的话跑完这次就结束运动生涯。

事件2第五节中的引语为家人的加油声。38 篇母语者缩写中 15 篇选择使用概述的方式转述此信息,剩下的 23 篇没有出现此信息。

事件2第七节直接引语为"狼来了!"所有母语者语篇均采用直接引用或间接引用的方式对此节信息有体现。

44)"祝贺你,哈维,在土狼的帮助下,你赢得了冠军!"

事件3第四节引语内容为例44)教练祝贺哈维获胜,这句直接引语直接交代了比赛的结果。对于这个重要信息仅有四篇采用直接引语的方式重现原文信息,这是对原文信息展现方式的直接复现。其余语篇使用概述的方式展现哈维获得冠军这一比赛结果。

45）最后哈维发现自己已冲到了终点。

46）哈维回头看，确定有狼，此时他加快脚步，只想保命，一直跑过了终点，赢得了第一。

甚至还有母语者语篇将此信息直接与原文中解释事件，即事件4结合在一起论述。

47）原来是教练为了让哈维成绩提高，用自己养的狼去吓哈维，从而激发他的潜力拿到冠军。

48）原来这是教练为了激发哈维的潜力，让自己的宠物来吓一下哈维，没想到还吓了一个冠军出来。

事件5在留学生语篇中基本没有呈现，在母语者语篇中对于引语同样没有呈现，但有部分语篇对事件5第一节的分句信息"感动于教练的良苦用心"有一定体现。

事件2第七节大部分母语者语篇选择以引用的方式转述这节信息。在下文中语篇使用全篇主人公"哈维"的复现或者采用照应指示"他"为主语的方式，将"狼来了"与全文主人公联系，也通过这种方法将新信息"狼"引入语篇。

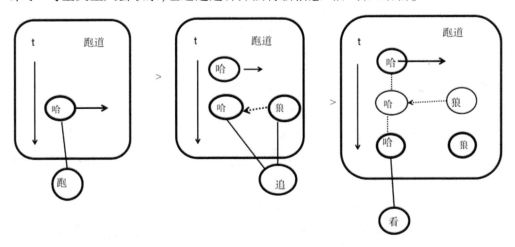

图6　Y02原文语篇事件2第七节语流简图

比赛中，哈维在努力奔跑，狼的出现在原文中是由观众的大喊"狼来了，狼来了！"引出，但在CDS中，文中虽然没有提到狼出现的目的，但从后文"哈维在奔跑中稍稍回了下头，的确有个毛茸茸的东西正向自己跑来"可以确定狼出现时，"哈维正在比赛且局势不利"已经进入意识成为已知信息，作为新信息的狼出现在注意窗中，成为射体，但在前文中并没有这个已知信息的背景介绍。因此原文以将已成为已知信息的哈维再次作为射体，把狼作为界标。因此，"狼"这个没有背景信息的新信息就顺利融入语篇信息流中。

通过上文分析,本文认为通过周围观众的话引入"狼"这个新信息,是为了阅读者在阅读时产生一种紧迫感与神秘感,才能代入主人公"哈维"的视角,感受这种紧张。因此,这是一种描写时的艺术性手法。在 HSK 六级考试中,缩写的目的是准确传递原文中的信息,并做到语篇连贯,不需要考虑读者的阅读体验。

因此,本文认为原文中的直接引语,可以不使用直接引语的方式呈现,概述是最简洁的转述方法。但是,因为留学生备考者阅读能力、写作能力都还未达到母语者水平。在留学生无法使用概括转述对话时,直接引用也可以作为一种写作策略,能够避免留学生在转述过程中的信息遗漏和偏误。

③Y03 母语者缩写语篇替代衔接表现。

原文中出现了名词性替代"备用的"。母语者 37 篇原文中共出现七处名词性替代。

其中三处用法与原文相同,都用"备用的"替代备用零件。

另外在处理事件 3 江夏铭被表扬事件中,CT303 以例 49)的形式处理信息,CT309 以例 50)的形式处理信息。其余两例也是相同形式处理同样的信息,不再列举。

49)这张单子是江夏铭写的。

50)然后发现了是一个叫江夏铭的人填的。

事件 3 包括两个对比小事件,即同事老刘被批评与江夏铭被表扬。批评和表扬都涉及发货和填单的问题。因此"江夏铭填写的单子"以名词性替代"单子"的形式出现,可能是因为"单子"这个物体为本事件第二次出现。

前文分析了 Y03 语篇原文存在直接引用。母语者语篇中仅八篇选择直接引用的方式转述原文中的引用。引用后的衔接方式也与前文分析一致。

(2)母语者缩写语篇省略衔接表现。

主语省略在母语者缩写语篇中使用频率较高,分析语篇发现母语者存在着过度省略的导致主语缺失的问题。

①Y01 母语者缩写语篇省略衔接表现。

省略是母语者缩写语篇中使用频率较高的衔接手段之一。但是母语者在省略时存在一个特点。主语省略不仅能运用于分句间衔接,也可用于小节间衔接。以 CT101 举例:

51)他老婆突发奇想用咖啡渣做衣服,他觉得可行。于是跟他老板说了,老板讽刺了他,周围的人也嘲笑他。

例51)第二句中共有三个分句。分句1主语为"他";分句2主语为"老板";分句3主语为"同事"。老板和同事作为施事者,受事者都是"他"。但在整个句子中,并没有引入主语"他"。分句1的主语也被省略,没有交代是谁"跟老板说了"。同时,分句1也并没有交代跟老板说了什么内容,也没有交代老板和同事为何"讽刺""嘲笑"。这两句的描写看似缺少很多必须交代的信息。

因此,还需结合第一句进行分析。我们将第二句中的第一个分句缺失的信息进行补充。

52)于是(他)跟他老板说了(这件事)。

括号里的内容为缺少的信息,需要回到上文中寻找。第一句提到了这件事是指咖啡渣做衣服,且第一句的最后一个分句主语为"他"。阅读者在阅读第二句话时无法确定主语,也无法确定句子围绕哪件事发生,就需要回到上文中寻找。因此,结合事件分析结果,例51)的第一句属于事件1,第二句属于事件2。省略还可以衔接不同的事件。

与原文分析分句中主语可以省略却不省表示强调相同,这种可以不省却省略的情况也同样体现了写作者的个人意志。不省略主语不能算作偏误。同时,因为可以不省略却省略的情况要求对文章有较深的了解,而留学生阅读时间有限,因此不建议留学生在缩写中采用此类衔接手段表示强调。

②Y02母语者缩写语篇替代表现。

Y02母语者语篇常用主语省略。38篇原文多次出现主语省略。但是也存在不当省略(主语缺失)的情况,原因可能是母语者由于对缩写题材的陌生,为缩短篇幅而过度缩写。尽管如此,主语省略仍然是缩写语篇重要的衔接手段。

文中主要人物为哈维,次重点人物有多个包括教练、土狼。过度省略会导致句子主语不明确,影响信息的准确性。

③Y03母语者缩写语篇省略衔接表现。

Y03母语者语篇省略衔接表现依旧为主语省略。并且存在着错误省略导致主语缺失的问题。

53)几个月的一天,因这个问题被客户批评,老板也批评这次的负责人老刘。

例53)第二个分句,主语应该为"老板",老板是客户批评的听话人,也是第三个分句批评老刘的发话人。这个分句涉及R的转换。

54)几个月的一天,(老板)因这个问题被客户批评,老板/(他)也批评这次的负责人老刘。

例54)第二个分句"老板"是听话人,但是仍位于句首以被动句的方式表达,这说明从 C 的视角,还是把老板作为 R;如果将第二个分句的主语老板补充完整,第三个分句也不能省略主语。这是因为,即便老板是第二个分句的 R,但他也是听话人的角色,在第三句时他作为 R 是固定的,但角色已经转化为了说话人,而听话人并不是第二句的说话人"客户",因此不能使用主语省略,要强调主语方便阅读者理解。

2. 母语者语缩写语篇指称关联衔接表现

母语者常用人称照应词衔接语篇。通过分析缩写语篇,笔者发现人称照应词与选取的认知参照点原词复现有相似的衔接功能,且在使用频次上,人称照应和原词复现并没有太大的差距,而在原文主要、次要人物过多,需要频繁转换认知参照点时,母语者会更愿意使用原词(全文主人公)复现的方式强调认知参照点。

(1)Y01 母语者缩写语篇指称关联表现。

Y01 语篇共 30 篇母语者语篇,人称照应词及全文主人公复现出现频次见下表。

表 12 Y01 母语者语篇指称关联频次统计表

人称照应	频次	平均
他	165	5.5
你	6	
自己	22	
他们	5	
它	1	
总频次	199	
复现	频次	平均
陈国钦	162	5.4

30 篇母语者缩写使用"他"这个人称代词 165 次,复现全文 R"陈国钦"162 次。在母语者语篇中"你"出现一般为结尾哲理事件指向读者;"他们"指陈国钦及其太太;"自己"也部分出现在哲理事件指称读者,另一部分指称"陈国钦"。

因此,30 篇母语者缩写最少使用了 327 次指称关联衔接手段指称全文的认知参照点"陈国钦"。笔者认为,可以说所有母语者阅读原文后都自然地把自己作为观察者 C,将"陈国钦"作为认知参照点展开论述,这也与原文的叙述方式相同。

Y01 语篇"这"出现的频次明显高于"那"。但相比其他衔接手段,依旧不多,因此不详细分析。但是,这能看出母语者延续了原文作者的写作视角。

在替代衔接手段中,笔者发现母语者喜欢用概述的方式处理原文中的人物对话,而留学生喜欢直接引语的方式再现对话。"概述"实际上是一种复现,不仅可以用于概述对话,也可以概述所发生事件。

55)这样的打击,他一度想放弃,但他还是坚持了下来。

母语者用"打击"来概述陈国钦的第四代产品失败,能有效衔接上下文。因此留学生也应该学习以概括的方式复现事件关键词,衔接上下文。

(2)Y02 母语者缩写语篇指称关联表现。

Y02 语篇共 38 篇母语者语篇,人称照应词及全文主人公复现出现频次如下:

表 13　Y02 母语者缩写语篇指称关联频次统计表

人称照应	频次	平均
他	201	5.3
你	21	
自己	71	
他们	2	
它	1	
我	2	
总频次	298	
复现	频次	平均
哈维	188	4.9

"他"在语篇中不仅用于指称认知参照点"哈维",也被用于指称小句的主语"教练"。"自己"也是如此。

56)哈维为了自己的理想努力地跑着,但慢了下来,被其他对手超过。

57)原来教练为了让哈维成绩提高,用自己养的狼去吓哈维,从而激发他的潜力拿到冠军。

"教练"为本文次重点人物,因此他在部分语句中体现出主导地位是可以理解的。但这也说明上文分析得出母语者选择全文主要人物作为认知参照点并围绕他展开论述,这是一种无意识行为。

原文 Y01 没有出现次重点人物,因此母语者使用指称衔接也只出现"陈国钦"这一个被指称者。但 Y02 出现了次重点人物"教练"和"土狼",母语者语篇的指称就并没有集中于"哈维"。

"教练"作为次重点人物也成为事件与事件 4 的认知参照点,认知参照点的转换在 Y01 语篇中没有出现。前文信息结构分析时发现留学生语篇与原文信息匹配度 Y01>Y02>Y03。原因之一是在于全文重点是否突出(有无次重点),多个重点会导致认知参照点和视角的转换,也要求写作者对语篇理解程度更深。因此,在日常缩写练习中应控制原文中的次重点,逐步提升难度。

没有经过缩写训练的母语者在论述时会根据原文内容和论述视角调整指称对象。但面对同样的语篇留学生在文中多重点人物的情况下,也许不能准确把握论述的方向,及时调整指称对象。

Y02母语者缩写语篇也很少出现指示照应,"这次"仅少量出现于站在哈维的视角指称"这次比赛","那"的出现用于指称"土狼"。

与Y01母语者缩写一样,Y02母语者语篇也体现出"概括"这个复现衔接方式的使用。

58)哈维一直被一个困难郁闷,在五公里越野跑训时总达不到要求,甚至再没有提高就会被踢出队伍。

例句以"一个困难"概括后文,为后文内容作总结,同时也有一定的衔接作用。

(3)Y03母语者缩写语篇指称关联表现。

Y03语篇共37篇母语者语篇,人称照应词及全文主人公复现出现频次如下:

表14　Y03母语者缩写语篇指称关联频次统计表

人称照应	频次	平均
他	120	3.2
我们	8	
自己	36	
他们	7	
它们	2	
我	6	
大家	16	
你	3	
总频次	198	5.35
复现	频次	平均
江夏铭	179	4.8

分析原文发现Y03有多个次重点人物,因此认知参照点频繁处于转换状态。在多个认知参照点转化的情况下不能缺少复现或照应衔接手段,一旦缺失就出现前文所说的省略过当情况,导致主语缺失,语篇认知参照点无法确认,进而影响阅读理解。

母语者语篇也存在这种情况。因此缩写衔接技能是经训练逐渐掌握的,母语者语篇并不是完美的原型,没有受过训练的母语者在缩写时也会出现衔接手段误用的问题。

59)他只是挠挠头,还是坚持自己的习惯认真地装备用零件,几个月的一天,(　　)因这个问题被批评,老板也批评这次的负责人老刘。

上述例句括号为省略过当导致的主语缺失,如果复现前文的"其他员工"就不会出现这个问题。

为了突出重点,有母语者语篇在涉及认知参照点转换时,采用人称照应或主语省略的方式,不复现次重点的名字。但这样反而会导致逻辑混乱。正因为如此,Y03母语者缩写使用复现的频次明显高于人称照应。

60)几个月的一天,因这个问题被客户批评,老板也批评这次的负责人老刘。只有个客户,江西余老板表扬公司的江夏铭。

分句2中根据原文理解被客户批评的是"老板"或者"老刘",结合后文第三个分句,分句2被批评的只能是"老板"。分句3的施事者和分句5的受事者都很明确。因此,在涉及认知参照点转换时,尽量不选择"他"等指称方式描述,绝不应该选择省略的方式衔接。

3.母语者语缩写语篇连接关联衔接表现

下表为母语者语篇中连接词的不完全统计:

表 15　母语者缩写语篇连接关联频次统计表

连接	频次
Y01	209
Y02	279
Y03	303

上文分析了记叙文的几个要素:时间、地点、人物。其中"人物"在分析指称照应与复现时已经进行了分析,因为表时间成分有很强的组篇功能,本表将表示时间的成分也判定为连接衔接。

母语者缩写语篇的时间线非常清晰,大部分语篇都能运用时间相关成分衔接语篇。

例如Y01母语者语篇中多个母语者将"几个月后""然而几个月后""当天""如今""现在"等表时间成分置于段首,作为段落间衔接手段。

从频次统计表看,连接关联的使用频次并不低,因此可以认为关联词的使用也是母语者衔接语篇的重要手段。

（四）留学生缩写语篇衔接表现

本节分析语篇为留学生在日常学习中进行模考所得缩写语篇。共包括三个题目，有效语篇共 42 篇。

1. 留学生缩写语篇形式关联衔接表现

（1）留学生缩写语篇替代衔接表现。

留学生常采用替代的方式指原文或上文中发生的事件，值得注意的是被替代的内容在留学生语篇中均在前文有所体现。这符合替代的使用要求，说明留学生能正确地使用替代这一衔接手段。

留学生缩写语篇多采取直接引用的方式处理原文中的人物对话，这与母语者所选择的"概括"不同。后文中留学生采用听话人或说话人复现以及小句替代的方式衔接文中出现的直接引语。

① Y01 留学生缩写语篇替代衔接表现。

FT108、FT103、FT104 这三篇语篇能够运用"这样"替代前文"衣服有臭味儿"。而替代的作用在于强调后文陈国钦继续坚持。因此这三篇语篇中"这样"与事件 3 中的第七节"继续研发"存在共现关系。

FT111 与 FT114 用"这样的打击"替代前文"研究屡次失败"，他们所替代的内容为对事件 3 的概括性话语，替代的目的是避免啰嗦。"这样的打击"同样有突显作用，作为界标突显了后文"坚持"的可贵，因此被替代的内容是不能省略而必须出现的。

原文出现的直接引语在留学生语篇中的表现分析如下：

61）如果咖啡渣的除味效果这么好，那把咖啡渣涂在运动完的人身上，是不是就不会有汗味儿了？

14 篇留学生语篇 FT111、FT114 没有出现"陈国钦太太"，陈国钦产生灵感的来源直接与顾客行为联结。其余语篇均出现此信息。大部分留学生都采用直接引语的方式呈现信息。仅 FT103 采用间接引语。值得一提的是，使用直接引语引述信息的语篇都存在标点符号使用问题，表现为回引号的遗漏，因此写作教学时还应强调标点符号的规范使用。

后文的衔接方式第一种为"陈国钦"的复现。前文引语发话者为"陈国钦的太太"，听话者为"陈国钦"。因此"陈国钦"为下句话主语，既能复现听话人"陈国钦"，也能通过听话人展现下句话论述内容为听话人听话的结果。

第二种衔接方式为替代，以"这样的话"替代前文。这实际上表现了对前文内容的强调。

两种衔接方式体现了强调的不同内容。听话人复现表示对听话人听话结果的强调,重点在听话后所产生的结果,而不在说了什么内容。小句替代则是对听话后所产生结果的原因的强调,重点在听话人的行为是由什么原因所导致。

62)别异想天开了,咖啡渣要是能做衣服,早就有人研发了,还能等到今天?

留学生转述这句引述的方式全部呈现为概括。这与母语者选择的转述方式具有一致性。从认知视角分析。此句位于事件2第一节。事件2第一节"老板批评"和第二节"同事嘲笑"共同导致了第三节"陈国钦"的坚持与第四节陈国钦的辞职。大部分语篇将第一节与第二节组合,这是因为他们的功用相同。因此要考察此句话后文如何进行衔接需要观察第三节、第四节的衔接手段。

六篇缩写采用以听话者"陈国钦"为主语的方式直接叙述,这与母语者语篇表现相同,在此不作赘述。八篇选择连接这个衔接手段的缩写,有两篇连接词为"虽然",其余均为"但"。第一节、第二节、第三节、第四节的关系为原因——结果关系,并且二者之间存在转折与对比。因此连接词"但"作为连接词非常适用。"虽然"属于连接词误用偏误。

回应事件大部分留学生采用概述的方式缩写,并且体现出日常写作训练的痕迹。

63)这个关于陈国钦的故事,可以给人很多的思考。从这个故事里,我们可以看到,一个人做任何事情,一定要始终坚持自己的本心,走在正确的方向上。那样,才能让我们所做的一切,达到美好的结果,或者为人所尊敬。

FT110、FT113采用间接引用的方式,概述引语内容并点明哲理。FT105、FT107没有阐述引语内容,只是对文章主旨"自信"做相关阐述。

②Y02留学生缩写语篇替代衔接表现。

原文与母语者语篇替代衔接手段的使用都是出现在事件1第四节哈维自己的心理活动。但很多留学生缩写语篇删减了这个信息,但保留此信息的留学生在转述这个信息时没有选择与原文相同的方式。

64)虽然,哈维的水平不是那么差,但是教授对他很严格。

65)为了自己的理想和给教练看,他也不比别人差就刚开始跑得很快。

留学生语篇中也有替代这一衔接手段的使用。出现在事件3,原文内容为:

66)它以昆虫和白蚁为食,性情温驯,不会攻击人。

FT201语篇将这个信息描述为例67)这也是留学生语篇中唯一的替代衔接手段使用。

67)狼不是吃肉的。

Y02 母语者语篇如何处理事件 1 第四节、事件 2 第五节和第七节、事件 3 第四节,事件 5 第一节中的直接引语?

事件 1 第四节,母语者的处理方式为概述或删减。留学生语篇表现也是如此,表现为直接引用、概述、缺失 3 种情况。

事件 2 第五节中的引语为家人的加油声。38 篇母语者缩写中有 15 篇选择使用概述的方式转述此信息,剩下的 23 篇没有出现此信息。13 篇留学生缩写中两篇采用概述的方法,五篇选择直接引用,剩下的六篇没有出现这个信息。

事件 3 第四节中的引语。两篇留学生用概括的方式转述信息,两篇缩写缺失信息,其余 11 篇都以直接引用的方式表达。

事件 5 在留学生语篇的表现,在前文事件分析时已经有所说明,作为哈维的心理活动补充,此事件在母语者和留学生语篇均未出现。

留学生语篇采用直接引语转述文中引语后,下文采取的衔接方式分为两种。第一是复现听话人"哈维",以他对引语内容的回应衔接。第二是复现说话人"教练"继续未完的话或者对自己的话作一定阐释。

③Y03 留学生缩写语篇替代衔接表现。

留学生语篇中也很少出现替代衔接手段的使用,因为大部分留学生语篇都缺少"备用螺丝"这一信息点,因此也没有出现与原文和母语者语篇相似的名词性替代。

面对 Y03 原文相比其他两篇原文较多的直接引语,留学生依旧采用直接引用的方式。不过 Y03 原文的引用特点是内容多、句子长,因此留学生在引用时,对原句作了程度不一的删减,或者将原文内容转述后以直接引用的方式表述。

68)一个同事对他说:"你干吗这样,你发多了也没问题啊,这样更会让客户满意。"小江说:"可能我惯了如此做。"

例句中"这样"替代前文江夏铭按照标准发放零件。例句中引用的话是在删减前文引用后保留下来的部分原文信息。

这也为留学生写作提供思路。直接引用可以避免留学生在论述时视角的转换,减少人称方面的出错率。但是根据缩写的考试要求。考生阅读原文材料十分钟后,原文材料会被考官回收。因此十分钟内考生需要阅读甄别原文信息,并记忆关键信息。对考生而言,要完整记忆原文中的对话是十分困难的,但如果缩写中的直接引用是考生用自己语言组织并删减的内容,这实际上已经对内容进行了自己的加工。

本文分析了三篇原文语篇以及与之分别对应的母语者语篇、留学生语篇在替代衔接使用上的表现。发现三类语篇很少使用替代衔接手段,即便使用了名词性替代,那也是对原文表达的转述,不能算作是有意识地使用。因此替代不是 HSK 六级缩写中的常用衔接手段。

同时,本文还分析了面对原文中的引语,母语者与留学生会怎样转述,后文中是否会选择小句替代,来替代前文引语。分析发现,母语者在面对引语时,多选用概述引语大概内容的方式转述信息。留学生更乐于直接引述,但会根据引语中的信息重新组织语言。

面对引语,母语者和留学生均没有选择指称手段,而是选择复现说话人或听话人使语篇衔接连贯。

从 CDS 的角度看,复现说话人的认知图示是选择正框中的旧信息(说话人)将说话内容引入焦点框中,说话内容成为焦点被注意处理后进入正框,随后说话人再次引入新的信息。

复现听话者认知图示是:说话人首先作为旧信息将说话内容引入焦点框架,信息内容被处理后信息内容进入正框成为已知信息,随后内容信息作为已知信息将负框中的听话人反应引入正框成为焦点信息。

这两种处理方式都很合理,选择哪种取决于写作者想要将什么信息作为焦点信息。

因此在写作训练中,应该注意 HSK 六级备考留学生在写作时是否选择直接引用的方式处理对话。为避免留学生在直接引用时造成的混乱,建议在教学中训练留学生概括与间接引用的能力。不论是直接引用还是间接引用,在后文的衔接中都要考虑将什么信息列为重点信息,选择恰当的主语。

(2)留学生缩写语篇省略衔接表现。

主语省略仍然是留学生缩写时使用的重要衔接手段之一,使用条件与形式与原文和母语者缩写语篇基本一致。

分析三类留学生缩写语篇,发现留学生语篇存在省略不当的问题,有时还会因为过度使用照应衔接造成省略的缺乏。留学生存在着过度省略与缺少省略两大问题,因此可以说留学生在使用省略衔接方面存在问题,需要在教学中予以关注。

①Y01 留学生缩写语篇省略衔接表现。

留学生使用省略衔接手段次数与频率低于原文,这可能是因为缩写语篇篇幅比原文短,并且删去了许多次要信息,因此句群中有更少的分句,省略出现的可能性也有所降低。

但从留学生缩写语篇省略衔接手段使用整体情况看,主语省略依旧是写作中重要的衔接手段,并且主语省略的使用条件和形式基本与原文相符,契合汉语使用习惯。

前文分析的主语省略的功能,可以衔接同一节间的各分句,可以衔接不同事件。

留学生缩写语篇存在着省略不当的问题。

以 FT101 事件 3 为例:

69)他研发了一代又一代的产品让亲戚朋友们试穿。到第四代以为差不多成功了,可穿了几次后,衣服就有臭味儿。

第一句主语明确为"他",第二句的第一个分句主语缺失,第二个分句也出现了主语缺失。第一个分句缺失的主语为"他",第二个分句缺失的主语为"亲戚朋友"。因此省略了这两个分句的主语会误导阅读者理解信息。阅读者在无法判定第二个分句的情况下,"穿衣服"的可能是"他"也可能是"亲戚朋友"。

而这个"他"在此时也是不确定的,因为第一个分句并没有明确的主语,因此这种省略是不当省略,省略了不应该省略的主语。

主语省略不当不是个例,在其他留学生缩写语篇中也出现此问题,因此写作教学课堂中应该针对何时主语应当省略进行教学。

②Y02 留学生缩写语篇省略衔接表现。

留学生语篇不常用主语省略衔接,但也会过度使用指示照应。

70)哈维回头了一下就看到毛茸茸的东西。他为了逃命就开始跑快。后来他接着逃命跑快到终点了。

例句中 FT202 留学生语篇使用连续的短句,每个短句都有主语或用人称代词照应主语。从语法上这样的用法没有问题,但从认知上分析:在已经确定哈维为 R 时,每一次的"哈维"或"他"的重现就是一次对 R 的强调,在认知参照点和关键信息没有改变的情况下,每个小句都被强调就显得语篇缺乏重点。虽然缩写语篇是对语篇重要信息的重组,但它是对原文语篇整体结构的缩略,不是对重要信息的摘要。因此缩写语篇中过度强调也会使阅读者阅读时感觉别扭,不恰当。

因此,在教学中应该对留学生何时应该省略主语做一定训练。重点为如何判定 R 是否转变,如何使语篇有轻重节奏。

③Y03 留学生缩写语篇省略衔接表现。

前两篇原文的留学生缩写分析得出留学生不常用主语省略,同时会因为过度使用指示照应,会产生缺乏省略,导致文章没有重点。这个结论是否是有规律的,需要分析 Y03 留学生缩写语篇加以验证。

71) 江夏铭得到了奖励还升了职,后来公司越做越好,江夏铭也得到了相应的回报。

72) 几个月后老板找到仓储部门,原来是接到了客户的投诉,该多发的六角棒没有多发,螺丝螺帽却塞了一大堆。而且备用螺丝太多,又没包装好,结果把好好的家具磨得满是擦痕。

73) 大家辨认发货单上的字迹,老刘默默站了出来,被狠狠地批评了。又表扬了江夏铭井井有条。

上面三个例句,主语省略衔接手段的缺失,也有过度使用导致主语不明逻辑混乱。可见,留学生使用省略衔接手段,不仅是不常用导致的啰嗦,更大的问题在于不知道何时该用、何时不该用。

本文分析了三篇原文语篇以及与之分别对应的母语者语篇、留学生语篇在省略衔接使用上的表现。发现省略衔接手段在文章中出现的主要形式为主语省略。其中母语者语篇存在过度省略导致逻辑不清的问题。留学生语篇有过度省略与本该使用省略衔接却选择照应衔接这两类问题。

因此,本文认为留学生语篇省略衔接的使用存在问题,但这并不是因为留学生语篇短句过多(主语不省略)导致的,而是留学生无法把握省略衔接手段出现的时机与位置。

对比母语者缩写语篇,母语者也无法恰当使用省略。可见省略衔接手段的合理使用不是依靠母语者的语感,而需要课堂的教学引导与练习。

课堂练习需要明确几个问题。第一,如何断句。断句一般我们认为是语调问题,但是在写作教学中,不能仅用主观性强且较难把握的语调作为判断标准。本文认为可以从认知语言学出发以找到 R 和 T 的方式断句。如果 R 已经确定,一个 R 对应一个 T,那么一个句子中只有一个分句。如果一个 R 对多个 T,这个句子中就会有多个分句。多个分句因为 R 相同,就可以省略主语。对于需要强调的分句,可以使用照应手段强调。

2. 留学生缩写语篇指称关联衔接表现

对比留学生语篇与母语者语篇使用人称照应词与原词复现的情况,发现留学生语篇人称照应词的使用次数都远超母语者。原因可能一是母语者为了缩短语篇篇幅,过度使用省略衔接,二是留学生过度使用照应和复现。不论产生原因如何,都揭示了留学生无法合理地协调使用主语省略、人称照应及原词复现这三种衔接手段。

（1）Y01 留学生缩写语篇指称关联衔接表现。

Y01 语篇共 15 篇留学生缩写。人称照应词及全文主人公复现情况如下：

前文 Y01 母语者语篇人称照应词"他"使用的平均频率为每篇 5.5 次，留学生为每篇 8.8 次，远超于母语者语篇。但复现的表现二者相差仅 0.1。因此可以推断留学生语篇过于频繁地使用人称照应。

表 16　Y01 留学生缩写语篇指称关联频次统计表

人称照应	频次	平均
他	132	8.8
你	4	
自己	31	
我们	25	
他们	9	
我	2	
总频次	203	
复现	频次	平均
陈国钦	80	5.3

（2）Y02 留学生缩写语篇指称关联衔接表现。

Y02 语篇共 13 篇留学生缩写。人称照应词及全文主人公复现情况如下：

表 17　Y02 留学生缩写语篇指称关联频次表

人称照应	频次	平均
他	146	11.2
你	22	
自己	18	
我们	27	
他们	3	
它	13	
我	2	
总频次	231	
复现	频次	平均
哈维	91	7

文中人称代词"我"的出现实际上表现了留学生在转述文中对话时出现的偏误。

74)哈维是一个运动员,他一直没达到教练的要求,教练跟他说再一次没达到,我就要求把你从队里踢出去。

教练说的话已经成为间接引语,但留学生还是以直接引语的视角选择人称代词,造成逻辑混乱。

分析表中人称照应与主人公复现的频次。不论是人称照应词"他"还是"哈维"平均使用的次数都远大于母语者语篇。因此产生原因可能有两种,第一是母语者为了缩短语篇篇幅过度使用省略衔接;第二是留学生过度使用照应衔接和复现衔接。

(3)Y03留学生缩写语篇指称关联衔接表现。

Y03语篇共13篇留学生缩写。人称照应词及全文主人公复现情况如下:

Y03语篇照应词"他"的出现频次平均依旧高于母语者语篇,但"江夏铭"复现平均频次与母语者语篇基本一致,与Y02、Y03留学生语篇表现情况不同。

表18　Y03留学生缩写语篇指称关联衔接表现

人称照应	频次	平均
他	106	8.15
我们	29	
自己	14	
他们	17	
你们	6	
它们	0	
我	10	
大家	0	
你	8	
总频次	190	14.6
复现	频次	平均
江夏铭	62	4.76

前文已经分析了Y03原文的信息结构,认为Y03原文相比其他两篇原文有更多的人物存在,并且也有更多的次重点人物。三篇原文及其缩写语篇人称照应衔接的表现证明了这一个推断。特别是Y03语篇出现照应词最多,并且各照应词指向不同的对象。

3.留学生缩写语篇连接关联衔接表现

留学生缩写语篇连接关联衔接表现如下:

表 19　留学生缩写语篇连接关联衔接表现

人称照应	频次
Y01	133
Y02	151
Y03	115

留学生缩写语篇连接关联使用频率不低。但因为连接词数量多,且选用与语义有直接联系,无法作规律性的统计,或得出一定结论。

对比表 4 和表 5 母语者连接关联衔接使用表现,发现留学生缩写衔接使用频次 133、151、115 远低于母语者使用频次 209、279、303。从数据分析可以明白留学生使用连接关联的频次较低,从语篇表现看,发现留学生连接关联使用存在一些问题。

75)虽然他没有放弃,但是工厂辞职后用咖啡渣做衣服。

例 75)中留学生能够使用关联词,但连接词的选用仅依据日常学习中记忆的成套关联词,没有结合语境准确地安排连接词出现在句子中的位置,使得句子僵硬、不连贯。这说明留学生能够记忆并积极使用关联词,但没有掌握灵活应用的方法。这要求教师在学习过程中除了讲解知识外,还需配合适当的练习,帮助留学生能正确运用所学知识。

留学生语篇与母语者语篇一样,还出现了有关时间的连接成分,笔者认为这亦可以被视为连接,起到衔接各个事件的作用。在缩写写作教学中引导学生寻找原文时间线索,并在自己缩写语篇中使用,既能帮助留学生阅读原文梳理信息,又能使缩写语篇衔接密切,逻辑严密。

(五)母语者与留学生衔接手段表现对比分析

本文已经分别分析了母语者和留学生这两类缩写语篇,并对他们形式关联、指称关联、连接关联三个方面的表现有所描述。在分析中,已经对二者衔接手段的选用差异与原因作出了解释,本节将简要总结上文分析内容。

替代衔接手段两类语篇使用次数均不多,但母语者使用替代衔接的内容留学生却又不同的选择。母语者替代衔接的使用主要是受原文影响。

76)明明我不是最差的,甚至还算队里不错的,偏偏教练总是对我那么凶!

77)"明明我不是队里最差的,甚至还算队里不错的,偏偏教练总是对我这么凶!"他总是这样抱怨着。

例 76)为原文句子,使用了名词性替代"最差的"替代"最差的队员"。例 77)为母语者语篇,也选择同样的方式。留学生语篇均没有出现此小节信息。

小句替代在留学生语篇中同样少有体现。

替代中还有一种情况叫作引语替代。母语者与留学生处理引语的方式也不相同。对原文中的引语,留学生多采用直接引语或间接引语的方式处理,母语者多采用概述的方式。

留学生不论是使用直接引语还是间接引语,都存在着标点符号误用、人称代词误用的问题。这说明,留学生需要在写作练习中强化直接引语和间接引语练习。笔者认为这种偏误出现的原因是留学生无法适应认知参照点的转换。在写作训练中可以要求留学生学会转换认知参照点进行论述。在加强引语知识学习的同时,留学生为避免偏误可以选择处理引语的固定方式,并强化练习。

留学生人称照应的使用频次明显高于母语者,相对应的主语省略为母语者最常用的衔接手段。

人称照应和主语省略都是行与行之间、节与节之间甚至事件间衔接的重要手段。二者不可同时出现在同一个分句。

在认知参照点不变的情况下,母语者多使用省略主语的方式衔接认知参照点所指目标,这种衔接方式符合认知参照模型图的第二种,即围绕一个 R 对多个 T 展开论述。母语者想要强调某一个 T 时,才会使用人称照应,重新强调认知参照点,即围绕一个 R 论述一个 T。

因此,在认知参照点不变的情况下,人称照应的使用起强调作用。如果 T 过多,为了避免省略过当也会在不特意强调某个 T 的情况下使用,目的是再次确认认知参照点。

原词复现的作用与人称照应有相似处,都可以用于认知参照点的转换、某个 T 的强调,或者认知参照点的再次确认。

留学生使用人称照应和原词复现手段平均频次远高于母语者。这首先会导致重点缺失。如果每个 T 都加以强调,语篇就失去了轻重的节奏。其次会导致逻辑混乱。尤其是"他""他们""我们"等人称代词频繁使用会使留学生在写作时不断转换视角,容易导致人物关系指称混乱,也会使他们无法厘清文中人物关系。最后,单一的衔接手段使用,能使语篇衔接,但会缺乏连贯性。

因此,在写作练习中应该训练留学生灵活替换使用照应、省略和复现这三种衔接手段的能力。

本文在连接关联分析中,发现留学生存在着连接词误用和随意搭配的问题。这个问题产生原因是留学生对连接词掌握不够熟悉,在写作练习中应该有专门的连接词练习模块。

五、认知视角下留学生 HSK 六级缩写备考教学建议

(一)培养语篇意识

首先是指将语篇当作一个结构完整的整体。从语篇结构而言,整个语篇是由一个个句子组成的,这些句子承载着不同的信息。句子依靠不同的衔接手段紧密结合才构成了语篇,句子所承载的信息结合成语篇的语义网络,使语篇语义连贯。

其次,培养语篇意识还需考虑语篇的结构特征。刘月华(1998)认为,在研究篇章时要区别语体,因为不同语体中,句子连成段落或段落连成篇章的连接成分与连接方式等都有所不同,比如在对话体与非对话体不同,在非对话体中,叙述体、描写体、说明体、议论体等也有所不同。① 他所说的叙述篇章就是本文所说的叙事型语篇。语篇类型多样,仅从 HSK 六级考试角度分析,六级缩写主要选择叙事型语篇作为原文材料,因此教师在培养留学生语篇衔接意识时也应该有选择性地主要以叙事型语篇的衔接为主。

叙事型语篇包括两个特征:一是叙事结构;二是信息结构。叙事结构是由一个个相对独立的叙事单元所组成。叙事单元的组成元素是事件,主要包括六个元素:点题、背景、进展、评议、结局、回应。

本文分析发现三篇原文均没有点题元素,但大部分留学生在缩写语篇中能够体现。这得益于日常的写作训练。因此在教学和写作练习中应该强调点题的重要性。在缩写开篇点明缩写语篇的主要人物、事件、结果、哲理。Y03 语篇没有出现回应元素。但大部分留学生也能总结全文主题,在文中作出回应。

根据缩写原文的文体特点,本文有以下教学建议:

一是在阅读原文方面要求通读全文快速划分叙事元素。本文分析的三篇原文均是独立的叙事单元。三篇原文中 Y01 包括背景、进展、结局、回应四个叙事元素;Y02 包括背景、进展、结局、评议、补充、回应六个叙事元素;Y03 包括背景、进展、结局三个元素。可见六个叙事单元组成元素能够概括大部分叙事语篇的叙事结构。留学生在日常练习中应该养成习惯,阅读原文时应该快速通读全文,并且根据六个叙事元素划分原文事件。

二是在写作练习方面要求完整体现原文叙事元素。阅读时根据叙事元素划分事件可以帮助留学生梳理信息和记忆信息。在写作时,留学生也应该根据阅读时划分的事件,按顺序依次写作,要保证事件完整。

(二)认知参照点的确定与转换

三篇原文的分析结果显示,缩写语篇与原文相关度呈现 Y01>Y02>Y03 的态

---

① 刘月华.关于叙述体的篇章教学[J].世界汉语教学,1998(3).

势。三篇原文字数相当,结构一致(均符合叙事型语篇的特征)。出现这种现象的原因是 CRP 的转换频率不一。

CRP 是认知语言学的基本认知方法,本文以 Y01 语篇为例,利用 CRP、CDS 和舞台模型分析语篇,发现只要确定 R 就可以确定演员(施事者、受事者),确定时间词和地点词就可以限制 OS 的范围。因此,确定 CRP 是寻找关键信息点的首要条件。

根据 CRP,本文有以下教学建议:

首先,缩写练习原文选择。如果文章人物较少,认知参照点相对固定,留学生缩写难度就会相对较小,例如 Y01。如果文中人物多,且关系复杂,涉及认知参照点的转换,留学生缩写难度就会加大。因此,教师在选择练习语篇时应根据"i+1"原则,逐步提升缩写难度。选用语篇应参考文中是否涉及认知参照点的转换。

其次,阅读策略。第一,教学中如何帮助学生确认认知参照点?确定认知参照点最简单的方法是确定文中主人公。叙事型语篇一般在文章开头就会论述全文主人公,因此他就应该是全文的主要认知参照点。第二,如何确定关键信息?如果文中出现多个认知参照点,所有的认知参照点 R,以及与之相对应的 T,确定 OS 的时间、地点都是关键信息。根据叙事语篇的特点,若文章只有一个认知参照点,认知参照点以及与之对应的多个 T,确定 OS 的时间、地点也是关键信息。不过为了区分 R 的多个 T,可以将二者间的动词也列为关键信息。

最后,写作策略。第一,固定视角。若留学生无法准确选用人称代词指代多个认知参照点,可以将主要的认知参照点定为缩写语篇的固定参照点。在论述时不再以 R 指向 T 的方式论述,而是以 R 为主,用 T 指向 R 的方式论述。最典型的例子是被动句。第二,围绕认知参照点写作。在阅读时,留学生根据认知参照点记忆信息,在写作时也应围绕认知参照点完成缩写。

(三)正确认识衔接手段

通过本文对原文、母语者、留学生三类语篇的总结与分析,发现省略、照应、复现、连接是 HSK 六级缩写语篇常用的衔接手段。连接关联存在的问题主要是对关联词的认识不够,不能灵活运用。省略、照应与复现存在着选择的问题,三种衔接手段的选择关键在于写作者如何处理认知参照点。

省略衔接主要表现为主语省略。在认知参照点固定的情况下,分句通常会选择省略主语。照应衔接主要表现为人称照应。在认知参照点固定的情况下,留学生存在着人称照应使用过多的问题。在认知参照点不固定的情况下,留学生缩写语篇人称照应经常出现指称不明的现象。复现指原词复现。原词复现能强调认知参照点,特别适用于存在多个认知参照点(认知参照点频繁转换)的语篇。

根据本文分析情况,笔者提出以下教学建议:

首先,在精读课中应详细讲解关联词,并加强练习,使留学生能够准确、灵活地运用关联词。在写作课上,教师应将关联词总结常态化,帮助留学生总结、积累原文和缩写范文常见的关联词。

其次,写作时要合理断句。留学生使用人称照应、复现频率高的重要原因是留学生普遍常用短句。母语者语篇存在着省略过多的问题,这是因为母语者语篇普遍常用长句。因此,合理断句是选择合适衔接手段的前提。CRP 可以一个 R 多个 T。因此在认知参照点固定的情况下可以将多个 T 描述为同一个句子,每个 T 一个分句。分句间衔接可以采用主语省略或人称照应。

最后,多个认知参照点应充分使用原词复现衔接语篇。在文章有多个认知参照点的情况下,选择省略衔接会造成偏误,选择人称照应容易指称不明。因此,缩写时如果涉及认知参照点的转换,多采用复现的方式强调认知参照点,避免混淆。

此外,由于负责 HSK 六级缩写教学的教师大部分以汉语为母语,教师在教授留学生缩写技巧,尤其是衔接技能时,更需要厘清母语者与留学生缩写时在衔接手段选择上的异同,警惕教师本人由于思路与母语者一致而忽略留学生的学习特点。因此,教师应时刻反思自己的教学,并根据实际情况进行调整。

(四)强化考试技巧

前面三个教学建议基本覆盖了留学生完成缩写的全过程。

首先,留学生学会判断原文叙事元素就能够确定缩写语篇叙事元素并建立语篇结构框架。其次,留学生通过确定 CRP,就找到了缩写语篇的认知参照点,并找到文章的主要信息,填充了缩写语篇内容。再次,留学生学会了选择合适的衔接手段将这些信息合理组合。最后,笔者分析发现留学生在处理文中人物的对话以及生词方面还存在着一些问题,需要教师在教学中总结一些应试的辅助性技巧。

三篇原文都出现了人物对话,母语者和留学生选择了不同的处理方式。母语者大多以概述的方式,选择关键信息总结原文对话。而留学生多采用与原文相同的方式直接引述。

留学生在直接引述时出现了标点符号使用有误、人称代词选择有误等问题。有的留学生选择直接引用时使用"他"等错误的人称照应手段,有的留学生选择间接引用,却使用"我""你"等错误的人称照应手段。

本文据此提出以下教学建议:

第一,确定引述方式。不论是直接引用还是间接引用,留学生应该固定选择一种处理原文直接引语的方式。不论在日常练习还是考试,都采取固定的论述方式。

只有这样才能避免在缩写时产生混乱,误用人称照应词。

第二,确定 CRP。再次强调确定认知参照点的重要性。只要在论述时有固定的认知参照点,不论选择直接引用还是间接引用,都不会因混淆论述视角而误用人称照应。

第三,合理使用直接引用。直接引用的优势在于可以省去原文引用语言在大脑中的人物转换,减少出错的概率。如果留学生选择使用直接引用为固定的处理方式,需要学会合理使用直接引语并衔接语篇。

六、结语

本文以信息结构理论和认知语言学为基础,运用统计法数据统计法等多种研究方法对 HSK 六级备考留学生语篇信息结构与衔接表现进行了考察,探讨了留学生在衔接手段选用上的特点,并对留学生备考 HSK 六级在写作方面提出了一些建议。

首先分析了三篇原文的结构。根据叙事型语篇叙事型结构的划分,将叙事元素分为点题、背景、进展、结局、评议、回应六类。发现三篇原文事件均与叙事元素契合。认为无论原文是否存在点题、回应这两个元素,留学生在缩写时都应该体现。

其次,以 Y01 语篇为例,展示了如何依据认知语言学的相关理论,特别是CRP、CDS 和典型事件模型找出原文中的关键信息。发现认知参照点是有效的判断依据,并且认知参照点的转换是否频繁是决定留学生缩写语篇信息与原文信息是否契合的关键因素。

最后分析了原文语篇、母语者缩写语篇以及留学生缩写语篇这三类语篇在衔接手段选用上的表现。发现三类语篇在衔接手段的选用上有一定的一致性。省略、照应、复现是最常用的衔接手段。留学生往往仅按照原文结构缩写,没有确定认知参照点,并从它出发论述语篇,因此存在着省略、照应、复现三种衔接手段选择不当的问题。

依据全文分析,笔者认为缩写最重要的是确定认知参照点。缩写教学应该包括阅读和写作两个方面。在阅读方面,阅读原文要先找到认知参照点,然后根据叙事结构划分事件,最后依据 CRP 理论确定关键信息并记忆。在写作方面,要完整表达文中所有的事件,并围绕认知参照点展开论述,最后根据认知参照点的转换情况综合使用衔接手段。本文从培养语篇意识、确定和转换认知参照点、正确认识衔接手段、强化考试技巧四个方面着手,分别提出教学建议,并设计小教案供教师参考。

鉴于本人学术水平有限,本篇文章还存在许多不足之处。

第一,留学生汉语语篇问题比较复杂,衔接手段有显性和隐性之分,本文仅分析显性衔接手段,且仅根据留学生缩写语篇的表现情况进行分析,没有深入探讨。

第二,对留学生的母语和文化背景了解不足,不能更深入地论述。

第三,对留学生缩写学习情况和教师教学方法没有更多了解,无法深入探究。

虽然本研究存在许多不足,但仍然希望本文的分析能对留学生 HSK 六级备考有所帮助。

参考文献

一、专著

[1] Gee, J. P.. *Social linguistics and literacies：Ideology in Discoures*[M]. London：Taylor&Francis,1996.

[2]Gee,J.P.. *An Introduction to Discourse Analysis*[M]. Beijing：Foreign Language Teaching and Research,1996.

[3]黄国文.语篇分析概要[M].长沙:湖南教育出版社,1988.

[4]黄国文.语篇分析的理论与实践[M].上海:上海外语教育出版社,2001.

[5]胡壮麟.语篇的衔接与连贯[M].上海:上海外语教育出版社,1994.

[6]李天贤.认知框架下的语篇连贯研究[M].北京:国防工业出版社,2013.

[7]石毓智.语法的认知语义基础[M].南昌:江西教育出版社,2000.

[8]王寅.认知语言学[M].上海:上海外语教育出版社,2006.

[9]王寅.认知语法概论[M].上海:上海外语教育出版社,2006.

[10]王晓农,张福勇.基于认知语言学的语篇翻译研究[M].成都:西南交通大学出版社,2011.

[11]吴为善.认知语言学与汉语研究[M].上海:学林出版社,2006.

[12]袁德玉.认知语言学基础上的衔接[M].成都:电子科技大学出版社,2017.

[13]朱永生,郑立信,苗兴伟.英汉语篇衔接手段对比研究[M].上海:上海外语教育出版社,2001.

二、期刊论文

[1]Halliday,M.A.K.. Notes on transitivity and theme in English：Part2[J]. *Journal of Linguistics*,1967.

[2]曹军.信息结构理论对写作教学的启示[J].山东外语教学,2005(4).

[3]郭纯洁.英汉篇章信息结构的认知对比研究[J].语言教学研究,2007(5).

[4]郭纯洁.语篇连贯的认知基础[J].现代外语,2003(1).

[5]刘洋.认知语言学的基本理论及其局限性[J].科教文汇,2012(8).

[6]李兵.概念隐喻与隐喻语篇的主题分析[J].湖南人文科技学院学报,2011(3).

[7]刘颂浩.缩写练习在对外汉语教学中的应用研究[J].世界汉语教学,2016(1).

［8］卢卫中.语篇衔接域连贯的认知机制［J］.外语教学,2006(1).

［9］沈家煊.R. W. Langacker的"认知语法"［J］.国外语言学,1994(1).

［10］王寅.认知语言学与语篇连贯研究——八论语言的体验性:语篇连贯的认知基础［J］.外语研究,2006(6).

［11］王寅.认知参照点原则与语篇连贯——认知语言学与语篇分析［J］.中国外语,2005(5).

［12］王寅.范畴三论:经典范畴、原型范畴、图式范畴——论认知语言学对后现代哲学的贡献［J］.外文研究,2013(1).

［13］王寅.语篇连贯的认知世界分析方法——体验哲学和认知语言学对语篇连贯性的解释［J］.外语学刊,2005(4).

［14］熊柏森.略论英语缩写文写作的信息论基础［J］.辽宁税专学报,1997(4).

［15］袁洪.认知凸显视角看时间特征与时空隐喻的相似性［J］.浙江外国语学院报,2014(6).

［16］张德禄.论语篇连贯［J］.外语教学与研究,2000(2).

三、学位论文

［1］毕宏伟.中高级阶段英语北京留学生语篇衔接偏误问题探讨［D］.东北师范大学硕士学位论文,2012.

［2］陈贝贝.对俄汉语教学中记叙文写作训练策略研究［D］.长春理工大学硕士学位论文,2019.

［3］郭鹏.基于缩写语料的HSK写作偏误分析与教学研究［D］.兰州大学硕士学位论文,2018.

［4］姜超.HSK五级与雅思考试的写作题对比研究［D］.重庆师范大学硕士学位论文,2018.

［5］李天贤.认知框架视角下的语篇连贯研究［D］.浙江大学硕士学位论文,2012.

［6］李育新.高级阶段留学生汉语语篇"衔接与连贯"偏误分析及教学策略研究［D］.兰州大学硕士学位论文,2018.

［7］李祥.蒙古国留学生新HSK六级写作问题分析及教学对策研究［D］.东北师范大学硕士学位论文,2019.

［8］屈慧.汉语记叙文语篇衔接及其应用［D］.北京师范大学硕士学位论文,2012.

［9］唐红倩.东干中级汉语学习者叙述体语篇衔接手段习得情况及教学策略［D］.西北师范大学硕士学位论文,2018.

［10］徐畅.隐喻理论及其在对外汉语教学中的应用——以《全唐诗》《全宋词》中的"冰"为例［D］.烟台大学硕士学位论文,2017.

［11］于兆敏.基于新HSK五级关键词写作偏误研究［D］.吉林大学硕士学位论文,2019.

［12］张宇.高级阶段英国留学生汉语议论语篇衔接偏误研究［D］.山东大学硕士学位论文,2019.

南亚学生 HSKK 高级朗读中的声调"石化"现象研究

——以高频上声和去声单字为例①

摘要：本文主要研究高级阶段南亚留学生上声和去声的调值情况。选取六名南亚国家汉语师资班留学生，结合"化石化"理论和 praat 语音软件，利用直观数据，分析调值产生偏差的原因并给出相应的教学措施。

论文主要由五个部分组成：第一部分是写作缘起和意义，主要介绍本篇论文的写作背景、写作意义，对论文涉及的相关研究进行总结和分析，找出现有研究所取得的成果和不足。第二部分是实验设计，使用 praat 语音软件，收集六名留学生的声调音频，经过语料选取，基频采样等流程，计算出每个留学生声调的 Lz-score 值，并依据数值画出声调曲线图。第三部分依据声调曲线图对每个留学生的声调进行分析，包括调值具体数值，整体走向等，得出上声和去声的调值表现。上声出现的偏误调值为 325、425 和 25，去声出现的偏误调值是 41、52 和 51。第四部分是分析声调"化石化"问题产生的原因，主要有三个方面：母语的负迁移、学校教学和个人因素。第五部分是针对声调"化石化"给出相应的教学建议，主要有三个：声调理论、声调模仿和语音实验教学法。第六部分是对全文的总结，归纳本篇论文所得出的相应结论。

关键词：南亚留学生　声调 HSKK　"化石化"　上声　去声

一、绪论

（一）研究目标及意义

留学生在学习汉语的过程中，都存在不同程度的声调问题，即使对于在中国环境中学习汉语三年以上的留学生，也还有这方面的问题。笔者所在的四川师范大学国际教育学院，长期接收来自南亚、日韩和欧美的留学生，其中巴基斯坦和尼泊尔的留学生数量最多。笔者主动担任南亚国家汉语师资班的小老师，经过近一年

---

① 本论文由田心羽、王飞华完成。

的接触,发现留学生虽然能够运用汉语表达基本的意义,但是语调上存在很大的问题,比如部分留学生习惯将一个声调读成另一个声调,声调过高或者过低,等等。而且,该班的留学生已经处于高级阶段,声调已经出现了"石化"现象,改变这种现象对于留学生接下来的学习是非常必要的。

汉语水平口语考试,简称为 HSKK。共有三个级别,高级为最高级别。南亚国家汉语师资班的留学生,在三年级时都有通过 HSKK 高级的考核,以作为评定发放奖学金的标准之一。HSKK 高级考试内容包含以下三方面:听后复述、朗读、回答问题,共计 100 分。口语测试是留学生语言输出的突出表现,其中声调是一个重要的打分点。听后复述和回答问题主要考察留学生的听说能力和逻辑能力,往往具有很大的变数,值得注意的是朗读题,一般是朗读一段 300 字左右的材料,考查考生最基本的语音、语调、发音和语流音变。很多留学生的声调其实是不太标准的,声调标准,整个朗读也会更加自然流利。那么如何提高留学生声调的准确性,更好地提高朗读这一环节的分数,就是笔者本篇文章的研究目的之一。

(二)相关研究概述

1.声调实验的研究现状

目前国内声调实验研究是非常热门的,主要包括两方面:一是对国内方言声调的实验研究;二是针对留学生学习汉语的声调实验研究。本论文的重点在于第二方面,因此对于国内方言研究情况不作论述。

针对留学生学习汉语的声调实验研究。陈彧(2006)研究苏格兰留学生单字音声调,进行男女对比,并且分别与北京话对比,综合分析得出声调分布情况;叶良颖(2010)研究巴基斯坦留学生汉语的单字调和双字调,分析声调调值、时长和调型,得出巴基斯坦留学生在声调学习上的难点;陈晨(2010)不仅分析巴基斯坦留学生的声调,还对应分析了乌尔都语中可能对声调产生影响的元音,得出留学生习得声调的难易顺序;柯杰伟(2016)分析尼泊尔大学生语音偏误,分为声母、韵母和声调三方面,总结出尼泊尔学生单字调、词组以及语流音变中声调偏误类型;宫君卓(2014)探讨初级汉语水平的马达加斯加留学生的声调问题,进行听辨标调和数据分析,得出对应的调域、调值,并且与普通话对比声调起点高低;孙小晴(2015)分析越南留学生单字调的声调偏误,按初级和中级分别总结偏误情况,找出偏误最大和最小的声调;李婧妍(2016)运用石化理论分析韩国小学生的声调,按石化阶段得出对应结论并提出改进措施;徐丽(2018)综合考察马达加斯加留学生的声调掌握能力,听辨、数据分析,还额外涉及"一""不"变调研究,得出留学生偏误最严重的声调。

当前声调实验研究的方向主要是运用软件、利用数据分析相应结果,得出结论。声调实验当前涉及诸多国家的留学生,比如美国、俄国、巴基斯坦,越南等等国家,范围非常广;声调语料选材集中在单字调和双字调上,往往会画出对应的声调五度图,并与普通话声调进行对比;提取声调基频,转化为声调图,常用石锋的T值计算法和朱晓农的Lz-score归一化法,这两种方法相对成熟。但是目前的研究也存在着不足:第一,大部分的研究集中在初中级阶段,很少有论文或者专著对高级留学生的声调进行考察分析;第二,研究主要集中在英美、日韩等国家的留学生上,较少关注来华人数相对较少的国家的汉语声调的情况;第三,根据中国知网的检索发现,有关巴基斯坦留学生声调问题研究的论文只有11篇,尼泊尔有七篇,相较于整个声调研究来说,数量是非常少的;第四,大部分的论文都是研究四个声调,很少提出一两个声调进行单独分析。

2.“化石化”研究现状

“化石化”也称作“僵化”,这一术语最早是由美国语言学家Selinker在1972年提出的。许多外语学者在学习外语的过程中,会出现停滞不前的情况,表现在语音、词汇、语法各个方面,尤其在语音方面比较突出,这一现象就被称为“化石化”。“化石化”问题对于二语教学和学习都非常重要,由于其带有的顽固性和必然性,常常表现为语言运用的回退和中介语形式的反复出现,已经成为语言学习的重大难题。

根据当前的研究,“化石化”可以简单地分为两大类,一类是按照发生的群体,分为“群体石化”和“个体石化”,“个体石化”中又包括“错误石化”和“语言综合能力石化”;另一类是根据持续的时间长短,分为“暂时性石化”和“永久性石化”。

目前,关于石化的研究也非常多:戴炜栋、牛强(1999)以英语为例,对石化现象过程进行详细解释并绘制坐标图剖析其发展过程和特点。王洪强(2005)从心理学、生物学、语言接触论和文化影响论来解释中介语“石化”现象,引进新视角。康慧、李瑞萍(2009)对中介语“石化”现象进行实证研究,并提出相应的回避措施。王真(2011)指出中介语“石化”现象方面的四个教学启示。当前的“石化”问题研究,主要集中在理论分析和语言实际研究方面。我国多研究英语的“石化”问题,涉及声调、语调等方面,专门结合汉语声调进行“石化”研究的比较少,尤其南亚学生声调“石化”问题的相关研究。

(三)主要研究方法

1.观察法

对南亚国家汉语师资班的留学生进行语音观察,主要是课堂中对老师教学的反馈和课下辅导时的声调情况。通过听感,记录留学生问题比较多的声调,做好标注。

2.文献研究法

基于前人对于声调的研究,吸取过往研究中的优点,发现不足,从而改进个人的论文思路、实验设计等;了解现有研究所涉及的方方面面,研究的深度、研究中所使用过的方法等。

3.问卷调查法

以 HSKK 高级朗读材料作为依托,选取出现频率最高的十个上声字和去声字,一对一进行语料的采集,采集的过程中注意与留学生交流问题,进行纠正。

4.语音实验法

数据更具有直观性,使用 praat 软件,让采集的语料经过数据分析,以直观的图表形式呈现。

二、实验设计

(一)发音人

本次实验所选取的发音人均是来自四川师范大学国际教育学院南亚国家汉语师资班本科三年级的留学生,他们来自巴基斯坦、尼泊尔等,主要的语言为乌尔都语、英语、尼泊尔语等,在中国已经学习了三年多。为了更好地进行声调分析,减少变量,任意选取三名女生和三名男生作为发音人,女生记为 F1、F2、F3,男生记为 M1、M2、M3。

(二)实验过程

1.实验语料选取

在正式开始实验前,笔者进行了一个简单的自测:先提取了一位南亚学生的上声和去声基频,做了一个结果的预测,随后按照计划步骤进行提取,经过分析以后,得出实验结果。将实验结果与估计的结果进行比对,为了保证实验更具有效性,也与同类型的声调实验结果进行了比照。

本次实验重点是分析留学生单字调上声和去声的"石化"现象,鉴于该班的留学生大多需要参加 HSKK 高级口语考试,所以用 HSKK 高级口语考试中的朗读材料作为样本,通过统计监测,找出朗读材料中频率最高的上声和去声单字,各取前十个。语料测评图如下:

yǒu	hǎo	nǐ	wǒ	xiǎng	lǎo	měi	zǒng	xiǎo	hěn
有	好	你	我	想	老	每	总	小	很
shì	huì	shì	zhè	gè	yào	zài	dào	bù	jiù
是	会	事	这	个	要	在	到	不	就

2.录音过程

采用 Linfer Ltd. 录音软件,通过耳机采入声音,采样频率为 44100Hz,采样频道为单声道,储存格式为 wav。选取一间安静的教室,先将朗读材料交给留学生预览,确认每个字都会读,提前让他们读两遍。正式开始录音时,每个字读一遍,每个字读后有两至三秒的停顿,尽量在自然放松的状态下朗读,不要刻意或者夸张某一声调。录音完成后,储存为 wav 文件,用 praat 软件进行分析。

3.操作过程和方法

(1)提取基频

打开 praat 软件,选择储存的音频,进行合理提取。本实验主要依照朱晓农的理论提取,即声调起点从韵腹开始算起,声调的终点有两个标准,一是声波图中振幅明显下降,二是看宽图中第二共振峰是否还清晰。提取好一个基频后,再次打开,将时间步长设定为当前基频可见时长的十分之一,设置完毕后,语图中会出现对应的 11 个点,分别对应 0、10%、20%、30%、40%、50%、60%、70%、80%、90%、100%,点击"基频—基频列表"就可以得到一个声调的基频数据。以此类推,得出六名留学生的基频数据。

(2)数据处理

基频数据需要进一步处理才能够画出声调五度图。本次实验采用朱晓农的 Lz-score 归一化法,目的是过滤掉个人特性,尽量减少录音时发音分割的差异,从而获得更具有语言学意义的信息。基本的步骤为:求基频均值—化为对数—求对数值的均值和标准差—进行 Lz-score 归一化—把各个发音人的归一化结果加以平均并求其标准差。运算公式为 $(x_i - \mu)/\sigma$,其中 x_i 是每个采样点的基频值,μ 是化为对数后该声调的平均值,σ 是化为对数后该声调的标准差,注意在计算平均值和标准差时需要舍去各声调在 0 处的值,去声 100% 处的值也有舍去。根据以上算法,得出六名留学生的归一化数值。

表 1　上声归一化数值

	F1	F2	F3	M1	M2	M3
0	0.31	-0.06	-0.58	-0.80	-0.83	1.23
10%	0.00	-0.40	-0.72	-0.93	-0.83	-0.36
20%	-0.17	-0.31	-0.71	-0.94	-0.89	-0.81
30%	-0.65	-0.63	-0.76	-0.95	-0.91	-1.03
40%	-1.31	-1.26	-0.78	-0.88	-0.86	-0.93
50%	-1.43	-0.69	-0.71	-0.62	-0.71	-0.77

续表

	F1	F2	F3	M1	M2	M3
60%	0.21	−0.41	−0.55	−0.17	−0.37	−0.52
70%	0.54	−0.06	−0.29	0.44	0.16	−0.04
80%	0.80	0.54	0.35	1.02	0.85	0.55
90%	1.03	1.38	1.31	1.56	1.57	1.20
100%	1.49	2.09	2.41	1.82	1.94	1.90

表2　去声归一化数值

	F1	F2	F3	M1	M2	M3
0	1.22	1.31	1.26	1.83	1.41	1.51
10%	1.14	1.21	1.20	1.55	1.33	1.32
20%	1.04	1.06	1.07	1.27	1.18	1.07
30%	0.89	0.84	0.81	0.76	0.97	0.78
40%	0.71	0.49	0.48	0.20	0.66	0.46
50%	0.35	0.12	−0.01	−0.19	0.30	0.14
60%	−0.05	−0.33	−0.40	−0.53	−0.22	−0.23
70%	−1.09	−0.82	−0.76	−0.95	−0.76	−0.63
80%	−1.18	−1.31	−1.08	−1.20	−0.99	−1.03
90%	−1.48	−1.76	−1.62	−1.26	−1.45	−1.32
100%	−1.65	−2.33	−1.77	−1.23	−1.69	−1.49

依据得出的 Lz-score 值,折合为五度值时将−2.05—−1.50 归为 1 度,−1.50—−0.50 归为 2 度,−0.50—0.50 归为 3 度,0.50—1.50 归为 4 度,1.50—2.50 归为 5 度。按照此标准制作对应的声调五度图。

三、声调"石化"现象分析

(一)声调"石化"的调域分析

1. 上声"石化"的调域分析

调域是单字调声调表现的重要方面,反映了声调出现的音域范围,下表是六名留学生上声的基频平均值。

表3　上声的基频平均值

F1	F2	F3	M1	M2	M3
173.30	157.20	206.50	129.50	154.90	142.00
165.90	150.00	202.60	127.10	155.00	136.90

续表

F1	F2	F3	M1	M2	M3
162.10	151.90	203.00	127.00	153.60	135.50
151.80	145.30	201.50	126.70	153.20	134.80
138.50	133.20	201.10	128.00	154.30	135.10
136.30	144.10	202.90	132.70	157.60	135.60
170.80	149.80	207.40	141.20	165.10	136.40
178.70	157.10	215.00	153.50	177.60	137.90
185.40	170.80	235.00	166.40	195.40	139.80
191.30	191.80	268.30	179.30	216.00	141.90
203.80	211.40	312.40	185.90	227.10	144.20

上表是留学生上声的基频均值表格,从表格中可以看出,女生上声的调值范围为 133.20—312.40 之间,男生上声调值范围为 126.70—227.10 之间。女生上声的起点和终点的基频要普遍高于男生,声调的跨度范围更大,男生整体的调值比女生要低。

表 4　去声的基频平均值

F1	F2	F3	M1	M2	M3
273.40	320.40	390.00	179.20	252.50	170.00
267.00	316.70	385.60	174.60	251.20	167.10
259.60	311.20	376.20	170.10	248.50	163.20
249.40	303.40	358.60	162.30	244.90	159.00
237.50	291.40	337.30	154.20	239.80	154.30
214.80	279.30	308.70	148.70	233.90	149.80
192.20	265.10	286.90	144.10	225.70	144.80
144.40	250.60	268.70	138.70	217.40	139.60
140.60	237.00	253.40	135.50	214.00	134.50
129.40	224.90	229.30	134.80	207.20	131.00
123.70	210.70	223.00	135.20	203.90	129.00

该表格为南亚六名留学生的去声的基频均值。女生的调值在 123.70—390.00 之间,男生的调值在 129.00—252.50 之间,男生去声调值基频的起点低于女生,但是女生调值基频的终点要高于男生。女生的调值基频跨度较大,起点较高,男生相对跨度更小,分布比较均匀。

　　总体而言,根据以上两个表格,我们得出的结论是:女生的调值基频普遍高于男生,调域的范围更广,跨度更大;男生的调域范围相对较小,分布比较均匀。

(二)声调"石化"的调型分析

1.上声"石化"的调型分析

根据实验过程和操作,可以得出六名留学生的声调曲线图。

首先是女生上声的声调曲线图:

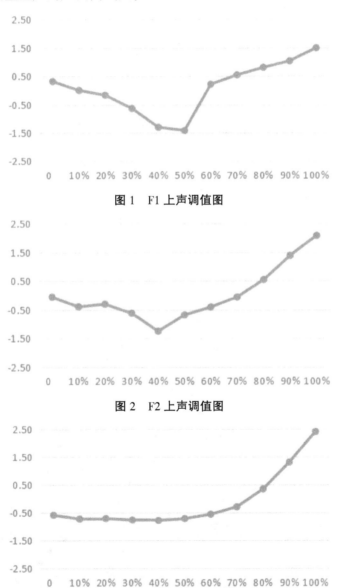

图1　F1上声调值图

图2　F2上声调值图

图3　F3上声调值图

　　由图中可知,F1 从第一个采样点开始至第六个采样点一直呈现下降趋势,从第六个采样点开始上升,整体呈现"凹"形,调值可以记为 325;F2 第一个采样点至第二个采样点呈下降趋势,然后稍有上升,但在第五个采样点之前,总体是下降趋势,第五个采样点开始逐步上升,调值可以记为 325;F3 总体声调曲线呈上升趋势,第二个采样点到第六个采样点有下降趋势,但是下降幅度很小,没有超过区间,调值可以记作 25。

　　接下来是男生上声的声调曲线图:

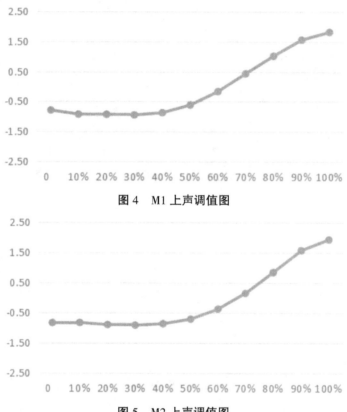

图 4　M1 上声调值图

图 5　M2 上声调值图

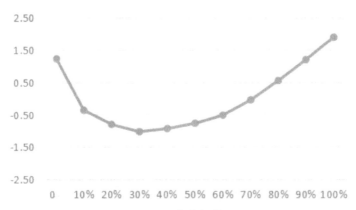

图 6 M3 上声调值图

从图片中可以看出,M1 整体呈现上升趋势,第二个采样点到第四个采样点有所下降,但是下降幅度很小,无法改变整体趋势,可以记为 25;M2 第一个采样点至第五个采样点比较平缓,第五个采样点开始呈现上升趋势,调值可记作 25;M3 整体表现为"凹"形,第一个采样点的起点比较高,随后一直下降,直到第四个采样点,从第五个采样点开始上升直至结束,此声调可以记为 425。

根据以上六幅声调曲线图,可以归纳出南亚留学生上声的声调调值表现,主要是 325、425 和 25。出现频率最高调值的是 25,其次是 325,最后是 425。在本次实验中,南亚留学生在发上声时,50% 会出现调值为 25 的情况,要么只存在声调的上升,缺少下降;要么有下降,但下降幅度过小,不能形成折度;上声表现为 325 和 425 的情况则是声调起点过高,结尾点过高,把握不好声调的调值,但是有明显的折度,比调值表现为 25 的情况要好一些。

2. 去声"石化"分析

根据实验相关数据,可以得出南亚留学生去声的声调曲线图。

首先是女生的去声声调曲线图:

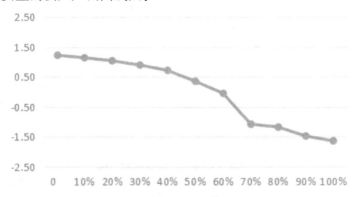

图 7 F1 去声调值图

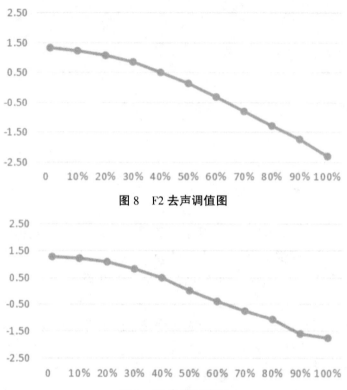

图 8　F2 去声调值图

图 9　F3 去声调值图

　　从图中可知,去声的情况好于上声,三幅图整体呈现下降趋势。F1 所有采样点呈现下降趋势,第七个采样点到第八个采样点间降幅度最大,可以记为 41;F2 整体比较流畅,呈下降趋势,可以记作 41;F3 同样呈现下降趋势,没有出现上升或者下降幅度很大的情况,比较规律,记作 41。

　　其次是男生的去声声调曲线图:

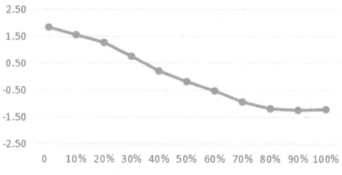

图 10　M1 去声调值图

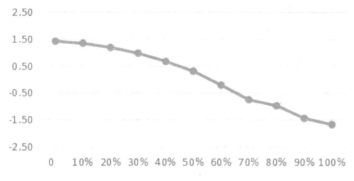

图 11　M2 去声调值图

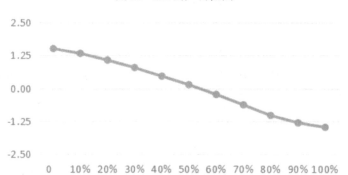

图 12　M3 去声调值图

由图可知,三幅图都是呈现下降趋势。M1 从第一个采样点开始至第八个采样点数值都是在减少,但是第九个采样点至第十一个采样点有上升趋势,结尾段趋于平整,不再下降,可以记作 52;M2 起点稍平,其后稳步下降,可以读作 41;M3 整体呈现下降趋势,没有出现下降幅度过大或者过小的情况,记为 51。

综合六幅声调曲线图,可以明显看出,去声整体都是呈现下降趋势的,调值表现为 41、52 和 51,其中调值表现为 51 的情况已经符合要求的调值了。三种调值表现中,调值为 41 的情况出现最多,调值为 52 的次之,说明南亚留学生对于去声基本情况是了解的,明白需要呈现下降趋势,但是往往难以把握起点和终点的调值,会出现起点过高或者终点不够低的情况。

(三)声调"化石化"现象总结

总体而言,六名南亚师资班的留学生声调都存在问题,上声的"化石化"问题较去声的"化石化"问题严重一些。上声对于留学生来说,一直是一个比较难学习的声调,在本次实验中,一半的留学生将上声 214 读作了 25,缺少了其中下降到上升的过程,声调发得并不完整,交流时可能会因为声调的不正确产生障碍,这是急需纠正的。然后是发成调值为 325 或者 425 的情况,有"先降后升"的意识,但是起点和终点过高,稍显怪异。关于去声,整体来说,不是很严重,调值起点过低,终点过高,总体调值走向没有问题。由于"化石化"现象的出现,上声和去声调值常常会不标准,甚至产生了固定的错误调值,"洋腔洋调"的问题进一步加重。这一问题需要认真重视并且纠正。

四、声调"化石化"现象原因分析

(一)母语的负迁移

根据行为主义理论,语言迁移可以正迁移和负迁移。对二语习得起积极作用的是母语正迁移,对二语的学习产生了干扰,带来了负面影响的是母语负迁移。本次实验中涉及南亚学生主要来自巴基斯坦和尼泊尔,巴基斯坦使用的主要语言是乌尔都语和英语,尼泊尔使用的是尼泊尔语和英语,两个国家使用的主要语言都是非声调语言,但是汉语却是典型的声调语言。声调对于母语是非声调语的留学生是有特殊困难的,他们常常把声调与他们母语的语调相混。以乌尔都语为例,主要采用阿拉伯字母,12 个元音,42 个辅音,从左至右书写,与英语类似。比如:

بو فضل کا الله!祝你好运!

两个相同意思的句子,乌尔都语缺少声调,所以在说话时会一调到底,每个词的声调不固定,或高或低,可能读成全降调或者全升调,任意性较大。反观汉语句子,声调依次是:51、214、214 和 51,四个字的声调调值固定且不可随意更改。乌尔都语声调的高低并不会妨碍语言的沟通,留学生在对声调掌握不牢的情况下,受到自身母语的影响,就会出现一调到底或者乱读声调的情况。这些影响我们就可以认为是乌尔都语对汉语的负迁移结果。

在声调教学的时候,需要建立起声调的概念,明确每个汉字对应不同的声调,声调不同,字形字义都有可能不同。并且最好进行语言对比,让留学生了解自身母语和目的语声调的差别,明白差异之处,反复比对,尽量减少语言迁移带来的负面影响。

表 5　乌尔都语字母表

（二）教师教学的影响

当前对于留学生的汉语教学，大部分学校采用的是班级制，一个班留学生的数量在 20—30 人，一名教师负责一门科目，还是有一定压力的。正常情况下，对外汉语课堂教学包含以下内容：组织教学、复习检查、训练新内容、巩固新内容和布置课外作业。课堂教学的内容相对来说是比较丰富的，教师需要按照正常的教学进度推进，而且当留学生数量较多，对每一个留学生的声调一一进行纠正就很花费时间。

以笔者所在的学校为例，除去休息时间，一堂课的教学时间一般是两个半小时或者三个小时，完成新课内容都需要两至三个课时，很难单独空出时间对高级留学生进行声调纠正。此外，留学生在课堂中用汉语回答问题时，即使声调不标准，老师和其他同学依然可以理解他的意思，留学生也意识不到自己的错误，以怪腔怪调的汉语来传达信息，教师的容忍也使得这些偏误"化石化"。

（三）个人因素的影响

影响语言学习的个体因素主要有年龄、认知和情感因素。南亚学生的声调问题主要出现在认知因素和情感因素上。

认知因素主要包括智力、语言学能、学习策略、交际策略和认知方式。根据笔者的观察，笔者所在学校的南亚高级班留学生，在声调学习的时候缺少严格的自查和复习计划，往往是学习了新课，能够使用基本语法进行交流之后就不再深究，任课教师或者辅导小老师不指出错误是很难更改的。情感因素上主要是动机和态度问题。笔者与留学生接触有两年多的时间了，发现他们主要的交往人群仍然是本国的同学，同伴间的交流依然使用母语。除了课堂上接受的汉语教育外，课下也很少主动使用汉语，导致汉语的使用时间不足，也没有寻找语伴进行练习，学习汉语的动机较弱，主动性不强，缺乏语言的锻炼，久而久之，声调的"石化"问题就越来越严重。

五、声调"化石化"现象的教学建议

（一）声调理论教学

本次实验的发音人均来自南亚高级留学生班，学习汉语已有三年以上的时间，根据笔者的调查，该班的留学生已经学习过《现代汉语》，对于声调的调值、调型和调域都有了基本的了解。可以充分利用理论知识，提升感性认识，帮助学生进行声调的纠正。

上声理论教学。根据赵元任创制的"五度标记法"，上声是由低音先降到最低音，然后升到高音，调值为 214。上声的发音比较困难，留学生往往把握不好低音和最低音。先让留学生感知最低音,定出一个大致的范围,在此基础上,稍稍提高声音,达到调值 2,然后在稍高音的基础上再提高两个度,达到调值 4。上声尤其要注意调值曲线由降到升的曲折过程。笔者本次的实验中也发现部分留学生缺少这个过程,导致三声变成了二声。

去声理论教学。去声理论教学要比上声简单。去声是从最高音到最低音,即 5 度到 1 度,呈直线下降趋势。调值是由音高决定的,首先明确告诉留学生去声的起调非常高,位于五度中的最高值,留学生根据自己对理论的理解,找到一个最高的调域和最低的调域,举出一些例子,比如"去、看、世、界"等,分别进行练习,教师则旁听指导。也可以比照五度标记图,让留学生运用手势,比画去声的降调过程,进一步加强对声调理论的感知。

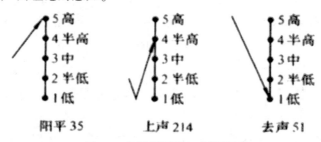

图 13　普通话调值五度标记图

(二)声调模仿教学

由于留学生声调大部分出现了"石化"现象,只凭教师或者同学口头的纠正是很难取得进步的。通过既定的标准录音或者视频,让留学生反复跟读模仿,加深记忆,循环往复,潜移默化地纠正声调。以下是声调模仿教学的示范教案。

1. 教学目标

让留学生感知自己声调问题,明白自己声调发音的不足并纠正。

2. 教学重点

上声的正确发音指导和纠正:上声调值是 214,曲折调。

去声的正确发音指导和纠正:去声调值是 51,全降调。

3. 教学环节

(1)导入。

选取 HSKK 高级朗读材料一则,教师播放该材料的标准音频并讲解大致意思。然后请 3—5 名留学生起来朗读,每位留学生朗读后,教师请同学起来点评该同学的声调。教师指出留学生的声调"石化"问题并提出纠正方法。

(2)声调模仿教学。

①上声模仿教学:首先教师提前准备标准的上声单字录音三则,发送给每位同

学,请同学们跟读三遍以上。其次,由教师带领,并伴随手势模仿,统一播放单字音频,留学生反复跟读。然后将留学生分为五组,每组 5—7 人,互相听声调,比对录音,找出不足并纠正,同时推选出一名声调读得最好的学生进行演示。

②去声模仿教学:首先教师提前准备标准的去声单字录音三则,发送给每位同学,请同学们跟读两遍以上。其次,由教师带领,并伴随手势模仿,统一播放单字音频,留学生反复跟读。然后将留学生分为五组,每组 5—7 人,互相听声调,比对录音,找出不足并纠正,同时推选出一名声调读得最好的学生进行演示。

(3)总结。

教师重新带读每个单音节字的声调,引导留学生回忆并理解每个声调的发音重点和方法。

4. 课后作业

留学生课下反复听录音,跟读模仿,并将此作为每天的必做内容进行练习。

留学生自行录音,然后与标准录音进行比对,找出差距,进行针对性练习。

(三)语音实验教学法

实验语音学除了帮助我们进行实验研究,还可以将其运用在教学实践中,使用精确的仪器来测量留学生的声调调值也是行之有效的方法。现有的语音软件,比如 praat、MiniSpeechLab 等软件,都可以制作出声调曲线图,通过观察语图,对比留学生的声调和普通话声调的区别,这样能让留学生清楚直观地了解他们在声调上的偏误所在,然后针对自己的偏误进行纠正练习。

以 praat 软件为例,讲解语音实验教学的操作过程:

1. 理论教导

需要让留学生学会软件的基本操作。教师需提前制作软件使用教程的 PPT,先进行软件操作的理论讲解。

2. 录音

发给留学生统一的单字,让留学生录入自己的音频,提醒他们录音时需要减少噪声,声音自然放松,不能刻意夸大声音。

3. 数据处理

将录入的声音进行处理,提取基频,设置时间步长,经过计算,得出归一化数值,然后根据数值制作声调曲线图。

4. 对比分析

将留学生制作的曲线图与标准的声调曲线图作对比,帮助留学生分析调值,声调的起点是过高还是过低,又或是缺少由升到降的过程。

以上步骤可以根据教学的需要反复进行。直观的曲线图能够清晰地将留学生的声调情况反映出来，可以让留学生更好地意识到自己声调的不足。而且软件操作方便，随时录音随时提取，留学生可以自行纠正。

六、结论

本论文主要对南亚留学生声调的上声和去声进行实验分析，得出的结论如下：

第一，高级南亚留学生声调已经出现"化石化"的现象，并且由于内外各种原因，产生了顽固性，不能轻易地纠正，对于留学生取得更大的进步有一定的阻碍性。

第二，南亚留学生上声调值主要表现为 25、325 和 425，与标准的调值偏差比较大，上声声调掌握的情况不好，出错率很高，是一个值得关注的问题。

第三，南亚留学生去声声调调值主要表现为 41 和 52，整体的趋势是正确的，但是调域仍存在问题，说明南亚留学生对于控制发音器官这方面还有所欠缺，不能很好地控制声调的起点和终点的调域。

综上所述，通过本次研究，笔者发现留学生对于 HSKK 高级朗读材料中的上声和去声还是掌握得不是很好，调值依然与标准调值有一定的偏差，其中上声的偏差要大于去声，上声的掌握更难，更需要注意。笔者希望留学生能够进行探讨思考，也可以采纳笔者的建议，训练声调，提升 HSKK 口语考试中朗读这一项的分数。

参考文献

一、专著

[1]鲍怀翘,林茂灿. 实验语音学概要[M]. 北京:北京大学出版社,2014.

[2]黄伯荣,廖旭东. 现代汉语(上册)[M]. 北京:高等教育出版社,2011.

[3]刘珣. 对外汉语教学引论[M]. 北京:北京语言大学出版社,2000.

[4]赵金铭,孟子敏. 语音研究与对外汉语教学[M]. 北京:北京语言大学出版社,1997.

[5]朱晓农. 语音学[M]. 上海:商务印书馆,2010.

二、期刊论文

[1]陈彧. 苏格兰留学生汉语普通话单字音声调音高的实验研究[J]. 世界汉语教学,2006(4).

[2]戴炜栋,牛强. 过渡语的石化现象及教学启示[J]. 外语研究,1999(2).

[3]康慧,李瑞萍. 中介语石化现象的调查研究[J]. 河北理工大学学报,2009,3(2).

[4]李倩会. 国内中介语石化现象研究纵览与分析[J]. 现代语文,2017(5).

[5]马均. 丹阳方言声调格局的实验研究[J]. 文教资料,2011(3).

[6]彭玉康. 对外汉语声调教学研究回望[J]. 暨南大学华文学院学报,2006(4).

[7]石锋,王萍. 北京话单字音声调的统计分析[J]. 中国语文,2006(1).

[8]史利红.对语言石化现象的质疑[J].北京印刷学院学报,2016(1).

[9]唐智芳,祁辉.外国学生汉语静态声调习得偏误分析——基于巴基斯坦学生单字调的调查研究[J].汉语学习,2012,2(1).

[10]吴利君.河北迁西方言声调的实验研究[J].唐山师范学院学报,2002,7(4).

[11]王洪强.中介语石化现象的多维探究[J].烟台师范学院学报,2005,9(3).

[12]武晓平.巴基斯坦汉语学习者汉语声调习得研究回望[J].吉林工程技术学院学报,2019(3).

[13]王真.中介语石化现象的成因分析及其教学启示[J].读与写杂志,2011,2(2).

[14]余瑾.尼泊尔学生汉语声调偏误分析[J].云南师范大学学报,2005,3(3).

[15]张燕春.临海方言单音节声调的实验研究[J].南开语言学刊,2005(5).

三、学位论文

[1]陈晨.巴基斯坦留学生学习汉语语音偏误分析及应对策略[D].吉林大学硕士学位论文,2010.

[2]宫君卓.初级汉语水平马达加斯加留学生声调偏误实验研究[D].华中师范大学硕士学位论文,2014.

[3]何雅男.化石化现象与对外汉语成语教学研究[D].四川大学硕士学位论文,2007.

[4]柯杰伟.尼泊尔大学生学习汉语语音偏误研究[D].吉林大学硕士学位论文,2016.

[5]李婧妍.韩国小学生汉语声调化石化现象研究[D].辽宁大学硕士学位论文,2016.

[6]钱晶.常州方言声调实验研究[D].南京师范大学硕士学位论文,2007.

[7]孙小晴.初中级阶段越南留学生汉语声调偏误实验分析与教学策略研究[D].渤海大学硕士学位论文,2015.

[8]王溢.初级阶段巴基斯坦籍留学生汉语单字调习得调查分析[D].渤海大学硕士学位论文,2014.

[9]徐丽.马达加斯加学生汉语声调习得偏误及教学[D].天津师范大学硕士学位论文,2018.

[10]杨锐.中级汉语水平巴基斯坦留学生单字调实验分析[D].长春理工大学硕士学位论文,2019.

[11]叶良颖.巴基斯坦留学生习得汉语声调的实验研究[D].湖南师范大学硕士学位论文,2010.

[12]张乐.庄河市区方言双字调变调的实验研究[D].辽宁师范大学硕士学位论文,2019.

留学生 HSK 六级语病题型备考行为及策略研究

——以四川师范大学南亚国家汉语师资班为例①

摘要:语病题型是汉语水平考试(HSK)六级阅读部分的第一种题型,留学生普遍认为该题型难度极大,完成的正确率低,且备考信心不足。目前,分析语病题型的研究较多,但对于留学生针对这一题型的备考行为及备考策略的研究不多。本文拟从学习者的角度出发进行相关研究。

笔者对南亚国家汉语师资班学生的 HSK 六级辅导课堂进行了观摩与跟踪,对2015 级和 2016 级南亚师资班的本科生、研究生进行了问卷调查和访谈,共收集了80 份留学生问卷。笔者研究发现,南亚学生普遍认为 HSK 六级中的语病题型难度最大,不同留学生语病题型的备考行为在效果和方式上有差异。针对调查到的语病备考行为,笔者提出了一些备考策略,并通过问卷及后测分析了备考策略的可行性及效果。

本文共分七个部分。第一部分,介绍了研究目的和意义、HSK 六级及其语病题型、文献综述。第二部分,调查分析了南亚师资班学生对语病各类型的掌握情况。第三部分,调查分析了南亚师资班学生的备考方式及效果。第四部分,依据调查和访谈,总结留学生备考时存在的不足。第五部分,根据调查和访谈的结果,从教与学等角度提出备考策略。第六部分,备考策略实施后,笔者对语病试题后测结果统计分析,以检验备考策略的实施效果。第七部分,总结。

关键词:HSK 六级　语病题型　备考行为　备考策略　南亚

一、绪论

目前,有关 HSK 的研究很多,但相对而言,学术界对 HSK 六级的研究并不多,

①　本论文受 2022 年度教育部人文社会科学研究项目《基于汉英情态对比之留学生汉语情态系统习得研究》(项目批准号:22YJA740027)资助。论文在代和凤的硕士学位论文的基础上由代和凤和王飞华共同修改完成。作者在指导南亚国家汉语师资班备考 HSK6 级考试的语病题型时发现学生普遍对这种题型非常畏惧且准备效果很差,因此在收集了大量材料后指导研究生代和凤进行了深入的研究,研究成果曾发表于《嘤鸣集韵》第三辑(李斌主编,四川师范大学电子出版社 2020 年版)。

有关六级考试中阅读部分的语病题型的研究也不太多,从留学生准备考试、学习解答这类题型的角度进行的研究则更少。本文将对 HSK 六级语病题型的留学生备考情况和备考策略进行研究。

(一)研究目的和意义

1. 研究目的

HSK 和汉语水平口语考试(HSKK)是国家推出的唯一权威的关于汉语的水平测试。HSK 和 HSKK 不仅是留学生汉语能力分级的测试手段,还具有以下重要功能:中国国内接收不同层次的外国留学生时相应语言能力的定级标准;国外留学生申请中国国内奖学金时必须提供的语言能力证据;留学生在国内学习期间学习质量是否达标的评定依据;留学生学成回国求职时其汉语能力的凭证。

HSK 六级是汉语水平考试的最高级别,通常是来华留学生进行汉语国际教育硕士专业学习时,必须在学业期间通过的考试。一般来讲,通过 HSK 六级,意味着该汉语学习者已经具备用汉语进行学术论文写作的能力。但 HSK 六级的考试,具有典型的书面语特点且涉及大量专业性词汇,对于备考者来说,在难度上较四级、五级有倍数性的提高,通过并不是容易的事情,而六级考试阅读部分的语病题型,历来被参加六级考试者认为是最难的一种题型。目前,对 HSK 六级考试中的语病题型,有研究者从试题类型的角度以及教学策略的角度作过一些研究。但据笔者的调查,可以发现,这些研究并没有与学习者学习过程做有机的结合,没有分析学习者在备考这类题型时的实际状况,因此其分析及建议在教学中并没有落到实处,对教学或备考的指导意义不大。本文试图从学习者的视角来分析留学生在备考语病题型时的行为及策略,以期发现其解答效率不高的原因。本文把调查对象限定在四川师范大学的南亚国家汉语师资班学生上。这些学生来自巴基斯坦和尼泊尔两个南亚国家,来中国前基本是零基础(少部分进行了很短期的汉语学习),他们的文化和语言特点也基本相似。南亚师资班是中国政府和南亚国家的一个合作项目,由孔子学院总部、国家汉办提供奖学金,为南亚国家在一定的年限内培养一定数量的优质汉语本土师资。四川师范大学承担了其中一个项目,即"一学年的汉语言强化学习+四年汉语国际教育本科(1+4)"近 80 名学生的培养任务。该项目的学生,每年有严格的 HSK 及 HSKK 考核,从本科阶段开始,前三年依次要过 HSK 四级、五级、六级和 HSKK 初级、中级、高级。目前,预科 2015 级学生已全部通过 HSK 六级,HSKK 高级只有 1 人未过。预科 2016 级学生目前正处于紧张的备考 HSK 六级及 HSKK 高级阶段。

本文的研究涉及三个方面。第一个方面,语病题型解答、教师辅导方法和留学生练习方法的有效性研究。目前来看,有关应对语病判断题时留学生的训练方法的有效性和教师辅导方法的有效性的调查研究还不多。根据调查,笔者发现一种现象,即在讲清楚了语病判断题的类型和分析方法后,留学生依然很难独立运用这些分析方法解答问题。这一点与中国的中学生解答语病题时的情况很不相同。根据调查,笔者发现留学生在准备语病题型时有各种不同的训练方法,如做少量真题、做大量模拟题、阅读培养语感、让中国学生帮助辅导、只跟随教师指导学习、完全放弃该类题等,但得到的一个较普遍的反馈是留学生觉得自己的训练方法收到的效果不太理想,对这一种题型有一种无助感。很多留学生觉得这种效率很低的训练浪费了自己的时间,因此在后续的学习和考试中,放弃了这一题型。所以研究教师的辅导方法或留学生的练习方法是怎样进行的及为何会收效很低,是很有意义和价值的,研究结果有助于我们更有效地在课堂上辅导留学生或指导其有效自我学习,从而提高其这一题型的考试成绩和汉语能力。

第二个方面,学习者语病题解答困难的原因研究及学习者视角的题型特点研究。访谈发现,在对语病题解答正确率低进行归因时,相当多的留学生提出的原因与这些语病题要考查的知识目标并没有联系。如很多留学生认为语病题难是因为词汇量过多、话题类型多、成语干扰了理解等,而这些影响因素并不是这些题所要考查的目标。因此从留学生的视角,来分析真正造成答题困难的原因并找出可能的教学策略,是有研究价值的。

第三个方面,结合上述两方面的研究,探讨相对更为有效的语病题型教学和训练方法并应用于教学实践。在对语病题型教与学方法的有效性进行分析及留学生答题困难的归因分析之后,我们可以更明确地看到语病题型对留学生造成困难的主要方面,也就可以针对这些方面进行改进。

因此,概括来说,本文的研究目标是通过访谈、问卷、课堂课外观察等手段,研究留学生语病判断题型备考在教和学两方面存在的问题以及答题困难的原因归纳,并就这些问题找到教学解决策略或提出有效方法以指导留学生学习。

2. 研究意义

本文的调查对象总体上具有很强的一致性,汉语水平也基本处于同一水平,因此研究得出的结论有很好的参照效果,对于后续的相关研究,能提供较好的参考价值。有关语病题型辅导和留学生训练的效果研究及其提出的教学或训练策略,对后来的教学者及学习者也有很好的指导作用。

(二)HSK 六级及六级语病题型介绍

HSK 作为权威的汉语考试,得到了大多数汉语学习者的重视。本节将对 HSK

六级考试及其语病题型作简要介绍。

1. HSK 六级介绍

HSK 是为衡量母语非汉语者(包括外国人、华人、中国国内少数民族学院)的汉语水平而设立的国家级标准化考试。HSK 六级主要考查掌握 5000 个或 5000 个以上汉语词汇的汉语非第一语言的考生的汉语听、说、读、写能力。HSK 六级试题主要分为听力、阅读、书写三部分。听力包括三个部分,总共 50 题。阅读包括四个部分,总共 50 题。第三部分为书写题,共一题。

2. HSK 六级语病题型介绍

HSK 六级阅读部分有四部分,它们是"选择有语病的一项""选词填空""选句填空""短文理解"。本文研究的就是第一部分"选择有语病的一项"题型的备考行为。"选择有语病一项"共有十小题。要求考生在四个选项中选出一个没有语病的选项,每个选项的句子长短不一,大致是 51—57 题的句子较短,58—60 题的句子较长。题干的 A、B、C、D 四个选项的每个句子在内容及意义上没有任何关系,所以考生一般情况下需阅读完四个句子,然后再选择出有语病的一项。例如 2018 年 HSK 六级真题试卷一的第 55 题:

A. 春风像一支彩笔,把整个世界勾勒得绚丽多彩。

B. 书画装裱是伴随着书画创作而产生的一种特殊工艺。

C. 许多动物都有能发光的器官,但是这些器官并不是用来照明的。

D. 拥有远大的抱负和顽强的意志,是一个人取得成功的关键与否。

每个选项字数不一,一般是前面七题的句子选项字数较少,句子较短,后面三个句子较长。前七题每个选项字数在 10—30 个,字数为一行,后三题每个选项字数是 30—50 个,字数为两行。

从病句类型的分布来看,十道题所涉及的病句类型多种多样,包括"语序混乱""成分残缺""重复多余""搭配不当""用词不当""句式杂糅""语义错误"等。因此在一定的题量中,涉及越多的病句类型,就越能考查学习者掌握汉语的情况,从而更准确地预测出留学生掌握及运用汉语的真实能力。

(三)研究现状

以下研究现状分析,主要从 HSK 六级语病判断题研究来进行。

李珠花(2012)基于四本新 HSK 六级模拟试题集,对阅读第一部分的 276 道试题进行分析、对语病类型进行描述和研究,再根据自身的教学经验提出有效的外汉语教学方案。李红燕(2015)按照现代汉语中常见的语病类型,对 20 套新 HSK(六级)真题中的语病题型进行分类,然后根据不同的语病类型分析试题的规律,总结这一题型考查的重难点,最后根据调查研究的结果,提出学习语病题型的建议。梁铭月(2015)把语病题型的病句分成八类,然后对病句类型进行统计并分析学习者难以选出病句的原因,最后对教学提出一定的建议。田鑫(2015)研究2010年版、2012年版、2014年版三年的新HSK六级真题集中的病句试题,他调查了西北师范大学高级班留学生分辨病句的情况,并结合该题型的考查特点,提出相应的教学建议。汪名丽(2016)以新HSK六级考试真题和新HSK六级模拟试题为语料,分析新HSK六级考试中的语病题型,归纳总结新HSK六级语病题中的语病类型以及该题型考查的重难点,同时利用问卷和测试,发现及描述留学生完成语病题时的不足。闫巧凤(2016)主要是基于对比分析,就语病题型考查形式、内容、重点等方面对新旧HSK中的语病题进行对比分析,并分析教学中涉及的202个语病题,划分不同的语病类型及占比,最后根据对试题的分析及教学经验,针对不同的语病类型提出教学建议。王一帆(2018)通过真题解析对知识点进行总结,并对留学生语病题难易程度调查问卷结果进行分析。杨斯(2018)分析了HSK六级语病的类型和留学生出现的语病的原因,然后通过对考生在考试过程中出现的病句类型进行深入剖析并给予一定的教学建议。

　　这些研究的一个共同特点是:以试题类型为纲,分析留学生选不出正确答案的原因,再针对这个原因就题型的教学提出建议。但研究都没有真正去调查留学生备考时的学习方法和教师的教学方法的有效性或效率,也没有真正从留学生的角度了解他们无法完成这一类题型的实际原因,所以无法准确揭示留学生答题效率低下的真正原因。

　　(四)调查对象和研究方法

　　本文研究主要是基于问卷调查,本节主要介绍问卷调查的对象、调查的过程及研究中使用的方法。

　　1.调查对象

　　本文调查的对象主要是考完HSK六级的2015级南亚师资班本科生(下称2015级南亚师资班)、研究生以及正在备考HSK六级的2016级南亚师资班的本科生(下称2016级南亚师资班)①。如前所述,师资班学生需要完成一年预科和四年的汉语国际教育专业本科学习并毕业。学业期间,汉办将HSK及HSKK各级的考试作为下一学年奖学金是否发放的硬性考核指标之一。如预科需通过HSK三级,

---

　　① 由于这批南亚国家汉语师资班学生为"1+4"项目,第一年为预科,真正上本科是第二年,因此2015年入学预科的学生,实际应该是2016级学生。但为陈述方便,研究中均是按预科入学时间称为2015级和2016级,特此说明。

本科一年级需通过 HSK 四级,二年级需通过 HSK 五级及 HSKK 中级,三年级需通过 HSK 六级及 HSKK 高级。

四川师范大学先后承担了 2015 年及 2016 年汉办的南亚国家汉语师资班,每年招收约 40 人。该校的国际教育学院对南亚师资班学生进行统一化管理,在学习和生活上进行科学化指导。科学化、统一化的培养方式,使南亚师资班的学生都取得了较理想的汉语成绩。这些学生专业为汉语国际教育,目前已经全部通过五级考试,已经通过或正在准备 HSK 六级考试。

第一次问卷调查了该高校的 51 个南亚师资班学生,收回有效问卷 50 份。这些学生主要来自巴基斯坦和尼泊尔,其中巴基斯坦人数较多,尼泊尔人数较少。问卷中本科生 42 人,研究生八人①。这些南亚学生学习汉语的时间比较一致,42 位南亚师资本科班学生的学习时长大都是三至四年,八位研究生在国内时基本上也只学习不到半年的汉语,来该高校后也基本上是从拼音开始学习。问卷的发放分为两步,笔者先对 2016 级学生进行语病题型前测调查,对 2015 级南亚师资班学生的备考行为进行调查,从备考情况中发现问题,进而提出语病题型备考策略,最后对 2016 级南亚师资班学生进行后测(即第二次问卷调查),检验其策略的效果。

2. 研究方法

笔者将以该四川师范大学南亚国家汉语师资班学生为调查对象,运用问卷调查法、访谈法、实验的前后测等。

访谈法。笔者与国际教育学院的教师及南亚师资班学生进行访谈,获得访谈结果,然后根据访谈结果设计问卷。

问卷调查法。问卷具有客观性、简明性、真实性和反馈快的特点。② 本文通过问卷达到调查的目的和收集到必要的数据。笔者对 2015 级南亚师资班发放问卷,对收取的问卷内容进行统计和分析。同时,笔者对备考南亚师资班学生进行问卷调查,调查主要有三大块:一是对这一题型是否有教学辅导,辅导是否有效;二是学生自我备考的方式及其有效性;三是对学生备考行为进行归因。

实验的前后测。笔者首先借鉴李裕德、吴启的《病句分析》对 HSK 六级语病类型进行分析,根据试题类型及比例设计出有关语病判断题型的前测,其目的是调查学生在备考初期对 HSK 六级语病题型的掌握情况。接着根据对 2015 级南亚师资

---

① 这些研究生刚入校时与其他学生一样是"1+4"形式的预科生,但因他们在国内时已经大学本科毕业,根据汉办规定,已经获得学士学位的汉语学习者,在通过 HSK 五级及 HSKK 中级后,可以直接申请转读汉语国际教育专业硕士研究生,因此他们在本科一年级通过这些考试后破格升为研究生。

② 蒋萍,宋瑛.问卷调查法[M].哈尔滨:东北财经大学出版社,1990:5.

班学生的调查结果,提出备考策略,并在备考期间对 2016 级南亚师资班学生实施。最后对南亚师资班 2016 级南亚师资班一、二班进行后测,其中一班为实验组,二班为控制组。

二、南亚师资班学生对语病题型掌握情况的调查及分析

通过发放一份试题,调查 2016 级南亚师资班学生对 HSK 六级语病题型的掌握情况,试题设计基于对 22 套真题进行的统计和分析。本部分主要介绍试题的设计缘由、设计目的、试题内容、调查结果等。

(一)问卷设计及其目的

这份试题是由 HSK 六级语病题真题组成。笔者首先对往年的 HSK 六级语病题真题进行分类和统计,再根据语病类型选择真题制成问卷。问卷共有 15 题,包括"语序混乱""成分残缺""搭配不当""句式杂糅""用词不当""重复多余""语义错误"等类型。试题中的真题主要来自 2016 年的两套真题,及 2010 年、2012 年、2014 年、2018 年的部分真题。

试题会对同一个群体进行前测及后测。前测在留学生进行 HSK 六级培训前进行,其目的是通过前测了解留学生 HSK 六级解答语病题型的基本情况;留学生进行过 HSK 六级语病题型辅导后,笔者再使用试题对留学生进行后测,通过后测可以检测留学生的掌握情况,同时也可以检验备考策略的作用。

(二)语病题型主要语病类型介绍

本节主要介绍统计依据、统计及分析的结果。

1.语病类型划分依据

目前,学术界对现代汉语语病有较多研究。学术界对此有不同分类,从研究角度上看有两种,有的是以汉语母语者的语病语料为研究对象,有的是以汉语作为外语的学习者的语病为研究语料。笔者借鉴李裕德、吴启的《病句分析》,对 HSK 六级 22 套真题中的语病类型进行归纳。

李裕德和吴启在《病句分析》①中将语病大致为以下几类:

用词不当。可以从两个角度去看:一是从个体词的选用上看,用词不当就是选错了词,例如风格色彩不协调、弄错对象等;二是从词与词在意义上的配合看,用词不当就是词义不能配合,例如主语同谓语搭配不当、述语同宾语搭配不当等。用词不当与语法错误有重合,因此在语病类型统计中不再重复。

语法错误。分为词性和搭配两部分,词性主要讲词类使用不当,搭配主要讲词

---

① 李裕德,吴启.病句分析[M].武汉:湖北教育出版社,1984:1-7.

与词的组合,包括组合手段、组合方式、组合关系、组合类型等。常见的语法错误有词性误用、代词使用不当、错用虚词、语序混乱、成分欠缺、结构杂糅等。

修辞不当。指在交流和交际中,人们常常会选择恰当的语言形式来提高表达效果,通过对真题的整理和收集发现,主要表现的是"重复多余"。

语义错误。主要指逻辑关系不正确。句子中分句之间的关联性、成分之间的对应性等方面出现了错误,不合事理,这些有时也在语法上表现出如关联词前后不配合等特点。HSK 六级中的语病,主要可分为"逻辑错误"。

用错标点。标点符号是书面语的重要组成部分,用错标点符号会对句子结构和语义表达产生影响。但对 22 套 HSK 六级语病真题进行统计①,没有出现"用错标点"这一类,因此我们不再对此进行统计和分析。

2. HSK 六级语病题型统计和分析

本文根据李裕德先生归纳的语病类型将试题大致划分为"语法错误""语义错误""修辞错误"三类。其中将语法错误划分为"用词不当""语序混乱""成分残缺""搭配不当";"语义错误"主要是"逻辑错误"及"语义矛盾";"修辞不当"主要是"重复多余"。本文按真题的发布年限对 22 套题进行了统计和分析。统计结果如下:

下表为 2010 年 HSK 六级真题统计。表中的 H61001、H61002 表示发布的真题套数的序号,每一套真题包含十道语病题。表中显示,2010 年 HSK 六级真题总共五套题中"语病判断题"一共 50 道。语病类型各个类型中,最主要是"语法错误",其中"用词不当"一共十道,占试题总量的 20%;"语序混乱"共有四道,占比 8%;"成分残缺"的数量最多,共有 17 道,占比 34%;"结构杂糅"有五道,占比 10%;"搭配不当"三道,占比 6%。语义错误数量最少,只有一道,占比 2%。"修辞不当"("重复多余")总共有十道,占比 20%。

---

① 2016 年 HSK 六级真题笔者只找到两套试题,即试卷一及试卷二。

表 1   2010 年 HSK 六级语病题型统计和分析表

语病类型		语病题					占比
		H61001	H61002	H61003	H61004	H61005	
语法错误	用词不当	1	2	3	2	2	20%
	语序混乱	2	0	0	1	1	8%
	成分残缺	3	2	5	5	2	34%
	结构杂糅	0	1	1	1	2	10%
	搭配不当	0	1	0	0	2	6%
语义错误	/	0	1	0	0	0	2%
修辞不当	重复多余	4	3	1	1	1	20%

表 2 显示,2012 年 HSK 六级真题中语病判断题一共 50 道,语病类型主要是"语法错误",其中"用词不当"一共十道,占试题总量的 20%;"语序混乱"共有九道,占比 18%;"成分残缺"共有五道,占试题总量 10%;"结构杂糅"有六道,占比 12%;"搭配不当"六道,占比 12%。"语义错误"四道,占比 8%。"修辞不当"("重复多余")总共有十道,占 20%。

表 2   2012 年 HSK 六级语病题型统计和分析

语病类型		语病题					占比
		H61113	H61114	H61115	H61116	H61117	
语法错误	用词不当	2	1	3	3	1	20%
	语序混乱	2	1	2	2	2	18%
	成分残缺	1	2	0	2	0	10%
	结构杂糅	2	2	1	0	1	12%
	搭配不当	1	0	1	1	3	12%
语义错误	/	1	2	0	0	1	8%
修辞不当	重复多余	1	2	3	2	2	20%

表 3 显示,2014 年 HSK 六级真题中语病判断题一共 50 道,语病类型主要是"语法错误",其中"用词不当"是十道,占试题总量的 20%;"语序混乱"共有七道,占比 14%;"成分残缺"共有 11 道,占比 22%;"结构杂糅"共有五道,占比 10%;"搭配不当"总共七道,占比 14%。"语义错误"五道,占试题总量的 10%。"修辞不当"("重复多余")总共五道,占比 10%。

表3　2014年HSK六级语病题型统计和分析

语病类型		语病题					占比
		H61221	H61222	H61223	H61224	H61225	
语法错误	用词不当	4	1	1	2	2	20%
	语序混乱	2	1	1	1	2	14%
	成分残缺	1	4	3	2	1	22%
	结构杂糅	1	1	1	1	1	10%
	搭配不当	1	2	2	0	2	14%
语义错误	/	1	0	1	1	2	10%
修辞不当	重复多余	0	1	1	3	0	10%

表4统计的是2016年公布的新HSK六级试题,仅有两套,总共20题。"语法错误"数量较多,一共有15道,其中"用词不当"两道,占试题总量的10%;"语序混乱"三道,占比15%;"成分残缺"一道,占比5%;"结构杂糅"四道,占比20%;"搭配不当"五道,占比25%。"语义错误"两道,占比10%;"修辞不当"("重复多余")三道,占比15%。

表4　2016年HSK六级语病题型统计和分析

语病类型		语病题		占比
		试卷一	试卷二	
语法错误	用词不当	1	1	10%
	语序混乱	1	2	15%
	成分残缺	1	0	5%
	结构杂糅	2	2	20%
	搭配不当	2	3	25%
语义错误	/	1	1	10%
修辞不当	重复多余	2	1	15%

表5对2018年HSK六级真题中50道语病判断题进行统计,"语法错误"试题涉及较多,占试题总量的94%,其中"用词不当"十道,占比20%;试卷三的"用词不当"语病类型最多;"成分残缺"12道,占比24%;"语序混乱"共有12道,占比24%;"结构杂糅"共有六道,占比12%;"搭配不当"总共七道,占比14%。"语义错误"三道,占比6%。"修辞不当"("重复多余")这一语病类型在2018年试题中未出现。

表5　2018年HSK六级语病题型统计和分析

语病类型		语病题					占比
		试卷一	试卷二	试卷三	试卷四	试卷五	
语法错误	用词不当	1	1	5	2	1	20%
	语序混乱	2	3	2	3	2	24%
	成分残缺	3	3	2	2	2	24%
	结构杂糅	2	0	1	2	1	12%
	搭配不当	1	3	0	0	3	14%
语义错误		/	1	0	0	1	1	6%
修辞不当	重复多余	0	0	0	0	0	0

综合分析历年发布的真题,我们可以看到,考查主要从语法的角度进行,"语法错误"类型占比最大,其中又以"成分残缺"数量最多。六级考试主要考查汉语学习者运用汉语书面语进行思想表达的能力。相对于口头语体灵活多变、简短轻便的句子形式,句子组织和形式上多出现省略、倒装、少附加成分的特点,书面语一般结构成分完备,较少省略、倒装,附加限定成分复杂,句子整体严谨规范,语法上的要求更多。语病题的考查,主要是从语法和逻辑角度对学习者掌握汉语书面语的情况进行的考查。

(三)学生语病题解答情况的统计与分析

本部分将介绍语病题型试题的来源及2016级南亚师资班学生对HSK六级语病题型的掌握情况。

1. 语病题型问卷来源与依据

本文对2010年到2018年的22套HSK六级真题进行统计,"语法错误"这一语病类型占比最大,其中"成分残缺"数量最多,"用词不当"数量居次,"语序混乱"数量为35道,"结构杂糅"数量为26道,"语义错误"数量最少,"修辞错误"及"搭配不当"的数量相同。本文对真题统计分析,语病类型比例如下表所示:

表6　语病类型比例图

语病类型	语法错误					语义错误	修辞不当
	用词不当	语序混乱	成分残缺	结构杂糅	搭配不当	/	重复多余
总量	42	35	46	26	28	15	28
比例	19.09%	15.90%	20.91%	11.82%	12.73%	6.82%	12.73%

22套题中"用词不当"共有42道,"用词不当"主要包括"介词使用不当""连词使用不当""副词使用不当""词性误用"等。例如:

1)一个人的价值不在于他和别人相像的地方,也在于他与别人不一样的地方。(2012 年 H61113 第 59 题)

这句话的语病类型是"连词使用不当"。副词"也"连接的两个分句在意义上应该是一致的,"而"连接的分句在意义上是相反的。这里表示的意义,前后应该是相反的对立情况,应该用"而"。根据句意,句子可以变为"……,而在于他与别人不一样的地方"。

"语序混乱"共有 35 道,主要有"定语、中心语错位""定语、状语错位""状语、中心语错位"等。例如:

2)世界上没有白吃的苦,每吃一次苦,你就积攒了一些本钱为未来的成功。(2016 年 HSK 六级试卷一第 56 题)

这句话的语病类型是状语和中心语语序不当,介词短语"为未来的成功"作目的状语,应该放在动词"积攒"的前面。句子可以改为"世界上没有白吃的苦,每吃一次苦,你就为未来的成功积攒了一些本钱"。

"成分残缺"共有 46 道,残缺的部分主要包括"主语""谓语""宾语"等。例如:

3)屏风一般陈设于室内的显著位置,起到分隔空间、挡风及装饰等。(2012 年 H61115 第 52 题)

病句类型是"宾语成分残缺",正确的说法是"起到……作用",因此要在"起到分隔空间、挡风及装饰等"后边加上"作用"。句子可以修改为"……,起到分隔空间、挡风及装饰等作用"。

"结构杂糅"共有 26 道,语病题型中主要是两种格式糅在一起,形成两句混杂。例如:

4)雪崩的发生归因于冰雪能够承受的压力有关。(2018 年 HSK 六级试卷三第 57 题)

语病类型是"句式杂糅","……归因于……"和"和……有关"两种句式杂糅,只保留其中一个就可以了。句子可以改为"雪崩的发生归因于冰雪能够承受的压力"和"雪崩的发生和冰雪能够承受的压力有关"。

"搭配不当"共有 28 道。主要有"主语和谓语搭配不当""动语和宾语搭配不当""定语、状语、补语与中心语搭配不当"和"联合短语中的一部分与配对搭配不当"。例如:

5)人一天的静坐时间超过 6 个小时,患癌症、高血压和心脏病的风险就会尤其显著增加。(2016 年 HSK 六级试卷一第 59 题)

语病类型是"搭配不当","尤其"是副词,常用"尤其是",意思相当于"特别是",一般不用"尤其"形容"增加",应该删去。句子可以改为"人一天的静坐时间超过6个小时,患癌症、高血压和心脏病的风险就会显著增加"。

"语义错误"共有15道,"语义错误"主要是"逻辑错误",例如:

6)低碳环保的生活方式已成为一种趋势,逐渐为大众所远离。(2012年H61116第53题)

语病类型是"前后矛盾,逻辑不通","低碳环保的生活方式已成为一种趋势"和"逐渐为大众所远离"前后矛盾。句子可以改成"低碳环保的生活方式已成为一种趋势,逐渐为大众所接受"。

"修辞不当"共有28道。主要是"重复多余",例如:

7)空气和其他物质类似一样,也有热胀冷缩的特性。(2014年H61222第56题)

语病类型是"用词重复","类似"和"一样"用一个就可以,句子可以修改为"空气和其他物质类似,也有热胀冷缩的特性"或者"空气和其他物质一样,也有热胀冷缩的特性"。

2. 语病题型前测的统计与分析

根据统计语病类型比例,本研究的试题设计了15道语病题①。问卷中的语病题都来自2010年、2012年、2014年、2016年和2018年的HSK六级真题,在设计试题时,笔者对真题中的选项进行了一定的调整,同时为了保证试题可行性,试题中出现的真题将不在练习中出现。

笔者对2016级南亚师资班的本科学生进行了前测。2016级南亚师资班有两个班,国籍分别是巴基斯坦和尼泊尔,他们学习汉语的时间大多为3—4年,这些学生均通过了HSK五级考试,现在正在备考HSK六级。南亚师资一班17人,二班15人,总共有32人,笔者发放问卷32份,收回有效试题共25份,其中一班13人、二班12人。每份试题15道题,25份试题共375道题,其中同类语病类型数量分别是"用词不当"75道,"语序混乱"50道,"成分残缺"50道,"结构杂糅"50道,"搭配不当"50道,"语义错误"50个、"重复多余"50道。

---

① 根据试题比例、类型及为了减少留学生选择的偶然性,笔者把试题设置为15道。15道题的字数为2006个,阅读速度为133.7字/分钟。

表7　前测的试题分布

题号	1	2	3	4	5	6	7	8	9	10	11	12	13	14	15
语病类型	语序混乱	搭配不当	重复多余	成分残缺	用词不当	语义错误	语序混乱	用词不当	重复多余	结构杂糅	用词不当	成分残缺	语义错误	结构杂糅	搭配不当
错误数量	13	11	17	21	14	19	23	25	17	20	23	19	18	23	17

表8　一班前测结果统计

题号	1	2	3	4	5	6	7	8	9	10	11	12	13	14	15
错误数量	7	7	8	11	6	9	13	13	11	13	10	10	13	9	

表9　二班前测结果统计

题号	1	2	3	4	5	6	7	8	9	10	11	12	13	14	15
错误数量	6	4	9	10	8	10	10	12	9	9	10	9	10	8	

以下展示的选项内容为有语病的一项,学生完成情况如下:

题1:

"D"项:正所谓"宝马赠英雄",在古代,马常被当作贵重的礼物给勇士赠送。

第一题的语病类型是"语序混乱"正确答案为"D",其中有13个(52%)留学生选择错误,其中一班7个、二班6个。句中"赠送"是动词,常常与"给"一起连用,因此句子可以改为"……马常被当作贵重的礼物赠送给勇士"。

题2:

"D"项:深秋的香山,是人们登高眺远,观赏红叶的好时候。

第二题的语病类型是"搭配不当",正确答案为"D",有11个(44%)留学生选择错误,其中一班7个、二班4个。"D"项主语是"香山",它是北京的一座山,宾语是"好时候",二者不能搭配。句子可以改为"香山的深秋,是人们登高眺远,观赏红叶的好时候"。这一题,他们大多选择了"B"项。笔者与南亚学生沟通时发现,"B"项的"塞翁失马,焉知非福"是干扰因素,大部分留学生无法准确理解其意思,导致做题时无法下手。

题3:

"D"项:我们的心灵,就仿佛像是一块闲置的空地,你不种庄稼,它就长杂草。

第三题语病类型是"重复多余",正确答案是"D",17个(68%)留学生选择错误,一班8个、二班9个。"D"项中"仿佛"和"像"都是表示比拟,句子中保留一个就行了。因此句子可改为"我们的心灵,就像是一块闲置的空地,你不种庄稼,它就长杂草"或"我们的心灵,就仿佛是一块闲置的空地,你不种庄稼,它就长杂草"。

题 4:

"A"项:经过三天的培训,使员工的业务素质得到了很大的提高。

第四题语病类型是"成分残缺",正确答案为"A"。21 个(84%)留学生选择错误,其中一班 11 个、二班 10 个。"A"项的语病原因是介词的使用造成主语的缺失,可以删掉其中一个介词,句子可以改为"经过三天的培训,员工的业务素质得到了很大的提高"或是"三天的培训,使员工的业务素质得到了很大的提高"。

题 5:

"D"项:与其他类型小说相比,科幻小说能说具有极其广阔的视野,允许作者在更漫长的时间跨度和更宏大的宇宙视野下设置舞台。

第五题的答案是"D",语病类型是"用词不当"。这一题有 14 个(56%)留学生选择错误,其中一班 6 个、二班 8 个。"D"项的"能说"改为"可以说",或者删掉"能说"。句子可改为"与其他类型小说相比,科幻小说可以说具有极其广阔的视野,允许作者在更漫长的时间跨度和更宏大的宇宙视野下设置舞台"或是"与其他类型小说相比,科幻小说具有极其广阔的视野,允许作者在更漫长的时间跨度和更宏大的宇宙视野下设置舞台"。

题 6:

"D"项:时间就像海水,要不然你愿意挤,总是有的。

第六题的语病类型是"语义错误",正确答案是"D"项,19 个(76%)留学生选择错误,其中一班 9 个,二班 10 个。"D"项中的连词"要不然"使用错误,造成了句子的逻辑错误,句子可改为"时间就像海水,只要你愿意挤,总是有的"。

题 7:

"D"项:铁在自然界中分布十分广泛,却它的发现及利用比黄金和铜晚得多。

第七题的语病类型是"语序混乱",正确答案为"D",23 个(92%)留学生选错,其中一班 13 个、二班 10 个。"D"项中"却"是"比黄金和铜晚得多"的状语,"却"应该放在它的前边。句子改为"铁在自然界中分布十分广泛,它的发现及利用却比黄金和铜晚得多"。

题 8:

"B"项:有的人把购物成为一种释放压力的手段,心理压力过大、心里不痛快时,就通过购物来舒缓自己的情绪。

第八题正确答案是"B",语病类型是"用词不当",有 25 个(100%)留学生选择错误,其中一班 13 个、二班 12 个。《现代汉语词典(第七版)》解释"成为"为"变成",可以把"成为"改成"当作",其格式为"把……当作",句子可改为"有的人把购物当作一种释放压力的手段,……"。

题9:

"D"项:他就一直站在那里,看起来很老老实实,并不是个淘气的孩子,这是我对他的第一印象。

第九题的正确答案是"D",语病类型是"重复多余",也可以说是否定过多造成语义不对。有17个(68%)留学生选择错误,其中一班8个、二班9个。句子中"老老实实"是形容词的重叠,它通过形态的变化表示性状程度的加深,因此不能再加副词"很"。所以上述的句子可以改为"他就一直站在那里,看起来老老实实,……"。

题10:

"B"项:年画是一种古老的民间艺术,把人们的风俗和信仰反映了,寄托着他们对未来的美好祝愿。

第十题应该选择"B"项,语病类型是"结构杂糅",有20个(80%)留学生选择错误,其中一班11个、二班9个。这句话属于"把"字句使用不当,"反映"前的主语是"年画",不需要使用把字句。去掉"把"字,把"人们的风俗和信仰"作"反映"的宾语,改成一般句式就行。句子可以改为"年画是一种古老的民间艺术,反映了人们的风俗和信仰,寄托着他们对未来的美好祝愿"。

题11:

"D"项:生活中,那些总是在意别人眼光,处处谨小慎微的人一再成就不了大事。

第十一题应该选择"D"项,语病类型是"用词不当"。有23个(92%)留学生选择错误,其中一班13个、二班10个。"D"项中的"一再"表示"重复"和"一次又一次",根据句子意义可把"一再"改成"一定"。句子可以改为"生活中,那些总是在意别人眼光,处处谨小慎微的人一定成就不了大事"。

题12:

"A"项:他这个人有不少值得表扬。

第十二题的语病类型是"成分残缺",正确答案是"A"项,该题有19个(76%)留学生选择错误,其中一班10个、二班9个。访谈中发现,留学生认为该题比前边的题简单,但是因为担心时间不够,所以在未理解的情况下选择了错误答案。"他这个人有不少值得表扬",表扬后边应该加上宾语"的地方",所以句子可以改为"他这个人有不少值得表扬的地方"。

题13：

"B"项：被击倒并不是可怕的，是否放弃尝试才是真正的失败。

第十三题的语病类型是"语义错误"，正确答案是"B"项，有18个（72%）留学生选择错误，其中一班10个、二班8个。句中"是否放弃尝试"和"真正的失败"属于两面对一面，把"是否放弃尝试"改成肯定形式"放弃尝试"，句子可以改为"被击倒并不是可怕的，放弃尝试才是真正的失败"。

题14：

"D"项：广告要想吸引观众，就要多采用一些新奇的创意会引起人们的关注。

第十四题的语病类型是"结构杂糅"，其中有23个（92%）留学生选择错误，其中一班13个、二班10个。"D"项中"就是要多采用一些新奇的创意"和"一些新奇的创意会引起人们的关注"这两个句式杂糅了，根据上文"广告要想吸引观众"，此处应该保留"就要多采用一些新奇的创意"，并且构成"要……就要……"的句式。句子可以修改为"广告要想吸引观众，就要多采用一些新奇的创意"。

题15：

"C"项：有些网站可以免费申请个人主页功能，这样，只要你将自己的信息放在网上，全世界的人都可以了解你了。

该题的语病类型是"搭配不当"，正确答案是"C"项，有17个（68%）留学生选择错误，其中一班9个、二班8个。句子中的"可以"应改为"有"。所以句子可以改为"有些网站有免费申请个人主页功能，……"。

笔者对前测试题中不同语病类型的占比进行统计，如下图所示：

表10　2016级南亚师资班前测问卷错误题统计和分析表

语病类型	语法错误					语义错误	修辞不当
	用词不当	语序混乱	成分残缺	结构杂糅	搭配不当	/	重复多余
错误数量	62	36	40	43	28	37	33
错误数量与该题型总量之比	82.67%	72%	80%	86%	56%	74%	66%
错误数量与总试题量①之比	16.5%	9.6%	10.67%	11.47%	7.47%	9.87%	8.8%

———————————

① 总试题量＝所有语病类型×问卷总份数。

表 10 显示"用词不当"的有 62 道,错误数量与该语病类型的比为 82.67%,错误数量占总试题量的 16.5%。"语序混乱"的有 36 道,错误数量与该语病类型的比为 72%,错误数量占总试题量的 9.6%。"成分残缺"的有 40 道,错误数量与该语病类型的比为 80%,错误数量占总试题量的 10.67%。"结构杂糅"的有 43 道,错误数量与该语病类型的比为 86%,错误数量占总试题量的 11.47%。"搭配不当"的有 28 道,错误数量与该语病类型的比为 56%,错误数量占总试题量的 7.47%。"语义错误"的有 37 道,错误数量与该语病类型的比为 74%,错误数量占总试题量的 9.87%。"重复多余"的有 33 道,错误数量与该语病类型的比为 66%,错误数量占总试题量的 8.8%。从上表可以看出,结构杂糅的错误率最高,搭配不当的错误率最低。

三、南亚师资班学生备考行为及效果调查

2015 级南亚师资班学生的 HSK 六级备考分课堂和课下两方面,本部分对学生课堂及课下备考行为进行了调查分析。

(一)问卷设计与目的

测试对教学和学习都会产生影响,教育界把这一影响称为反拨效应(Wash Back),也就是说测试会影响教学者"教"的方法、内容、速度、顺序和教学中涉及的程度与深度等方面。同样,测试也会影响学习者"学"的内容、方法、速度、顺序和学习过程中的程度和深度,而且测试在一定程度上还会影响学生的学习态度等。[①]

这份问卷主要调查 HSK 六级考试的反拨效应,了解留学生的备考行为和效果,以利于笔者对 2016 级南亚班学生 HSK 六级的备考提出相关的建议。根据上述的反拨效应的影响,问卷主要调查南亚国家汉语师资班学生备考 HSK 六级阅读部分语病题型的情况,大概涉及教师的"教学方法""教学内容""教学程度与深度"和留学生"学习方法""学习顺序"等。问卷分为三个部分,总共 58 道题,每部分题目数量不等,第一部分包含 35 道题,第二部分包含 15 道题,第三部分包含 9 道题。

问卷的第一部分是调查备考时期会采用何种方法进行准备。

HSK 六级培训方式的调查:

题 3:您接受的培训方式是(多选):

A. 课堂培训,一周一次　　　　B. 课堂培训,一周多次

C. 网络培训,一周一次　　　　D. 网络培训,一周多次

E. 一对一的培训　　　　　　　F. 没有

---

① 方绪军. 汉语测试与评估[M]. 上海:复旦大学出版社,2013:226-237.

题6:语病试题培训时,老师的教学形式是什么?(多选)

A. 讲解语法、练习、评讲练习题

B. 练习、讲解练习、总结归纳语法

C. 练习、讲解练习

D. 只有语法讲解和例子,没有练习

E. 只有练习,没有语法讲解

F. 没有培训

这些题的设计源于对部分南亚国家汉语师资班学生和国际教育学院老师的访谈。大部分留学生和教师都表示学校的培训方式主要为课堂培训。基于课堂培训,问卷涉及教师讲解形式、教学侧重点、教师课后辅导安排和留学生课下练习等。

留学生对培训的满意度一定程度上也体现了培训的效果。调查南亚国家汉语师资班学生对培训方式的满意度,例如:

题4:你对培训方式满意吗?(若没有可不填)

A. 非常不满意　　　　　B. 不满意

C. 一般　　　　　　　　D. 满意　　　　E. 非常满意

题7:你对老师这样的教学方式满意吗?

A. 非常不满意　　　　　B. 不满意

C. 一般　　　　　　　　D. 满意　　　　E. 非常满意

留学生的满意度在一定的程度上是对教学辅导的肯定。在 HSK 六级的培训中,课堂教学对留学生的影响很大,通过课堂培训和课堂测试可以找到留学生在 HSK 六级中存在的短板,教师也可以及时调整教学方式。

辅导方式对南亚国家汉语师资班学生作用大小的调查如下:

题11:老师讲解重点词语和语法的作用大吗?

A. 非常大　　　　　　　B. 比较大

C. 一般　　　　　　　　D. 比较小　　　E. 非常小

题14:课堂辅导后,语病判断题的正确率提高大吗?

A. 非常大　　　　　　　B. 比较大

C. 一般　　　　　　　　D. 比较小　　　E. 非常小

HSK 六级培训时,课堂培训始终是留学生备考的主要方式。课堂的培训可以帮助留学生及时发现自身不足。因此,该问卷主要调查的是教师讲授的方式对留学生掌握知识点和应试技巧的作用大小,学生是否在练习题中能够明显感受到自己的进步等。

（二）教学方面的辅导行为及效果调查

该高校南亚师资班留学生由国际教育学院统一的教授和管理。HSK 等级考试是衡量留学生汉语水平和教师教学成果的重要依据。在正常的课程教学及考试之外，为让学生适应熟悉 HSK 考试，学校每年都会对国教学院的学生进行短期的 HSK 考试辅导培训。

辅导也是教学的一部分，教学有广义和狭义之分，狭义的教学更加侧重教师的"教"，即教师引起、维持和促进学生学习的活动①。本文对师资 2015 级南亚班学生及研究生进行问卷调查和访谈，共发放 25 份问卷，收回有效问卷 25 份，其中本科生 17 份、研究生八份。问卷中显示学生均参加了 HSK 六级考试，其中有五个学生参加了两次 HSK 六级考试，三个学生参加了三次及三次以上的 HSK 六级考试。

1. 语病题型课堂辅导类型调查

笔者通过问卷和访谈了解到国际教育学院对语病题型的培养方式主要是课堂培训，教师的授课形式主要是"教师讲，学生练"，教师和留学生在教学中扮演的角色主要是"教"与"学"。为了进一步了解留学生的培训方式，设计以下问题：

题1：您接受的培训方式是（多选）：

A. 课堂培训，一周一次　　　　B. 课堂培训，一周多次

C. 网络培训，一周一次　　　　D. 网络培训，一周多次

E. 一对一的培训　　　　　　　F. 没有

21 名同学选择了"A. 课堂培训，一周多次"，只有一名学生选择了"B. 课堂培训，一周多次"和"E. 一对一的培训"。通过访谈笔者了解到，这一名留学生有一个汉语专业的中国朋友，并且在复习期间会给他讲解一些语病题。

语病题的课堂教学形式也有不同，笔者通过问卷调查和访谈的方式了解教师的课堂教学形式。教师的课堂教学形式主要是"讲解语法、练习、评讲练习题"，有时候也会采取"练习，讲解练习"的方式。两节课里，教师主要是对 HSK 六级语病题中常见语病类型、语法知识进行讲解，留学生在理解知识点后，在规定的时间内完成教师给出的针对性试题。留学生完成试题后交给教师批阅，最后教师返还试题，并对试题进行讲解。试题中的语病类型主要是教师在这一节课里讲解的内容，讲解试题的过程中十分注重试题中词语、句式。虽然课堂试题是针对课上讲解的语言点，但是大部分留学生认为课堂试题很难，十个语病判断题在规定的时间里无法完成，而且正确率很低。

---

① 刘婧. 对外汉语课堂与评估测试［M］. 北京：北京经济日报出版社，2014：47.

随后笔者对教师教学形式进行调查,如下所示:

题6:语病试题培训时,老师的教学形式是什么?(多选)

A. 讲解语法、练习、评讲练习题

B. 练习、讲解练习、总结归纳语法

C. 练习、讲解练习

D. 只有语法讲解和例子,没有练习

E. 只有练习,没有语法讲解

F. 没有培训

题8:语病判断题课堂辅导中教师与学生扮演的角色主要是什么?

A. 老师讲,学生练

B. 小组进行练习并分析语病原因

C. 小组进行练习,教师分析语病原因

D. 其他

语病判断题的讲解多以教师讲解为主,主要形式为"老师讲,学生练"。但是在访谈中有的留学生表示,他们希望更多地参与到分析语病的环节中,并且觉得语病题很有挑战性,能够正确地分析语病原因是一件很有成就感的事。笔者在和一些留学生交谈时了解到,课堂中教师及留学生不止扮演"教"与"学"两个角色,教师有时会采取小组讨论的形式,比如"小组进行练习并分析语病原因"或者"小组进行练习,教师分析语病原因"。留学生觉得这种形式很难但很有意思,他们认为可以在课堂上进行更多的小组讨论,小组讨论后可以针对语病题进行分析,然后由老师进行补充和总结,但是这样的形式极少。

2. 语病题型课堂辅导效果及满意度调查

HSK 六级语病题课堂辅导也是对外汉语教学的过程,在教学过程中"教师"和"学生"是教学活动的两个主体。与对外汉语教学相同,HSK 六级语病课堂辅导不仅要教授留学生语言知识,还要指导留学生把掌握的知识转化为技能。那么,国际教育学院对南亚师资班学生 HSK 六级辅导效果如何?留学生在 HSK 六级语病培训后是否掌握了完成其技能呢?笔者认为辅导的效果包括以下几方面:课堂辅导效果、教师课堂讲解的效果、学生完成时间的减少、正确率的提高、学生理解句子及纠错能力。笔者对此设计了以下的问卷调查。

(1)语病题型辅导的效果调查与分析。

①HSK 六级语病题型课堂辅导作用的调查。

笔者为了从整体上了解 HSK 六级课堂辅导的作用,设计了以下问题:

题5：你觉得课堂对 HSK 六级语病题型的辅导的作用大吗？

A. 非常大　　　　　　　B. 比较大

C. 一般　　　　　　　　D. 比较小

留学生认为 HSK 六级语病题型作用大小统计图如下：

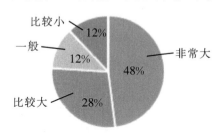

图 1　病题型辅导作用的调查

南亚师资班学生普遍认为学校的 HSK 六级语病题辅导是有极大作用的。上表中可以看出，48%的学生认为辅导作用"非常大"；28%的学生认为学校的课堂辅导作用"比较大"，并且能提高语病判断题的正确率；12%的学生认为课堂辅导"比较小"，虽然课堂辅导能够在一定程度上帮助自己做语病判断题，但是有时候正确率非常低；12%的学生认为 HSK 六级语病题型课堂辅导的作用"一般"，课下自己做语病题的时候，仍然觉得很难，并且完成的正确率不高。笔者观察到，对课堂辅导不满的学生在对课堂辅导作用进行评价时，都选择了"一般"和"比较小"的选项。

②教师讲解效果的调查。

在 HSK 六级语病辅导中，教师会对一些重点词语和语法进行讲解。HSK 六级辅导教师告诉笔者，HSK 六级语病题型中的生词、成语较多，语法结构复杂，所以在课堂上讲解的内容是有限的。笔者为了了解教师讲解的效果，设计了以下问题：

题11：教师讲解重点词语和语法的作用大吗？

A. 非常大　　　　B. 比较大

C. 一般　　　　　D. 比较小　　　　E. 非常小

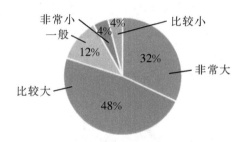

图 2　词语和语法讲解作用的调查

从图中可以看出,48%的学生认为教师在课堂中讲解重点词语和语法的作用"比较大";32%的学生认为其作用"非常大";12%的学生认为教师讲解词语和语法的作用"一般";选择"非常小"和"比较小"的学生各占4%。

教师讲解重点词及语法,目的是扩大词汇量、巩固语法知识。因为词汇是语言建筑的材料,只有先理解词语意思,才能进一步理解短语和句子的含义。然而,现代汉语的词汇数量多,构词方面广泛运用词根复合法,这些因素在一定程度上会加大学生记忆词汇的难度,也会加大学生理解句意的难度。另一方面,语法教学因现代教学理念的变革,已经被变化处理,很多学生并没有基本的语法观念。现在在汉语教学过程中,教师一般会注重学生交际能力的训练和培养,但对于句子结构方面的语法知识,不太有涉及。笔者调查的南亚学生时,就有一个班的学生在通过 HSK 五级阶段还不知道"动词、名词"这些基本概念,更不明白"主谓宾"这些句子成分概念。这导致有学生在达到参加 HSK 六级考试的阶段时,还对基本的汉语词类及句子结构类型不太了解,这对于其理解教师有关语法的讲解、自主分析语病题中的句子的主要结构特点都是很大的障碍。所以,学生只有在掌握一定的句式、语法结构及重点词语后,课堂及课下练习时遇到相似的语言点才能比较准确地选择答案。

笔者通过访谈了解到,巴基斯坦的学生谢瑞已经学习汉语四年了,他参加过三次 HSK 六级考试。访谈中他告诉笔者,教师在 HSK 六级语病题型辅导时,每天都会讲解题中的重点词语和语法,有时候教师和学生会一起分析句子的语法结构。他认为教师对语言点和词语的讲解的作用非常大,但是他也认为语病题型中有较多的生词和语法结构,使他不能在第一时间判断题中考查的语法结构,所以他在课下练习时还是会觉得 HSK 语病题很难,正确率不高。

③语病题型完成时间及正确率的调查。

笔者在和南亚班学生进行交流的过程中发现,学生认为语病题型对自身的汉语要求很高,难度较大并且完成的时间不够。访谈中,辅导教师反复强调,HSK 的培训一方面是教授学生新的汉语知识,另一方面是要提高学生做题的正确率及减少做题的时间。为了了解培训效果,笔者设计了以下问题:

题 13:课堂辅导后,你完成语病题型的时间有没有减少?

A. 有　　　　　　B. 没有

题 14:课堂辅导后,语病题型的正确率提高大吗?

A. 非常大　　　　B. 比较大

C. 一般　　　　　D. 比较小　　　　E. 非常小

笔者通过问卷调查发现,大部分学生表示在接受学校的培训后,完成 HSK 六级语病题型的时间会减少。巴基斯坦的孟浩宇学习了三年的汉语,他表示他会复习教师讲解的词汇和语法结构,通过 HSK 六级语病题型的课堂辅导,了解了更多的词汇和语法结构,同时在课堂上的计时训练也提高了阅读速度。相比前期,他在课堂和课下花费的时间有所减少,但是他也表示课上和课下的语病习题难度很大,虽然自己完成语病题型时间有所减少,但是也不能够在规定的时间内完成,完成的时间常常多于十分钟。

　　语病判断题正确率的提高是衡量 HSK 语病辅导的重要标准。笔者通过问卷,调查学生在课堂辅导后的语病判断题正确率的提高程度,如下图所示:

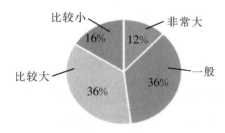

图 3　语病判断题正确率提高程度的调查

　　学生告诉笔者,他们认为 HSK 六级课堂辅导对自己完成语病题型有帮助。上表显示,学习者主要选择的是"比较大"和"一般"两个选项,36%的学生认为课堂辅导对语病判断题正确率提高程度"比较大",36%的学生认为课堂辅导对语病判断题正确率提高程度"一般"。调查中没有人选择"非常小"这一选项。其中,16%的学生认为其作用"比较小",12%的学生认为课堂辅导能极大地提高语病题完成正确率。

　　④学生理解句子能力的调查。

　　语病课堂辅导要让学生提高语病题型的正确率,同时课堂辅导后学生能够理解句子意义,熟悉中国人的思维逻辑和思维习惯,能正确地分析句子结构关系,具备纠错能力。所以笔者对学生是否理解课上练习题和掌握其纠错能力进行了问卷调查。

　　题 15:课堂辅导后,你能正确理解和解释课堂上句子错误的原因吗?

　　A. 能　　　　　　B. 不太能　　　　　C. 不能

　　调查结果如下图所示:

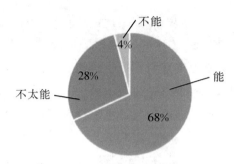

图 4　课上对语病题理解的调查

调查结果显示,68%的学生在教师讲解完课堂上的练习后能够理解句子错误的原因。28%的学生认为能够理解句子错误的原因,但是他们认为比较困难。4%的学生选择了"不能"。

⑤学生掌握纠错能力的调查。

课堂上能够理解句子错误原因是语病题型课堂辅导的目的之一。学生在课下练习时能够理解句子错误原因以及掌握纠错能力是学生独立思考和分析的表现,也是课堂辅导效果的体现,所以笔者设计了以下问题:

题16:课堂辅导后,你能在课下练习时正确理解和解释句子错误的原因吗?

A. 能　　　　　　B. 不太能　　　　　C. 不能

统计结果如下图所示:

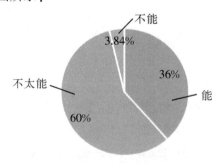

图 5　课下对语病题型理解的调查

笔者通过问卷调查,60%的学生不太能独自理解和解释句子错误的原因。36%的学生能理解课下练习题的语病原因,并能解释其原因。4%的学生认为学生自己无法理解和解释病句的原因。巴基斯坦的何迈表示,老师在讲解时,他能够明白和理解句子错误的原因,但是课下便不能完全地解释出句子的错误原因。他认为在课下习题的词语过多、句子过长、内容过于复杂,这些因素都会影响他的理解和选择。他还表示一分钟以内不能完成四个选项的阅读,更没有时间去思考句子错误的原因。

（2）语病判断题辅导方式满意度调查与分析。

HSK 六级语病题型课堂辅导是为了增加学生的词汇量、巩固汉语语法知识、掌握句子纠错技巧、提高阅读速度以及缩短完成语病题型的时间,最后学生能够提高语病试题的正确率。那么 HSK 六级语病培训能否达到以上的目的呢? 如果能达到上述的目标,学生自然会对其满意。因此笔者以学生为调查对象,进行了满意度调查。满意度调查主要包括培训方式、教师教学形式和教学过程中的师生角色等。

①培训方式满意度调查。

题 4:你对培训方式满意吗? （若无培训可不填）

A. 非常不满意 　　　　B. 不满意

C. 一般 　　　　　　D. 满意 　　　　E. 非常满意

不同的教学培训方式对学生产生的作用不同。通过访谈了解到,南亚学生接受的 HSK 培训形式是课堂培训,培训课一周多次（大致为 2—3 次）,一次课主要是两节课,一节课时间是 45 分钟。学生对这样的培训方式满意度如下图所示:

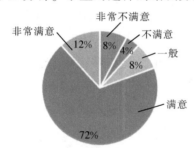

图 6　对学校培训方式满意度的调查

上图可以看出,很多学生对国际教育学院的语病题型培训方式是满意的,其中72%的学生对学校的"一周多次课堂培训"表示"满意",8%的南亚学生表示"一般",12%的学生对学校的课堂培训"非常满意",但是也有 8%的学生对学校的培训方式表示"非常不满意"。

②教学方式及"教学角色"满意度的调查。

从记忆角度上看,如果要在学生的头脑中长期记忆教学中的词汇、语法以及纠错技能等,就需要在教学的过程中对此类信息呈现一定的强度和重复。[①] 虽然一周多次的培训对学生的记忆有一定的帮助,但是不同教师的教学形式也是不同的,因此笔者考查了学生对教师培训方式及辅导中充当角色的满意度,设计了问题如下:

---

① 刘珣. 对外汉语教育学引论[M]. 北京:北京教育出版社,2000:106.

题7：你对老师这样的教学方式满意吗？

A. 非常不满意　　　　B. 不满意

C. 一般　　　　D. 满意　　　　E. 非常满意

题9：你对现在语病课堂辅导的教师与学生充当的角色满意吗？

A. 非常不满意　　　　B. 不满意

C. 一般　　　　D. 满意　　　　E. 非常满意

根据题7，笔者对调查结果进行统计。如下图所示：

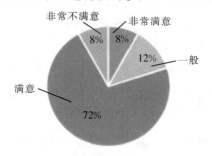

图7　对教师教学方式满意度的调查

教学方式主要是"讲解语法、练习、评讲习题"或者是"练习、讲解练习"。教师首先讲解练习题中典型的语言点和词汇，讲解完后再进行针对性练习，让学生能够进一步掌握知识点，最后对学生做完的习题进行解疑，以此达到巩固知识点的目的。问卷结果如图7显示，72%的学生对这样的教学方式是"满意"的，8%的学生对教学方式"非常满意"，12%的学生认为这样的教学方式"一般"，8%的"非常不满意"这样的教学方式。

根据题9，笔者统计调查结果如下表所示：

表11　对课堂中教师扮演角色的满意度调查表

满意度	人数	占比
非常不满意	2	8%
不满意	1	4%
一般	3	12%
满意	15	60%
非常满意	4	16%

HSK六级语病课堂辅导中，教师和学生扮演的角色，一个是"教"，一个是"学"。语病辅导课程中教师"讲授知识"，学生"练习语病试题"。从表11可以看出，南亚班60%学生对学校现有的教师和学生扮演的角色是"满意"的。16%的同学选择了"非常满意"，他们认为现在的形式对自己完成语病题型的帮助非常大，

课堂辅导能较明显地提高语病题的正确率。8%的学生表示这样的课堂辅导不能提高语病题的正确率,他们在问卷中选择了"非常不满意"。同样,有4%的学生也认为这样的形式不能够明显地提高自己的语病题正确率。12%的学生对这样的形式的满意度是"一般"的。

（三）学生自我备考行为及效果的调查

语病题型的备考除了课堂上的辅导外还有学生的自我备考,自我备考主要表现为学生在课下进行学习和练习的过程。对外汉语教学的过程与别的教学过程相同,都会涉及课上的"教""学"及课下的"学""练",不管是课上还是课下,都是为了达到一个相同的教学目标。课下练习需要教授者和学习者的共同参与,课下练习包括课前练习和课后练习,"课前练习"和"课后练习"都有利于学习者掌握某一技能。① 学生自我备考方式及备考效果对学生提高 HSK 六级语病备考策略有一定的指导作用,因此笔者有必要对其进行调查和研究。

1. 学生自我备考行为的调查及研究

HSK 六级对教师的课堂辅导和学生自我备考都有反拨作用。笔者为了了解学生自我备考情况,进行了问卷调查。调查内容主要包括学生是否会在课下进行语病题型的练习、练习使用材料及用时、是否严格控制完成时间、汉语小老师辅导情况等。

（1）是否在课下练习语病题型。

题 17:除了上课以外,你还会练习语病判断题吗?

A. 不会　　　　　B. 有时候会
C. 常常会　　　　D. 每天都会

表 12　学生课下练习语病题频率调查表

频率	人数	占比
不会	0	0
有时候会	14	56%
常常会	8	32%
每天都会	3	12%

按照孔子学院的要求,他们需要在规定的时间里完成 HSK 相应的等级考试。HSK 六级是汉语水平考试中最难的,所以南亚师资班的学生除了进行语病题型的课堂辅导外,在课下也会进行 HSK 语病题的练习。笔者发现56%的学生"有时候会"进行课下练习,32%的学生课下"常常会"进行语病练习,12%的学生"每天都

① 李柏令.新思域下的汉语课堂"以学生为中心"的对外汉语教学探索[M].上海:上海交通大学出版社,2010:21.

会"进行语病练习。笔者通过访谈了解到,学生进行语病练习主要集中在学校语病试题培训时期,这也是大部分学生选择"有时候"的主要原因。

(2)学生课下练习时使用的材料、用时的调查。

为进一步了解学生课下练习语病题型的频率和时间长短,设计了以下问题:

题18:准备阶段,你每次对语病题花费时间是多少?(除上课外)

A.3个小时以上　　　　B.2到3个小时

C.1到2个小时　　　　D.1个小时以内

表13　学生课下语病练习所花时间统计表

时间	人数	占比
3个小时以上	1	4%
2到3个小时	5	20%
1到2个小时	10	40%
1个小时以内	9	36%

笔者调查发现学生课下的语病练习的时长主要在3个小时以内。其中36%的学生课下进行语病练习的时间是"1个小时以内",例如巴基斯坦的严栋梁、何豪杰和慕德等同学。40%的学生课下练习的时间是"1到2个小时",20%的学生练习时间是"2到3个小时",只有一个学生每次练习的时间是在"3个小时以上"。统计数据如表13所示:

笔者通过访谈了解到,不同的学生练习的方式也有不同,有的学生会复习课上做的练习,有的学生会选择做语病练习模拟题等,有的学生不仅练习了真题,还练习了模拟题。一个巴基斯坦的学生告诉笔者,他会先复习课上习题再完成模拟题,他认为模拟题可以帮助自己记忆和巩固知识点,提高自己的语病纠错能力。巴基斯坦的何瓦那表示,他的练习方式是复习上课做的练习题,还会购买或者下载HSK六级语病真题进行练习。他告诉笔者,练习真题比练习模拟题更加有效,因为真题中的知识点及难度更加切合HSK的考点。巴基斯坦的苏莱蒙在课下先复习课上的习题,然后完成语病真题和模拟题,因此他每次复习语病题型花费的时间都在3个小时以上。

调查中,笔者发现更多的学生倾向于练习真题。他们练习真题的原因主要有以下两个:第一是教师的建议,他们认为HSK真题在语言点、出题思路上更加切合HSK;第二是获得途径,有的学生根据自己获得资料的途径选择真题或者模拟题。调查结果如表14所示:

表 14　练习题类型调查表

练习题类型	人数	占比
模拟题	7	28%
真题	4	16%
都有,真题多于模拟题	9	36%
都有,模拟题多于真题	5	20%

(3)自我备考中对词语、语法的态度的调查。

学生在课下练习时,他们对语病题中出现的重要词语和语法态度不同。笔者设计了以下问题:

题 27:你会积累语病题中出现的重要词语和语言点吗?

A. 不会　　　　　　　B. 有时候会

C. 常常会　　　　　　D. 每次都会

如表 15 所示:

表 15　课下积累词语和语言点情况调查表

态度	人数	占比
不会	4	16%
有时候会	5	20%
常常会	10	40%
每次都会	6	24%

笔者通过问卷调查了解到,很多学生会积累重要的词语及语言点,其中 20% 的学生"有时候会"积累重要词语和语言点,40% 的学生"常常会"积累,24% 的学生"每次都会"积累重要词语和语言点,但是调查中有四个学生"不会"积累,例如,巴基斯坦学生岁月,他告诉笔者他没有时间积累语病题中的重要词汇和语言点。表格中显示 40% 的学生常常会积累练习中的重要词汇及语言点,但是大多数学生表示不会对重点词汇、语言点及时巩固复习。

(4)自我备考中是否严格控制时间。

除此以外,学生在课下练习时能够严格控制时间,也是课下练习的效果之一。笔者根据访谈设计了以下问题:

题 24:课下练习语病判断题时,你会严格控制完成语病题的时间吗?

A. 不会　　　　　　　B. 有时候会

C. 常常会　　　　　　D. 每次都会

笔者进行了统计,如表 16 所示:

表 16　课下练习控制时间调查表

态度	人数	占比
不会	5	20%
有时候会	15	60%
常常会	4	16%
每次都会	1	4%

　　由表 16 可知,15 个学生"有时候会"控制完成的时间,五个学生在练习时"不会"控制时间,四个学生练习时"常常会"控制时间,只有一个学生"每次都会"控制完成的时间。巴基斯坦的王明瀚在课下练习时常常会控制在十分钟以内,但是正确率比较低,后面五道题没有足够的时间阅读。巴基斯坦的慕德课下练习时会控制时间,常常花 30 分钟完成十道语病题。巴基斯坦的严栋梁表示课下练习时不会注重控制时间,他更注重试题的正确率,所以他一分钟不能完成一道题,十道语病题他需要花费 20 分钟。巴基斯坦的博睿常常会把时间控制在十分钟内,但他也告诉笔者,如果完成得快了正确率就不高。

　　访谈了解到,很多学生在课下练习时会有意识地控制语病题的完成时间,但是也因为没有足够的时间导致正确率不高。因此,考生想要缩短语病试题的完成时间,就需要积累更多的知识、练习更多的题,还需要在应试上寻找有效的技巧和方法。

　　(5)汉语小老师辅导情况的调查。

　　南亚师资班的学生课下备考形式除了课下练习真题或者模拟题外,还可以借助汉语小老师。笔者从与负责南亚师资班的教师的交谈中了解到,大部分南亚师资班的学生都有汉语小老师①。笔者为进一步了解情况,设计了以下问题:

　　题 33:学校给你安排了汉语小老师吗?

　　A.有　　　　　　　　B.没有

表 17　汉语小老师安排情况统计表

安排情况	人数	占比
有	17	68%
没有	8	32%

　　如上表所示,17 个学生有汉语小老师,八个学生没有汉语小老师,这八个学生都是南亚师资班的研究生。

---

　　①　汉语小老师一般由国际教育学院的本科学生担任,课下辅导南亚师资班的学生的作业。

汉语小老师每周会对南亚师资班进行一次或者两次的辅导,所以为了了解汉语小老师对学生的语病题型辅导情况,笔者设计了以下问题:

题34:汉语小老师会对HSK六级语病判断题进行辅导吗?

A.不会　　　　　　　B.有时候会

C.常常会　　　　　　D.每次都会

笔者通过统计得到下表:

表18　汉语小老师辅导情况调查表

辅导频率	不会	有时会	常常会	每次都会
人数	1	11	5	0

通过上表看出,17个汉语小老师中,有11个汉语小老师有时会对学生进行语病辅导,五个汉语小老师常常会对学生进行语病辅导,一个学生的汉语小老师没有对他进行语病辅导。这一位学生是巴基斯坦的王明瀚,因为他的成绩比较好,所以拒绝了汉语小老师辅导。

2.学生自我备考效果的调查

学生通过课下的复习和练习是否提高了HSK六级语病题型的正确率和自身的纠错能力? 他们对自己课下的语病练习效果是否满意呢? 根据上述问题,笔者对学生自我备考效果进行了调查,调查发现,学生自我备考的效果不够理想,大部分学生寻求小老师帮助,但小老师的辅导效果不佳。

(1)自我备考效果调查。

题19:你觉得你课下备考语病判断题的效果大吗?

A.非常大　　　　B.比较大

C.一般　　　　　D.比较小　　　　E.非常小

笔者发现,14个学生认为课下的练习和复习是有效果的,但是效果"一般"。他们表示课上讲解的知识点和课下练习题的知识点存在差异,即课上与课下的知识点不一致,所以他们不能及时巩固课上的内容,同时课下练习时,不能完全正确地理解句子含义和句子错因。问卷的结果显示,三个学生表示课下练习的作用"比较小",五个学生认为课下练习的作用"比较大",三个学生认为课下练习的作用"非常大"。

(2)汉语小老师辅导效果的调查。

目前,学生完成语病题型主要有两大困难,一个是语病题的正确率低,另一个是完成语病题型的用时过长。学生在备考期间,不管是语病题型的课堂辅导,还是课下的自行练习,目的都是提高正确率,减少用时。为了提高正确率,减少用时,大部分学生会寻求汉语小老师的帮助。汉语小老师的辅导效果如何呢？

见下表对南亚师资班 16 个汉语小老师的语病辅导的统计结果。

表 19　汉语小老师语病辅导效果调查表

作用	非常大	比较大	一般	比较小	非常小
人数	0	2	11	3	0

表中，11 个学生认为汉语小老师的语病辅导"一般"，两个学生认为汉语小老师的语病辅导作用"比较大"，三个学生认为汉语小老师的语病辅导作用比较小。为什么会出现上面的结果呢？笔者了解到，部分学生认为汉语小老师对语病题型辅导的作用并不是很理想。例如巴基斯坦学生柯慕寒，他认为汉语小老师对语病辅导的作用比较小，汉语小老师有时候不能选择出正确的选项，有时候也不能解释句子错误的原因。

四、学生备考语病题型的不足及困难因素分析

问卷是将调查的内容数据化，从而反映出一些问题。因此，问卷设计者需要对数据进行收集和整理，还需要分析数据背后隐藏的问题，并分析其原因。笔者通过问卷访谈和问卷调查的方式，从"教师"与"学生"两个角度大致了解了南亚师资班学生的备考行为，并根据访谈和调查结果，分析"教师教学""学生自我备考"中的不足及"语病题型困难的原因"。

(一)课堂培训的不足

笔者将从课堂教学时间、教学形式、教学侧重点方面对 HSK 六级语病教学辅导进行分析。

1. 课堂教学时间较少

HSK 六级语病课堂辅导是 HSK 六级备考的一部分。学校会根据孔子学院和汉办要求，对需要通过 HSK 六级的南亚师资班学生开设短期的辅导课程，课堂辅导时间主要是考前的一到两个月，而且语病辅导课程的时间主要集中在两周以内。HSK 六级辅导课的课时安排主要是一个周一到两次，一次两个课时，一个课时 45 分钟，但是据了解，本学期的 HSK 六级辅导是一周一次课，一次两节课。通过对 HSK 六级语病试题的分析，笔者发现语病题的内容涉及范围广、包含的语法和词汇多，因此，两周的时间很难全面完成语病试题的辅导，即使完成语病题型辅导，教学的程度和深度也不太够，也很难做到知识点的重现和语病题型的反复练习。

2. 教学形式较单一

HSK 六级的课堂辅导的主要教学形式是先讲解知识点，然后练习，最后评分和讲解。通过对辅导课堂的跟踪，笔者发现在教学环节中，教师扮演"教"的角色过重,学生的积极性难以调动。访谈中,虽然大部分南亚师资班学生对这种教学形式表示满意,但较多的学生认为教学形式可以更加多样化,教师可以在课堂辅导中加入小组讨论的环节,"小组共同进行练习并分析语病原因","小组进行讨论,教师分析语病原因",以此来调动学生的学习积极性,或者灵活调动课堂的讲解顺序,例如,可以先让学生练习,然后讲解知识点及评分,最后进行巩固练习。

3. 教师讲解侧重词汇和语法

教师讲解过程中主要是侧重词汇和语法。对外汉语教学的主要内容是语音、词汇、语法、汉字的教学,但是由于 HSK 考试对课堂教学的影响,HSK 六级语病辅导课可以考虑集中在词汇和语法的扩展补充和巩固上。访谈中,笔者了解到一部分南亚师资班学生总是不能按时完成语病题,因此教师在辅导的过程中不光要做到加强语言知识的积累,还需要进行提高学生的阅读能力的训练以及语感的训练,同时要对学生进行计时训练。

(二)学生自我备考不足

HSK 六级考试对教师和学生都会产生正面或者负面的影响。笔者在前文讨论了 HSK 六级语病辅导课程教学方式和形式,本部分将从"学"出发,对南亚师资班学生课下备考的不足进行分析。

1. 练习题不统一

"不统一"主要包括两个方面。第一个方面是资料来源不统一,通过问卷和访谈发现,有些南亚师资班学生会在课下练习,他们会采用练习模拟题、练习真题、复习课堂上的练习题的题海战术来达到对语病题型的"记忆解法",所以练习题一定要紧贴出题者的意图。我们都知道真题和模拟题在出题思路和知识的重点上会有差别,如果一个学生过于重视练习模拟题,他的解题思路就会受到影响。笔者对比模拟题和真题后发现,模拟题中很多句子会使用拟人的修辞手法,例如"从此,惭愧的蝙蝠便躲在山洞或角落里,只在傍晚或深夜才能露面",而真题中这样的句子则非常少。第二个方面是课堂与课下练习题的不统一,有学生表示课下习题的知识点与当天课堂上的语病类型不一致,例如,课堂上练习的病句类型是"搭配不当",但是教师安排的练习题往往涉及其他的语病类型,以致学生练习的量不够,并且他们很难复习和巩固当天学到的内容。

2. 学生自我管理意识不强

第一是课下练习频率不足。学生在 HSK 语病题型辅导期间,课下并不会每天练习语病题,上述问卷调查中 25 个学生中有 14 个学生有时候会练习,每天练习的学生只有三人。第二是课下练习不重视控制时间。他们课下练习时不会严格控制时间,大部分学生练习时完成十道题的时间会超过十分钟,有的学生甚至会花费 30 分钟。第三是南亚师资班学生记忆语言知识的频率不高。25 个学生中,有四个学生不会积累语病题型中出现的词汇和语法,每次都会积累的学生只有六个。第四,通过问卷和访谈,笔者发现大部分南亚师资班的学生不会每天进行练习和复习,他们自主学习的意识不够、行为不足。

3. 汉语小老师辅导效果不佳

汉语小老师在学生学习过程中扮演着重要角色,但因为某些因素,汉语小老师语病辅导效果不佳。笔者在前文中已对汉语小老师的辅导的情况及效果进行了统计分析。汉语小老师主要来自汉语国际教育专业的本科学生。学校根据自愿性原则进行小老师分配,但忽略了汉语小老师的汉语水平,所以出现了汉语小老师对语病题型选择错误、释因不准等现象。另外,汉语小老师语病辅导随意性较强。笔者在与南亚师资班学生交谈中了解到,汉语小老师不会在固定的时间进行语病辅导,也不会针对同一类语病类型进行练习和巩固,往往是学生问,小老师进行回答。最后,汉语小老师的评讲没有系统性,所谓的系统性主要包括词汇、语法、语病类型三方面,学生表示,汉语小老师过于重视讲解语病类型,而忽视了词汇和语法。

(三)学生解答语病题型困难的原因及分析

HSK 是由专门的测试机构研发的具有较高信度和效度的水平测试,它的质量是有保证的。语病题型作为 HSK 六级阅读的第一部分,主要检测学生对汉语书面表达的准确性的感知程度。但是大部分学生表示这类题太难,所以笔者利用问卷与访谈相结合,从试题本身及学生态度两方面了语病题型解答困难的原因。

1. 学生认为选择困难因素调查

大部分学生认为 HSK 六级语病题型较难。HSK 题型难在哪儿? 笔者认为有必要对此进行量化和分析。笔者通过问卷调查了解到,大部分学生认为课上及课下语病练习题的难度很大,调查情况如下:

题 39:你觉得课堂辅导中的 HSK 六级语病判断练习题难吗?

A. 很简单   B. 简单

C. 比较难   D. 难   E. 非常难

题 40:你觉得课下练习的 HSK 六级语病判断题难吗?

A. 很简单   B. 简单

C. 比较难   D. 难   E. 非常难

表 20　语病难度调查表

难度	很简单	简单	比较难	难	非常难
课堂语病练习题	0	0	8	12	5
课下语病练习题	0	0	2	11	13

上表显示,没有学生认为语病题型"很简单"或者"简单"。12 个学生认为课堂上的语病练习题"难",八个学生认为课堂上语病练习题"比较难",五个学生认为课堂上的语病练习题"非常难"。两个学生认为课下练习题"比较难",11 个学生认为"难",13 个学生认为"非常难"。为什么大部分学生认为课下的习题"非常难"呢?笔者与一些同学交谈后了解到,因为课堂上教师会先讲解这些知识点,然后进行针对性练习,所以大部分学生认为课堂上的语病练习题没有课下的练习题难。

学生对语病题型的满意度会影响他们 HSK 六级阅读部分的完成顺序。调查中发现,八个学生会按照试题顺序完成。笔者让学生按照由易到难排序将阅读部分的四个题型进行排序,其中 21 个学生将"语病题型"放在了最后。

通过对试题的统计及学生的访谈发现,学生认为 HSK 六级语病试题选择困难的因素主要有词汇、语法、字数、题干的话题范围广等。笔者通过试题分析和问卷调查将研究结果进行量化呈现。

(1)选项中词汇和语法较多。

学生语病题型选择困难主要是词汇和句型影响,词汇因素主要是四字格词语及生词。因此笔者设计了以下的问题:

题 44:你认为 HSK 六级语病题考的语法和词汇多吗?

A. 非常多　　　　B. 比较多

C. 一般　　　　　D. 比较少　　　　E. 非常少

题 45:你觉得 HSK 六级语病题选项中的新词多吗?

A. 很多　　　　　B. 多

C. 一般　　　　　D. 不多　　　　　E. 很少

题 46:语病题选项中的四字格词语(比如"成语")多吗?

A. 非常多　　　　B. 比较多

C. 一般　　　　　D. 比较少　　　　E. 非常少

题 47:语病题选项中的新词和四字格词语会对你造成选择困难吗?

A. 会　　　　　　B. 不太会　　　　C. 不会

25 个南亚师资班学生中,七个学生认为 HSK 六级语病题型中的语法和词汇非常多,14 个学生认为语病题型中语法和词汇比较多,四个学生认为语法和词汇的数量一般。巴基斯坦的学生孟浩宇说:"语病题型中的句型和词汇非常多,老师会让我们积累句子中的词语和语法。"他认为选项中的语法和词汇会影响自己理解句子的含义,导致自己无法选择正确的答案。

南亚班的学生把不认识的词汇称为新词。通过问卷调查显示12个学生认为语病题型中的新词数量一般,七个学生认为新词多,六个学生认为新词的数量非常多。巴基斯坦的苏莱蒙是2015级南亚师资班的班长,他的汉语比较好,学习也很努力。苏喜欢根据句子去猜测新词的意义,他觉得这样具有挑战性,并且他认为语病题中应该要有一些不认识的词语,因为新词可以检测出学习者的汉语水平。巴基斯坦的阿克杰告诉笔者,他认为句中的新词很多,新词会极大地影响自己对句子的理解,因为如果他对这个句子不太理解,就更倾向于选择这个选项。

语病题型中的词语有一些四字格形式,主要是成语。笔者统计问卷得出如下数据,13个学生认为四字格的数量一般,十个学生觉得语病题型中的四字格的数量比较多,只有两个学生认为四字格的数量非常多。巴基斯坦的阿克杰告诉笔者,他认为成语的数量一般多,但是这些词对他选择影响较大,所以他在练习时,他如果无法判断哪一个句子是病句,他会更倾向选择有成语的句子。此外,调查中还发现,除了四字格的成语,语病题型中还常出现类似于四字格的格言、谚语或古汉语中的一些名句,如"种瓜得瓜,种豆得豆""万事俱备,只欠东风"。一般这些格言或名句等会用引号引起来,通常不会有错误,但有一部分同学在阅读四个选项时,因为对引号中的内容不明白,就会优先选择其为错句。

(2)选项字数过多。

部分学生认为语病试题的字数过多,导致他们不能在规定的时间里完成。笔者因此设计了以下问题:

题45:你觉得HSK六级语病题的字数多吗?

A. 非常少　　　　　B. 比较少

C. 一般　　　　　　D. 比较多　　　　　E. 非常多

上述问题的统计结果,16个学生选择"非常多",六个学生选择"比较多",三个学生选择"一般"。HSK六级语病题型有十道题,每个题有四个选项。每个选项的字数不等。总体上看,每题的字数逐渐增加,第51—57题的字数较少,每个选项是一行,第58—60题的字数较多,每个选项为两行。大致来说,一行的选项多偏向为单句,而两行的选项通常是复句或几个单句的组合。笔者以2018年真题试卷一的语病题为例,第51题四个选项共91个字,第52题四个选项共88个字,第53题四个选项共93个字,第54题四个选项共103个字,第55题四个选项共96个字,第

56 题四个选项共 93 个字,第 57 题四个选项共 89 个字,第 58 题四个选项共 143 个字,第 59 题四个选项共 132 个字,第 60 题四个选项共 161 个字,总字数 1089 个。大致情况如下表所示:

表 21　2018 试卷一语病题字数统计

题号	选项				总字数
	A	B	C	D	
51	19	22	24	26	91
52	15	22	26	25	88
53	20	24	24	25	93
54	22	26	27	28	103
55	23	24	23	26	96
56	19	23	25	26	93
57	18	21	24	26	89
58	32	34	39	38	143
59	33	30	33	36	132
60	34	37	40	50	161

2018 年真题试卷一语病题型的字数表明学生平均每分钟需阅读字数 109 个字。但是根据靳翠巧关于 HSK 六级学生语病题阅读速度的研究,学生语病题型的阅读速度正常应该是 130 个/分钟。此外,作者对其他几套真题的语病题型字数也进行了统计,字数总量一般在 1000—1350 个,平均一分钟的阅读字数就是 100—135 个。笔者认为 HSK 六级语病题型的字数是合理的。学生认为字数过多的原因主要是学生的词汇和句型的掌握不牢固。

(3)选项的内容范围较广。

访谈中,巴基斯坦的谢瑞表示语病题型很难,但是他觉得这种题很有意思。他还表示,这一部分里的大多数句子是关于哲理和中国文化的,他们可以从句子中学到很多文化和语法知识,多练习这类题可以提高自己的语法能力。但有一些同学和谢瑞不太一样,他们认为语病题选项包含的内容较多,加大了选择难度。笔者对 HSK 六级语病真题分析后发现选项的内容主要包括人物及事迹介绍、地方介绍、传统文化、科学常识、人生哲理等。例如:

①人物及事迹介绍。

8)1915 年,中华书局的创办人陆费逵先生决心编纂一部集单字、语词于一体的综合性大辞典,并取"海纳百川"之意,于是《辞海》应运而生。(2014 年 H61223

第 54 题)

②地方介绍。

9)热带雨林中的植被大都分层次分布,高大上的乔木下是低矮的灌木,灌木下是一些草本植物,而造成这种层次分布的主导生态因素就是降水。(2018 年试卷二第 60 题)

③传统文化。

10)由白先勇改编、苏昆剧院演出的《牡丹亭》,巡演近百场,场场爆满。(2014 年 H61224 第 56 题)

④科学常识。

11)烧鱼时放一点儿醋,可以去腥。有些菜加醋后,更有风味,能增进食欲。(2010 年 H61004 第 57 题)

⑤人生哲理。

12)学会体谅他人并不困难,只要你愿意站在对方的角度和立场看问题。(2012 年 H61115 第 56 题)

除此以外,选项还涉及对某一事物或事件的解说,例如:

13)书画装裱是伴随着书画创作而产生的一种特殊工艺。(2018 年试卷一第 51 题)

2. 学生的畏难情绪

南亚师资班的学生课下备考效果一般,对语病题型满意度不高,容易使他们产生畏难心理。大部分学生认为 HSK 六级语病试题的难度较大,他们都不太会主动练习语病题。为了了解学生的畏难情绪,笔者从学生对语病试题满意度出发进行问卷调查,调查结果显示,较多的学生对自己的正确率不满意,他们也不满意语病题型作为阅读的第一部分。

题 53:你对解答语病判断题的正确率满意吗?

A. 非常满意　　　　B. 比较满意

C. 一般　　　　D. 不满意　　　　E. 非常不满意

题 54:你对 HSK 六级阅读第一部分是语病题型满意吗?

A. 非常不满意　　　　B. 不满意

C. 一般　　　　D. 满意　　　　E. 非常满意

25 个学生对解答试题正确率的满意度如下表所示:

表 22　对语病题型正确率满意度调查表

满意度	非常满意	比较满意	一般	不满意	非常不满意
人数	0	4	10	9	2

从上表看出,四个学生对语病题型的解答正确率是"比较满意"的,例如巴基斯坦的水娜,她课上语病题正确数大概是七个,课下的正确数大概是五个。十位学生选择了"一般",例如阿克杰,他在课堂上完成的正确数大概是六个,课下完成的正确数大概是四个。九个学生对自己语病题型的解答正确率是"不满意"的,巴基斯坦的伯汉课上的正确数大概是四个,课下完成的正确数大概是七个,但是他完成语病题的时间大概是 25 分钟。两个学生选择"非常不满意",其中一个学生表示,他会在十分钟内完成语病题型,但是他课上的正确数大概是四个,课下完成的正确数大概是两个。

学生对 HSK 六级阅读部分中语病题型作为第一部分的满意度,如下表所示:

表 23　对 HSK 六级阅读语病题型满意度调查表

满意度	非常满意	比较满意	一般	不满意	非常不满意
人数	0	0	6	15	4

表 23 显示,25 个学生中有 15 个学生"不满意"语病题型作为阅读的第一部分,四个学生"非常不满意"语病题型作为阅读的第一部分,六个学生选择了"一般"。语病题型太难导致大部分学生对语病题型不满意。他们认为这一部分题型最难,放在第一部分没有反映出阅读由易到难的正确梯度,并且语病题型在考试中影响了他们的解答顺序。笔者了解到,绝大多数学生都是先完成阅读的后三部分后再来完成第一部分的语病题,或者有些就是以最快速度先随便勾选十道语病题的答案,留出时间去完成后面的题型。对于语病题解答的得分,还有相当一部分人没有抱太大期待。调查结果显示,这种对语病题的负面态度及消极的应试方法,在留学生中普遍存在。南亚班的学生因为有专门的语病题辅导课,解题信心还高一些,对于其他一些没有辅导课的学生,包括向来认为汉语书面水平比较高的韩国硕士生在进行 HSK 六级考试时,也基本对语病题型采取了放弃的态度和做法。

一种题型,如果不同水平的参试者都认为它的考查方式有问题,并且认为它并不能检测其真实能力,那这种题型的合理性是值得探讨和商榷的。

各个领域中都存在畏难情绪,但是畏难情绪广泛出现于学习者。学习是一个漫长且烦琐的过程,学习中存在一些意志不强及能力偏弱的学生,他们在遭到失败后,更容易产生畏难情绪。畏难情绪是学习者在面对汉语学习时表现的一种畏惧困难的消极情感,对汉语语言学习有着很大的负面影响。笔者通过访谈发现有的学生会逃避练习语病题型。巴基斯坦学生沈美琴参加了两次 HSK 六级考试,她说:"语病题型很难,我会先完成选词填空、选句填空、选出正确答案,最后完成语病题。如果我发现时间不够,我会先放弃语病题。"她还表示,备考阶段时,她的语病题型正确率一直不高,认真完成语病题型需要 20 分钟左右,所以不想去练习语病题,她可以用练习语病题的时间去练习别的题型,以此来提高 HSK 六级阅读部分的总分。

五、提高学生语病题型解答效率的策略

HSK 六级语病辅导课程一般是教师讲解,学生练习,教师修改、评分再讲解和分析。笔者进行了为期两年的跟踪研究,研究对象都是 2018 年参加 HSK 六级考试的 2015 级南亚师资班学生,研究内容包括备考情况和备考困难因素等。当时 2016 级南亚师资班学生还在本科二年级,准备通过汉办要求的 HSK 五级考试。目前,2015 级的学生经过一整年的努力,已经全部通过了 HSK 六级,其中有学生考了三次或四次之多。从 2019 年 11 月开始,2016 级南亚师资班的学生已经开始进行 HSK 六级的培训,并于 12 中下旬开始陆陆续续报名参加六级考试。为了了解和培养学习者的语病纠错能力,提高他们的接受型语言能力,培养他们的自主学习能力,笔者根据备考情况及困难因素,提出了关于 HSK 六级语病试题的备考建议,并在 2016 级南亚师资班的备考过程中进行实施,边实施边完善。

(一)培养汉语语感

笔者在与学生的访谈中发现,学生认为语病试题难的一个主要原因是汉语语感不强。语言教学过程中,教学者和学习者普遍认为语感是发现语病的最便捷有效的方法,如:"他昨天没很高兴",如果学习者有较强的语感,这句话一读就会发现句子的问题。"语感"也是语言教学的一个重要课题,吕叔湘先生指出"语感是个总体的名称,包括语义感、语法感和语音感,一个学生的语感强了。他在理解方面和表达方面都会不断进步。如果'语音感'不强说明学习者在学人说话时总是学不像;'语义感'是指对一词的意义和色彩的敏感;'语法感'就是对一种语法现象进行判断,学习者能够感知到句子语法现象是否正常。语病题型考查了学生对汉语语法的掌握及句子语义的理解,所以培养学生语感对学生完成语病试题有一定的帮助"。

1. 语感不强的表现

南亚师资班学生汉语语感不强主要表现在词语使用不当、语法掌握不牢。

(1)词语使用不当。

现代汉语中的词汇数量大,存在逆序词、同义词、近义词等词汇现象。汉语中的逆序词,词汇顺序只要改变,词汇意义也会发生改变,例如"适合"与"合适"。汉语中也有很多同义词和近义词,近义词和同义词在对外汉语教学中一直是教学重难点,学生运用时还是会难以区分,导致误用。

(2)语法掌握不牢。

学生在使用汉语的时候会改变语序,语序的改变会影响整个句子的意义或导致语法错误,但是学生往往不了解语序改变带来的影响,例如"我和我的朋友一块儿散步在公园"。除此以外,学生还存在虚词、量词、特殊句式及复句的使用不当。

2.语感培养的实施

朗读对培养语感帮助重大,朗读时往往会综合运用一个人的多层思维及多层感觉。迟子建认为朗读的过程是"目视""心惟""口诵"三个过程。"其中'目视'是字、词及语义的过程,首先要认识字,然后识别词组,最后组织语义;'心惟'像是一个感知阶段,是把'目视'中感知到的字词带入具体的画面中,这也是多层思维(即形象和逻辑思维)的交叉过程;'口诵'的过程是一个表达的过程,是将画面转化成声音传达出来,并且在朗读中要读出语音语势和语调来。本小结中的"朗读"包括两个部分,一是"目视"及"心惟"的无声阅读,二是"口诵"的有声朗读。通过朗读的"口诵"形式,可以提高学生的语感,同时训练还应该增加一些课外阅读。

(1)利用朗读、阅读的形式培养语感。

学生课堂上朗读教材。国际教育学院使用的教材是北京语言大学出版社出版的《成功之路》系列教材。2016级南亚师资班使用的教材是《成功之路·冲刺篇》。教学中,教师让南亚师资班对该教材进行朗读教学。笔者选择该教材进行朗读教学的原因主要有以下两个:第一是HSK六级辅导的时间有限,学生正在其他课上学习《成功之路·冲刺篇》,所以学生可以不用再利用时间去解读课文;第二是这本书的内容、编排结构等适合进行朗读教学,该书的文章内容涉及中国的传统文化、中国地理、人生哲理等内容,同时编排结构是文章、阅读练习题、语言点、语言点练习,学生完成朗读后,课下还可以复习语言点。笔者与HSK六级辅导教师交谈后,辅导教师在整个HSK六级的备考过程中,会利用课前的15分钟对《成功之路·冲刺篇》的课文进行自由朗读,接着选取部分学生进行单独朗读,教师对朗读进行点评,并针对文中的重要语言点进行复习及扩展。

学生课下培养语感,可以采用扩大自身阅读量的方式。学生每天利用一些时间阅读,教师也可以为学生提供阅读材料来增加学生的知识面,培养学生汉语书面语的语感。教学中,教师发给学生《百科全书》的阅读材料,要求学生阅读并熟悉其中有关中国社会、地理、历史、风土人情、世界名胜和动植物,以及物理、生物、化学等学科的科普文章。学习者在阅读及朗读的过程中会不知不觉对文章产生理解,在此基础上,他们可以选取感兴趣或者意义较大的文章进行反复朗读和背诵。长此以往,学习者慢慢形成语感,他们在完成语病题时,就会无意识地借助语言记忆,然后对句子的语法结构等进行判断和选择。

(2)语病类型句式化学习培养语感。

笔者发现,语病类型句式化练习会对学生的语病判断能力起很好的提高作用。即同一种类型的语病题,如句首介词结构导致主语缺失、一面对两面错误等,可以在教学中将其例句类型化。同时给学生大量正确的和错误的句式表达,让学生从中选择出正确和错误的句子,并指出其不同。然后让学生自己仿造正确的和错误的句子,交给其他同学来做。如:

14)由于他这样好的成绩,得到了老师和同学们的赞扬。

15)通过三天的学习,他终于掌握了这门技术。

16)经过老师的再三解释才使他不再生气了,露出了笑容。

17)由于他在专业领域的成绩,我们学校聘请他做了教授。

这四个句子有对有错,都是由于句首介词的使用导致主语的缺失。让学生分析这些正确与错误的句子,并让他们自己造一些类似的正确和错误的句子给其他同学来做,能让他们很快增强阅读类似句子时的语感,从而达到解题时正确率的提高。

(二)训练学生全面分析病句的方法

分析病句的方法主要是从语法的角度分析句子,本节大致介绍全面分析病句的方法及具体实施过程。

1.全面分析病句的方法

HSK六级语病辅导中,教师有必要教授学生一定的语病分析方法,这些分析主要是从语法角度分析句子。全面分析方法包括主干成分检查法、枝叶成分检查法和呼应成分检查法。句子成分中的主语、谓语、宾语中都有各自的中心语,这些中心语被称作句子的主干成分。句子中除了主干成分以外还有修饰性成分和补充说明性成分。分析句子时,首先分析句子的主干成分,对主干分析完后,再对句子的修饰性成分和补充说明性成分进行检查,从语法和语义上检查定语、状语、补语对中心语的限制和修饰等是否正确合理。呼应成分检查法是指检查复句中前后呼应成分和构成固定框架作用的前后呼应成分。

教师在HSK六级培训的过程中,要教会学生基本的语法观念,强调句子的语法分析,注重分析句子的主语、谓语、宾语等成分。如前所述,语病题型的统计中,

有相当一部分是语法方面的错误,其中像成分残缺、语序不当等,其错误原因必须要从语法角度进行讲解。例如:

18)经过长期的训练,使他的应试技巧得到了很大的提高。

提取句子中的主干成分"……得到……提高",不难发现,这个句子中缺少主语,谁或者什么"得到"了"提高"呢? 本该做主语的"他的应试技巧"却在"使"的后边,因此"使他的应试技巧"做了句子的状语。只有去掉"使",句子的主干成分才能完整。又如:

19)缺钙会引来容易疲劳、抵抗力下降,甚至是贫血等各种不适与疾病。(2018年 HSK 试卷二第 54 题)

提取句子的主干"缺钙……引来……不适和疾病",可以发现"引来……不适和疾病"动宾搭配不当。一般只说"引起……不适和疾病"。

枝叶成分检查法是对句子的定语、状语、补语等修饰成分进行检查。检查句子的这些修饰成分时,要重点从语义上去考查定语、状语、补语等对中心语的限制、修饰和说明。笔者发现语病真题修饰成分与中心语搭配不当的句子非常少。

呼应成分检查法,这类成分主要跨越了几个句法而遥相呼应,如果不做专门检查,很难发现他们的问题。例如:

20)挫折是美丽的,至于它会给自己带来痛苦,但也能磨炼毅力。(2014 年 H61225 第 55 题)

这是一个复句,它的每个分句都没问题,表示修饰的成分也正确且合理,但是只看连接各个分句的关联词,检查它们的搭配情况,便会看出"至于……但……"存在问题,可修改为"虽然……但是……"。

2. 全面分析病句的方法的实施

(1)分析法教学的具体措施。

分析方法的教学主要包括两个方面,一是注重语法分析,二是教师和学生在课堂中的角色合理化。国际教育学院的辅导教师在 HSK 六级辅导的过程中,一直注重句子的语法分析,同时让学生树立句子成分的意识。教师采用多讲、多练、多互动的形式来训练学生区分主干和枝叶等。"多讲"是指教师在上课前给更多的例句,并且结合例句教授学生检查句子的方法和技巧;"多练"是指课堂上让学生完成语病练习外,课外也会安排学生相关试题的练习;"多互动"即教师和学生在课堂教学中角色的合理化,课堂中不仅是老师讲,学生也要加入"讲"的环节中,例如小组讨论的形式分析句子的主干和枝叶成分,以及句子错误的原因。

(2)分析句子语法的具体步骤。

到底怎样分析句子的语法呢？首先看句子是单句(一个主语和一个谓语)还是复句(有两个以上的主语和谓语)。然后进行全面分析方法，如果是单句，用中心词分析法，先找出句子的主语中心、谓语中心、宾语中心。通过分析，把一个句子缩小到只有很少的成分，就能看出主语与谓语、谓语与宾语、主语与宾语是不是能搭配，或者是不是缺少了成分。例如：

21)今年，我校参加高考的<u>人数</u> <u>是</u> 历史上最多的<u>一年</u>。①
　　　　　　　　　　　　　主语谓语　　　　　　　　　宾语

接着判断成分之间的关系。如果主谓宾的关系是正确的，就看次要成分定语、状语、补语与其他成分的关系是不是合适。例如：

22)中国野生动物保护协会认为张兴国是<u>意志最为坚决的</u>"<u>绿色厨师</u>"。
　　　　　　　　　　　　　　　　　　　　　定语　　　　　　中心语

最后看复句前后关系。如果句子是复句，先看复句的关系对不对，注意关联词语的成对使用正确不正确，再看两个分句的意思，看逻辑正确不正确。例如：

23)由于这些科学成就的获得都需要付出很大的努力，因此备受广大科研人员的喜欢。

这个复句的语病包括两个方面，一是句子中有两个表示因果关系的副词，即后面的"因此"和前面的"由于"重复，二是前后两个分句之间没有必然的因果关系，我们很难根据前一分句的原因推导出后一分句的结果。

3.由易到难递进式讲解语病题型

教学是一个循序渐进的过程，HSK课堂辅导也可以利用由易到难的递进式这一方法进行教学。本部分大致介绍了语病类型难易划分的依据以及课堂实施的过程。

(1)语病类型由易到难划分依据。

HSK六级语病培训时，教师选择HSK六级真题进行讲解和练习，这样更有利于培养学生的语感、提高语病的正确率。教学的过程中，需要先对语病试题划分不同的类别，寻找其中的规律，并且根据学生前测的结果，分析出学生易错的语病类型，最后进行语病类型教学。前文中已经对学生的前测做了分析，错误率②分别是"用词不当"64%、"语序混乱"62%、"成分残缺"72%、"结构杂糅"86%、"成分搭配不当"56%、"语义错误"74%、"重复多余"54%。笔者根据出错率，按照由低到高排

---

① 未标明出处的例句均来自HSK六级模拟题。

② 错误率=(该语病类型错误数量÷该语病类型错误总量)×100%。

序为"重复多余""搭配不当""语序混乱""用词不当""成分残缺""语义错误""结构杂糅",并且根据排序,安排由易到难的教学顺序。

2. 由易到难递进式讲解的课堂实施

笔者首先对 2016 级南亚师资班学生的前测错误率由高到低排列,然后划分语病类型的难易度,并且将 2010 年、2012 年、2014 年、2018 年的部分语病真题进行综合整理①,最后交给辅导教师一份适合 2016 级南亚师资班学生的语病类型资料。教师可以根据这一资料进行讲解,资料内容见附录。

教师可以采取以下的讲解顺序:

(1)重复多余。

"重复多余"主要是句子的定语、补语及状语的重复,这类语病题型在前测中的错误数量较少,学生利用枝叶成分检查法比较容易进行判断和选择。例如:

24)正是 7 月盛夏,车内没有空调,热得很不得了。

25)两个人在一起,遇到事至少可以商量商量一下,总比一个人好。

(2)搭配不当。

搭配不当有多个类型,比如句子中的主语成分和宾语成分、动语成分和宾语成分的搭配不当。教师在对此类语病进行针对性练习时,可以让学习者先找到句子的主干成分,剔除那些修饰成分,最后确定句子中主干部分是否搭配合理,再观察其余修饰成分与主干成分之间是否搭配合理。例如:

26)衡量一个人的成功标准,尽管看他登上顶峰的高度,而是看他跌到谷底的反弹力。

27)7 月的内蒙古草原,是一个美丽的季节。

(3)语序混乱。

语序混乱主要包括定语、状语、主语、宾语、谓语、补语的位置安排不当。在备考时,学生利用主干成分检查法和枝叶成分检查法,对句子中的成分进行提取,分析成分之间的顺序是否合理。例如:

28)随着日益互联网普及,网上购买车票的便捷性优势已经获得人民的认同。

29)他的体重超标了,健身教练建议他来健身房一周四次至少。

(4)用词不当。

用词不当这一类语病题型包括用错词义、词义范围的大小、语义的轻重、感情色彩。教师在训练这类语病题型的时候,要让学生理解和掌握词义、主要词语常用

---

① 语病真题主要来自 2016 年的真题及其他年份的部分真题,所以综合整理中未涉及 2016 年真题及其他年份的部分真题。

的搭配形式,做到正确地选词和用词。例如:

30)金庸创作的武侠小说构思精奇,开展了武侠小说的新天地。

31)辽东半岛在于辽宁省南部,是中国第二大半岛。

(5)成分残缺。

成分残缺主要包括主语、谓语、宾语残缺及缺少必要的定语、状语等。针对这类病句,学生首先利用主干成分检查法和枝叶成分检查法分析句子的成分,找到动词,再分析动词前后的成分。成分缺失的形式有以下几类:"宾语中心语缺失",即句子中动词后面的宾语较长;"状语缺失",观察动词前是否需要状语修饰;"主语缺失"即句子中存在分句,且分句都是以介词开头;"谓语缺失",这类一般出现在复句中,且有并列的成分,因此要注意并列成分之间的谓语是否缺失。例如:

32)通过游戏的过程,让孩子可以培养敏锐的观察力。

33)电动车,简而言之就是以电力为能源。

(6)语义错误。

语义错误主要包括"一面对多面""多面对一面""逻辑错误"等。语病类型中的逻辑错误主要表现为并列关系错乱、不相一致等。备考时"一面对多面"或"多面对一面"可以抓住句子中的关键词,例如句子中有"能否""是否""有没有"等的,就要分析句子的前部分或者后部分有没有涉及与之对应的两个方面。"词组并列关系"主要是分析句子中的词组在语义上是否存在并列关系,所以在备考时需要学生理解词汇的意义。"不相一致"主要是在叙述和论证的过程中,前后句子话题或者论题应该是保持一致,一贯到底,所以在备考中,学生首先要明确句子的话题或者论题。例如:

34)能否保持一颗平常心是考试正常发挥的关键。

35)苏州园林里的门和窗,图案设计和精良做工都是工艺美术的精品。

(7)结构杂糅。

试题中的结构杂糅主要是两种格式混用。针对这类病句,学生首先要对句子成分进行分析,找到句子中的固定句式或者固定搭配,再判断固定句式和固定搭配是否存在混用。同时,教师要鼓励和督促学生积累句式及固定搭配。例如:

36)虽然他在学校实习了半年的经验,但并不是说他就会进入教育这个行业。

37)作者猛烈地揭露、批判了封建道德,他反对包办婚姻、家长制都进行了批判。

辅导过程中,教师选取附录内容进行讲解,剩余的内容以作业的形式让学生进行练习,例如,教师选取"用词不当"中的前五个进行讲解,其余的病句可以让学生在课下进行修改,以达到对该语病类型的巩固。

（四）加强汉语词汇及句型的学习

HSK 六级考查的词汇和句型数量多,对语言能力要求也更高。语病题型作为 HSK 六级阅读的第一部分,有较多的词汇和语法知识,2015 级南亚师资班的学生表示,完成语病题型的时间完全不够,原因之一是学生对词汇及句型的掌握度不够,所以学习者加强汉语词汇和语言点的学习是提高语病题型正确率的因素之一。

1. 加强汉语词汇的学习

现代汉语的词依照组合能力、句法功能和词的意义分成名词、代词、动词、形容词等不同的类。词汇在对外汉语教学中十分重要,是学习者学好汉语的前提条件。一个"词汇"不光有表层的意义,还有语义色彩和词法要求。另外,词汇中的"多义词""同义词"及"反义词"等,都需要教师在课堂上进行讲解。例如,"以后"与"后来","以后不许再提这件事"中的"以后"不能变成"后来"。再如,"能"与"可以","他一小时能打 2000 个汉字"中"能"不能换成"可以"。①

2. 加强汉语短语或句型结构的语法知识学习

新 HSK 六级语病题型中的病句有一些是由短语和句型造成的,汉语学习者如果对汉语句型记忆不太清,便会把不同的句型放在一起使用,于是出现了结构杂糅的语病。此外,有一些汉语学习者也会因为母语负迁移等原因导致句型使用错误。所以要加强汉语短语和句型结构的学习。

通常来说,现在的语言教学不强调讲语法。但是,凡是具有专业背景或经过对外汉语教学专业训练的教师,都认为汉语学习者到高级阶段如果没有一定的语法基础,是很难达到系统掌握和熟练运用汉语,以及对汉语口头和书面表达有完整的理解的地步的。HSK 六级正是对这种汉语理解的整体性和系统性的考查,其中多数题型涉及汉语语法结构方面的知识。换句话说,教师如果要教会学生如何解答这些语病题型,就必须运用基本的汉语语法知识来进行,如六大句子成分、语法搭配、词类属性特征等。否则,对于大多数学生来说,由于话题广泛、生词多、文言表达干扰等原因,根本没有办法凭语感来理解句子并发现错误。因此将基本的汉语语法知识系统地渗入教学中,应该有助于语病题型的理解和解答的。当然,这并不是说要把大量的汉语本体语法知识加入教学,而是仅限于语言学习常识范畴或必要的基本语法知识。

例如在"成分缺失"的语病题型中,常常出现的是"A 是……（B）"类型的题。

---

① 彭小川,李守纪,王红. 对外汉语教学语法释疑 201 例[M]. 北京:商务印书馆,2016:7-62.

动词只是简单的"是",但宾语"B"常常缺失,只剩修饰成分,成为"A 是……"。如:

38)大麦茶是将大麦炒制后再经过沸煮,喝起来有一股浓浓的麦香味。

病句缺少宾语"(的)茶"。这种题,在教师不进行简单的主谓宾句子成分讲解前,可以发现很多南亚学生不知道如何进行错误分析,也找不出句子的成分。但在教师进行了简单的语法成分知识普及后,很多学生就能很顺利地分析出好几个类似的语病错误,备考信心立刻就有了提升。

又如很多汉语词汇有其特殊性,有的需要和介词或者连词搭配使用,有的词汇后边又不能有别的成分存在。例如"散步",我们不会说"他散步操场",一定要说"他在操场散步",又如"聊天",我们不说"我聊天朋友",一定要说"我跟/和朋友聊天"。这就是汉语中典型的离合词的结构搭配特点。后面不能有宾语,而地点、对象等成分要放在动词之前。又如"赠送"后面通常会有"给"再加上受赠对象。介词和方位词的配合使用也是语病题型中常常考查的内容。如"从父母学到很多""处在民族矛盾"这种错误的表达,都是真题中考查介词结构与方位词搭配的内容。

因此在对外汉语教学过程中教师要注意句型和短语的教学,并且要注意学生对句型的混淆和母语产生的负迁移的问题,加强汉语句型和汉语短语的学习,加强二者的巩固练习,避免这类错误的发生,从而提高汉语学习者的汉语能力。

3. 学习汉语词汇及句型的措施

(1)"教"方面。

备考 HSK 六级的学生已经掌握了大量的汉语词汇,现阶段的任务主要是复习 HSK 词汇,并对某些新的词汇进行讲解,或者对重点词汇进行练习和复现。培训时,教师可以安排学生课下记忆 HSK 六级词汇,然后进行听写。听写的形式有两类,第一是"简单词汇听写",即对 HSK 六级中的一些重要简单的词汇进行单词听写,第二是"重难词汇听写",即对外汉语教学中的重要或者较难的词汇进行听写,并且将这些词汇放入语境中,采用句子或者对话的形式。

HSK 六级课堂辅导时,教师对某些词汇和句型进行详细讲解,并且安排学生课下记忆词汇及句型,同时采用听写的形式进行检验。因为 HSK 六级课堂辅导时间有限,有时候会在课堂上听写并检查听写内容,有时候在课下由汉语小老师进行听写并检查。学生在听写前,老师会规定 HSK 六级词汇及句型听写的范围,然后教师或者汉语小老师在范围内选取 20 个词汇和五个句型进行听写。

另外是辅导时进行一些必要的语法知识的讲解并用真题中的语病题为例进行分析。辅导过程中发现,有一些同学因为没有基本的语法知识,对于介词结构不能

做主语,含"在"的介词短语通常后面会配有方位词都没有概念。如:

39)经过三天的培训,使员工的业务素质得到了很大的提高。

40)南宋王朝自建立之日起,一直处在尖锐的民族矛盾。

第一个句子"经过三天的培训"是介词短语,句子没有主语,第二个句子"处在尖锐的民族矛盾"没有"中",缺少方位词。由于学生是非汉语母语者,通常只从意义理解句子,其语感通常在意义理解上没有明显的缺损时不能发挥作用,这两个句子,从意义理解上没有障碍,只有从语法上分析才能发现其缺少的部分。由此可以看出,简要的语法讲解对于分析语病题、提高备考信心是很有必要的。

(2)"学"方面。

除了听写外,汉语学习者还应该严格要求自己。汉语学习者不光要加强汉语词汇及句型的练习,还需要养成积累的习惯,把在课堂和课下练习时遇到不熟悉的词汇及句型写在自己的本子上,并且在旁边写上例句,同时要利用课余时间进行复习和巩固。为了严格督促学生,辅导教师或者汉语小老师也会不定时地对学生的笔记本进行检查。

(五)培养学生应试技巧

HSK 作为当下最重要的汉语考试,它影响着汉语学习者的学习和工作,HSK 六级作为汉语水平最高等级的考试,其影响及意义更大。学生在备考 HSK 六级时,不仅要做好充分扎实的考前准备,还要具备一定的应试技巧,这样 HSK 六级的正确率才能得到更大提高。语病题型作为 HSK 六级中最难的部分之一,考生在备考时既要做好知识的储备,又要掌握一定语病题型的答题技巧。这些技巧包括以下方面:

1. 查找句子中的标志性词

通过对语病题型真题的研究,笔者发现每套真题中都会有一些具有标志性词的句子,在"成分残缺""语义矛盾""两面对一面""一面对两面"的语病类型中这些标志性词最常见。

(1)介词开头。

大多数介词都是从动词虚化而来,因此它们大都具有动词的特性,比如后面带宾语,它常常把全句的主语纳入自己的"囊中",造成成分缺失等语病。介词开头的句子一般是"经、经过、通过""随着""由、由于""当⋯⋯""对、对于""至于⋯⋯""依据⋯⋯"等。

介词造成的语病大致有五种,第一种是句首是介词或者各个分句以介词开头,考生要特别注意句子是否缺少主语。句子开头的介词大致有"通过""经过""由

于""对于""为"等,而且句子后边常有"使"字。例如:

41)由于她这样好的成绩,得到了老师和同学们的赞扬。

42)经过服务员多次道歉,才使他怨气逐渐平息。

第一个例句缺少主语,"她"应放到"得到"前。第二个例句中"才使他怨气逐渐平息"删去"才使"。

第二种是句子中如果有介词短语,后面有方位词,并且它们是成对相配的,那么有可能出现介词与方位词的搭配不当。例如:

43)两位老艺术家都已六十出头,他们在数十年艺术实践的经历上,积累了丰富的知识和经验。

该例句"在数十年艺术实践的经历上"的"在……上"改为"在……中"。这类介词常见的有:在……上(中、下)、从……中等。

第三种是缺少名词宾语或宾语中心语。现代汉语的介词+名词短语,有时称为介宾,介宾词组中常有名词(宾语),所以需要特别注意介宾词组中是否缺少名词宾语或宾语中心语,结构是否完整。例如:

44)《报童》在塑造周总理的形象所提供的经验是非常宝贵的。

句子中应该改为"在塑造周总理的形象方面",需要在句子中加上宾语中心语"方面",结构才是完整、清楚。常见的有:从……出发、以……为中心、以……为代价、以……为主、当……时、由……组成等。

第四种是介词与句式杂糅一起,审查病句时要特别注意。常见的结构有:

(a)本着……为原则:应为本着……原则、以……为原则。(b)以……即可:应为以……为宜、……即可。(c)为了……为目的:为了……、以……为目的。(d)对于……问题上:应为对于……问题、在……问题上。(e)大多以……为主:应为大多是……、以……为主。(f)经过……下:应为经过……、在……下。(g)由于……下:应为由于……、在……下。(h)从……出发点:应为从……出发、以……为出发点。(i)围绕以……为中心:应为围绕……中心、以……为中心。(j)借口……为名:应为借口……、以……为名。(k)是由于……的结果:应为是由于……、是……的结果。(1)是由于……决定的:应为是出于……、是由……决定的。例如:

45)这些蔬菜长得这么好是由于社员们精心管理的结果。

该句中"由于社员们精心管理的结果"可改为"由于社员们精心管理"或者是"社员们精心们管理的结果"。

第五种是介词短语中有"对""对于"。"对""对于"引出的是受动者,是客体。可是常常出现在主动者的前边,造成主客体颠倒、不合逻辑。例如:

46）爬行类这个名词，可能对我们不太熟悉。

该例句的主客体颠倒，可以改为"我们对爬行类这个名词不太熟悉"，或"爬行类这个名词，可能对我们来说不太熟悉"。

（2）句中存在两面性词。

句子中若有两面性的词，句子的前后部分意义往往会不统一。学生遇到这一类的病句时要注意抓住句子中的关键词。这一类语病类型一般是"语义错误"即"一面对两面"或"两面对一面"，其结构一般是"……是否……，……是/不……""……有没有……，……是/不……""……能否……，……是/不……"等。例如：

47）有没有远大的志向和脚踏实地的精神，是一个人取得成功的关键。（2012年H61117 第56题）

或是在句子中连续使用表示否定的词，这些否定词主要是"不再""不""未尝""能否""防止""避免""是否""优劣""好坏""成败"等。这些句子主要是"语义矛盾"。例如：

48）为了防止今后不再发生类似的事件，有关部门及时完善了管理措施。（2010年H61001 第53题）

（3）句中有关联词。

复句的分句之间语义关系是多样的，连接分句的关联词是分句间关系的表示或强调。复句语病主要是关联词与主语的位置关系、关联词的搭配是否合理、分句与分句之间的语义是否合理等。笔者将对各类型复句的语病进行举例和分析，如下：

第一种是因果复句。因果复句的标志主要是"所以""因此""之所以"等。如果遇到这类词，考生应该考虑分句之间存在的因果关系是否合理，即前边的"因"是否能推出后边的"果"，后面的"果"是否由"因"造成。例如：

49）他工作上困难比较多，因为过去没有搞过这项工作，来以前又没有经过练习。

该句的语病很明显，表原因和表结果的分句颠倒了，语义不清楚。可改为"因为过去没有搞过这项工作，来以前又没有练习，所以他工作上困难比较多"。

第二种是递进复句。递进复句有两种，一种是顺递，另一种是逆递。顺递一般是指事物事情由小到大，理解程度、意义由浅到深等，逆递与顺递相反。递进复句的语病主要是顺递，逆递较少。例如：

50）阶级斗争是激烈的，甚至是很曲折的。

"甚至"是表示递进关系的关联词，它连接的句子，意思上必须比前面的分句更进一层,"激烈"显然比"曲折"意思更重,所以两个词可以对调一下。

(4)句子存在多重否定。

语病题型的选项中,有些句子中往往会几个否定意义词或否定句连用,因此考生需要考虑是不是存在多重否定。

带有否定意义的词语有"阻止""否认""怀疑""避免""幸免""难免""切忌""以防""防止""阻止""避免""忘记"等。这类词本身含有否定,用在句中起否定句意的作用,如果句中再使用别的否定词,就会造成语病。例如:

51)为了防止不再发生这类塌方事故,相关部门制定了更严格的法律条文。

该句中否定意义词"防止"与"不"连用,双重否定即为肯定,因此句子中删除"防止"和"不"中的一个。

(5)句中有代词。

代词是有代替、指示作用的词。汉语水平考试也常常考查代词的使用,所以教师与学生在辅导过程中要特别关注代词,如果句中有代词,一定要认真分析,要注意句子中代词的指代是否明确或唯一。例如:

52)对偶尔失足的青少年,应耐心教育,热情帮助,而不是歧视他们。这不利于他们改正错误,也不利于对他们的教育。

句子中"这"的指代不明。从上一句的意思看"这"似乎指的是"对偶尔失足的青少年,应耐心教育,热情帮助"或者是指"不要歧视他们"。这样,就使人以为上述两方面都"不利于"青少年改正错误。应该把"这"改为"否则会"。

(6)句中有数量词。

语病题型中,如果句中有数量词,就需要注意以下几点:

一是句中有"至少""最多""最高""最低""超过""大约"等词。它们后面搭配的是一个确定的数,而不能是一个概括的数。例如:

53)文章的字数一般不超过一千字左右。

"字数不超过"同"一千字左右"互相矛盾。"字数不超过一千字"是指一千字以内,是一个确定的范围,而"一千字左右"是个概数。在同一条件下,可把"不超过"改为"为",或删去"左右。"

二是混淆了含义不同的数量表达法,数量上的增减可有两种说法,一种是增减了多少,一种是增减到多少。句子中如果有"增加了""减少了"和"增加到""减少到"时要注意区别。"增加了""减少了"指增减的那部分数量,它们后边应接净增数,"增加到""减少到"指增减后的实有数量,它们后边接的数量应包括底数。使用"降低""减少""缩小"等词语时后边不可是倍数,但是可以用分数或百分数。

例如：

54）十年前，这个零件要卖一百元，现在，二十五元就行了，价钱降低到四分之三。

"降低到四分之三"，应该是指现在的实有数，根据句意，该句中"降低到"应改为"降低了"。

三是数量词作修饰成分时，常常不能明确其修饰的中心语是什么，因此会造成歧义。例如：

55）两个学校的领导昨天参观了新建的博物馆。

该句存在歧义，"两个"的修饰对象不明，句子应该明确指出"两个"修饰的是"学校"还是"领导"。

四是数词表达不能出现重复多余。例如：

56）他勤奋作画数十年，创作了近3000余一幅精美之作。

句子中"近""余"都有大概、大约的意思，因此二者重复，可删掉其中一个。

2.考虑占比大的语病类型

笔者将真题中语病类型分为了七小类，即"语序混乱""成分残缺""搭配不当""句式杂糅""用词不当""重复多余""语义错误"。笔者对22套试题中的语病类型数量和占比进行统计，如表24所示：

表24　语病类型数量及占比统计表

语病类型	语法错误					语义错误	修辞不当
	用词不当	语序混乱	成分残缺	结构杂糅	搭配不当	/	重复多余
总量	42	35	46	26	28	15	28
占比	19.09%	15.91%	20.91%	11.82%	12.73%	6.82%	12.73%

其中"用词不当""语序混乱""成分残缺"三类占比最大。当在无法判断病句时，学生可以根据语病类型占比，将这三类语病类型的特征对应到每一个选项中，即先考虑这三类语病类型，以便更加准确地找到有误的一项。

（六）调整应试心态

在第二语言习得中，学习者除了要掌握扎实的汉语基础知识和一定的应试技巧外，还需要调整好应试心态。HSK作为权威的汉语考试，对考生的学习、就业的影响极大，因此面对考试，大多数人都会产生一定程度的紧张和焦虑，很多学生的心态变得不好。备考时，个别人可能会因高度紧张而产生心理损伤，比如注意力不集中、记忆发生困难等。因此，学生在备考阶段要有积极乐观的心态，要以正常的应试心态去面对考试。在辅导期间，教师对学生课上回答和练习情况要给予一定的肯定和鼓励,同时让学生掌握一定的应试策略,例如,先完成稍微容易的题,再完成较难的部分。除考生要调整心态和教师要进行开导和鼓励外,考生还要刻苦学习,积累重要的知识点,只有这样才能树立强大的自信,保持一个良好的应试心态。

六、备考策略实施后语病试题解答后测结果统计分析

2016级南亚师资班的学生从10月开始进行HSK六级的辅导,在此期间笔者和辅导教师、汉语小老师、学生进行合作教学。合作教学期间,辅导教师及汉语小老师主要起教学辅导及督促的作用,学生则是适当调整自我的备考方式。经过一个多月,2016级南亚师资班完成了HSK六级语病题型辅导,随后笔者对他们进行了后测,以检验教学策略的可行性和有效性。

后测前,笔者将两个班级分为两组,第一组为实验组,即南亚师资一班,学生15个;第二组为对照组,即南亚师资二班,学生15个。HSK六级辅导教师为同一人,实验组学生在备考期间按照前文提及的策略进行实施,对照组学生按照教师教学习惯进行备考。

后测时,学生在15分钟内完成15道语病题,学生在此期间不能使用手机及工具书等,并且不能与教师和同学进行讨论。

后测结束,笔者进行结果分析,主要包括两方面,一是对实验组(一班)和对照组(二班)的错误率进行对比分析,二是对实验组的前后测的错误进行对比分析。

(一)语病题型后测结果统计和分析

后测与前测的试题相同,总共15道语病题,每个语病题有四个选项。15道题包括两道"语序混乱"、两道"搭配不当"、两道"重复多余"、两道"成分残缺"、三道"用词不当"、两道"语义错误"、两道"结构杂糅"。

2019年12月中旬,笔者对2016级南亚师资班的学生进行后测。由于南亚师资班是两个班,所以后测分成了两次进行。后测时,学生在15分钟内完成15道语病题,学生在此期间不能使用手机及工具书等,需独自完成,15分钟后笔者和辅导教师收回后测试题。笔者共收回有效试题30份,后测结果如下所示:

表25 南亚师资一班(实验组)后测错误数量统计表

题号	1	2	3	4	5	6	7	8	9	10	11	12	13	14	15
语病类型	语序混乱	搭配不当	重复多余	成分残缺	用词不当	语义错误	语序混乱	用词不当	重复多余	结构杂糅	用词不当	成分残缺	语义错误	结构杂糅	搭配不当
错误数量	2	6	7	6	6	4	6	12	6	3	7	6	5	9	6

表 26　南亚师资一班(实验组)后测错误率统计表

语病类型	语法错误					语义错误	修辞不当
	用词不当	语序混乱	成分残缺	结构杂糅	搭配不当	/	重复多余
错误数量	25	8	12	12	12	9	13
错误数量与该题型总量之比	55.56%	26.67%	40%	40%	40%	30%	43.33%

　　南亚师资一班(实验组)后测错误数量如表 25 所示,15 道题中第八题的错误数量最多,有 12 个,第一题"语序混乱"的错误数量最少,只有两个。如表 26 所示,"用词不当"的错误数量是 25 个,占该类型试题总量的 55.56%;"语序混乱"的错误数量是八个,占该类型试题总量的 26.67%;"成分残缺"的错误数量是 12 个,占该类型试题总量的 40%;"结构杂糅"的错误数量是 12 个,占该类型试题总量的40%;"搭配不当"的错误数量是 12 个,占该类型试题总量的 40%;"语义错误"的错误数量是九个,占该类型试题总量 30%;"修辞错误"的错误数量是 13 个,占该类型试题总量的 43.33%。

表 27　南亚师资二班(对照组)后测错误数量统计表

题号	1	2	3	4	5	6	7	8	9	10	11	12	13	14	15
语病类型	语序混乱	搭配不当	重复多余	成分残缺	用词不当	语义错误	语序混乱	用词不当	重复多余	结构杂糅	用词不当	成分残缺	语义错误	结构杂糅	搭配不当
错误数量	5	7	8	13	8	10	10	13	5	4	14	6	3	9	11

表 28　南亚师资二班(对照组)后测错误率统计表

语病类型	语法错误					语义错误	修辞错误
	用词不当	语序混乱	成分残缺	结构杂糅	搭配不当	/	重复多余
错误数量	35	15	19	13	18	13	13
错误数量与该题型总量之比	77.78%	50%	63.33%	43.33%	60%	43.33%	43.33%

　　南亚师资二班(对照组)后测错误数量如表 27 所示,15 道题中第 11 题的错误数量最多,有 14 个,第 13 题"语义错误"的错误数量最少,只有三个。表 28 所示,"用词不当"的错误数量是 35 个,占该类型试题总量的 77.78%;"语序混乱"的错误数量是 15 个,占该类型试题总量的 50%;"成分残缺"的错误数量是 19 个,占该类型试题总量的 63.33%;"结构杂糅"的错误数量是 13 个,占该类型试题总量的43.33%;"搭配不当"的错误数量是 18 个,占该类型试题总量的 60%;"语义错误"

的错误数量是 13 个,占该类型试题总量的 43.33%;"修辞错误"的错误数量是 13 个,占该类型试题总量的 43.33%。

(二) 前、后测比较分析

比较分析包括两方面,一是对南亚师资一班(实验组)的前后测的错误率进行比较分析,二是对后测中的实验组和对照组的错误率进行比较分析。如下所示:

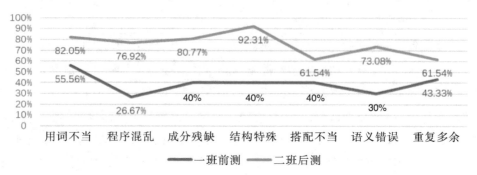

图 8　南亚师资一班(实验组)前后测错误率对比图

图 8 显示,实验组学生整体的语病试题正确率提高,后测的错误率较大程度降低。其中"结构杂糅"前后测的错误率差距最大,"搭配不当"及"重复多余"的前后测错误率差距较小。

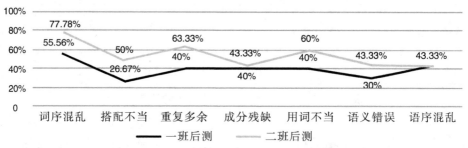

图 9　南亚师资一班(实验组)与二班(对照组)后测错误率占比图

由图 9 可见,实验组的错误率明显低于对照组的错误率,其中"语序混乱""成分残缺"的错误率悬殊最大,"结构杂糅"的错误率差距较小,"重复多余"的错误率二者相同。从实验组与对照组的数据来看,本文提出的教学策略在一定程度上是有作用的。笔者通过访谈了解到,大部分学生表示,培训后觉得语病题型不像原来那样完全无法下手,现在至少有四五题,只要词都认识,都能看一遍就找到病句。这是汉语能力提高的表现,也是培训效果的表现。

(三) 小结

通过对后测的分析及前后测的比较分析,一定程度上可以表明笔者提供的教学策略在 HSK 六级语病题型辅导中有一定的作用,例如,学生语病试题正确率得到提高,积累并巩固了更多的词汇和句式,开始有意识地利用句子成分方法分析句子等。当然,教学策略也还存在一些不足,例如,从错误率来看,错误率总体降低,但是错误率高的类型仍然较高,如"结构杂糅"这一语病类型;从完成的时间来看,部分学生表示时间不够,学生在前几道题花费的时间较多;从解题方法及技巧上看,学生虽然有了利用句子成分方法分析句子的意识,还是不太擅长利用句子成分方法分析和检查句子,他们选择答案时有时候靠语感,并且大部分学生不能分析出句子错误的原因,这还是由于学生对汉语词汇及句式掌握不牢、句子成分掌握不够。

在以后的教学中,教师可以因材施教,结合学生的具体情况采用不同的教学方式。例如巴基斯坦学生比较活泼好动,可以采用小组讨论等形式极大地发挥学生的课堂积极性,使学生全身心地融入教学的活动中。教师和学习者都需要不断地总结与反思。教师需要总结学生易错点,利用练习等手段帮助学生理解;学习者要总结自身的易错点和薄弱点,课下进行练习。教师还要加强对学生的管理,例如不定期抽查学生的作业和笔记,从而督促学生更加认真学习,养成良好的学习习惯。

七、结语

本文基于笔者在四川师范大学国际教育学院观摩课堂的机会,对备考 HSK 六级的南亚师资班学生进行了问卷调查及访谈。笔者通过问卷调查及访谈了解 HSK 六级备考阶段教师辅导情况及学生备考方式,并且对即将备考 HSK 六级的 2016 级南亚师资班学生提供教学建议。

本文调查研究主要包括以下几个部分:

第一,利用试题、问卷和访谈等方法,对南亚师资班的学生进行调查。试题主要调查学生的对语病题型的掌握情况,该试题对 2016 级南亚师资班学生分两次分发,第一次为前测,第二次为后测,第一次共发放 32 份,收回有效试题 25 份,第二次共发放 30 份,收回有效试题 30 份;第二类问卷是调查 2015 级南亚师资本科生及研究生备考情况及教师的辅导情况,共发放 25 份问卷,收回有效问卷 25 份。

第二,笔者对 2010 年、2012 年、2014 年、2016 年、2018 年共 22 套真题进行语病类型划分和整理,并根据语病类型制作前后测的试题。语病类型的划分主要包括"结构杂糅""用词不当""成分残缺""搭配不当""语序混乱""重复多余""语义错误"。通过问卷调查学生对不同语病类型的掌握程度,同时也为 HSK 六级语病辅导提供一定的备考建议。

第三,对 2015 级南亚师资班的学生及南亚师资班的研究生备考方式进行调查。备考行为的调查主要包括两部分,一是学校 HSK 六级语病试题的课堂辅导形式及学生满意度,二是对学生课下语病试题备考方式及效果。笔者从调查中总结出备考时学生存在的不足和选择困难的因素,然后根据这些不足和困难因素提供一些备考策略。

第四,通过上述的调查,笔者结合相关理论对 2016 级南亚师资班提供一些 HSK 六级的语病题备考策略,策略主要涉及"教"和"学"两方面,但因为有些策略不能简单地划分为"教"和"学",所以上述的策略未进行明确划分。备考策略主要是提高学生的语感、培养学生全面检查句子的技巧、语病类型按照由易到难的顺序进行讲解、加强汉语词汇及句型的学习和调整学生应试心态等。学生备考时期,笔者与教师及学生合作,以实施备考策略。最后,笔者对 2016 级南亚师资班学生的语病类型的掌握情况进行验收。

笔者希望本文对以后的 HSK 六级辅导能有借鉴作用,但是因为时间、空间等因素的影响,本文仍然存在较多不足。第一,调查的人数有限,有效问卷数量不足。例如 HSK 备考行为的有效问卷只有 25 份,2016 级前测的有效试题 25 份,后测的有效问卷 30 份。第二,备考策略实施存在不足。笔者提出的备考策略分为课下和课上两方面,课堂上实施的备考策略,笔者可以在课堂上进行操控,以确保策略的实施完整,但是课下的备考策略实施操控度没那么强,例如,学生在课下扩大阅读量、学生对词汇句型的积累等,这些都是不可控的。第三,本文对语病类型的划分存在不足。当前语病类型的划分依据较多,本文借鉴的是吴启的语病理论,但是笔者结合真题对划分类型进行了调整,在语病类型划分方面还存在着不完善的地方。第四,由于笔者能力有限,提出的策略也不太全面,例如策略中未涉及汉语小老师的选拔、课堂时间的控制等。

除此以外,笔者访谈发现,大部分学生在对语病题正确率低进行归因时,其提出的原因与这些语病题要考查的语法知识目标并没有联系,如很多学生认为语病题难是因为词汇量过多、话题类型多、成语干扰了理解等,而这些影响因素其实并不是语病题所要考查的目标。因此,我们可以依据学生对这些题的评价,对该题型有效性提出怀疑:语病题型的出题意图是否真的合理,是否真正考查出了学生的汉语能力。

参考文献

一、专著

[1]补爱华.语言测试方法论[M].上海:上海交通大学出版社,2011.

[2]柴省三.语言测试与信息研究[M].北京:北京语言大学出版社,2005.

［3］崔永华,杨寄洲.汉语课堂教学技巧[M].北京:北京语言大学出版社,2002.

［4］方绪军.汉语测试与评估[M].上海:复旦大学出版社,2013.

［5］风笑天.社会调查理论与方法[M].武汉:华中理工大学出版社,2005.

［6］国家汉语国际推广领导小组办公室.国际汉语能力标准[M].北京:外语教学与研究出版社,2007.

［7］黄伯荣,廖序东.现代汉语(增订五版)[M].北京:高等教育出版社,2001.

［8］黄锐.标准参照语言测试研究[M].厦门:厦门大学出版社,2012.

［9］孔子学院总部.国际汉语教学通用课程大纲[M].北京:北京语言大学出版社,2014.

［10］蒋萍,宋瑛.问卷调查法[M].哈尔滨:东北财经大学出版社,1990.

［11］梁鸿雁.新HSK6级语法精讲精练[M].北京:北京语言大学出版社,2014.

［12］李德裕.怎样改病句[M].北京:北京出版社,1980.

［13］李裕德,吴启.病句分析[M].武汉:湖北教育出版社,1984.

［14］李柏令.新思域下的汉语课堂"以学生为中心"的对外汉语教学探索[M].上海:上海交通大学出版社,2010.

［15］李行健.现代汉语成语规范词典[M].北京:华语教学出版社,2010.

［16］刘镰力.汉语水平测试研究[M].北京:北京语言大学出版社,1998.

［17］刘珣.对外汉语教育学引论[M].北京:北京教育出版社,2000.

［18］刘润清,韩宝成.语言测试和它的方法[M].北京:外语教学与研究出版社,2003.

［19］刘云.新汉语水平考试HSK6级攻略·阅读[M].北京:北京大学出版社,2011.

［20］刘超英.新HSK速成强化教程[M].北京:北京语言大学出版社,2013.

［21］刘婧.对外汉语课堂与评估测试[M].北京:北京经济日报出版社,2014.

［22］彭小川,李守纪,王红.对外汉语教学语法释疑201例[M].北京:商务印书馆,2004.

［23］漆书清,戴海崎,丁树良.现代教育与心理测量学原理[M].北京:高等教育出版社,2002.

［24］王佶旻.语言测试概论[M].北京:北京语言大学出版社,2011.

［25］王素梅.新HSK应试全解析·六级[M].北京:北京语言大学出版社,2014.

［26］汪顺玉.语言测试构念效度研究[M].成都:四川大学出版社,2009.

［27］邢红兵,王佶旻.汉语测试的理论与实践创新研究[M].北京:世界图书出版社,2013.

［28］杨玉玲.国际汉语语法与语法教学[M].北京:高等教育出版社,2013.

［29］詹宏伟.语块的认知加工与英语学习[M].杭州:浙江大学出版社,2013.

［30］张凯.语言测试及测量理论研究[M].北京:北京语言大学出版社,2005.

［31］张艳萍,李海.成人学习心理与学习方法[M].哈尔滨:哈尔滨工业大学出版社,2007.

［32］赵金铭.语言测试概论[M].成都:四川人民出版社,2013.

［33］郑振话,赵燕皎.北大海外教育[M].北京:北京大学出版社,1997.

［34］郑丽杰,刘悦.21天征服新HSK6级·写作[M].北京:外语教学与研究出版社,2010.

[35]中国社会科学院语言研究所词典编辑室编.现代汉语词典(第六版)[M].北京:商务印书馆,2012.

[36]周小兵.对外汉语教学入门(第二版)[M].广州:中山大学出版社,2009.

[37]邹申.语言测试(第2版)[M].上海:上海外语教育出版社,2012.

[38]游泽生.语感教学策略研究[M].重庆:重庆大学出版社,2017:40.

二、期刊论文

[1]包文静.从新HSK六级考查目标看对外汉语语感教学[J].语文学刊,2013(16).

[2]陈玉萍.病句类型及修改方法[J].甘肃教育,2003(2).

[3]段朝霞.常见病句类型辨析[J].语文教学通讯·D刊(学术刊),2015(6).

[4]符华均,张晋军,李亚男,等.新汉语水平考试HSK(五级)效度研究[J].考试研究,2013(3).

[5]高旭峰.HSK(六级)考试信度和效度的评析[J].湖北经济学院学报,2012(2).

[6]韩延明.语病题专项练习[J].语文世界(中学生之窗),2017(Z2).

[7]贾君叶.新旧HSK之比较[J].安徽文学,2010(12).

[8]贾玉荣,朱新祥.病句类型归纳[J].语文教学与研究,2012(4).

[9]刘连庚.学习语法和培养语感——访吕叔湘先生[J].上海:语文学习,1985(1).

[10]李萍.新汉语水平考试HSK的变革与汉语国际传播[J].汉语国际教育,2013(3).

[11]李果,彭育波.基于问卷调查的HSK六级写作满意度分析[J].现代语文,2017(6).

[12]李绍山.语言测试的反拨作用与语言测试设计[J].外语界,2005(1).

[13]鹿钦佞,姚远.新汉语水平考试辅导策略初探[J].海南师范大学学报,2011(1).

[14]罗民,张晋军,谢欧航,等.新汉语水平考试(HSK)海外实施报告[J].中国考试,2011(4).

[15]罗民,张晋君,谢欧航.新汉语水平考试((HSK)质量报告[J].中国考试,2011(10).

[16]吕禾,王崇,吴立红.新HSK词汇大纲的几处瑕疵[J].科学技术创新,2010(22).

[17]聂丹.汉语水平考试新、旧挑错题的比较[J].暨南大学华文学院学报,2009(4).

[18]陶西华.辨别语病的常用方法[J].语数外学习(高中版·高一年级),2007(10).

[19]王若江.留学生成语偏误诱因分析——词典篇[J].暨南大学华文学院报,2001(3).

[20]张晋军,黄蕾,张铁英,等.新汉语水平考试HSK(六级)平均分等值法实施方案[J].考试研究,2013(5).

[21]张晋军,李佩泽,李亚男,等.对新汉语水平考试的新思考[J].中国考试,2012(2).

[22]张晋军,张慧君,张铁英,等.新汉语水平考试HSK(六级)试卷难度控制研究[J].中国考试,2012(11).

[23]张晋军.关于汉语水平考试(HSK)等值设计的新思考[J].中国考试,2008(8).

[24]张晋军.新汉语水平考试(HSK)题库建设之我见[J].中国考试,2013(4).

[25]张永芳.外国留学生使用汉语成语的偏误分析[J].语言文字应用,1999(3).

[26]朱其智.留学生汉语病句分析[J].海外华文教育,2000(4).

三、学位论文

[1]白雪.新 HSK 六级选句填空任务构念效度研究[D].北京外国语大学硕士学位论文,2016.

[2]常晓宇.效度理论的变迁[D].北京语言大学硕士学位论文,2001.

[3]陈菊咏.评分员信度 LONGFORD 方法计算和实验研究[D].北京大学硕士学位论文,2003.

[4]韩晔.新 HSK6 级阅读试题分析及教学策略研究[D].哈尔滨师范大学硕士学位论文,2015.

[5]靳翠巧.新 HSK6 级阅读(一)辅导策略研究[D].河北师范大学硕士学位论文,2015.

[6]李红燕.新 HSK(六级)真题病句试题分析[D].河北大学硕士学位论文,2015.

[7]李珠花.新汉语水平考试六级阅读第一部分病句试题统计与分析[D].华中师范大学硕士学位论文,2012.

[8]梁铭月.新 HSK 六级病句选择题分析及教学研究[D].渤海大学硕士学位论文,2015.

[9]罗宁宁.新 HSK 六级阅读理解应试技巧探索[D].黑龙江大学硕士学位论文,2014.

[10]孙佳.新汉语水平考试 HSK 效度问题研究[D].吉林大学硕士学位论文,2013.

[11]田鑫.新 HSK(六级)真题阅读第一部分病句试题的分析及教学建议[D].西北师范大学硕士学位论文,2015.

[12]韦文迪.新 HSK 三级对斯里兰卡汉语学习中学生的反拨效应[D].重庆大学硕士学位论文,2016.

[13]闫巧凤.新 HSK 六级语病题课堂教学研究[D].兰州大学硕士学位论文,2016.

[14]杨阳.新 HSK 对汉语学习者反拨效应的实证研究——以肯尼亚肯雅塔孔子学院为例[D].山东师范大学硕士学位论文,2015.

[15]杨斯.新 HSK 六级阅读部分病句选择题的真题分析及教学策略研究[D].渤海大学硕士学位论文,2018.

[16]汪名丽.新 HSK 六级"语病"题型分析及教学建议[D].安徽大学硕士学位论文,2016.

[17]王一帆.新 HSK 六级阅读理解中语病选择题探析及教学策略[D].河北大学硕士学位论文,2018.

[18]张珑文.新 HSK 六级应试策略与教学方法研究[D].兰州大学硕士学位论文,2015.

[19]周丽.新 HSK 大纲及试题研究[D].黑龙江大学硕士学位论文,2016.

[20]党翠.韩国汉语学习者畏难情绪对策探究[D].华东师范大学硕士学位论文,2011.

附录

留学生 HSK 六级阅读理解语病题的掌握情况调查问卷

本次调查主要是针对 HSK 六级阅读理解语病题开展问卷调查,信息内容保密仅作为学术研究,请如实填写,请不要使用手机等软件,谢谢合作!

您的姓名: 您的国家:

您的母语: 您学习汉语的时间:

您是否是华裔: 您的性别:

您目前的汉语水平:HSK(   )级

选出有语病的一项

题1:

A.道教是中国土生土长的宗教。

B.要改变一个人,首先要改变你对他的看法。

C.我们应该把分歧放在一边,一起为共同的目标而努力。

D.正所谓"宝马赠英雄",在古代,马常被当作贵重的礼物给勇士赠送。

题2:

A.他们把小岛建设得像花园一样美丽。

B.塞翁失马,焉知非福,福祸之间并没有绝对的界限。

C.生命离不开阳光、空气、水,更离不开运动。

D.深秋的香山,是人们登高眺远,观赏红叶的好时候。

题3:

A.哺乳动物的感情世界要比昆虫和鱼类丰富和鲜明得多。

B.世界上只有想不通的人,没有走不通的路。

C.在中国,人们知道涪陵,多半是因为它的特产——榨菜。

D.我们的心灵,就仿佛像是一块闲置的空地,你不种庄稼,它就长杂草。

题4:

A.经过三天的培训,使员工的业务素质得到了很大的提高。

B.不到两年时间,他就成为这家汽车公司最优秀的销售人员。

C.因品种和环境条件的不同,小麦中的营养成分差别非常大。

D.在海边拍摄一定要注意器材的防水问题,因为海水有较强的腐蚀性。

题5:

A.如果你想得到你从未得到过的东西,那就必须做一些你从来没有做过的事情。

B.故宫又称紫禁城,位于北京市区中心,为明、清两代的皇宫,有24位皇帝相继在此登基执政。

C.武术经历数千年的发展,融入了传统哲学、医学、兵学、美学等多种传统文化,形成了独具特色的文化体系。

D.与其他类型小说相比,科幻小说能说具有极其广阔的视野,允许作者在更漫长的时间跨度和更宏大的宇宙视野下设置舞台。

题6:

A.香港素有"购物天堂"的美称。

B.莫高窟的彩塑,每一尊都是一件精美的艺术品。

C.在你想要放弃的那一刻,应该想想当初为什么坚持走到这里。

D.时间就像海水,要不然你愿意挤,总是有的。

题7:

A.七夕是中国传统节日中最具浪漫色彩的一个节日,被认为是中国的情人节。

B.梅花糕源于明朝,到清朝时已成为江南常见的小吃。乾隆皇帝下江南是见其形如梅花,赐名"梅花糕"。

C."上有天堂,下有苏杭",意思是天上有天堂,人间有苏杭,人们以此来形容苏杭的美丽、繁荣与富庶。

D.铁在自然界中分布十分广泛,却它的发现及利用比黄金和铜晚得多。

题8:

A.新疆昼夜温差很大,"早穿皮袄午穿纱,怀抱火炉吃西瓜"正是对这种现象的生动描绘。

B.有的人把购物成为一种释放压力的手段,心理压力过大、心里不痛快时,就通过购物来舒缓自己的情绪。

C.东坡肉相传为北宋诗人苏东坡创制,色、香、味俱全,深受人们的喜爱。慢火、少水、多酒,是制作这道菜的诀窍。

D.《庄子》里有句话叫作"夏虫不可以语冰",意思是说对于夏天的虫子,无论你怎样与它谈论冬天的冰雪,它也不会明白。

题9:

A.虽然说有付出才会有回报,但付出和回报并不总是成比例的,这样的例子不胜枚举。

B.信念一旦形成,就可以产生强大的推动力,能使人们为实现某个目标而持之以恒地奋斗。

C.和你一同笑过的人,你也许很快就会把他忘却;而和你一起哭过的人,你也许一生都会记住他。

D.他就一直站在那里,看起来很老老实实,并不是个淘气的孩子,这是我对他的第一印象。

题 10:

A.苏州地处温带,四季分明,气候温和,物产丰富,是闻名遐迩的"鱼米之乡"。

B.年画是一种古老的民间艺术,把人们的风俗和信仰反映了,寄托着他们对未来的美好祝愿。

C."种瓜得瓜,种豆得豆",意思是做了什么事就会得到什么样的结果,付出多少努力就会收获多少成果。

D.城市原住民的生活和风俗传统这些非物质文化遗产的保护非常重要,如果这些东西丢失了,那么城市最重要的精神个性就没有了。

题 11:

A.西藏地广路遥,一个景点与另一个景点之间往往相聚几百公里。

B.台风过境时常常会带来狂风暴雨,引起海面巨浪,严重威胁航海安全。

C.要解决问题就必须抓住问题本质,不要被不重要的细节分散了精力。

D.生活中,那些总是在意别人眼光,处处谨小慎微的人一再成就不了大事。

题 12:

A.他这个人有不少值得表扬。

B.生命是一次旅行,而不是一场赛跑。比赛在乎的是终点,而旅行在乎的是沿途的风景。

C.武功山雨量充沛,云多雾重,常常是山下天晴气暖,山上却云雾缭绕,可谓是气象万千。

D."万事俱备,只欠东风"这句话出自《三国演义》,比喻其他事情都准备好了,只差最后一个重要条件。

题 13:

A.武汉长江大桥是中国第一座横跨长江的大桥。

B.被击倒并不是可怕的,是否放弃尝试才是真正的失败。

C.不管是在荒野、农田,还是城市里,人们都可以看到喜鹊的身影。

D.本网站是向教师、学生以及家长免费提供教育教学资源的公益性网站。

题 14:

A.回到阔别已久的家乡,老人不禁潸然泪下。

B.在所有鲸类中,抹香鲸的潜水深度最深,可达 2200 米。

C. 现在,人们可以通过智能电视上网,进行一系列的娱乐活动。

D. 广告要想吸引观众,就要多采用一些新奇的创意会引起人们的关注。

题 15:

A. 如果短时间内不用电脑,最好把显示器关掉,这样能减少 50% 的能量消耗。

B. 受台风"海燕"的影响,琼州海峡进出船只全面停航,三亚机场部分航班延误或取消。

C. 有些网站可以免费申请个人主页功能,这样,只要你将自己的信息放在网上,全世界的人都可以了解你了。

D. 寓言故事与小说不同,它的语言简朴,笔调幽默,既不需要有曲折的情节,也不需要对人物进行细致的刻画。

伍
南亚本科留学生学习生活行为研究

巴基斯坦学生课堂学习行为的跨文化适应分析

——以四川师范大学南亚师资班为例①

摘要：本文以跨文化适应理论为支撑，利用课堂观察、问卷调查、访谈师生等研究方法对四川师范大学南亚师资班的巴基斯坦学生的课堂学习行为进行了实践调查研究，概述了巴国学生的课堂学习行为的特点，希望提出改善学生学习行为、促进课堂学习效率的可行性建议。

笔者将南亚师资班的巴基斯坦学生的课堂学习行为分为积极和消极两类。积极行为：课堂参与度高；课上能专心听讲；回答问题迅速，勇于发言发问，以积极的态度接收教师的指令并完成；尊重教师，能较好地配合教师完成课堂教学。消极行为：课前准备工作少；没有养成记笔记的良好学习习惯；无法真正倾听他人，课堂集体意识差；迟到旷课率高；课上时有小动作，缺乏自律性。

针对这些特点，笔者结合中巴文化差异和跨文化相关理论分析了留学生课堂学习行为与其跨文化适应的关系，发现影响巴基斯坦学生跨文化适应的主要因素是两国的教学环境差异和宗教信仰差异。为改善留学生课堂学习行为，教师要提高课堂管理能力，恰当处理师生关系；留学生要扬长避短，提高学习能力和跨文化适应能力；高校管理者要制定合理的管理规定，树立"为学生服务"的理念。

关键词：巴基斯坦学生　课堂学习行为　跨文化适应

一、绪论

(一)选题缘由

近年来，随着"一带一路"倡议的实施，我国与南亚地区经济合作和文化交流逐渐频繁。为适应讲好中国故事、传播好中国声音的发展需求，推进南亚各国汉语教师本土化建设，孔子学院总部于 2015 年开始设立孔子学院奖学金南亚国家汉语师资班本科生培养项目。四川师范大学于 2015 年和 2016 年连续两年承担了南亚

---

① 本论文受成都大学文明互鉴与"一带一路"研究分中心、天府文化研究院科研重点项目"面向东盟留学生的天府文化形象多模态话语传播研究"（项目编号：WMHJTF2022B02）资助，由夏利玲、王飞华完成。

师资班(1年预科+4年本科)的培养任务,其中巴基斯坦学生人数比例占四分之三以上。川师对南亚师资班巴基斯坦学生的管理既不同于对中国本国学生,也不同于对其他国家的汉语进修者,而是由国际教育学院专门建立独立的管理小组进行管理,这种方式使得巴国留学生了形成特定的群体。

在第二语言学习过程中,课堂是学生获取汉语知识的主要途径。课堂包含"教"和"学"两大部分,而留学生是教学过程中的核心角色。巴国学生的课堂学习行为呈现的特点,这些行为中哪些是促进汉语学习的积极行为、哪些是消极行为,这些课堂学习行为与学生跨文化适应有什么关系,都是本文研究的重点。笔者通过深入课堂、调查问卷、访谈师生等研究方法进行实地调研,描述南亚师资班留学生课堂学习行为现状,结合巴国教学环境和文化特点分析留学生来到中国以后产生的跨文化反应与课堂学习行为的关系,最后提出改善留学生学习行为、促进课堂学习效率的可行性建议。

(二)研究对象、研究目标及研究意义

1. 研究对象

本研究的对象是四川师范大学 2016 级南亚师资班巴基斯坦学生,共 28 人,已在中国学习一年零七个月,汉语水平为 HSK4 级。2016 级南亚师资班分为两个教学班级。一班 18 人,其中巴基斯坦人 16 名;二班 16 人,其中巴基斯坦人 12 名。这 28 个巴基斯坦学生的年龄在 19—34 岁之间,全部信仰伊斯兰教,其中包含 3 名女生。这些留学生中有 8 名是刚从巴基斯坦高中毕业来到中国的,占总人数的 28%。留学生经济水平属于国家中上层,中学及以前就读于巴基斯坦私立学校或军校。

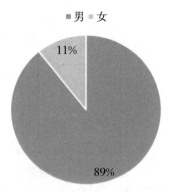

图 1　受试巴基斯坦学生性别分布

整体来说,留学生性格开朗大方、自信大胆,对学好汉语有充足的自信,尊重老师,同学关系融洽,课堂上非常活跃,但与此同时,他们对自我的要求偏低,很容易满足于现状,职业生涯规划不明确,教学管理困难。

2. 研究目标

笔者观察巴国留学生的课堂学习行为并分类,从跨文化交际的角度分析跨文化适应对巴国学生课堂学习行为的潜在影响,并提出改善留学生学习行为、促进课堂学习效率的可行性建议,帮助留学生更加清楚自己的学习行为利弊,帮助教师更准确地分析影响巴国学生课堂学习行为的因素,更好地管控课堂,帮助管理者改善管理方式,从而提升留学生的学习效率和教师的教学效果。

3. 研究意义

理论方面,汉语教学是教师和学生互动的过程,课堂是师生互动的核心场所,而学习者是整个学习过程的中心,研究学习者的课堂学习行为就是研究学生的主要学习活动。虽然跨文化适应的相关研究十分丰富,但针对来华巴基斯坦学生跨文化适应的研究却非常少。本文从跨文化适应的角度出发,以四川师范大学南亚师资班巴基斯坦学生为研究对象分析学生课堂学习行为,既为留学生课堂学习行为提供了新的思考空间,也有利于丰富汉语国际教育领域的跨文化适应研究。

实践方面,汉办要求南亚师资班每个留学生要在五年内从汉语零基础的学习者成长为能站上讲台的一名合格的汉语教师,这对负责师资班的教学者、管理者和留学生本人都是一个不小的挑战。由于中巴文化差异较大,中国的社会制度、宗教信仰、生活节奏、办事方式与巴基斯坦的不同,中国的人才培养方式和教育方式也与巴基斯坦的有很大差异,巴国留学生在中国生活很容易产生不适应,从而引发相应的心理情绪波动,影响汉语学习。随着"一带一路"的建设和中巴两国关系的日益紧密,来中国学习汉语的巴基斯坦学生会越来越多,所以了解巴基斯坦学生课堂行为表现及其跨文化适应有利于更好地开展对巴国学生的汉语教学工作,促进汉语传播。

(三)概念界定

课堂:既是教师和学生合作完成教学任务的活动场所,也是整个教学的活动过程。教师在课堂时间和空间范围内按照教学目标和教学大纲,组织学生活动,进而学习一定量的教学内容。在课堂活动中,教师起主导作用,学生是课堂的中心,他们根据老师的指令和引导完成相应课堂内容的学习。本研究以南亚师资班的课堂为研究对象,课堂环境为室内,课堂类型包括综合课、听说课、写作课、阅读课。

学习行为:学生在学习活动中采取的学习方法和行为模式,是在学生学习态度、学习动机、学习策略等心理活动影响下的外在行为。按学习行为的作用可分为积极学习行为和消极学习行为;按学习行为的性质,可分为主动学习行为和被动学习行为;按学习行为的活动主体,可分为个体学习行为和群体学习行为。不同的学生个体有不同的学习行为,不同文化背景下的学生有不同的学习行为。张迪将学习行为分为三种:倾听行为,即听教师、听同学、听文本;言说行为,即朗读、问答、提问、讨论等;操练行为,即操作和练习。① 程宏宇将课堂学习行为分为五个维度:课堂活动参与、提出问题、显示理解、独立思考、师生关系。② 本文将课堂学习行为分为三个维度:课前准备、课堂参与和课堂纪律。

综上,本文的研究着眼于南亚师资班学生的群体课堂学习行为,关注学生在课堂上行为的三个维度。课前准备包括学生出勤情况、学习用品准备情况、课前状态调整。课堂参与包括学生注意力、记笔记能力、独立学习能力、回答问题和提问发言、倾听他人、课堂练习。课堂纪律包括遵守教师指令情况、扰乱课堂行为。

(四)文献综述

1.跨文化适应

随着汉语的国际推广和来华留学生的日益增多,对留学生的跨文化适应研究逐渐发展。笔者在参考了大量汉语国际教育视角下的文献资料、来华留学生跨文化适应的相关研究后,发现目前对来华留学生的跨文化适应研究已有一定规模,研究者根据研究实际情况,主要对学生进行了国别化、地域化的研究,分析了来华留学生的跨文化适应压力来源、跨文化适应的过程和方式、跨文化适应的影响因素,并针对相应情况提出了解决对策。

穆璐运用问卷调查和访谈相结合的研究方法对在京韩国留学生的跨文化适应情况进行研究,他指出在京韩国留学生的跨文化适应主要包含汉语学习适应和社会文化适应两个方面。语言障碍导致的交流困难、兴趣爱好差异引起的破冰障碍、留学生自身惰性和非常设交流机制导致的单一文化圈禁锢是引起跨文化不适应的主要表现。对于课堂中的不适应情况,学生一般采用"积极应对、主动克服"和"消极应对、回避困难"两种不同的适应策略。在影响学生的跨文化适应因素中,年龄、语言能力、教学背景、来京时间与跨文化适应能力呈正相关,性别和海外经历对跨文化适应能力的影响不大。③

刘小兵通过文献研究法,分析了以往研究中的文化依附矛盾,从表层文化与深层文化两个层面对跨文化交际中学生出现的文化依附矛盾进行分类整理,指出深层文化即隐蔽文化,如跨文化交际者的文化心理和语言能力是造成跨文化交际中

---

① 张迪.小班教学中学生学习行为的研究[D].南京师范大学硕士学位论文,2011.

② 程宏宇.认知风格影响课堂学习行为机制初探[M].杭州:浙江大学出版社,2012.

③ 穆璐.北京高校韩国留学生跨文化适应内容与方式探讨[D].中央民族大学硕士学位论文,2015.

文化依附矛盾的重要因素。刘小兵从教师、学生和教材三个方面给出消除文化依附矛盾的建议,认为跨文化交际双方应本着平等尊重、换位思考、给予选择的原则,深入挖掘隐蔽文化,减少对异文化的误解。①

吕萍调查了南京晓庄学院 50 名来华留学生的跨文化抑郁现状,发现被试群体总体上无抑郁,但部分抑郁指标高于我国常模指标,所以来华留学生属于心理问题较多的群体。她在文章中指出女生抑郁程度高于男生,学历生抑郁程度高于语言生,留学时间在 13—24 个月的留学生抑郁程度最高,有跨文化经历的学生、家庭经济条件较好的学生抑郁程度较低。影响留学生高抑郁群体的内部因素有社会文化适应困难、思乡情绪、学业压力和就业压力,外部因素主要为多元文化课堂上教师的态度。应对不良情绪,留学生很少求助于专门的心理咨询机构,兴趣爱好调节是留学生的首选。为缓解留学生心理抑郁,文章从教师、学生、管理者三个方面提出建议,特别是建议高校依托专业跨文化心理咨询师设立留学生心理咨询室。②

郭佳佳以杭州地区 184 名来自不同国家的来华留学生为调查对象,分析了在华留学生的社会文化适应与心理适应现状,考察了留学生感知到的文化距离与文化认同之间的关系,并指出印尼与美国在华留学生的社会文化适应水平显著高于巴基斯坦在华留学生的社会文化适应水平。留学生感知到的文化距离对他们的东道国文化认同和社会文化适应有显著负影响,留学生对中国文化的认同度与适应压力存在显著负相关,对母国文化的认同与社会文化认同无显著相关性。在影响因素中,语言的影响力最大,性别、是否有海外经历、在华居住时间长短与留学生跨文化适应无明显相关性。对此,郭佳佳提出了加强汉语培训,营造多元文化氛围,关注留学生心理健康等有效建议。③

李京分析了情感因素对留学生汉语学习的影响,指出综合性学习动机对汉语学习起推动作用,学习态度、性格和焦虑程度也是影响留学生学习的主要因素。此外,学习动机与学习态度相互影响。留学生学习动机越强,学习态度越积极;学习态度越端正,学习动机越强。④

此外,张宁比较了亚洲和南亚学生学习方式的文化差异,认为相对于非洲学生而言,南亚学生歧视容忍度高,属于场依存型、审慎型。⑤ 王静从留学生宿舍管理和教学管理两个方面进行了案例分析,描述了在管理中留学生面对文化差异的态

① 刘小兵.第二语言教学中的文化依附矛盾及其对策研究[D].暨南大学硕士学位论文,2002.
② 吕萍.跨文化背景下来华留学生心理抑郁问题研究[D].南京大学硕士学位论文,2013.
③ 郭佳佳.文化距离、文化认同对跨文化适应的影响[D].浙江大学硕士学位论文,2013.
④ 李京.影响留学生汉语学习的情感因素及教学策略[D].黑龙江大学硕士学位论文,2013.
⑤ 张宁.亚非留学生汉语学习方式的文化差异及教学方法初探[J].文教资料 2012(11):70-71.

度和问题,创造性地将企业跨文化管理原则用于高校留学生管理。①

综上所述,对来华留学生的跨文化适应研究已有一定学术成果,认为影响学生跨文化适应的主要因素是语言,其次是文化距离、性格、学生教育背景和在华时间,研究方法主要是问卷调查法与样本访谈相结合。针对留学生的跨文化适应现状,学者主要提出了以下建议:首先,改善教学方法和教学环境,使管理制度化、规范化;其次,关心、了解留学生情况,开展留学生心理辅导工作;最后,引导学生积极融入目的语环境,提高跨文化适应能力。当然,现存研究也存在不足之处:通过问卷和访谈只能对学生当前跨文化适应阶段进行分析,没有时间延展性;研究视角以中国环境的角度,没有进行当前环境与学生本国环境的对比;研究对象主要是欧美学生,对南亚国家尤其是巴基斯坦的关注刚刚开始。

2. 课堂学习行为

汉语国际教育领域关于留学生学习行为的研究刚刚起步,有的学者就中外学生课堂学习行为进行对比并分析原因;有的单纯地分析留学生的课堂学习行为,并就其问题行为提出相应的课堂管理措施;有的论文分析不同课堂学习行为与留学生所处文化、国籍、性别的联系;还有一些讨论留学生的课堂学习行为与其学习成绩的关系。通过阅读文献,笔者从研究方法、研究对象、留学生课堂学习行为现状、影响因素四个方面对"留学生课堂学习行为"的文献综述整理如下:

(1)研究方法。

这些研究主要是利用实证性研究方法如观察、访谈、调查问卷和个案分析等对留学生的学习行为进行调查。在实施具体的问卷调查和访谈之前,学者会利用现有文献进行预估或利用课上课下环境进行观察,然后形成问卷或访谈问题,有的还会进行预调查,在小范围内验证问卷的信度和效度,力求科学。数据收集完毕后,再根据实证数据运用 SPSS 分析数据,并进行图表整理和分析,对留学生学习行为和影响因素进行频率排序和归类。

(2)研究对象。

根据研究者不同的研究目的和实际研究情况,选取依据各不相同。学者主要研究的是群体性学习行为,有的对不同国别、不同地域、不同文化圈的留学生群体的学习行为进行比较研究,有的就同一汉语水平、同一地域的留学生进行分析研究。如邹丹丹以初级阶段中亚留学生为调查对象②;刘雅晨对两个汉语文化圈和

① 王静.东南亚来华留学生管理中的文化冲突案例研究[D].云南师范大学硕士学位论文,2016.
② 邹丹丹.初级阶段中亚留学生汉语课堂问题行为调查[D].南京师范大学硕士学位论文,2016.

非汉语文化圈的学生进行个案分析①；程宏宇对中美学生的课堂学习行为进行比较，分析了东亚文化圈和欧美文化圈学生的不同认知方式②。

（3）留学生课堂学习行为现状。

目前对留学生课堂学习行为的研究以问题学习行为最多。

邹丹丹根据问题行为对课堂的影响程度，将留学生问题学习行为分为内倾型课堂问题行为和外倾型问题学习行为两大类，发现迟到、缺课、随意讲话、玩手机、不跟随教师任务是中亚留学生课堂问题行为的集中表现。③ 彭丽就课堂问题行为出现方式的不同将课堂问题行为分为六类：隐蔽违纪型、轻度矛盾冲突型、违反作息制度型、逆教师型、扰乱型、恶作剧型，发现违反作息制度型行为最严重，且集中在缺课和迟到两大问题上④。虽然各个学者的看法不同，但他们都认为迟到和缺课在留学生中普遍存在，且发生频率较高，这两个问题也是一直让教师头疼、迫切希望解决的两大问题。

（4）影响因素。

大多数学者从内因和外因两个方面进行探因，他们普遍认为内因是影响留学生学习行为的关键因素。内因指留学生自身的情况，包括性别、年龄、汉语水平、学历、性格、与中国人的交际频率、学习时间、学习成绩、职业或职业规划愿望等，外因包括教师、学习物理环境、家庭、教学管理、课程内容、课时、课堂气氛等。

邹丹丹认为内部因素是关键因素，由于时间观念淡薄、宗教文化、认知差异等，中亚留学生在课堂中常常发生迟到、缺课等问题行为⑤。彭丽认为环境、教师、家庭等因素都会对留学生问题行为产生影响⑥。曹佳静认为影响课堂行为的因素有留学生心理发展特点、同伴因素、教师因素、认知风格、环境特殊性和家庭因素等六个方面。朱萌认为留学生问题行为在年龄、性别、汉语水平、是否取得奖学金方面存在差异⑦。

综上所述，在汉语教育方面，对来华留学生的课堂行为研究仍在起步阶段。一方面，相当一部分研究者将留学生课堂学习行为定义为狭义的问题学习行为。课堂学习行为分为很多方面，如果仅仅定义为问题行为，片面观察学生缺点会限制观

① 刘雅晨.学习行为在第二语言习得中的调查研究[D].重庆师范大学硕士学位论文,2014.
② 程宏宇.认知风格影响课堂学习行为机制初探[M].杭州:浙江大学出版社,2012.
③ 邹丹丹.初级阶段中亚留学生汉语课堂问题行为调查[D].南京师范大学硕士学位论文,2016.
④ 彭丽.对外汉语课堂问题行为考察[D].北京语言大学硕士学位论文,2008.
⑤ 邹丹丹.初级阶段中亚留学生汉语课堂问题行为调查[D].南京师范大学硕士学位论文,2016.
⑥ 彭丽.对外汉语课堂问题行为考察[D].北京语言大学硕士学位论文,2008.
⑦ 朱萌.中亚留学生汉语课堂问题行为管理研究[D].新疆师范大学硕士学位论文,2015.

察角度。另一方面,很多论文将主角定义为教师,研究教师在课堂中如何表现,以促进课堂学习。诚然,教师是整个教学过程的主导,在整个课堂中起着引领作用。但我们要明白,留学生是学习的主题,也是整个教学过程的核心人物,观察并分析留学生的课堂有利于抓住主要矛盾。在研究对象上,现存研究也缺少对某一国别的学生进行群体分析,探寻其行为与本国环境相联系的论文。

（五）理论依据——文化适应

个体到新的文化环境中工作、生活、学习,必然会面临许多意想不到的文化差异,遇到许多困难和挑战,文化适应就是个体适应新文化环境的过程。不同的个体或人群有不同的文化适应模式,与新文化接触的不同阶段也会有不同的文化适应状态。按照祖晓梅的观点,社会文化距离、个体性格因素、社会支持、期望值、目的文化知识等五个因素影响适应者的跨文化适应。适应者文化与目的文化之间的差异越大,文化适应的速度越慢;个人性格特点中,对模糊性的容忍程度、动机、灵活性、幽默感、内向与外向等性格特点都与文化适应能力有密切关系;期望值影响一个人在目的文化中的思维、态度和行为;家人、朋友以及其他认识的人的支持属于社会支持,没有社会网络的支持,人们很容易产生孤独感和焦虑感。[①]

Oberg 把短期旅居者的跨文化适应按时间和心理状况分为四个阶段:蜜月期、挫折期、恢复期和适应期。蜜月期,旅居者从自己的文化看待新文化,对一切异文化充满好奇,认为"一切都很美好";挫折期即"文化休克"阶段,旅居者总体感觉是"一切都很糟糕",有的人甚至想放弃在新环境中的工作或学习,回到自己的文化中去;恢复期,旅居者能意识到文化的差异,习惯于之前陌生的事情,虽然情感上仍有不愉快,但能接受和理解很多事情,失望焦虑的情绪逐渐好转,对适应新环境更有信心;适应期是最后一个阶段,旅居者对文化差异有了深刻的认识,对各种事情持有更客观、宽容的态度,情绪平和而愉悦,开始接受目的文化的一些行为方式甚至观念,内心也愿意通过调整自己来适应不同的情况[②]。

（六）研究方法

1. 访谈法

预先设置访谈问题,就留学生在课堂的实际表现对教师和学生进行一对一或一对多的访谈,特别注意访谈留学生产生这些行为的内心想法,询问巴基斯坦教学环境与中国的教学环境的异同。

---

① 祖晓梅.跨文化交际[M].北京:外语教学与研究出版社,2015:149-152.
② 祖晓梅.跨文化交际[M].北京:外语教学与研究出版社,2015:148.

2. 观察法

深入留学生课堂,观察并做好详细记录,收集留学生课堂行为出现的具体情况和发生背景。

3. 问卷调查法

参照程宏宇在《认知风格影响课堂学习行为机制初探》中的课堂行为调查问卷,从课前准备、课堂参与和课堂纪律三个维度设计调查问卷,以书面形式分发给留学生,然后回收整理、统计和研究。

二、巴基斯坦学生的学习行为概述

课堂教学成功与否取决于留学生上课时的吸收率,留学生的课堂学习行为反映了留学生的文化心理和学习态度,直接影响到留学生的课堂吸收率。笔者在对巴基斯坦留学生课堂进行初步观察后,发现留学生在课前准备、课堂参与和课堂纪律三个方面与中国学生课堂有明显差异,所以本文从这三个视角观察学生课堂,并结合相关情况对教师和留学生进行了访谈。

（一）课前准备

课前准备包括留学生出勤情况、学习用品准备情况、课前状态调整。通过课堂观察,笔者发现大部分留学生没有课前准备意识。学生迟到旷课率高,没有早到提前调整上课状态,少数留学生会准备学习用品。

1. 留学生出勤情况

笔者观察的课堂只有一次是全勤,留学生平均旷课率为 10%,平均迟到率为 8.5%。旷课率最高的是早上第一节课和下午第一节课,旷课者大多以忘记上课时间、生病为由请假,但实际原因多为赖床,虽然有些留学生真的是生病,但病情不至于不能到课。留学生一次上课分为两小节课,留学生一般在第一小节课上课前 10 分钟陆续走进教室,课前三分钟留学生能基本到齐。第二小节课迟到率很高,留学生对于课间休息之后再次上课的铃声并不敏感,教师开始上课前需要专门提醒他们并等待一定时间。有留学生表示"在巴基斯坦中学管理很严格,又因为住在家里父母也会经常督促,所以迟到或旷课的情况少有发生,但来到中国以后开始懒惰,我也不知道为什么,我知道这样不好,也想改变,慢慢努力吧",也有留学生表示"我在巴基斯坦就不喜欢上课,我喜欢自学,老师们也理解我,这里的老师不理解我,还需要适应一段时间",还有留学生提到"在巴基斯坦的大学,课堂出勤率与考试资格挂钩,如果没有达到相应标准,就要下一年重修"。可见,留学生来自巴国不同的学校,各个学校的管理制度不尽相同,但他们到中国以后整体呈现到课懒散的情况,这与跨文化适应是有关联的。

2. 学习用品准备情况

据笔者观察，留学生课前学习用品准备率平均为 36.4%，后排留学生课堂准备率低于前排。只有一部分学优生会提前拿出书本，其余留学生等到老师开始讲课的时候才从书包里翻出书本。可见，留学生没有形成课前准备学习用品的好习惯。

3. 课前状态调整

除了老师要检查作业的情况，留学生上课前一般是聊天、发呆、玩手机，没有预习和复习课堂内容的情况，在上课之后的三分钟以内依然会延续课前讨论话题、随意进行物品传递，无法直接进入课堂学习状态。而由于迟到中途进教室的学生更是需要时间平复下来，这不仅会让留学生自己的听课效率大打折扣，还会打扰到正在进行的课堂学习。当笔者问及迟到的留学生"你中途敲门进教室会不会对老师和同学们造成打扰，中断课堂思路"时，得到的答案都是"我觉得迟到只会让我自己听不到老师前面讲的内容，但我不认为会对课堂造成影响，我是轻轻地进去的"。可见，留学生对于保持良好上课情绪的重视不够。

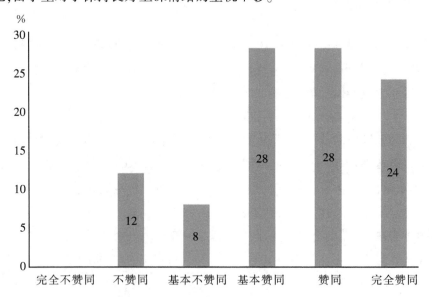

图 2　留学生对"我整节课都能保持专心听讲"的赞同度

(二)课堂参与

课堂是师生互动的重要场所，观察留学生的课堂参与度是了解留学生课堂学习行为的主要途径，笔者将留学生课堂参与分为六个方面：注意力、独立学习行为、记笔记、回答问题和提问发言、倾听他人、课堂练习。

1. 注意力

大部分留学生能把精力集中在课堂上。不可否认，让每个留学生在 45 分钟内高度集中听讲是不可能的事情,上课走神是正常现象。这与问卷调查中反映出的数据吻合,问卷数据显示56%的留学生上课时能保持专心的状态,24%的留学生认为自己上课能完全集中注意力,20%的留学生存在上课不专心的情况。

在没有集中注意力跟随教师的时候学生时而做小动作:与同学眼神交流、看窗外、玩手机。有的留学生出现独立学习行为:私下讨论、用手机查字典、自己看书等。课堂观察发现,课堂座位、课堂进行阶段、教学内容、教学方式、学生独立学习行为是影响留学生注意力的主要因素。前排留学生注意力比后排留学生集中,他们经常提问,与老师互动多,上课不专心的留学生集中在后排,只有少数几个,他们在班级的成绩偏后、上课经常玩手机;时间上,刚刚上课和快要下课、老师拖堂的时候留学生注意力很难集中;课堂内容过易过难,教师长时间讲解枯燥无味,再加上手机诱惑很容易导致留学生在课堂上分心;留学生在课堂上经常发生独立学习行为,以查字典和自我讨论为主,在进行独立学习行为时,无法听教师讲解。

2. 独立学习行为

留学生在课堂上自我讨论和查字典的频率很高。自我讨论一般是近距离(前后桌、同桌)进行,用母语交流,但音量较大;查字典使用手机,以学优生和学困生最为明显。

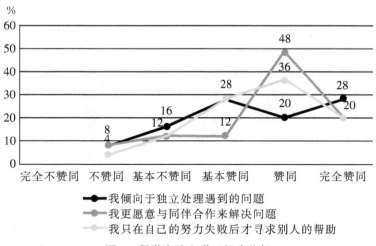

图 3 留学生独立学习行为分析

问卷数据显示,遇到问题,76%的学生倾向于独立处理,虽然询问老师的方法更简单有效,但老师只有一个,课堂上课时间又有限,再加上与教师用英语和汉语交流困难,所以,他们经常采取同学之间相互讨论的策略,80%的留学生表示更愿意与同伴合作来解决问题。这就出现了老师在前面讲课的时候底下不时有两三个留学生为一组进行私下讨论,学优生用母语把知识点解释给学困生听的情况,他们认为这是互相帮助,能及时解决问题,但他们并没有意识到在讨论过程中会遗漏老师讲解的内容,没有意识到母语无法完全阐释汉语知识点,更没有意识到讨论声音较大,会给其他同学和教师造成打扰。对于课堂上使用手机查字典的情况,很多教师表示默许,有教师表示:"现代化手段的普及使学生用手机查生词更方便,由于教师的讲解和例句可能会出现不全面的情况,不能保证每一个学生都能掌握,如果学生自己查字典,他们能用英语或乌尔都语作出快速反应,学优生可以拓展生词,学困生可以及时跟进课堂,这有利于提高课堂效率。"

3. 记笔记

通过观察发现,大部分留学生没有记笔记的意识,更没有形成归纳学习笔记的习惯。问卷显示,72%的留学生认为"我经常需要老师来告诉我应该做些什么"。由于在巴基斯坦学生没有接受过像中国学生一样的关于记笔记的训练,不知道"好记性不如烂笔头",所以他们对老师的依赖性很强,课堂笔记一般要在老师的要求下进行。

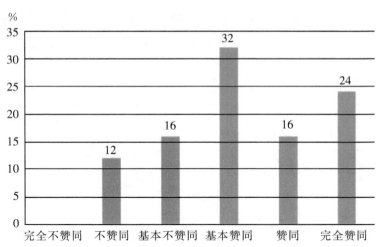

图4 留学生对"我经常需要老师来告诉我应该做些什么"的赞同度

留学生没有专门的课堂重点知识归纳本、改错本,有些留学生有自己的生词本,他们的笔记或者在书上或者在练习本上。他们认为看书的时候就能复习,不用做系统的知识点归纳,看到一点记一点。课堂上,教师会提醒留学生做出勾画、写下重点知识,如果老师没有将知识点板书在黑板上并提醒记录,大部分留学生就无所事事,他们认为自己可以记在脑子里并在适当时候回忆出来。对于教师讲解的练习题,一部分留学生会用红笔在老师批改的基础上进行记录,用横线、圈、箭头等符号做标记;一部分留学生不区分改正后的笔记颜色,只是将正确答案写在练习本上。可见,留学生在课堂上抓不住重点,整体学习比较被动,对于新知识的感知不够敏锐。

4.回答问题和提问发言

巴基斯坦学生课堂最显著的特点就是课堂活跃度高,回答问题积极,很少出现课堂安静的情况。他们主动回答问题的频率高达90%,课堂上教师很少指定让某一学生回答问题,只有教师想提醒走神的留学生或照顾学困生时才会出现被动回答的情况。问卷显示,只有28%的留学生认为自己上课不积极。

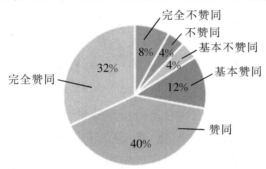

图5 留学生对"我在课堂上比较积极"的赞同度

留学生不待教师点名提问就脱口而出,七嘴八舌地说出自己的看法。虽然一部分留学生因为性格原因不太主动,但从他们的表情动作可以看出他们的思想是在跟随课堂的。课堂观察发现,留学生对于问题思考的时间很短,往往教师话音刚落就给出答案。问卷也显示,68%的留学生"倾向于及时举手回答老师提出的问题"。

在回答问题方面留学生也存在个别差异、男女差异,课堂上特别活跃的是主角,而不爱回答问题的留学生担任倾听者;男生性格偏外向,女生性格偏内向,男生反应更迅速、回答频率更高,相比之下女生不如男生积极,性格内向在一定程度上阻碍了她们的课堂参与积极程度。

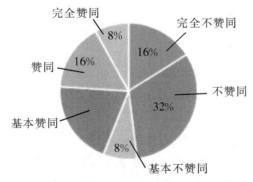

图6 留学生对"我倾向于保留在课堂产生的观点和想法,不与别人分享"的赞同度

与回答问题的情况相似,留学生课堂提问和发言的频率也大大高于中国学生的课堂。留学生提问或发言时无须举手起立,整个课堂显得很热闹,他们争先恐后

地发言,都希望教师能聆听自己的发言,抢着跟老师互动。问卷显示,52%的留学生对"上课时即使存在不明白的地方,我也通常保持沉默"持不认可态度,48%的留学生不同意"我在课堂上很少把与别人不一致的看法提出来"。但问卷中还是有44%的留学生表示"我倾向于保留在课堂产生的观点和想法,不与别人分享",这说明课堂虽然活跃,但并不是每位留学生都有高频发言的欲望。

　　语言使用上,留学生总是以"老师"开头或结尾,表示对教师的尊重,明白教师的讲解后,他们也会礼貌性地说"对,老师"。教师表示留学生在课堂上经常使用"老师"的称呼让他们感到很温暖,甚至在造句时遇到突然想不起来的地方会用"老师"来代替停顿。写作课、阅读课、综合课上涉及很多生词,留学生需要老师帮助了解具体意思、想让教师检查自己造的句子是否正确。听说课经常讲到与实际生活或文化相关的内容,留学生也会迫切希望分享自己知道的点滴。他们表示更喜欢在上课时而不是下课以后问问题,课堂上的问题是所有同学都可能不了解的,如果在课上提出疑惑,那所有同学都可以听到,如果下课以后每个人单独问教师,则会耽误教师宝贵的时间。对于教师在课堂上的错误,留学生也会直言不讳地说出来。

表 1　对留学生课堂提问的调查

选项	完全不赞同(%)	不赞同(%)	基本不赞同(%)	基本赞同(%)	赞同(%)	完全赞同(%)
在课堂上产生问题时,我倾向于迅速地提出问题	0	0	12	28	28	32
我在课堂上通常很少产生问题	4	16	24	20	32	4
我在课堂上经常会提出问题	4	8	24	16	24	24
我只在有必要的时候(如与考试有关)才提出问题	4	24	28	4	16	24
我更愿意在课后提出问题	4	24	24	28	8	12

　　5. 倾听他人

　　由于留学生都是成人,不会出现故意捣乱打断他人谈话的情况,但对比中国课堂,笔者发现留学生并不能做到安静地听他人发言,他们的自我意识强,自控能力不足。笔者观察的课堂有一节是留学生自主发表演讲介绍本国婚礼,演讲者在发言或回答他人问题时,有不少留学生在私下讨论,有的还玩起了手机,当发言者所说有误或他人有更好的想法时发言者往往会被直接打断,尤其当发言者是女生时。

总体来说,留学生并没有做到真正地倾听他人,常出现抢答、打断别人或几个人同时说话的情况,他们不认为打断别人是影响课堂、不尊重他人的表现。

6.课堂练习

教师布置的课堂练习主要分为书面作业和小组讨论两类。留学生在接到做练习指令后先是嘈杂一番,互相用母语讨论,一分钟后能投入练习状态。对于书面作业,留学生的态度较认真,能积极接收教师指令并按要求完成,但他们没有把这当作是一次小考试来锻炼自己或检验学习效果,只是为了完成任务,同学之间"互相帮助",学困生交头接耳、互相抄袭,学优生也不例外,私下互相讨论或查字典。对于小组讨论活动,留学生的参与度很高,讨论时有话可说,讨论后有言可发,能较好、较快地完成任务,但学困生对学优生有一定的依赖性,学困生一般充当小组里的倾听者,参与讨论时主要用母语。

(三)课堂纪律

1.遵守指令

留学生能接收教师指令并作出反应。教师指令不同,留学生执行情况有差异。如果教师给出的指令是要求造句或回答问题,留学生能迅速地接收并作出反应;如果教师要求留学生自己完成某项工作,如课上自我检测和随堂练习,学生执行起来就比较慢,虽然他们知道教师的指令中包含"独立完成"的要求,但还是会经常用母语低声讨论或查字典以寻求帮助;对于小组讨论,留学生前期能快速投入并积极讨论,但也存在所用讨论时间较短,讨论中途玩手机、聊天的情况;对于教师提醒做笔记的指令,大部分留学生都能提笔动手。可见,留学生课堂学习能力和自律性较差。

2.打扰课堂

打扰课堂的行为有开关空调、不分重要性地传递东西、随意私下讨论、玩手机、用书包遮挡以掩护不良行为、吃东西等。其中,留学生违反纪律以玩手机和私下讨论最为典型,查字典时常缺乏自控力打开聊天和玩游戏的界面;私下讨论的时候留学生大多使用母语,而不是汉语,未能将沉浸式学习的优势发挥出来。在笔者看来这是不合时宜的,这些行为在一定程度上会打扰课堂,但在访谈中留学生却不这么认为,他们觉得这些小动作造成的影响仅限于个人,不会对他人和教师造成影响。虽然留学生课堂纪律欠佳,但他们总体来说还是符合基本课堂要求的,能尊重老师、遵守基本纪律,没有课堂上随意走动和与教师发生冲突的行为,因为没有完成教学任务的拖堂留学生也能理解并积极配合教师。

综上,笔者将南亚班巴基斯坦学生课堂学习行为分为积极和消极两类。积极行为:课堂参与度高;课上能专心听讲;回答问题迅速,勇于发言发问,以积极的态度接收教师的指令并完成;尊重教师,能较好地配合教师完成课堂教学。消极行为:课前准备工作少;没有养成记笔记的良好学习习惯;无法真正倾听他人,课堂集体意识差;迟到率、旷课率高;课上时有小动作,缺乏自律性。

三、留学生课堂学习行为归因

教育是文化的体现,在不同文化的影响下会产生不同的教育制度、教育理念和教育方法,第二语言教学是一种跨文化交际活动,留学生的课堂学习行为自然会受到其文化的制约。巴基斯坦属于南亚伊斯兰国家,其文化既有亚洲国家的特点又与信仰伊斯兰教的阿拉伯国家相近,同时,巴基斯坦还曾受英国殖民统治,英国文化也在巴基斯坦的教育上留下了深深的印记。通过参考巴基斯坦教学环境资料并结合实践调查研究,笔者将造成在华巴基斯坦师资班学生课堂学习行为的原因归纳为以下几点:教学理念与方式,教师的角色和师生关系,课堂交际,跨文化适应策略,留学生学习动机、学习风格和学习策略。

(一)教学理念与方式

巴基斯坦的普通教育体系并不是经自身发展而来,而是由历史上英国殖民地遗留演变而来的。从所有制上区分,学校分为公立学校和私立学校。私立学校学费较贵,但教学质量较高,采用西式教学,巴基斯坦经济社会的中高层人士都倾向于把自己的孩子送进私立学校上学。公立学校中又有军校,军校在整个学校数量上占比很小,教学质量却是最高的,拥有一流的设施和师资,一般只有政府、军人子弟或富人才能获得入学资格。军校和私立学校的教学理念与方式承袭西方教育,学校教育以学生为中心,注重培养学生的参与性、口头表达能力和合作学习能力,课堂教学大多采用体验式学习模式,课堂上教师常常组织学生进行口头演讲、辩论、课堂讨论、小组合作完成课题等活动①。

在中国,由于儒家传统教育思想的指导,学校教育更多地呈现以教师为中心、权威,教师担任知识传播者的特点。中国课堂采用教诲式学习模式,非常注重知识的传播和吸收,教师用于讲解的时间往往多于学生练习的时间。在这种教学方法下,学生获取知识的主要方法是上课认真听讲,笔记成了学生记住课本中主要内容和教师授课内容的直接产物。中国式课堂有利于使知识传授更系统明晰,但同时也使得学生思考、讨论和质疑的时间变少。

2016级巴基斯坦来华师资班学生在中学及以前就读于巴基斯坦私立学校或

---

① ［巴基斯坦］M. Ashraf. 巴基斯坦的教育体系简况［J］. 南亚研究季刊,1995(02):74-77.

军校,已经习惯了课上积极活动、合作学习的上课方式。他们虽已在中国学习了一年多,但还不了解中国的教育理念和教育方式,他们接触中国教育的唯一途径就是课堂上教师的授课,所以留学生在很大程度上仍然受到巴基斯坦教学环境的影响。访谈中留学生表示希望教师不要一直讲 PPT 或教材内容,希望教师多组织一些辩论、发表和小组讨论的活动,这就不难解释为什么南亚班课堂积极活跃甚至嘈杂,留学生回答问题、提问发言和自我讨论的时间很多。在中国人看来,他们的这些行为可能会打扰课堂,但巴国学生却不以为意,这都是受本国教学理念和方式影响的缘故。中国学生在课堂上拼命记笔记,而巴国学生需要教师多次提醒才会写下知识点,这是因为在巴基斯坦学生没有形成系统学习知识的意识,他们没有像中国学生一样自小就受到做笔记的训练。中国学生在课前准备好学习用品以便更快进入课堂状态,巴国学生基本不会做课前准备,因为他们把重点聚焦在了课堂参与上,课前课后的工作就显得不那么重要了。

表 2 关于留学生对师生关系看法的调查

选项	完全不赞同(%)	不赞同(%)	基本不赞同(%)	基本赞同(%)	赞同(%)	完全赞同(%)
当我的观点与老师存在分歧,我倾向于接受老师的看法	4	8	16	20	28	24
我经常需要老师来告诉我应该做些什么	0	12	16	32	16	24
当出现问题时,我希望老师能提供一个正确的答案	4	4	4	12	24	52
我把老师看成一个在课堂上有权威的角色	4	8	4	16	40	28
即使与老师的看法产生矛盾,我也常常坚持自己的观点	12	4	40	16	20	8

(二)教师的角色和师生关系

在巴基斯坦,教师地位很高,学生把教师看作道德楷模和知识渊博者,认为教师首先应该是一个有道德的人,然后才是一个有知识的人,教师的地位甚至高于父母。通过调查问卷,对于“我把老师看成一个在课堂上有权威的角色”这一选项,40%的留学生选择“赞同”,28%的学生选择“完全赞同”。通过访谈,60%的学生表示教师在课堂上是长辈,下课以后是朋友,40%的留学生表示教师无论在什么地点、什么场所都是长辈。所以留学生在课堂上回答问题或提问发言时,总是以"老师"开头或结尾,平时在路上见到老师,留学生也会很礼貌地打招呼。

访谈中,不少留学生提到,在巴基斯坦的军校和私立学校,教学管理相对严格,同时也赋予了教师很多权利,对于违反纪律的学生,教师可以适当惩罚,学生必须服从。所以,南亚班巴基斯坦学生与教师之间的矛盾冲突少于欧美学生,学生能服从教师的指令,直接接受教师的批评而不产生反驳。也有教师表示,由于培养目标和项目来源不同,培养要求也不一样,对于巴基斯坦学生的管理比欧美学生更严,有些对欧美学生不能实施的管理制度是能运用于巴国学生的。

所以,巴基斯坦和中国的师生关系有很大的相似之处,教师很受尊敬,但通过学生课堂行为分析,笔者推测巴基斯坦社会尊师风气好于中国,学生和教师之间不是完全平等的关系。

(三)课堂交际

巴国学生课堂气氛十分活跃,学生们争相发言,呈现一番"热闹景象",这与中国学生有很大的不同,中国学生在回答问题之前会思考自己的答案是否周全,回答问题以后在课堂上会不会丢面子。但巴国学生没有那么多的顾虑,对于老师提出的问题只要是自己会一点,哪怕对答案没有把握他们也会大胆发言,不愿放弃发言和表现自我的机会。如果不会就直接回答"不知道",对于错误回答他们不会感到尴尬、不好意思,因为课堂上的错误可以暴露自己的不足之处,便于教师及时发现并给予纠正。课堂上常常出现学生们抢着回答问题并同时说话的情况,他们希望在课堂上突出自己,表现自己的创造性和独特见解。形式上,留学生回答问题很少举手,大部分情况是脱口而出,都是坐在自己的座位上回答问题,笔者课堂观察时曾有一次被邀请回答问题,笔者很自然地站了起来却突然发现与周围气氛有些格格不入。无须举手起立的便利减轻了学生回答问题的焦虑和思考时间,形成了轻松活跃的课堂气氛,让回答问题环节变得轻松愉快。对于他人的发言,巴国学生也很少保持安静倾听的状态,他们并不认为中途打断他人是不礼貌、不尊重他人的表现。正是因为课堂的"热闹"、轻松氛围,留学生更倾向于随意交流,所以集中精力的时间比较短,很容易走神和分心,往往当教师板书知识点的时候就有留学生玩起了手机。

(四)学生跨文化适应策略

作为宗教国家,巴基斯坦学生在饮食、作息等社会生活方面无法像其他国家的学生一样很快融入四川这个宗教信仰并不盛行的环境中来。巴基斯坦99%的国民信奉伊斯兰教,在伊斯兰教教义里面,猪是最不洁的东西,所以食材中不能有猪肉。而在四川,肉材以猪肉为主,蔬菜类也大多好用猪油,留学生在饮食上的选择范围很小,他们表示与中国人一起吃饭都是中国人迁就他们的饮食风格,所以和中国人出去吃饭的机会很少。作息上,巴基斯坦用餐时间也比中国普通作息要晚 1—2 小时,留学生表示在中国待得久了,三餐时间会有所调整,但变化不大。再者,受英国殖民影响,巴基斯坦一天有两次饮用奶茶的固定时间,分别在上午 9—10 点和下午 4—6 点,这时他们倾向于与本国学生一起喝茶闲谈。留学生课下大部分都是和本国人在一起,使用汉语的机会很少,有些学生一下课就回宿舍,很少走出校门。可见,由于文化和宗教影响,巴国学生大多采用的跨文化适应策略是隔离型的。学习一门语言不仅是学习词汇语法知识,还要学习目的语国家的文化生活方式,巴国学生虽在中国学习,却没有积极开放的跨文化适应策略,这对于他们的生活和学习都会产生阻碍。

(五)学习动机、学习风格和学习策略

留学生个人情感因素与其所处文化环境的价值观有很大关系,其中,学习者的学习动机、学习风格和学习策略对语言学习起着关键作用,是影响第二语言学习的重要因素。

1. 学习动机

巴基斯坦有 99% 的国民信奉伊斯兰教,虽然经济水平较低,但国民幸福指数较高,很容易对生活现状产生满足,这也造成了巴国学生性格中懒散的一面,学习主动性不强。相应的,他们对自己的要求也不会太高,大多数留学生表示通过了 HSK 考试就是终极目标,不求高分,而且对自己的学习方法和学习状态非常自信,当笔者问学困生是否满足于自己现状的汉语水平时,他们表示肯定,认为自己天资聪明,学习汉语不是难事,一天到晚玩也能通过考试,相比于其他国家的学生,他们能在规定时间内完成汉办下达的任务,这是很多其他语言学生难以达到的水平,他们也为此感到骄傲。

巴国学生来华学习的长期动力是回国以后能找到一份好工作,短期动力是通过 HSK 考试、顺利拿到每个月的奖学金。在巴基斯坦,海外留学是具有一定经济条件的学生的首要选择,只要学生在国外取得了一定的学历,回国以后就有了谋职的资本,在巴基斯坦国内的地位也会有很大的提高。随着"一带一路"的发展,中巴合作需要大量的汉语相关工作人才,在华巴国学生回国后能找到与汉语相关的轻松高薪工作,或是当老师,或是从事汉语翻译,或是从事其他与汉语相关的工作,他们正是看到了如此美好的前景才会不远千里到中国求学。在中国学习期间,留学生每个学习月可以领到固定的奖学金,这对于低收入的巴基斯坦人来说是一个很大的福利,学生们不仅可以来中国免费学习,还能得到相对较高的奖学金为家庭减轻负担。目前留学生最重要的事就是通过 HSK 考试,国家汉办每年会定期对南亚师资班学生进行 HSK 考察,只要通过了考试学生就能继续留在中国学习汉语,学生表层学习动机明显。但也出现了一些问题,如:留学生学习仅仅为了考试,平常不太努力,得过且过,在考试前才进行大量突击训练,只要考试成绩及格了,汉语学习也就暂时告一段落;在课堂上不珍惜上课内容、过分强调 HSK 考试内容、对一般学习任务不上心,缺乏学习主动性,具有很明显的依赖性和惰性,学习态度不端正,学习积极性不高。可见,来华巴基斯坦学生的学习动机以工具性动机和外在动机为主,由于缺乏内在动机,学生自控能力差,很难保持稳定、勤奋的学习习惯,学习态度欠佳。

2. 学习风格

参考 Oxford 与 Anderson 对学习风格的归类,场依存型的学生倾向于以外界的参照作为内部信息加工的依据;整体型的学生寻求从整体上把握各种事物的关联性,思考更多的是依靠直觉而不是逻辑;冲动型的学生会对任务迅速地作出反应,他们往往是最先举手回答问题、最快完成任务的人;动感型的学生喜欢演示、模仿、游戏、角色扮演等包括很多动作的学习方式。笔者认为在华巴国学生的学习风格呈现为场依存型、整体型、冲动型、动感型。[①]

巴国学生喜欢与他人一起学习,关注语境和与他人的关系,期望得到教师的指导。笔者去学生宿舍做访谈时就经常看到留学生以小组形式准备 HSK 考试。在课堂上,留学生的积极行为和"突出表现"也是为了赢得教师的肯定和指导。在思考和进行判断时,留学生更倾向于依靠直觉而不是逻辑解决问题,所以南亚班的巴基斯坦学生在学汉语关联词时常常犯错,搞不清基本的逻辑语义关系、对细节的把握不够,在课堂上直接头脑一闪给出答案,很少仔细推敲。在他人发言时,这些学生也很难耐得住性子倾听,问卷显示 80% 的学生同意"在课堂讨论时,同学观点中有含混不清的地方我会让他们澄清"。44% 的学生不同意"我在课堂上很少把与别人不一致的看法提出来"。如果说中国学生的学习风格是深思性,那巴国学生就是典型的冲动型了。他们对任务的反应速度很快,喜欢对结果进行猜测和预判,无论是回答问题还是在小组讨论,他们都能在较短时间内完成任务,所以学生在课堂上总是抢着回答问题,并且会觉得不回答问题是反应不够灵敏的表现。

---

① 祖晓梅.跨文化交际[M].北京:外语教学与研究出版社,2015:229-233.

由于研究对象中有 89% 是男生,性格大都属于外向型,少有特别腼腆害羞的个例,而且他们特别喜欢运用演示、模仿、游戏、角色扮演等有多种动作的学习方式,属于动感型学习者,表现在课堂上就是"坐不住",总是希望能有活动的机会。

3. 学习策略

O'Malley 和 Chamot 将二语学习者的学习策略分为 3 类,采用认知策略的学生经常使用重复、查找资料、翻译、记笔记、重组等学习方法;采用元认知策略的学生经常使用组织、选择性注意、自我管理、计划、自我监控、自我评估等学习方法;采用社会情感策略的学生经常使用合作学习和提问的学习方法。通过问卷和课堂观察、访谈,笔者认为巴国学生主要采用的是社会情感策略,较少采用认知策略和元认知策略。问卷显示,84% 的留学生同意"我更愿意与同伴合作来解决问题",喜欢合作学习、提问,学习缺乏自主性和独立性,自我管理和自我监控意识较差。访谈中,留学生提到中国教师的授课方式很完美,教学方法得当、教学效率高,有实效,他们在课堂上收获颇丰。其实,留学生在尊重教师的同时也对教师产生了极强的依赖,问卷结果显示,有 80% 的学生表示同意"当我的观点与老师存在分歧,我倾向于接受老师的看法",有 84% 的学生表示同意"我经常需要老师来告诉我应该做些什么",可见,留学生的学习主动性很低,总是希望教师给予一个有规律可循的万能公式,而不是自己去找汉语学习的方法,如果不是教师要求,留学生课前也不会进行预习,课下复习多是通过做作业的方式,换言之,如果没有作业,留学生课后不会再进行预习和温习。

四、对提高课堂教学效率建议

(一) 对教师教学的建议

1. 处理好师生关系

教师是课堂的引领者,一个优秀的教师应不仅要具备较强的专业知识,还要善于处理师生关系。笔者认为巴国学生的课堂学习行为与教师对师生关系的处理有关联,能较好地处理师生关系的教师深得学生信任,课堂效率高,而不善于处理师生关系的教师课堂纪律散漫,学生课堂问题行为多。针对这样的情况,笔者从师生关系方面给出以下建议:

首先,教师跟学生相处既要保持威信的形象,又要能随时融入学生,跟学生建立朋友关系,对学生该宽则宽,该严则严。来到中国以后,巴国学生脱离了原有环境,没有了严格的宗教约束和父母管束,容易自我放纵和懒散,一方面,教师要严格要求学生,不要因害怕破坏学生关系而一味偏袒学生,指出他们的错误可讲究方式方法,真正为他们好,作为成年人的留学生是能够理解的。另一方面,教师也要能随时站在留学生的角度思考问题,帮助留学生找出解决问题和改进的办法,这样,师生关系才会和谐,课堂教学效率也会大大提高。

其次,教师要有责任感、使命感和光荣感,平等地对待每个留学生,对留学生有爱心,不能因自己的个人喜好而对留学生产生偏见,要做到课堂奖惩一致,既关注到学优生,又照顾到学困生。注意平衡课堂上的批评和表扬,让留学生从批评中反思自己的错误,从表扬中得到激励,不要让留学生觉得批评是有针对性的,表扬是不真诚的,要根据留学生的性格特点和课堂情况选择批评和表扬的方式,初犯的学生可以适当提醒,多次不改的学生可以严厉批评,课下找学生交心谈话,解开学生的心结,帮助他们端正学习态度、找到正确的学习方法,让他们知道老师在关心他们。

教学过程不仅仅是知识的传递与接收,更重要的是教师和留学生之间的思想碰撞和情感交流,教师的形象和情绪会直接影响留学生的上课状态。所以,教师要用真挚的感情与留学生交流对话,树立友好亲切的形象,重视留学生的情感,了解每个留学生的学习情况和性格特点,关注留学生近期的心理状况。

2.了解留学生学情,注重留学生跨文化学习能力的培养

对留学生学情的评价不应只侧重于知识掌握程度和成绩高低,还要注重评价留学生学习能力的成长。语言学习不同于其他学科,而汉语又被认为是世界上最难学的语言,帮助留学生掌握高效的学习方法,提升学习能力至关重要。如果留学生学习能力差,无论其学习动机有多强,也难以保证学习的顺利进行。巴基斯坦学生在汉语学习过程中的跨文化适应是因人因时而异的。本论文研究对象的年龄在19—34岁之间,学历和学习能力参差不齐,在巴国不同学校接受的管理制度不同,对于规则的理解各有千秋,性格、学习方法和学习能力也各有差异。

首先,教师应认识到留学生的学习动机多变,学习能力参差不齐,要让他们按照中国学生的标准来学习是不可能的。教师要尽可能地尊重留学生的差异性,充分发挥每个留学生的特长,因材施教,让每个留学生都能充分展示并运用自己的掌握的汉语,要注重留学生学习能力,尤其是其自学能力的培养。

其次,教师要随时互相交流,建立集体备课制度,定期开展提高留学生汉语学习能力的主题研讨会,结合课后反馈等方式多方面多角度了解留学生,帮助留学生认识到自身的优缺点,并不断优化自己的听课方式;帮助留学生树立良好的学习心态、正确的学习态度,制定有效的学习策略,让留学生保持高昂的学习热情、拥有饱满的精神状态。

3.学习课堂管理

由于现实原因,大多数汉语教师出身文史类学科,缺少必要的教育学背景知识

和训练,虽然对所教授课程有丰富的知识储备,但缺少课堂管理能力。教师应在平时注重自我提升,自我学习教育学课程,将实践教学经验和理论知识相结合。在条件允许的情况下,教师还可以组织互相听课,相互借鉴,彼此促进。

教师在课堂上应尽量关注每一个留学生。课堂站位不要只局限于讲台,而要经常走到留学生中间并活动于教室的多个角落,这样有利于观察留学生的学习状态。课堂互动时,教师应给予每一个留学生发言和表现的机会,多抽问平时不爱回答问题的学生和学困生,鼓励他们认真听课。对于性格内向的留学生,教师应多给予其鼓励和关注,提高他们的自信,激起他们参与课堂的积极性。

教学语言上,教师要把握语速和内容难度,照顾学困生。对于课堂难点教师应进行多次讲解,不要急于直接讲意思,讲语法规则,而是模拟真实的语境,让留学生自己去发现、习得,总结语法规律和用法,鼓励他们多问多思考,尽量避免留学生之间用母语随意解释。

一堂课成功与否不在于教师讲授了多少内容,而在于学生学到了多少。教师要把握好课堂时间,使课堂内容简洁明了,突出重点。课堂时间是有限的,但长时间的语言知识的讲解对留学生帮助不大,语言学习需要留学生在尽量真实的语境条件下进行操练。有效的课堂教学应是讲练结合,教师在教学设计上要有弹性,尽可能赋予留学生一些控制权,组织小组活动、角色扮演、情景模拟等,让留学生充分发挥创造力,参与到真实的解决问题的实践活动中,使留学生有充足的时间自我思考和运用。同时教师还应按时上下课,不要拖堂。

4. 提高课堂趣味性和实用性

任何教材都不可能是完美的,教师应根据课型特点及留学生需求和兴趣在教材基础上整理出适合学生的教学材料。以实际运用为目的的、贴近生活的教学材料能提高学生汉语学习的积极性和兴趣,帮助其解决实际生活中遇到的问题。如果学生在课后能学以致用,随时练习,还能增强留学生汉语学习的信心和动力。

兴趣是最好的老师,如果留学生觉得课堂枯燥无味,学起来没有动力,就更谈不上什么效率了。课堂上,教师应多给留学生活动的时间,组织辩论赛等活动,改变"满堂灌"的上课模式,不断根据留学生的情况适时地调整教学方式,使教学方式多样化、轻松化,使教学内容和形式都生动有趣,使相对枯燥的语言变得轻松愉快,让留学生觉得每节课都有新意,但又要注意防止趣味过度。教师还可以将教学素材扩展到数字娱乐领域,给留学生推荐一些电影、电视、歌曲、娱乐节目等,让他们在课后除了做汉语作业,还能找到其他接触汉语的有趣方式。

加强中巴语言文化之间的联系和对比。在学完某一个章节或话题后,教师可以组织留学生进行演讲,要求他们介绍巴基斯坦的语言文化或已知的中国文化。对于自己熟悉的话题,留学生更有自信、更有意愿表达,在此过程中教师再补充一些相关的汉语词汇和素材,让留学生在用中学、在学中用,能在对应的语境下猜测词义,深刻记忆词汇和语法点,还能增强其文化差异意识,提高跨文化能力。

(二)对留学生学习的建议

1. 扬长避短,提高学习能力

学习最重要的影响因素是学习者自身,如果有优越的学习环境却不努力,学习效果也会大打折扣。留学生应该认识到自己学习的优点和不足,扬长避短,提高学习主动性和自律性,树立正确的学习态度,找到有效的学习策略,提高学习能力,有长远眼光和职业规划前景。

留学生要树立做一个独立语言学习者的目标,遇到问题首先独立思考,不要依赖老师和其他同学。学习时,可以尝试教师介绍的不同学习策略,根据自身目前的汉语水平和学习状态进行适当的选择。学习语法要仔细观察汉语的局势特点,总结出汉语学习规则;遇到生词难点要培养语境猜测能力、障碍跳跃能力,利用背景知识进行联想、逻辑推理,而不是急于查字典;上课时认真听讲,克服课堂小动作,保持学习的激情和热情,积极主动配合课堂教学;树立"好记性不如烂笔头"意识,学会记笔记,培养对新知识的敏感度;课上课后多跟老师交流,遇到不懂的问题及时提问;养成早睡早起的习惯,保证上课时有充足精力。

学习不是一日之功,留学生应摒弃一曝十寒的学习风格,平时就要保持一个稳定的学习状态,而不是考前突击学习。汉语学习以词汇积累最为重要,丰富的词语量不可能一蹴而就,是靠一个词一个词地去学习、记忆、使用,日积月累才形成的,词汇量不足,在每一个环节都会遇到"拦路虎"。所以,练功在平时,只有每天坚持练习,在不断的刺激下才能形成对汉语的敏感性。

2. 提高跨文化适应能力

语言学习就是跨文化适应和交流的一个过程,提升跨文化适应能力对于提升语言学习能力至关重要。在汉语学习过程中,每个留学生都是独立存在的,各自的跨文化适应方式不同。无论选择哪一种跨文化适应方式,只有积极主动地去应对,努力克服汉语学习中的不适应因素,才能在汉语学习方面有所进步。

来中国前要自觉学习中国社会文化知识,对在中国的学习和生活环境有一个基本认识。来到中国以后,如果现实情况与所期待有差异,要学会解决文化交流中遇到的障碍,从中巴不同文化中找到共性,有意识地阅读一些跨文化交际的书,加强对中国文化背景的了解,学习跨文化交际中应该注意的事项和使用的策略,提升心理上和理论上的认知,在课上课后善于观察、善于提问,加强中巴文化的关联和对比,使中巴文化中的"二元冲突"逐渐变为"二元融合"。

在课堂学习中,留学生应珍惜教师所讲的内容,上课认真听讲,有逻辑地思考问题,不懂的地方及时提问,积极回答问题和参与课堂活动,注意收集整理和记笔记,适当使用词典,克服玩手机、私下聊天等小动作;把学习放在首位,谨记规定并主动遵守,与同学相互鼓励,相互监督、提醒,共同进步;交际生活不要局限于与本国学生交际,多与中国人和来自其他国家的留学生交流,相互探讨跨文化交际适应的策略。

(三)对管理者的建议

1. 制定合理有效的管理规定并贯彻执行

无规矩不成方圆,制定课堂规则的目的是防止矛盾冲突,及时矫正不当或违纪行为,形成课堂上师生之间的良好互动,所以管理者应制定行之有效的管理措施。在制定管理规定前对留学生开展调查问卷,让学生提出自己的主观感受和建议。规定的内容应是符合巴国教育情况和南亚班实际情况的,如果学生对规定的内容不认同,这些规定就将形同虚设,无法贯彻执行,所以,管理规定应合理化、科学化。课堂规则要涉及集中注意力、尊重他人、保持安静、按时到课、课堂准备充分、出勤率与考试资格挂钩等。由于留学生对规定的理解不尽相同,规定成文后管理者应在新生开学前组织留学生学习规则,帮助他们完全理解并自觉自愿地遵守。

当然,规则的制定应包含严格的学习奖惩制度和违纪处理制度。每学期对品学兼优的留学生进行奖励,通过在学生中树立榜样,不断规范巴基斯坦学生的学习习惯,形成整个团体的良好行为风气。巴基斯坦学生的学习和住宿较为集中,对于错误,留学生很容易存有侥幸心理和从众心理,学校应坚决按照相关规定及时处理违纪留学生,做到所有学生一律平等,切实维护良好的学习环境。如果留学生有违纪行为,就应给予其相应的惩罚,公示相应处理办法,让其他学生引以为戒。同时学校还应加强与巴基斯坦学生家长的定期联系,向留学生家长通报学生在校情况,与家庭开展共同教育。

2. 加强新生跨文化教育

由于宗教差异和社会条件的不同,留学生需要一定时间适应在华学习,如果文化适应期较长会在一定程度上影响汉语学习。因此,管理者应在巴基斯坦学生来校之初根据巴基斯坦的文化习俗和宗教特质,针对留学生群体的具体情况,制定并实施跨文化教育方案,如定期组织文化讲座、中巴学生联谊、户外拓展等,帮助学生及时解决学习和生活上遇到的各种问题和困难,消除由于国别、宗教信仰和生活习惯不同而引起的各种矛盾,引导留学生好学、乐学、善学,以便他们在较短的时间内融入汉语学习中,较快地适应当地的学习和生活环境。

3. 转变观念,由管理变为服务

从根本上来说,留学生管理工作是做人的工作。管理者必须以留学生为中心,尊重、信任、关心留学生,要聆听留学生的心声,了解他们的诉求。如果留学生在学习上遇到了问题,就要尽可能地给他们提供帮助;如果留学生在生活中遇到了困难,就要多关心他们,让身在异国他乡的留学生感到家的温暖。

首先,管理者应关注留学生的心理健康。巴基斯坦师资班学生虽已是成人,但心智发展仍不成熟,有些刚刚步入成年阶段的留学生更是稚嫩,来到了新的环境,难免产生孤独感和思想情绪,心理压力大。学校可为他们提供跨文化心理咨询服务或主题沙龙服务,帮助留学生缓解跨文化适应压力。国际教育学院还可与心理咨询部、跨文化研究中心和教育学院联合,从学生行为中洞察留学生的异常心理,发现问题及时有效解决。

其次,管理部门应多与学生课堂建立联系。由于学生管理是为课堂学习服务的,所以管理和课堂不应脱节。管理者可以定期到南亚班听课,及时了解留学生平时的学习情况,以便对管理措施进行适时调整。

最后,管理部门应营造多元文化氛围,为留学生提供参加多元文化活动的机会。由于中巴文化差异大,特别是宗教文化差异,留学生跨文化适应能力弱。如果管理者组织多元文化活动,不仅可以丰富留学生的课余生活,还可以使留学生与中国人和其他国家的留学生有更多的接触,增加留学生的社会资本,提高他们运用汉语的频率和自信,帮助他们走出固步在本国圈子里的状态,提高跨文化适应能力。

五、结语

本文以跨文化适应理论为支撑,结合笔者在汉语国际教育专业学习和英语作为第二语言学习过程中的经验,采用问卷调查、个体访谈和课堂观察相结合的方法从课前准备、课堂参与和课堂纪律三方面对四川师范大学南亚师资班巴基斯坦学生课堂学习行为进行了实践调查研究,将南亚班巴基斯坦学生课堂学习行为分为积极和消极两类。积极行为:课堂参与度高;课上能专心听讲;回答问题迅速,勇于发言发问,以积极的态度接收教师的指令并完成;尊重教师,能较好地配合教师完成课堂教学。消极行为:课前准备工作少;没有养成记笔记的良好学习习惯;无法真正倾听他人,课堂集体意识差;迟到旷课率高;课上时有小动作,缺乏自律性。针对这些课堂学习行为特点,笔者从教学理念与方式、教师的角色和师生关系、课堂交际、跨文化适应策略与留学生学习动机、学习风格和学习策略等方面探讨原因,最后提出了改善留学生学习行为、促进课堂学习效率的可行性建议。

　　由于笔者专业水平有限和客观调查条件限制等,本文还存在很多不足,如通过调查问卷和访谈、观察等方法只能得到留学生现阶段的跨文化适应情况,没有从时间跨度上对留学生进行跟踪分析,未能全面研究留学生跨文化适应状况;对巴基斯坦教学环境知之甚少,仅凭留学生行为表现、访谈话语和文献,无法得到一手资料;研究视角仅限于跨文化适应,但影响留学生学习的因素有很多,还应该从教育学、教育心理学等方面进行思考。笔者在今后的研究中应准备更到位、分析更全面、理论基础更坚实。

参考文献

一、专著

[1]程宏宇.认知风格影响课堂学习行为机制初探[M].杭州:浙江大学出版社,2012.

[2]陈琦.当代教育心理学[M].北京:北京师范大学出版社,1997.

[3]刘珣.对外汉语教育学引论[M].北京:北京语言文化大学出版社,2000.

[4]祖晓梅.跨文化交际[M].北京:外语教学与研究出版社,2015.

二、期刊论文

[1]程宏宇,顾建民,管淑一.学习风格与中美大学生课堂学习行为的关系研究[J].应用心理学,2013(03).

[2]梁焱.影响中亚留学生汉语学习的情感因素调查研究[J].语言与翻译(汉文),2010(03).

[3]李福泉、黄民兴.巴基斯坦伊斯兰宗教学校的发展状况、社会根源与影响[J].南亚研究,2009(02).

[4][巴基斯坦]M. Ashraf.巴基斯坦的教育体系简况[J].南亚研究季刊,1995(02).

[5]杨珍.巴基斯坦留学生管理浅谈[J].时代教育,2012(07).

[6]张宁.亚非留学生汉语学习方式的文化差异及教学方法初探[J].文教资料2012(11).

三、学位论文

[1]郭佳佳.文化距离、文化认同对跨文化适应的影响[D].浙江大学硕士学位论文,2013.

[2]李京.影响留学生汉语学习的情感因素及教学策略[D].黑龙江大学硕士学位论文,2013.

[3]吕萍.跨文化背景下来华留学生心理抑郁问题研究[D].南京大学硕士学位论文,2013.

[4]刘小兵.第二语言教学中的文化依附矛盾及其对策研究[D].暨南大学硕士学位论文,2002.

[5]刘雅晨.学习行为在第二语言习得中的调查研究[D].重庆师范大学硕士学位论文,2014.

[6]穆璐.北京高校韩国留学生跨文化适应内容与方式探讨[D].中央民族大学硕士学位论文,2015.

[7]彭丽.对外汉语课堂问题行为考察[D].北京语言大学硕士学位论文,2008.

[8]王静.东南亚来华留学生管理中的文化冲突案例研究[D].云南师范大学硕士学位论文,2016.

[9]张迪.小班教学中学生学习行为的研究[D].南京师范大学硕士学位论文,2011.

[10]邹丹丹.初级阶段中亚留学生汉语课堂问题行为调查[D].南京师范大学硕士学位论文,2016.

[11]朱萌.中亚留学生汉语课堂问题行为管理研究[D].新疆师范大学硕士学位论文,2015.

留学生同伴冲突研究

——以南亚留学生为例①

摘要：随着中国招收的留学生的增加，留学生的问题也越来越多。其中一个很重要、很常见的问题就是留学生同伴的冲突。这方面的研究非常少，但却很有研究价值。本文以南亚国家汉语师资班学生为主要研究对象，运用访谈法、观察法和问卷调查法等，研究留学生如何看待同伴冲突，留学生之间发生冲突的主要原因，留学生发生冲突之后他们的反应以及这些冲突对留学生的学习所产生的影响。

关键词：留学生　同伴冲突

一、绪论

（一）选题缘由

随着中国招收的留学生的增加，一个学校或一个班级中的留学生人数越来越多，这些学生在生活或学习中会面临很多的问题。同一个班级或学校的留学生之间常常会产生同伴冲突，但此前研究这一课题的学者并不多。这个问题的研究价值很高，本文基于观察、访谈和问卷调查等方法，以南亚国家汉语师资班留学生为主要对象进行了同伴冲突现象研究。

（二）研究目标

本课题将以巴基斯坦留学生为主要研究对象，以同伴冲突现象为研究目标，试图了解留学生同伴冲突的表现、类型、产生的原因等，并在分析冲突现象之后，提出解决冲突或加强留学生人际关系管理的建议和对策。

（三）研究现状

对本课题的研究很少，几乎找不到这方面研究的文献。但是与这个课题类似的研究有很多，主要是关于中国国内幼儿园、小学、中学或大学及其他人际关系冲突的研究。相关文献如下：

---

①　本论文受成都大学文明互鉴与"一带一路"研究分中心、天府文化研究院科研重点项目"面向东盟留学生的天府文化形象多模态话语传播研究"（项目编号：WMHJTF2022B02）资助，由安塔明、王飞华完成。

1. 有关幼儿或儿童(小学生)同伴冲突的研究

马晓敏(2019)在《儿童同伴冲突调解中的仪式研究》中提到当幼儿无法独自处理同伴冲突时,会请求第三方权威的介入。作者采用质性研究样本选取和收集等方法进行研究。张吉霞(2019)在《小学同伴交往冲突的有效解决策略探究》中利用问卷调查研究了交往冲突和人际关系。郑卫(2018)在《同伴冲突情境、抑制控制能力对幼儿情绪调节策略的影响研究》中结合幼儿阶段易发生的同伴冲突情境对幼儿的情绪调节策略进行研究。

2. 有关中学生(初中、高中)学生同伴冲突的研究

张颖莹(2019)的《教师有效介入中学生同伴冲突的研究》通过分析教师介入同伴冲突的四个方面,提出保证教师对中学同伴冲突的介入效果的三大策略。杨艳华(2019)在《初中生人际冲突及其引导策略研究》中研究了中学生人际冲突的原因和处理方式。张潮等(2020)的《初中生同伴冲突对其攻击行为的影响机制》研究了初中生同伴冲突与攻击行为之间的关系。论文采用问卷调查、青少年攻击行为量表等方法进行研究。张文静(2017)的《观点采择对初中生同伴冲突解决策略的影响》采用问卷法了解初中生冲突的情况。作者认为初中生同伴冲突主要有三种:肢体类冲突、学习类冲突和感情类冲突。

3. 有关其他情境人际冲突的研究

白如彬、周国华(2012)的《组织间人际关系作用机理评介研究》通过经济学和管理学理论的比较分析,探讨了工作和私人行为之间的关系。诸彦含等(2016)在《组织中的人际冲突》中论述了冲突类型、表达方式以及模型整合等方面的问题。

以上提到的都是与人际关系冲突有关的研究,留学生同伴冲突的研究几乎没有。

(四)研究方法

1. 访谈法

笔者通过采访南亚国家汉语师资班及其他留学生,了解他们对同伴冲突问题的看法和态度以及解决策略。

2. 观察法

笔者观察自己班上的留学生发生同伴互动行为时各方的反应,尤其是发生冲突时各方的表现,并思考是什么原因导致的。

3. 问卷法

笔者就留学生同伴冲突的各个方面编制问卷,问卷有 52 个问题,用问卷星网站发放问卷,并进行数据收集和处理。本文里分析的内容大多数都来源于问卷。

二、留学学生同伴冲突问卷的编制

（一）问卷调查对象基本情况

问卷调查对象情况：本问卷的对象是来自各个国家的留学生。其中亚洲（南亚）的留学生的问卷占比较多，占93.18%。

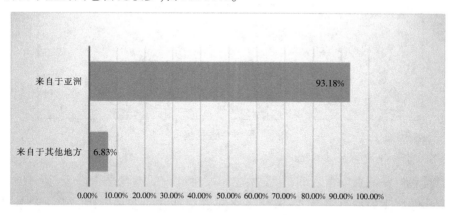

图1　留学生来源情况

年龄情况：17—20岁的留学生占比最多，占34.88%。30.23%的留学生在21—24岁。25—28岁的留学生占23.26%。在28岁以上的留学生占11.63%。

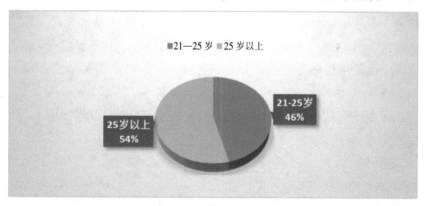

图2　留学生年龄情况

性别情况：参与本次问卷调查的留学生中，67.44%是男生，32.56%是女生。

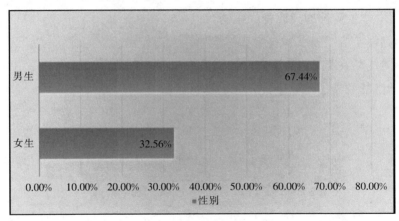

图 3　留学生性别情况

(二)问卷调查的主要方面

本问卷主要调查以下方面:留学生之间发生冲突的情况是否严重,留学生是如何看待同伴之间的冲突关系的;留学生之间发生冲突的多种原因,例如年龄、生活习惯和学习能力不同等;留学生发生同伴冲突后会如何解决。

(三)问卷的设计结构

本问卷共有 52 道题。前 11 道题关于个人信息,剩下的 41 道题都是关于留学生同伴冲突。有 7 道题与留学生因生活习惯不同而发生冲突有关,16 道与学习上发生冲突有关。41 道题中有 ABC 选择题、等级选择题和是否选择题等类型。本问卷还包含留学生发生这些方面的冲突时如何解决和他们在哪些方面受影响问题。

(四)问卷的实施

我们在问卷星网站上设计了问卷,并将网站问卷链接发布到微信上进行调查。共回收有效问卷 44 份。

三、问卷分析

(一)年龄与冲突的关系

总共有 44 个填写本问卷的留学生,其中年龄 25 岁以上的人最多。24 个 25 岁以上的人中,20 人选择"他们身边发生冲突的情况不多",但是一旦发生就会比较严重。21—25 岁的人有 20 个,其中 15 人选择"他们身边发生冲突的情况不多"。

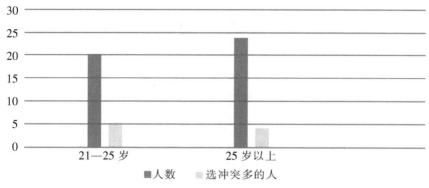

图 4　冲突与年龄的关系

从调查来看,似乎年龄与冲突不太有直接的关系,因为 25 岁以上和以下的人,选择冲突不多的比例都很高。但是另外几个选项却反映出,留学生普遍认为年龄大的人冲突会更少。这一点可以从留学生都选择的一个选项反映出来:年龄大的人比较懂事,不会动不动就发脾气;年龄大的人一般不会在乎别人对他们说什么,在有人对他们不好的情况下,年龄大的人会保持距离。而年龄比较小的人则完全相反。

(二)同伴冲突的主要方面

根据统计,52.27%的留学生认为,同伴冲突就是相处时态度不好。25%的留学生认为不帮助彼此也算是同伴冲突。15 人还认为和同伴吵架是同伴冲突。

从调查结果来看,留学生同伴冲突太多是留学生相处时态度不好产生的,这与年轻人易冲动,心理还不太成熟有较直接的关系。

以下从具体的方面来分析冲突产生的情况:

1.生活习惯冲突

每个人的生活习惯不同。生活习惯冲突是指 2 个或 2 个以上的人住在一起时发生的冲突。生活习惯的冲突有各种各样的原因,主要原因如下:

(1)生活习惯不同。

根据问卷星统计数据,38.64%(17 人)的留学生和室友时常发生冲突。他们睡觉和起床时间不同,有的留学生喜欢晚上在卧室里打电话、听音乐或叫几位朋友坐在房间里聊天,或者室友在房间里吃他们不喜欢或他们宗教不允许吃的东西,等等。

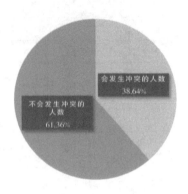

图 5 生活习惯不同引起的冲突

（2）文化不同。

有 7 个留学生会因为文化差异而与同伴发生冲突。其中 3 人认为这与礼仪有关,比如,一个人对我礼仪不合要求,那我也会对他不好,这就会发生冲突。另有 3 人认为这与对待别人的方法有关,还有 1 个留学生认为冲突原因是宗教。

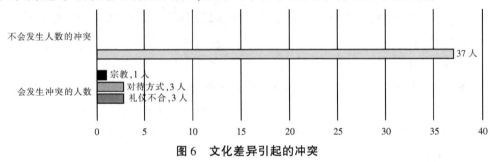

图 6 文化差异引起的冲突

2. 学习冲突

（1）学习冲突的表现。

依据调查统计,学习方面的冲突,有 47.73%的人从没和同伴冲突,4.55%的留学生很少发生冲突,有冲突也不严重。选很少发生冲突但一旦发生会比较严重的留学生占 4.55%。6.82%的留学生经常会发生冲突但不严重。由此可见,因为学习而产生冲突明显比生活方面的冲突要少一些,剧烈程度也相对小一些。

（2）学习冲突发生的原因。

11.36%的留学生认为,同学知识比自己丰富会引起冲突。18.18%的留学生认为同学的知识不如自己也是发生冲突的原因。有些留学生不尊重老师也会引发学生之间的冲突。

20.45%的留学生认为有两个原因:一个是有些同学向不同老师学了不同知识导致了同伴之间的不平衡,因而产生不满情绪;另一个是有些同学经常迟到或不按时交作业引发别的同学的不满。

有40.91%的留学生认为一些同学喜欢在老师面前表现自己而导致与别的同学产生冲突。

15.91%的留学生认为上课喜欢抢答问题和上课喜欢用母语交流都是产生冲突的原因。

27.27%的留学生不愿意跟学习比自己好的同学交流。15.91%的人说他们会和学习不好的同学发生冲突。

22.73%的留学生因为自己被老师喜欢而被同学讨厌过。这也是个很重要的原因。

做小组任务时,31.82%的留学生和同学发生过冲突,9.09%的留学生经常会发生冲突。61.11%的留学生认为冲突的主要原因就是和小组的某位同学私下有矛盾。

依据上面的调查可以看出,虽然学习上的冲突总体不如生活冲突激烈,但也还存在。在学习上产生冲突的最主要原因有以下几个:爱在老师面前表现的同学会招致同伴反感而产生冲突;某些同学学习不认真影响老师上课导致别的同学反感而引发同伴冲突,如迟到、不交作业、不尊敬老师等;教师在学生上的偏爱会导致学生同伴冲突;小组任务会产生合作冲突。

(五)冲突对留学生的影响和他们的解决方法

1.冲突的影响

按问卷统计的数据,38.64%的留学生认为他们的生活或学习不会被这些冲突影响。31.82%的人认为会直接影响到他们的日常生活。18.18%的留学生认为会影响到他们对中国和中国文化的感受。很多留学生看到现实的中国与他们想象的中国有很大的差异,这是由于他们在中国学习,生活环境和学习环境都与本国不同,这种心理不适导致他们对中国的感情趋向了负面。22.73%的留学生认为冲突会直接影响到他们对发生冲突同学的国家和文化的看法。

2.解决冲突的方法

根据问卷,对于同伴冲突是否应该解决,72.73%的留学生认为有必要解决同伴冲突的问题。18.18%的留学生认为这无所谓。对于解决这一问题是否容易,9.09%的留学生认为很容易。38.33%的留学生认为解决同伴冲突比较容易,11.36%的留学生认为非常难。其余的留学生认为比较难。

留学生在访谈和做问卷时还提供了一些解决同伴冲突的有效方法。57.5%的留学生说,他们会主动去找同学交流,友好地、理智地解决矛盾。还有12.5%的留学生说,他们发生冲突后,不好意思直接自己找对方解决,他们就会寻求其他同学或朋友的帮助。冲突比较严重时,7.5%的留学生寻找信任的老师提供帮助。由调查结果可以看出,留学生普遍愿意自己或找同学解决矛盾冲突,却不是很愿意通过老师来解决。

四、针对这些冲突提出的建议

针对上面的同伴冲突的问题,我们从三个不同的角度对解决同伴冲突提一些建议。

(一)对生活习惯方面的建议

调查显示,生活冲突多于学习冲突。留学生生活方面的冲突主要是跟室友发生的。因此,如果可以自己选择室友,或者可以一个人住,或者选择在校外租房住,就可以避免这方面的冲突。那么学校安排或学生自己选择时,都要考虑了解好同学的生活习惯,选择生活习惯相同或相近的人在一起居住,这需要学校管理者和学生共同努力来完成。

室友之间发生冲突的最主要原因是卫生。有的人不讲卫生,或者很懒,自己不打扫卫生而让室友做。在这种情况下,留学生应先保证自己的个人卫生,如果愿意,可以多做一些全屋的卫生。另一方面,学校的管理部门也应该进行检查,督促不愿意打扫卫生的同学进行打扫。如果发现宿舍存在因为打扫卫生产生的同伴矛盾时,要及时对留学生进行疏导,批评不爱劳动的留学生。

(二)学习方面的建议

通过问卷我们知道学习方面发生冲突的最主要原因就是嫉妒。对于这种情况,一方面,学习好的同学要有帮助人的心态,在课堂上帮助成绩不好的同学学习。而成绩差的学生,应该有宽广的心胸,向学习好的同学学习。另一方面,教师要特别注意教育的公平,不能在课堂上对部分学生表现出特别的喜爱,在提问、练习等方面,要一视同仁,避免因不当行为加剧同伴冲突。

(三)学校管理方面的建议

留学生生活方面的冲突主要是因为同屋居住产生的。因此学校管理时,要在分派宿舍前先对留学生做基本的了解,要征求留学生对于宿舍分派的意见,并留有一定的机动性,以便后期发现冲突时能进行调整。

调查可见,只有7.5%的留学生说他们冲突严重时会寻求老师的帮助来解决问题。这说明教师还要做更多的努力以取得学生的信任,让他们更愿意将生活中的烦恼告诉教师。同时,学习冲突表明,教师的偏袒是导致同伴冲突的一个非常重要的原因,因此教师一定要心中有全体学生,公平公正地对待所有学生,不能因为学习能力的不同就对学习表现较弱的同学有所忽视,这对减少留学生同伴冲突非常重要。另外,教师要对留学生国家的文化背景有一定的了解,以便更好地解决留学生冲突问题。

五、结论

笔者采用观察、访谈、问卷调查等方法,对留学生同伴冲突的产生原因、解决冲突的方法和冲突对留学生的学习、生活产生的影响等方面进行研究。

本文的不足之处:在研究中,对于留学生产生冲突的具体内容没有细化,比如因为礼仪不同产生的冲突,没有对这些礼仪的具体表现进行描述,宗教原因产生的冲突,也没有分析具体是哪些宗教因素导致了冲突。另外,在解决学生冲突的建议方面,没有做细致的分析,建议比较笼统,还需要进一步思考和研究。

参考文献

一、期刊论文

[1]白如彬,周国华.组织间人际关系作用机理评介研究[J].商业研究,2012(1).

[2]张潮,柴亚星,刘赛芳,等.初中生同胞冲突对其攻击行为的影响机制[J].中国健康心理学杂志,2020(1).

[3]张吉霞.小学同伴交往冲突的有效解决策略探究[J].教师·TEACHER,2019(34).

[4]诸彦含,周意勇,刘丽颖,等.组织中的人际冲突:类型、模型与表达[J].心理科学进展,2016(5).

二、学位论文

[5]曹旭.初中生自尊与同伴冲突的关系及校园心理剧干预研究[D].河北师范大学硕士学位论文,2020.

[6]李真容.来华中亚留学生跨文化人际交往调查研究[D].新疆师范大学硕士学位论文,2017.

[7]马晓敏.儿童同伴冲突调解中的仪式研究[D].华东理工大学硕士学位论文,2019.

[8]杨艳华.初中生人际冲突及其引导策略研究[D].四川师范大学硕士学位论文,2019.

[9]张文静.观点采择对初中生同伴冲突解决策略的影响[D].河北师范大学硕士学位论文,2017.

[10]张颖莹.教师有效介入中学生同伴冲突的研究[D].广州大学硕士学位论文,2019.

[11]郑卫.同伴冲突情境、抑制控制能力对幼儿情绪调节策略的影响研究[D].西南大学硕士学位论文,2018.